بدر شاكر السياب:
دراسة أسلوبية لشعره

الدكتورة

إيمان "محمد أمين" خضر الكيلاني

2008

دار وائل للنشر

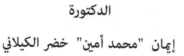

رقم الايداع لدى دائرة المكتبة الوطنية : (٢٠٠٦/٤/٥٧٣)
٨١١,٩

الكيلاني ، ايمان "محمد أمين"
بدر شاكر السياب، دراسة أسلوبية لشعره ، ايمان "محمد امين" خضر الكيلاني.
- عمان ، دار وائل ، ٢٠٠٦ .
(٣٥٠) ص
ر.إ. : (٢٠٠٦/٤/٧٥٣)
الواصفات: الشعر العربي / النقد الأدبي/ التحليل الأدبي/ الأدب العربي
* تم إعداد بيانات الفهرسة والتصنيف الأولية من قبل دائرة المكتبة الوطنية

****

ISBN ٩٩٥٧-١١-٦٥٧-٦ (ردمك)

* بدر شاكر السياب : دراسة أسلوبية لشعره
* الدكتورة إيمان "محمد أمين" خضر الكيلاني
* الطبعـة الأولى ٢٠٠٨

دار وائـــل للنشر والتوزيع
· الأردن - عمان - شارع الجمعية العلمية الملكية - مبنى الجامعة الاردنية الاستثماري رقم (٢) الطابق الثاني
هـاتف : ٠٠٩٦٢-٦-٥٣٣٨٤١٠ - فاكس : ٠٠٩٦٢-٦-٥٣٣١٦٦١ - ص. ب (١٦١٥ ـ الجبيهة)
· الأردن - عمـان - وسـط البلـد - مجمـع الفحيص التجـاري- هــاتف: ٠٠٩٦٢-٦-٤٦٢٧٦٢٧
www.darwael.com
E-Mail: Wael@Darwael.Com

إهداء

الى أحبة كثر يسري حبهم في عروقي، لا أعلم أيهم أقرب إلي:

- إلى الذي ظللني بالرعاية والحماية، وعلمني كيف تكون الحرية، والدي.
- الى واحة الحب الفياض في صحرائي، أمي.
- إلى رفيق دربي، ومؤنس وحشتي، زوجي د. طه ربابعة .
- إلى النجوم الزاهرة في سماء حياتي، إخوتي الكرام، أميرة و فاتن، وسمير، وسناء، وجمال، ومحمد، وبسام.
- إلى الزهور التي تعطر حياتي وتلونها: قريش وحفص و آية، ونعمة، وهبة، ومحمد الأمين.
- إلى أستاذي العظيمين اللذين رعياني، وزرعا في بذرة حب المعرفة والبحث، أ.د خليل عمايرة، وأ د. عبد القادر الرباعي.
- إلى توأمي روحي، فاطمة القحطاني، وصالحة القحطاني، وفاءً ومحبةً أبدية.
- إلى كل الذين أضاؤوا لي بمحبتهم دياجر الطريق.
- إلى كل الأحرار في زمن الضعة والاندحار.

تقـديم

فاجأتني الدكتورة إيمان حين رغبت إليّ أن أقدم لكتابها القيم هذا.

والدكتورة إيمان كانت طالبة متفوقة في مرحلة البكالوريوس في جامعة اليرموك وقد عرفتها، كما عرفها أساتذة قسم اللغة العربية وآدابها في ذاك الزمان، طالبة شغوفة بالعربية وعلومها، الأمر الذي دفعها إلى أن تختارها موضوعاً لدراستها، وأن تكافح على مستويات اجتماعية عدة كي تتخلى- من أجل اختيارها- عن دراسة الصيدلة التي قُبلت فيها.

تمتاز الدكتورة إيمان – كما عهدتها- بالذكاء الفطري اللماح، وبالاستعداد النفسي الدائم لبذل الجهد دونما كلل، فبغية الوصول إلى المعرفة الحقة من معدنها الأصيل. وهي – فضلاً على ذلك- تتخذ الحوار أسلوباً لترسيخ تلك المعرفة في العقل، وصولاً إلى الرضا عن النفس من جهة، ولتمكين الذات من وعي الحقيقة، وإيصالها إلى الآخرين طازجة بكل السبل المبتكرة، والأسباب المقنعة، من جهة أخرى.

كان ذلك في الثمانينات حين كانت لا تزال تخطو خطواتها الأولى في قاعات الدرس، وبين رفوف الكتب، وعلى منصات المدرجات، لكن الحياة أخذتها – بعد ذلك- منا، وحطت بها في أماكن أخرى قريبة حيناً بعيدة حيناً. وإذا كانت الحياة استطاعت أن تبعدها مكاناً، فإنها لم تستطع أن تبعدها روحاً؛ لذا ظلت إيمان تواصل رحلتها مع العربية التي أحبت، كما بقي ارتباطها العلمي مع أساتذتها القدامى في اليرموك وثيقاً. إن هذا ليدل – يقيناً- أن الأصالة حين تغدو طاقة كامنة في النفس، لابد لشعلتها الجديدة من أن تظل متصلة بجذوة نورها القديم حتى لا يخبو ألقها المعطاء أبداً. هذه هي إيمان: بذرة سليمة صافية نمت في أرض، وامتدت إلى أرض، لكنها استمرت باسقة تنشدّ إلى ماضيها بلحمة ووفاء، وتعيش حاضرها بزهو وولاء.

وما دمنا لا نماري في صدق القول القديم: "اختيار الإنسان قطعة من عقله "أو قلبه" فإن اختيار الدكتورة إيمان للسياب مجالاً للدراسة في هذا الكتاب، اختيار له أبعاده الروحية والعقلية حقاً.

فالسياب يقف تاريخياً في منطقة انعطاف حادة بين القديم والجديد، فالشاعر نهل من القديم أعذبه وأصفاه وأبلغه، حيث تثقف على علومه ومعارفه، كما تغذت موهبته وتربّت على آدابه وأشعاره، لكنه حين أنتج شعراً كان شعره مزيجاً من ذلك القديم، ومن إرادته هو بالتجديد، فانبثقت قصائده تُسجل في تاريخ الشعر العربي الحديث أولياته الأولى حوالي منتصف القرن العشرين كما تعلم.

وهكذا التقت إرادة تجديد الشعر لدى السياب، بإرادة تجديد الدرس لدى الدكتورة إيمان فكانت نتيجة التقائهما هذا الكتاب المعنون بـ :

"بدر شاكر السياب: دراسة أسلوبية لشعره"

فالدراسات التقليدية المعروفة للغة العربية ونحوها لم تكن - كما يظهر- كافية لأن تبقيها في حيزها، ولهذا اجتهدت لتحصيل علم لساني جديد كي تتعامل معه في قراءة جانب لغوي فعال لدى شاعر مجيد ومجدد أبدع في نصوصه الشعرية عالماً من سحر البلاغة والبيان.

وبناء عليه، وانطلاقاً منه، قرأت الدكتورة إيمان من السياب الصورة الفنية في شعريتها ورمزيتها، كما قرأت بنية القصيدة العامة وتطورها، وكذلك الإيقاع الخارجي والداخلي، ثم التكرار الصوتي في مستويات عدة، وظاهرة التضاد والمقابلة، والمعجم الدلالي من خلال التراكيب الموزعة بين الحداثة والأصالة، حتى انتهت إلى أن السياب كان ينهل من معين التراث الأصيل أكثر مما نهل من اللغة اليومية، بل إن الألفاظ العامية أو الشعبية البسيطة التي كانت تتردد في شعره أحياناً، لا تبدو نابية وإنما تسهم في إشراق النص، وتعطيه معنى خاصاً قد لا يتأتى بغيرها.

كانت قراءة تلك الموضوعات قراءة جديدة جراء تطبيق مبادئ الأسلوبية عليها. والأسلوبية منحى جديد في دراسة اللغة الشعرية تقوم على أساس فحص الأبنية المختلفة في النص الشعري لجلاء علاقاتها وتعاضدها، وتكامل تفاعلها وتساندها؛ لإكساب النص قيمته الجمالية وبُعده الإنساني.

وإذا ما نظرنا إلى مجمل ما أنتجته الدراسات الأسلوبية وجدناها تسير في مسربين:

أولهما: ينتهي إلى دراسة أنظمة الأبنية والأشكال والأنساق اللغوية والصرفية والصوتية؛ لإبراز مكونات النص في مستوى الشكل الجميل.

وثانيهما: ينتهي إلى إضافة المعنى بصفته مكوناً أساسياً من مكونات النص، ذلك أن الجمال الشكلي وحده لا يلبي توق الإنسان الروحي إلى ما بعد الشكل وهو المعنى الجميل ببعديه الظاهري والخفي.

ومن حسن الطالع أن الدكتورة إيمان كانت أدركت بحسها الإنساني العميق أن الجانب الأول لا يسعى إلى إنعاش الروح في تساميها الشعري، وإنما لابد أن يضاف إليه تتبع المعنى الأبعد والأعمق من أجل أن تستقر النفس، ويطمئن القلب، وينتشي العقل.

ففي هذا الكتاب دراسة تحليلية واعية ومستغرقة للنص الشعري بكل جوانبه وتعرجاته وتموجاته وتعقيداته وأبعاده، وهي دراسة نحتاج أمثالها اليوم بعد أن أتخمنا بدراسات هامشية تردد إحداها ما كانت قالته أختها من قبل، فلا تزيد المتلقي إلا تكراراً لما عرفه، ودوّنه، وحفظه. فمن هنا كان هذا الكتاب إضافة نوعية جديدة في مضمار الدراسات النقدية والأدبية واللغوية.

صحيح أن السياب دُرس دراسات كثيرة وجليلة ذكرت الباحثة معظمها، لكن السياب شاعر لا تكفي شعره دراسة أو دراسات، وإنما يظل شعره معروضاً على كل عصر- وعلى كل منهج جديد، ولدى كل باحث يمتلك رؤية نقدية جديدة كما هو الشأن مع الدكتورة إيمان التي منحتها رؤيتها الخاصة قدرة ممتازة على الوصول إلى عمق النص السيابي الذي درسته بإخلاص واقتدار.

ليس لي في النهاية إلا أن أهنيء الدكتورة إيمان الكيلاني على هذا الجهد الطيب المبذول بذكاء، وهذه الروح العلمية الدقيقة، منتظراً، كغيري من عشاق المعرفة أن نقرأ لها بحوثاً أخرى كهذا البحث المميز.

والله من وراء القصد

أ.د. عبد القادر الرباعي
عميد كلية الآداب - جامعة اليرموك
إربد في ٢٠٠٥/٩/٢٠

مقدمـة

الحمد لله الذي خلق الإنسان، علمه البيـان، والصلاة والسـلام عـلى صـفوة أنبيائـه محمد بن عبد الله، سيد الأولين والآخرين.

أما بعد،

فإنه على الرغم من كثرة الـذين درسـوا شـعر السـياب دراسـة نقديـة وفـق منـاهج مختلفة، إلا أننا لا نجد من حاول أن يفيد من عناصر علم اللغة بفروعـه المختلفـة في توجيـه النص وفهمه إلا في مواطن قليلة شتى متناثرة بين سطور بحوثهم.

وقد ظل الفصل بين الأدب والنقد مـن جهـة، والبلاغـة واللغـة مـن جهـة أخـرى قائمـاً في الدراسات النقدية الحديثة بعامة، بل إن بعض الدراسات التي زعمت أن من شأنها أن تجمـع بين المنهجين ليفيد أحدهما من الآخر ويكمل به، انحرفت في مواضـع كثـيرة عـن هـذا المبـدأ، وتحولت إلى إحصاء للغة، لا محللة ومفسرة لما تنطوي عليه من دلالات وايحاءات فنية خفية اكتسبها النص من خلال العلاقات الداخلية فيه. وقد آن أن يجمع بين اللغة وجسدها، لتعـود حية نابضة كما كانت عندما تمخض عنها روح الشـاعر. فرأيـت أن أفيـد مـن الأسـلوبية، هـذا المـنهج النقـدي الـذي يتخـذ اللغـة أساسـاً للتحليـل الفنـي في دراسـة شـعر السـياب خاصـة لاعتبارات مختلفة، أهمها:

١- دور السياب الرائد في حركة الشعر الحر، فهو من الرعيل الأول الذين نظموا في هذا الفن، وكان قبلها ينظم على النمط العمودي، فجمع بين التجديد والإيقاع الموسيقي المتوازن مما أدى إلى نضج القصيدة الحرة على يديـه، فوضـع لهـا أصـولها الجديـدة التي شكلت أساساً فنياً للشعراء المعاصرين له ثم اللاحقين.

٢- تبنيه قضايا الأمة العربية وأزماتها، وتعبيره عن آلامها وآمالها.

٣- ما يحفل به شعره من الصور الحية والموحية، وتوظيفه الأسطورة والرمز في تصوير أفكاره وواقعه.

٤- تنوع تجاربه السياسية والإنسانية والاجتماعية، وقسوتها عليه من تشرد واغتراب ويتم وفقر ومرض، مما جعل شعره ذا لذعة مرة تنبع من قلب يتلوى، فكان أكثر تأثيراً وأدق تصويراً وأصدق رؤيا.

- **أما الدراسات التي تناولت السياب وشعره فجلها ذو فائدة وأهمية بالغة منها:**

١- بدر شاكر السياب، حياته وشعره، عيسى بلاطة.

٢- بدر شاكر السياب، دراسة في حياته وشعره، إحسان عباس.

٣- بدر شاكر السياب، والمذاهب الشعرية المعاصرة، محمد التونجي.

٤- بدر شاكر السياب، شاعر الأناشيد والمراثي، إيليا حاوي.

٥- بدر شاكر السياب، سيرة شخصية، ناجي علوش.

٦- بدر شاكر السياب، ريتا عوض.

٧- بدر شاكر السياب، رائد الشعر الحر، عبد الجبار البصري.

٨- الاغتراب في شعر بدر شاكر السياب، احمد عودة الله الشقيرات.

٩- الأسطورة في شعر بدر السياب، عبد الرضا علي.

١٠- الرمز الأسطوري في شعر بدر السياب، علي بطل.

١١- بدر شاكر السياب، حسن توفيق.

١٢- مواقف في شعر السياب، كاظم الجنابي.

١٣- مجموعة مقالات في شعر السياب في ملف الإذاعة والتلفزيون، إعداد: ماجد السامرائي.

١٤- شبح قايين بين إيدث سيتول والسياب، علي بطل.

وقد أضاءت هذه الدراسات جوانب مهمة في حياة السياب، كما تناولت بعض الظواهر الفنية في شعره من خلال تحليل بعض النماذج من شعره غير أننا لا نجد دراسة واحدة منها تدرس شعر السياب وفق المنهج الأسلوبي. فرأيت أن أسد هذه الثغرة فيتخذ بحثي الأسلوبية مسباراً نقدياً يتذوق به جمالية النص الشعري السيابي، وهو منهج يعيد

اللحمة بين النقد والأدب من جهة، واللغة والبلاغة من جهة أخرى على اعتبار أنهما متكاملان لا متوازيان، يكمل أحدهما الآخر ويستمد منه حياته، بعد فصل طويل بينهما، حوّل النقد والبلاغة الى مجرد قواعد صماء خالية من المضمون الجمالي في أحيان كثيرة.

ويفيد المنهج الأسلوبي من الدرس اللساني الحديث بمستوياته التحليلية المختلفة: الصوتية والصرفية والتركيبية (النظمية) والمعجمية والدلالية والبيانية. ويتعامل مع النص الشعري باعتباره بنية متكاملة تتآلف فيها عناصر النص وبناه الجزئية، ويتجه البحث الأسلوبي الى كشف العلاقات الجديدة التي يؤسسها الشاعر بين عناصر البنية لإنشاء قيم دلالية وإيحائية وجمالية مبتكرة يتجاوز بها السائد والمألوف. إذ تشكل المعايير اللغوية العامة الخلفية اللغوية للنص. وهي الخلفية التي ينزاح عنها الشاعر في مواضع مختلفة انزياحاً مقصوداً يفضي إلى أساليب رمزية ومجازية واستعارية متنوعة يحقق بها دلالات وقيماً فنية جمالية جديدة. وفي المقابل يعمد الى خلق تناظر لغوي لا نجده في مألوف الكلام العادي. وهو تناظر يسهم في إضاءة التجربة من جهة وفي إيقاع النص الداخلي من جهة أخرى. ومن خلال النظر الأسلوبي يمكن الكشف عن معجم الشاعر الدلالي وتسهم كذلك في خلق علاقات نظامية جديدة بين المفردات فضلاً عن دخولها في علاقات تقابلية جديدة تكشف بدورها عن عنصر الصراع الذي يضيف حيوية إلى النص والتجربة، ومن خلال ذلك كله تبرز القيم الأسلوبية الخاصة التي يمتاز بها الشاعر عن غيره وتجسد طبيعة تجربته الشعرية.

وسوف يتنبه البحث إلى خط التطور في أسلوب الشاعر وبناء قصيدته بما يواكب تطور تجربته ورؤيته.

على أن المنهج الأسلوبي الذي آخذ به لا يذهب مذهباً متطرفاً في النظر إلى الشكل مجرداً، وإنما يتوجه كذلك إلى استبطان الدلالات والإيحاءات التي يحملها الشكل. ويرى إلى مصادر الشكل والأسلوب في تجربة الشاعر وعالمه الشعري.

يركز البحث على ديوان الشاعر ويستقرئ نصوصه في ضوء المنهج الأسلوبي نظرية وتطبيقاً، يفيد- لاشك- من مجمل الدراسات النقدية التي تناولت السياب على اختلاف مناهجها.

ويقع هذا البحث في ستة فصول ومقدمة وخاتمة. تناولت في الفصل الأول الصورة الفنية بنوعيها الرئيسين: الشعرية، والرمزية فتحدثت عن الصورة الشعرية بعامة ثم تناولتها بأقسامها الثلاثة: المفردة، والمركبة، والكلية. ومثلت لها بنماذج من شعر السياب محاولة إبراز ما فيها من علاقات لغوية وبلاغية جمالية. وفرقت بين الصورة المفردة البسيطة، والمفردة المعقدة ففصلت الأساليب التي تنبني عليها في شعر السياب وهي: تبادل المدركات، تراسل الحواس، الوصف المباشر، ثم فرقت بين طرق بناء الصورة بتبادل المدركات وهي: التجسيد والتشخيص والتجريد، وحاولت أن أتتبع هذه الأنماط في شعر السياب خلال مراحله المختلفة.

ثم وضحت مفهوم الصورة المركبة وطريقة بنائها في شعره وذلك بأساليب متعددة منها: المقابلة، والمفارقة والتوليد، والتراكم فحرصت على التفريق بينها موضحة دورها الدلالي والجمالي الخاص، ثم تحدثت عن الصورة الكلية بنوعيها: المتنامية، والمتراكمة، وفرقت بينهما بنية ودلالة.

-أما الرمز فعرفته، وحاولت تبيان علاقته بالصورة الشعرية بعامة، والاستعارة بخاصة، مبينة وظيفة الرمز الناجح في النص الشعري وفرقت بين نوعيه الرئيسين: الرمز الابتكاري، والرمز التراثي، ثم بينت أنواع الرمز التراثي وهي: الرموز الأسطورية، والدينية، والتاريخية، والشعبية، وذلك من خلال تحليل النماذج السيابية المتنوعة، فحللت بعض الرموز الابتكارية في شعره هي: المطر، وفيقة، جيكور.

- أما الرموز التراثية فقد حاولت في البدء التفريق بينها بعامة وبين الرمز الأسطوري خاصة، كما حددت مفهوم الأسطورة في الشعر، ثم تطرقت إلى دواعي استخدام السياب الأسطورة والرموز التراثية عموماً، من أسباب سياسية وفنية، والتفت إلى غلبة الرموز المسيحية والوثنية على شعره، وتعامله أحياناً مع الرموز الدينية كما يتعامل مع الرموز الوثنية مما لا يليق بقدسيتها.

- ثم تطرقت إلى المستويين الفنيين اللذين يستخدم فيهما الشاعر رمزه التراثي وهما: الإشارة، والرمز المكثف. وحاولت التفريق بينهما بناء ودلالة عبر مراحله الفنية المختلفة من خلال تحليل النماذج الشعرية، ثم تناولت بالتفاصيل الأساليب العشرة التي شكل بها السياب الرمز التراثي وهي: التشبيه، التوحد، التصريح، التلميح، المزج، القلب، التحوير، إضفاء الروح الأسطورية على بعض الشخصيات التراثية، خلق الأجواء الأسطورية، التضمين الشعري. ومثلت لكل منها بنماذج شعرية.

- أما الفصل الثاني فدرست فيه بنية القصيدة العامة وتطورها من الغنائية بنوعيها: الاعترافية والخطابية- إلى الدرامية وعرفت بكل من هذه الأنماط وحللت نماذج فنية لتوضيحها، ثم تناولت البناء الدرامي، وعللت سبب تحول الشعراء إليه، موضحة أهم عناصره في شعرهم وهي: الصراع، المقابلة، الحوار، الحركة، الأقنعة، وغيرها. وبينت ما لهذا البناء من دور فني جمالي ينسجم وواقع الشاعر المعاصر.

- أما الفصل الثالث فدرست فيه الإيقاع بشقيه: الداخلي والخارجي، ففرقت بينهما، وبينت دورهما المتكامل في خلق الأجواء المناسبة لنفسية الشاعر وواقعه الداخلي، من خلال تحليل نماذج فنية، وضحت فيها العلاقة بين الإيقاع النفسي ورؤيا الشاعر وبناء القصيدة.

- أما الفصل الرابع فتناولت فيه ظاهرة التكرار في شعر صاحبنا، بأنواعه المختلفة وهي: تكرار الأصوات، والمقاطع الصوتية، والألفاظ، والجمل، ومقاطع من القصيدة، والنقط، والظاهرة، والصورة، في محاولة لرصد دور هذه الظاهرة في إثراء النص وخدمة رؤيا الشاعر.

- أما الفصل الخامس فتناولت فيه ظاهرة المقابلة والتضاد في شعره، ووضحت ميزتها الجمالية والدلالية والنفسية من خلال تحليل النماذج الفنية المتنوعة.

- أما السادس فتناولت فيه معجم السياب الدلالي فحاولت رصد ألفاظه وتراكيبه الشعرية بين الحداثة والأصالة، وتوصلت إلى أن السياب كان ينهل من معين كتب التراث الأصيلة أكثر من اعتماده على لغة الصحافة اليومية، وحتى عندما ترد بعض الألفاظ العامية، أو الشعبية، أو البسيطة في شعره فإنها لا تبدو نابية، وإنما تسهم في إشراق النص وإعطائه معنى خاصاً لا يتأتى بغيره، فلا مكان للعامية المتبذلة في شعره.

- ثم ختمت البحث بملخص لأهم نتائجه بالعربية والإنجليزية.

ولا يفوتني آخراً أن أزجي الشكر الجزيل إلى أ.د. وليد سيف الذي بدأ معي مسيرة هذا البحث ثم حزبه العمل والسفر فلم يكمل، كما أزجي الشكر الجزيل إلى أ.د. سمير قطامي الذي تابع المسيرة بعده، فكان نعم الأستاذ والمرشد.

والله نسأل السداد والفائدة، فإن أصبنا فلله الحمد من قبل ومن بعد، وإن أخطأنا فالله من وراء القصد.

د. ايمان "محمد امين" خضر الكيلاني

الفصل الأول
الصــورة

الصورة الشعرية

الشعر فن، هدفه الأسمى التصوير، ولكل فنـان أداتـه، وأداة الشـاعر كلماتـه. بقـدر براعته في تصوير امتزاجه بالوجود من حوله، وامتزاج الوجود فيه يكون ناجحاً ومؤثراً.

وقد تنبه أجدادنا إلى أهمية التصوير في الشعر ، فقال الجاحظ:

"الشعر صياغة وضربٌ منَ النسيج وجنس من التصوير". [(١)]

فهو صناعة تحتاج إلى إتقان ودربة بالإضافة إلى الموهبة، والاستعداد النفسي- وهـو نسيج تتلاحم فيه خيوط الذات مع خيوط التجربة والطبيعة؛ لتنتج تصويراً فنياً مبدعاً مبتكراً يثير الدهشة من المتلقي.

وليس من عمل فني تمتـزج فيـه روح الفنـان بالطبيعـة وعناصرهـا كـما في التصـوير الشعري لما له من خصوصية لا نجدها في غيره من الفنون.

ونعني بالتصوير الفني ذلك الـذي يكـون غـير مبـاشر، وهـو " الـذي يكـون التخيـل جوهره والذي يعمد فيه المبدع إلى إعادة تنسيق عناصر صوره بما يتماشى وذبذبته الشعورية، وبشكل مختلف عما لها من بعد في الواقع العياني المرصود، وعما تحمله من دلالة لغوية بعد أن يكتشف- بماله من ذكاء وبراعة وفطنة- العلائق التي تصحح مثل هـذا التنسـيق، والـربط بينه وبين ما لعناصره من أبعاد حقيقية، أي بين الدلالات اللغوية لعناصر الصورة، بين مـا أراد المبدع أن تكون معبرة عنه ودالة عليه من أفكار ومشاعر" [(٢)].

وقد التفت حازم القرطـاجني إلى وظيفـة الصـورة وتأثيرهـا في السـامع سـابقاً بـذلك الأسلوبين المحدثين، إذ يفصل بدقة ذاك الاتصال بين التجربة (المعاني القائمة في نفس الشاعر) والصور الخارجية التي يلتقطها بحسه الشعوري منهـا ليعـبر عنهـا بألفـاظ منسجمة؛ لتـؤدي دلالة خاصة تنتقل إلى السامع وفق رؤيته الخاصة، فتقيم في ذهنه تلك الصورة

---

(١) الجاحظ، (ت: ٢٥٥هـ)، الحيوان، عبد السلام هارون: المجتمع العلمي العربي الإسلامي، بيروت.

(٢) ناجي، مجيد عبد الحميد، ١٩٨٤، الصورة الشعرية، الأقلام، السنة ١٩، عدد ٧٤، بغداد، ص٥.

الشعورية المتوترة في أعماق الشاعر، فتؤثر فيه. يقول حازم: " إن المعاني هي الصورة الحاصلة في الأذهان عن الأشياء الموجودة في الأعيان فكل شيء له وجود خارج الذهن، فإنه إذا أدرك حصلت له صورة في الذهن تطابق لما أدرك منه، فإذا عبر عن تلك الصورة الذهنية في أفهام السامعين وأذهانهم، صار للمعنى وجود آخر من جهة دلالة الألفاظ. فإذا احتيج لمن لم يتهيأ له سمعها منه المتلفظ بها صارت رسوم الخط تقيم في الأفهام هيئات الألفاظ، فتقوم بها في الأذهان صور المعاني، فيكون لها أيضاً وجود من جهة دلالة الخط على الألفاظ الدالة عليها"[1].

"فالصورة بوصفها مصطلحاً أدبياً في التراث النقدي العربي تعني قدرة الشاعر في استعمال اللغة استعمالاً فنياً يدل على مهارته الإبداعية ومن ثم يجسد شاعريته في خلق الاستجابة والتأثير في المتلقي[2].

وهذا المفهوم للصورة هو بعينه ما استقر عليه الدرس النقدي العربي إلى حد ما، فـ " هو التفاعل المتبادل بين الفكرة والرؤية والحواس الإنسانية الأخرى، من خلال قدرة الشاعر في التعبير عن ذلك التفاعل بلغة شعرية مستندة إلى طاقة اللغة الانفعالية بمجازاتها واستعاراتها وتشبيهاتها في خلق الاستجابة والإحساس بذلك التفاعل عند المتلقي، سواء أكانت الاستجابة حسية أم معنوية تجريدية. فإذا أضفنا إلى هذا التحديد الدلالة التراثية النقدية العربية في التوكيد على عنصري: الصياغة، وجودة السبك في تحقيق الحس الصوري أو التصويري للغة الشعرية في القصيدة يستقر مصطلح الصورة عندنا- في هذه الدراسة- ليعني التأثير الذي يخلقه في نفوسنا التفاعل الفني بين الفكرة والرؤية الحسية عن طريق جودة الصوغ والسبك بلغة شعرية انفعالية صافية بعيدة عن التجريد المستغلق والخطابية المباشرة"[3].

---

(١) القرطاجني، حازم (ت: ٦٨٤)، منهاج البلغاء وسراج الأدباء، تحقيق: محمد الحبيب ابن الخوجة، ١٩٦٦م، تونس، ص١٨-١٩.
(٢) الغزوان، عناد، ١٩٨٧م، الصورة في القصيدة العراقية الحديثة، الأقلام العددان، ١١-١٢، بغداد، ص٨٥.
(٣) السابق نفسه، ص ٨٦.

وهذه الصورة بطبيعة الحال ترصد رؤية الفنان لعنصر من عناصر الوجود من خلال شعوره في لحظة زمنية خاصة. ومن هنا عبر عزرا باوند عنها بأنها: تركيبة ثقافية أو عاطفية في لحظة من الزمن[١]. " وهي الوسيلة الفنية الجوهرية لنقل التجربة - في معناها الجزئي والكلي، فالصورة جزء من التجربة- نقلاً صادقاً وواقعياً[٢]".

وبقدر نضج الرؤيا الشعرية لشاعر ما تكون صورة مبتكرة وعميقة تثير الدهشة وتنطبع في الأذهان"؛ لأن القصيدة في النهاية ليست إلا محصلة لجهد الشاعر وتجسيداً جمالياً، حسيا لمسلكه الثقافي والذوقي والنفسي في لحظة ما"[٣].

ومن المغالطات النقدية فصل التشبيه عن الصورة الشعرية، وعده خارجاً عليها، فمن ذلك قول أدونيس محاولاً التفريق بينهما: " يخلط الكثيرون بين التشبيه والصورة، حتى ليندر بين قراء الشعر الجديد وناقديه من يميزون صحيحاً بينهما. التشبيه يجمع بين طرفين محسوسين، إنه يبقي على الجسر الممدود فيما بين الأشياء. فهو لذلك ابتعاد عن العالم. أما الصورة فتهدم هذا الجسر؛ لأنها توحد فيما بين الأشياء، وهي إذ تتيح الوحدة مع العالم تتيح امتلاكه. لكن العالم يبدو من خلال التشبيه مشهداً أو ريفاً. وتبعاً لذلك تبدو فيه علاقة الانسان بالعالم باردة وآلية. فشعر التشبيه ينظر إلى الأشياء باعتبارها أشكالاً، لا معاني أو وظائف، هو إذن لا يمتلكها، لا يتوحّدُ معها، لا يقبض عليها. هي التي، تفرض على العكس، وجودها على شاعر التشبيه وتمتلكه. يصبح الشاعر حينذاك ملحقاً بالعالم، لا سيداً له"[٤].

والواقع أن في هذا الرأي شيئاً من التعسف إذ إنه افترض أن التشبيه دائماً يقوم على أساس المشابهة الحسية بين شيئين، كما أنه فرغه دائماً من الرؤيا والتجربة التي تفرض تشبيهاً ما دون غيره وتستحضر في ذهن الشاعر تصوراً لتشابه بين شيئين قد يتشابهان واقعاً، وقد لا يتشابهان إلا من وجهة نظر الشاعر ونفسيته في لحظة ما.

---

(١) روزنتال، م.ل، ١٩٦٣م، شعراء المدرسة الحديثة، منشورات المكتبة الأهلية، بيروت، ص٨٥.

(٢) هلال، محمد غنيمي، النقد الأدبي الحديث، دار الثقافة، بيروت، ص ٤٤٢.

(٣) العلاق، علي جعفر، ١٩٨٧، الشاعر العربي: حداثة الرؤيا، الآداب ، العدد ١٠-١٢ بيروت، ص ٣٤.

(٤) أدونيس، ١٩٧٨، زمن الشعر، دار العودة، بيروت، ص١٥٤.

وكأني به يفرغ كل تشبيه من جماليته، ويجرد كل شاعر استخدم التشبيه من رؤياه الحاصة المؤثره. وليس ثمة تعارض بين استخدام التشبيه وعمق الرؤيا والتأثير.

بل إن بعض النقاد يرون أن " الصورة في الشعر التقليدي كانت مجرد تابعة شارحة مدعمة أو تزيينية زخرفية، وبعد أن كانت تستخدم في الشعر الرومانسي- بطريقة إضافية للتلوين العاطفي والتأثير، أصبحت في الشعر الحر تستخدم بطريقة بنائية عضوية تندرج أصلاً في صميم العمل الفني فتتولد خبرة أوسع وأكمل، تعمق إدراكنا وإحساسنا. وفي هذا الاندراج أو الاندماج تحمل الصورة الفكرة أو التجربة أو الرؤية بتعقيداتها كلها الموجودة والتي ستوجد. أما أنها تحمل الفكرة فلأنها لا تنفصل عنها تشرحها أو تزينها بل تعبر عنها، وأما أنها تحمل التجربة فلأنها لا تقام بمعزل عنها، ولا تفسر هذه تلك على الانصياع لعالمها. وأما أنها ثالثة تحمل الرؤية فلأنها واسطتها الوحيدة مادمنا قد اتفقنا على أن الشعر الحديث شعر رؤى، وأن الشاعر الحديث يرى ويشعر، ويفكر (بلغة)* واسطته التي يخلق بها الأشياء والعلاقات"[(١)].

إن تفريغ الشعر التقليدي من شحنته التصويرية العاطفية فيه كثير من التجني، وإن وجود بعض النماذج الشعرية التي فيها الصور إلى مجرد قوالب جاهزة تزيينية-قليلة مقارنة بالكم الشعري التقليدي الناجح الخالد الذي أورثناه شعراء العربية الأفذاذ عبر العصور المختلفة بدءاً بامرئ القيس، وطرفة بن العبد ومروراً بجرير فالمتنبي، والشريف الرضي، وغيرهم كثير فتلك النماذج القليلة لا تصلح أن تتخذ قاعدة يقاس بها الشعر التقليدي. فالشاعر المفلق منذ وجد كل صاحب رؤيا ناصعة قادرة على التنبؤ ورؤية ما وراء الأشياء وما وراء الزمان والمكان، من خلال امتزاجها بذاته وتجربته وثقافته، ولكن لكل شاعر طريقته الخاصة مرهونة بعصره ومعطياته. كما أننا لا نستطيع أن نفرغ الشعر الرومانسي من جمالياته، وإن كانت تختلف طبيعة هذا الجمال الفني، فالشاعر الرومانسي يحفل كثيرا ببناء عش تصويري من حوله ينتقي فيه من عناصر الطبيعة كل ما هو مثالي وجميل ليناسب مشاعره العاطفية الحرة المنطلقة وراء الذات.

---

* هكذا وردت ولعله يقصد " باللغة".

(١) اليافي، نعيم، د.ت. تطور الصورة الفنية في الشعر العربي الحديث، اتحاد الكتاب العرب، ص٢٦٢.

أما الشعر الحر لدى الرواد وخاصة السياب فهو تصوير أيضاً؛ لكنه يختلف عن سابقيه بطبيعته التي تعتمد تكثيف الصور وتناميها وتعاضدها بشكل مركب يناسب طبيعة الحياة المعاصرة، وإيقاع القصيدة الحرة ينبع من حركة الحياة نفسها. فالتشبيه صورة لكنها أوسع منه دلالة، إذ " الصورة الآن أوسع بكثير من مجرد الاستعارة، غير أنها ليست مقطوعة الصلة بينهما، فهي تأتي أحياناً على شكل تشبيه سريع ولكنه عميق، أو بشكل استعارة سريعة أيضاً لكنها ذات دلالة عميقة"[(١)].

فالتشبيه والاستعارة هما من وسائل الصورة، ولكن الصورة أشمل وأعم فهي لا تقتصر عليهما وحسب.

"إن الكون الشعري يحتوي على كل هذه الجوانب، والفكرة، لذا فإن البحث عن الكون الشعري هو البحث عن الصورة ودلالاتها وعن الفكرة والشعور، فليس الأثر مجرد انعكاس أو رسم وإنما هو فتح وخلق. ونتعرف على الصورة بما فيها من قدرة على الكشف والصيرورة وبلا محدوديتها، فهي تتضمن وجود التشابه والتضاد في آن"[(٢)].

فليس بين الصورة إذن وبين التشبيه أو الاستعارة جفوة، فقد يصل التشبيه أو تصل الاستعارة في بعض الأحيان إلى درجة من الخصب والامتلاء والعمق الى جانب الأصالة والابتداع بحيث تمثل " الصورة" وتؤدي دورها، وإن تمثلت أحياناً في التشبيه الخصب والاستعارة الذكية ما تزال لها وسائل أخرى تحقق بها ومن خلالها"[(٣)].

ويمكن القول: إن الفرق الجوهري بين الصورة في الشعر القديم، والصورة في الشعر الحر الطبيعي تكمن في أنها كانت غالباً صوراً جزئية لا تتنفس في كل القصيدة إلا في القليل من الشعر العربي القديم، وهذا يتناسب مع اعتماد الشعر العمودي على وحدة البيت، في حين أن استقصاء الصورة الكلية من خلال الصور الجزئية وتلاحمها في بناء تكاملي يتوالد من صور متلاحقة مترابطة- بات خصيصة فنية من خصائص القصيدة

---

(١) ابراهيم جنداري، ١٩٩٠، الصورة الفنية في شعر بدر السياب، الاقلام، السنة ٢٥، العدد ٦، بغداد، ص٩٢.

(٢) المرجع نفسه، ص٩٣.

(٣) اسماعيل، عز الدين، ١٩٨١م، الشعر العربي المعاصر قضاياه، وظواهره الفنية والمعنوية، دار العودة ودار الثقافة، بيروت، ص١٤٣.

الحرة ظاهرة لدى الرواد، وهو بناء يتناسب مع شعر يعتمد على التفعيلة، ونظام الإيقاع القائم على أساس الدفقات الشعورية. فالصورة فيها " أولاً: جزئيات مختارة موحية قابلة للتفجير، ومكانها ثانياً داخل النسق او الكل العام هو الذي يحدد لها قيمتها التي تفقدها خارجة إن لم نقل إنها تموت في هذا الخارج، وتضحي لقى مهملة لا أهمية لها، وهذا التطور في استخدام الجزئيات ووظيفتها بين الشعرين التقليدي والحديث، أو التطور في علاقة الجزء بالكامل من جهة وفي طبيعة هذا الجزء من جهة أخرى إنما تتم تحت شتى المؤثرات، أهمها علم الجمال وعلم النفس اللذان أكدا لنا حديثاً أن التجربة الفنية تجربة تركيب الشكل أو خلقه لا تشكل كلاً يتألف من أجزاء يسهل فصلها، بل إن الاصطلاحين " جزء" و" كل"، لا ينطبقان حرفياً على كل تتداخل عناصره وذاته، ويكون بنياناً معقداً أشبه ما يكون بشخصية الفرد الإنساني"[1].

فهذه الصور التي تتداخل تتصف بالعضوية والتلاحم، نتيجة الانفعال الواحد الذي ينمو ويتطور في رحم الصور المتتابعة، أشبه ما يكون بشريط سينمائي تتوالى فيه الصور وتترابط لتؤدي في النهاية إلى الأثر الموحد[2].

كل هذه الخصائص للصورة الفنية في الشعر الحر نجدها أنضج ما تكون في شعر السياب الرائد.

وتتعدد أساليب الصورة السيابية فتبنى عن طريق التشبيه أو الاستعارة المبنية على التجسيد أو التشخيص أو التجريد، أو تراسل الحواس[3] أو الوصف المباشر.

وتنقسم الصورة الشعرية في شعره بعامة من حيث البساطة والتركيب الى ثلاثة أنواع:

١- الصورة المفردة.

٢- الصورة المركبة.

٣- الصورة الكلية.

---

(١) اليافي، نعيم، تطور الصورة الفنية في الشعر العربي الحديث، ص٢٦٨.

(٢) المرجع نفسه، الموضع نفسه.

(٣) انظر: أبو اصبع، صالح د. ت، الحركة الشعرية في فلسطين المحتلة منذ عام ١٩٤٨م حتى ١٩٧٥م، المؤسسة العربية للدراسات والنشر، بيروت، ص٣١.

أولا: الصورة المفردة: وهي أصغر وحدة تعبيرية يمكن أن تبنى منها صورة، تمثل لقطة فنية تصويرية خاطفة، وقد تكون جزءاً من تصوير مركب أشمل يشكل منها ومن مثيلاتها صورة مركبة أكثر تعقيداً وعمقاً، وتعكس رؤية متكاملة تمليها تجربة الشاعر.

ويمكن تمييز نوعين للصورة المفردة:

أ- **الصورة البسيطة**، وهي التي تقوم على خرق واحد للعلاقات الدلالية المألوفة[1] على اعتبار أن اللغة الشعرية انزياح عن اللغة المألوفة، وخرق لقواعدها. وذلك كما في قول السياب:

ما كان لي منها سوى أنا التقينا منذ عام
عند السماء، وطوقتني تحت أضواء الطريق
ثم ارتخت عني يداها وهي تهمس- والظلام
يحبو، وتنطفئ المصابيح الحزانى والطريق:
" اتسير وحدك في الظلام"؟[2]

ففي قوله " الظلام يحبو" صورة مفردة بسيطة فيها خرق واحد للعلاقة المألوفة بين " الظلام" و " الحبو" فالظلام يغلب وينتشر، والطفل الذي ما يزال ضعيفاً أو العاجز يحبو، لكن الشاعر خرق العلاقة التعبيرية المألوفة فجعل الظلام " يحبو" دامجاً الصورتين معاً في صورة مبتدعة وذلك في كلمة واحدة هي " يحبو" ليشعرنا بثقل الليل وعجزه عن أن ينفس عن الشاعر، وذلك على سبيل التشخيص ليسبغ الحياة على الليل، إن حياة الشاعر ثقيلة عليه تناسب الظلام والحبو. وجاء الانزياح عن المألوف هنا بصيغة الفعل.

وفي قوله: " وتنطفئ المصابيح الحزانى والطريق" صورة مفردة بسيطة أيضاً انزاح الشاعر فيها عن المألوف بخرق دلالي تعبيري واحد وهو " الحزانى"، فانطفاء المصابيح صورة مألوفة طبيعية تخضع لسنن الواقع، لكن الذي أعطاها بعداً دلالياً جديداً

---

(1) أبو محفوظ، ابتسام، ١٩٩٣م، بنية القصيدة عند امل دنقل، رسالة ماجستير، الجامعة الاردنية، الأردن- عمان، ص٨٨.
(2) السياب، بدر شاكر، ١٩٩٥م، ديوانه، م١، أزهار وأساطير، دار العودة، بيروت، "في السوق القديم"، ص٢٦.

وصفها بـ " الحزانى"، وهذا الانزياح جاء على شكل صفة مناسبة للصورة السابقة، الليل الثقيل الذي يحبو وحزن الشاعر في وسط السوق القديمة في المدينة التي تجثم على روحه ظلاماً مراكباً من الخارج والداخل.

ب- **الصورة المعقدة:** وهي التي تشتمل على انحرافين فأكثر في العلاقات الدلالية السياقية المألوفة في العبارة الشعرية الواحدة[1] مثل قوله:

الليل والسوق القديم، وغمغمات العابرين،
والنور تعصره المصابيح الحزانى في شحوب،
مثل الضباب على الطريق
من كل حانوت عتيق،
بين الوجوه الشاحبات، كأنه نغم يذوب في ذلك السوق القديم[2]

فصورة النور المنتشر من المصابيح مألوفة، لكن الانزياح عن هذه الدلالة المعتادة تم بانحرافين: الأول جعل النور يعتصر، والثاني وصف المصابيح بالحزن والشحوب. وتركيبة هذه الصور جاءت مسحوبة موحية بسبب هذه الازدواجية في التخييل إذ جعل النور الذي يدرك بالبصر شيئاً يلمس باليد ويعتصر، فنقله إلى حاسة اللمس وهو ما يعرف بتراسل الحواس. وجعل المصابيح حزينة، بل وحول الضوء فيها إلى شحوب. فبدل أن يكون النور مشرقاً مبهجاً يؤنس المارين في الطريق، وبدل أن تسعد المصابيح نشرها الضوء بدل الظلام نراها شاحبة، تتألم حزينة وكأنها مكرهة على أن تعتصر النور، مما يشعرنا بمشقة ذلك عليها. ولا يخفى ما في الفعل " تعتصر " من إشعار بالعسر والمشقة، ونور المصابيح شاحب فكانه خلاصة تعذيب وكدح لها. وهي صورة تنسجم تماماً مع شعور الشاعر بثقل الليل- كما أشرنا سابقاً- وحزنه وضياعه في دروب المدينة المظلمة، وسوقها القديمة التي تعني الاهتراء والانتهاء اكثر من العراقة والأصالة.

(١) أبو محفوظ، ابتسام، ١٩٩٣م، بنية القصيدة عند أمل دنقل، رسالة ماجستير، الجامعة الأردنية، الأردن- عمان، ص٨٨.
(٢) أزهار وأساطير، في السوق القديم، ص٢١.

إنها بغداد التي صدمت السياب الرقيق، فتاه في طرقاتها، فأورثته إحباطاً تلو الآخر، فقد شعر فيها بعجزه عاطفياً، ومادياً، ثم سياسياً.

وهنا كان الانسجام بين شحوب النور الذي تعتصره المصابيح وشحوب الوجوه في السوق، وضبابية الحوانيت العتيقة، والنغم الذي يذوب فيشعر أيضاً بالتلاشي والاهتراء.

وكما أشرنا سابقاً فإن الصورة الفنية المفردة البسيطة والمعقدة، تتبنى بأساليب عديدة منها:

- **تبادل المدركات**
- **تراسل الحواس**
- **الوصف المباشر**

أولاً: بناء الصورة بتبادل المدركات: وذلك بأن تكتسب الماديات صفات المعنويات، أو المعنويات صفات الماديات من خلال التشبيه أو الاستعارة بأحد الطرق التالية:

١- **التجسيد:** وهو أن تكتسب المعنويات صفات حسية أو مادية مجسدة غير حية.

٢- **التشخيص:** وهو أن تكتسب المعنويات أو الماديات أو المحسوسات صفات حية.

٣- **التجريد:** ان تكتسب المحسوسات والماديات صفات معنوية مجردة، وهي صورة يتبادل فيها الحس والفكر، والمادي والمعنوي، وتنهار فيها الحواجز بين الواقع وما وراء الواقع فلا يعود ثمة وجود إلا لبصيرة الشاعر التي تستوعب الأشياء والمعاني لتشكلها من جديد تشكيلاً ذاتياً مثالياً[(١)].

يقول السياب في " اتبعيني"

اتبعيني.... ها هي الشطآن يعلوها ذهول
ناصل الألوان كالحلم القديم
عادت الذكرى به-ساج كأشباح نجوم
نسي الصبح سناها والأفول
في سهاد ناعس... بين جفون!

(١) أحمد، محمد فتوح، ١٩٨٤م، الرمز والرمزية في الشعر المعاصر، دار المعارف، مصر، ص١٣٩.

في وجوم الشاطئ الخالي، كعينيك انتظار

....

أمس جاء الموعد الخاوي. وراحا،

يطرق الباب على الماضي... على اليأس... عليا!

كنت وحدي.. أرقب الساعة تقتات الصباحا

وهي ترنو مثل عين القاتل القاسي إليا-[1]

إنها دفق من الصور المفردة المتنوعة التي تولد زخماً فنياً ودلالياً مؤثراً، وهي سمة فنية ظاهرة في شعر السياب خاصة، "فالشطآن التي يعلوها ذهول"، صورة مبنية على التجريد لتعكس شعوره الداخلي فيخلعه على الظواهر من حوله، فالشطآن ظاهرة طبيعية مادية محسوسة أسبغ عليها صفة معنوية هي " الذهول" ولم يكتف بذا، بل جعل للذهول المعنوي لوناً " ناصلا" باهتاً، فحوّله إلى محسوس يدرك بالبصر على سبيل التجسيد، ثم شبهه بحلم قديم، فشبه المحسوس بالمعنوي ولم يتأت هذا التشبيه عبثاً، وإنما تصوير لواقع الشاعر وهو يستحضر ذكرى موعد المحبوبة على الشاطئ بعد زمن بعيد فتكون رؤيته مشوشة ضبابية باهتة يحاول أن يوضحها أكثر في ذاكرته من خلال استرجاع جزئياتها من الأعماق الغائرة فيها، فيعود ليعيش في أجواء ماتت، وتكاد تبلى صورتها التي يغشاها الغبش كحلم قديم مر به زمن طويل، واستحضاره بات عسيراً، بل لا يقف عند تشبيهها بالحلم القديم، فيشبهها أيضاً " بأشباح نجوم نسي الصبح سناها والأفول". فالشطآن في الأصل كانت واضحة مشرقة في الذاكرة لكن بعد الزمان جعلها خافتة باهتة لا كالنجوم، بل " كأشباح نجوم" مجرداً للنجوم أشباحاً. ولكي يؤثر بالمتلقي يوضح هذه الصورة المجردة باستقصائها حين جعل الوقت الصبح، وجعل الصبح " ينسى" مشخصاً منه إنساناً ينسى سنا النجوم، إذ إنها أشرقت بعد أن حال الليل إلى صبح، فغلبها نوره فبهت لونها مقابل ضوء الصبح المفلق، فعادت وكأنها بديلة لا أصلية في النور والتلألؤ، شبحاً لا حقيقة، إذ لا يظهر قوة ضوء النجم إلا ضده الليل الفاحم، ورؤية الشاعر لتلك الذكرى الباهتة المستخرجة من قاع الذاكرة يناسبها أن تكون مثل شبح نجوم عند

---

(١) أزهار وأساطير ١-٤.

انتشار الصبح، والأفول في سهاد ناعس، فالنجوم نفسها ناعسة، لأنه أوان أفولها، والأفول معنوي جعله الشاعر يسهد، مشخصاً إياه، ووصف السهاد بأنه "ناعس" سابغاً عليه صفة إنسانية أخرى، جاعلاً له جفوناً، لتعكس معنى خفوت الضوء الذي شبهت به الشطآن في الذاكرة.

والسهاد والنعاس في الجفون يناسب سهد الشاعر وأرقه، فالوقت هو الصباح والذكريات الباهتة مازالت تجتاح مخيلته.

وفي قوله " في وجوم الشاطئ الخالي ، كعينك انتظار " تجريد فقط أسبغ على الشاطئ صفة معنوية هي الوجوم، وشبهه بعيني المخاطبة المنتظرة، والانتظار فعل إنساني فهو تشخيص.

وقد جاء الموعد وراح، لكن شيئاً لم يحدث فوصف الموعد بـ " الخواء" وفي هذا الوصف تكمن فنية الصورة، فالموعد زمن معنوي، جسمه الشاعر حين جعل للموعد جسداً، وجعل الجسد مفرغاً خاوياً؛ لأنه لم يمتلئ بلقاء المحبوبين، وجعل الموعد الخاوي "يطرق" ليشعر بذلك الإلحاح الإيقاعي المتكرر المفروض على الذاكرة، وكأنه إنسان يطرق بإلحاح مشخصاً إياه؛ ليعطيه معنى السطوة والإرادة الفاعلة، فجعله يطرق على الماضي، ليفتح باباً مغلقاً، ويوقظ مرارة نائمة في الذاكرة، فقد تجسد الماضي في باب يطرق، ثم اخترق الموعد الخاوي باب الماضي الى الباب الذي يليه، باب اليأس من عودة اللقاء ليصل في النهاية إلى الباب الثالث، باب الشاعر فهو المطروق عليه الأخير، إذ الموعد الخاوي الذي مر بالأمس شكل هاجساً يقرع عليه ماضيه؛ ليفتح له الباب إلى يومه من خلال الذكرى المفجعة، فيستسلم لحدة الألم المتأتي من تلك الذكرى، وهو في الحال يأس وترقب وملل امتد حتى الصباح، وقد بلغ في الاستسلام الذروة إلى درجة الشلل التام حيث لا يملك سوى أن يرقب الساعة، مستشعراً بوطأة الزمن، مع أنه متحسر على قضائه دون جدوى، ولذلك يرسم صورة موحية غريبة تثير الدهشة إذ جعل الساعة " تقتات" فشخصها، وجعل الصباح المعنوي قوتاً لها على سبيل التجسيد، ليس هذا فحسب، بل يستقصي صورته كما هي عادة السياب المبدع ليعطيها بعداً عميقاً ومؤثراً فيجعل الساعة نداً له، ومغيظاً فكأنها شامتة باستسلامه وملاله، فهي " ترنو" إليه، بل وجعل لها عيناً،

وأي عين! عين قاتل، وليس أي قاتل، بل قاتل، القسوة منه صفة راسخة تعكسه دلالة صيغة اسم الفاعل " قاسي" ف " ترنو" و " عين القاتل" و" القاسي" كونت صورة مفردة معقدة مبنية على التشخيص انزاحت عن اللغة المألوفة بثلاثة انحرافات خلقت منها صورة مبتكرة. وهذا النمط من التصوير القائم على تثوير اللغة كثير في شعر السياب الرائد.

ثانيا: بناء الصورة بتراسل الحواس Correspondences

وهو أن تتبادل الحواس وظائفها في الصورة الفنية، فما يدرك بالبصر- يصبح مسموعاً، والمسموع يصبح مرئياً، وما حقه أن يسمع يشم أو يتذوق وهكذا، بما يتفق وانفعال الشاعر الداخلي اثناء تصويره لرؤيته وتجربته. ففي تراسل الحواس "تتحول مظاهر الطبيعة الصامتة إلى رموز ذات معطيات حية، لرؤيته وتجربته، ففي تراسل الحواس " تتحول مظاهر الطبيعة الصامتة إلى رموز ذات معطيات حية، ويوحي الصوت وقعاً نفسياً شبيهاً بذاك الذي يوحيه العطر أو اللون، مما يكشف عن تلك الوحدة الشاملة التي تربط بين نثريات الطبيعة، وذلك المعنى المطلق الذي ترتد إليه الأشياء"(١).

"... ومادامت الألوان والأصوات والعطور تنبعث من مجال وجداني واحد فبوسعنا أن نوحي بأثر نفسي معين يدخل في نطاق إحدى الحواس باستخدام لفظ نستمده من نطاق حسي آخر بغية نقل الوقع النفسي على اكمل وجه ممكن، وهروباً من ضيق الدلالة الوضعية ونضوب إيحاءاتها"(٢).

والسياب من الشعراء الذين يوظفون تراسل الحواس توظيفاً فنياً رائقاً يضفي به معنى جديداً لا يتأتى بغيره، تأمل قوله:

عيناك حين تبسمان تورق الكروم
وترقص الأضواء... كالأقمار في نهر
يرجه المجداف وهنا ساعة السحر
كأنما تنبض في غوريهما النجوم.... (٣)

---

(١) أحمد، محمد فتوح، والرمزية في الشعر المعاصر، ص١١١.
(٢) هلال، محمد غنيمي النقد الأدبي الحديث، ص ٤٢٥.
(٣) ديوان أنشودة المطر، " أنشودة المطر" ٤٧٤/١.

يستخدم أسلوب الشرط غير الجازم- وإن لم ينص النحاة على أن حين من أدوات الشرط- فعل " تورق" مشروط زمنياً بـ " تبسمان" ففي لحظة ابتسامهما تسرع الكروم بتلقائية لا متناهية بالاستجابة "فتورق"، إنه إيحاء وسحر.

ومع أن وظيفة العينين أن تدركا المرئيات، ووظيفة الفم أن يتكلم ويبتسم، إلا أن الشاعر استعار من الفم وظيفته وجعلها للعينين اللتين تتحدثان بلغة يراها الشاعر غير مسموعة من خلال ترجمته لما تعكسانه في غوريهما من معان متضادة، في وقت ساكن، فهما تتحدثان بلغة العينين، لا الفم، وتبسمهما لغة أيضاً تومىء للأشياء من حولها بالخصب في هدوء يحمل في داخله الحزن والفرح، واليأس والأمل، والدم والحرية، بل إن تبسم العينين يوحي بتلك العلاقة الحميمة بينهما وبين مظاهر الطبيعة ومكوناتها، فهي صلة تكتفي بالإشارة الموحية من العينين، لا الصريحة كما لو كان التبسم من الفم.

وهذا يعني أن العينين ما لم تبسما ستبقى الكروم جافة عارية حتى من اللون الأخضر. والتبسم حركة هادئة غير مسموعة من الفم، فما بالنا إذا كانت من العينين؟!

هذا التبسم هو الذي يوحي للكروم بأن تلد الجمال والأمل المتمثلين بالإيراق، وللخصب المتمثل بالثمر الذي يعقب إيراق الكروم. وليست الكروم وحدها تنتظر هذا الإيحاء والإيماء من عيني المحبوبة، فهناك الـ " أضواء" (جمع قلة)، تتجه الى الحركة بعد السكون، ويختار الجمع؛ لأن مصدر ضوء واحد لا يكفي، بل يحتاج الأمر إلى أضواء متعددة مثبوتة تشرق من جوانب شتى تتعكس على وجه النهر، فتتضاعف، وتأتي حركة المجداف لتنشرها في مواضع أخرى وتحركها، فهي " أضواء لترقص" غير ثابتة، حركة حياة وبهجة، تنجبان الخصب والضياء معاً، وهي أيضاً ساعة السحر، ومازالت الحركة واهنة هادئة لكنها فاعلة، لأنها تتم في ساعة لا يمكن ان تتم على وجهها الأكمل في ساعة غيرها وتصبح صورة تبسم عينيها أوضح في رؤية الشاعر فكأن النجوم تنبض في غوريهما، لشدة إيحائهما، فيلجأ إلى التشبيه مستخدماً أداته "كأنما" في قوله:

كأنما تنبض في غوريهما النجوم فالنجوم لا تنبض منهما، فهما مصدرها العميق، وهي لا تنبض فعلاً بل شبهاً بـ " كأنما" المتصلة بـ " ما"، والتي فيها معنى التوكيد المتأتي من المد الصوتي، إذ كل زيادة في المبنى لابد أن ترافقها زيادة في المعنى.

والنبض حركة الحياة اللامرئية إلا لمن تعمق في غور عينها وتجاوز تخيلها، والشاعر من البداية يلج إلى أعماق محبوبته الأسطورة من خلال عينيها، وهي حركة لا يراها كل من حوله، ربما كان وحده الذي يراها. وليست نجمة واحدة تلك التي كأنها تنبض بل " نجوم" (جمع كثرة)، معرفة بـ " ال" لتشمل كل جنسها، بكل ما تعكسه " النجوم" من دلالات تشمل الضياء، والعلو، والهدى، والسطوع، والخبو بالتحول الى شهب تحترق لتحرق الشياطين وتطهر السماء من الجواسيس ومسترقي السمع.

فكأنما ينبع الضوء والموت في غوريهما، فهما تصنعان النجوم وتبثان الموت والحياة. وعندما يصل الى هذه الرمزية المتعمقة في غور عينيها مستشفاً منهما ما لا يقال بلغة- يدرك أنها الموت والحياة، فينتقل إلى صورة الأسى الشفيف الذي تغرق فيه عيناها.

وانظر هذه الأبيات من " رسالة من مقبرة".

هذي خطا الأحياء بين الحقول
في جانب القبر الذي نحن فيه
أصداؤها الخضراء
تنهل في داري
أوراق وأزهار
من عالم الشمس الذي نشتهيه
أصداؤها البيضاء
يصرعن من حولي جليد الهواء
أصداؤها الحمراء
تنهل في داري
شلال أنوار
فالنور في شباك داري دماء(١)

فقد جعل الأصداء جمع " صدى" والتي تدرك بالسمع مرئية ملونة، بل إن ألوانها تتعدد وتتنوع في القصيدة ذاتها وفي المكان نفسه دار الشاعر بغداد، فهي خضراء، ثم

---

(١) أنشودة المطر، ٣٨٩/١.

بيضاء، ثم حمراء تتحول إلى نور في شباك الشاعر، لكنها تتحول عنده إلى هاجس يرسم الألوان المختلفة للحياة والوجود من حوله، فالأصداء الملونة تصبح متعددة الألوان بتعدد المعاني النفسية التي تعكسها الأصداء المختلفة. ففي هذه القصيدة يوجه " الشاعر حديثه إلى مجاهدي الجزائر قبل الاستقلال، والمقبرة التي يعنيها هي الوطن العراقي الذي كان يعاني- قبل الثورة- وطأة المستبد... والذي كان الشاعر فيه يكابد ما يكابده الموتى من ظلام ومحاصرة، وتبلغه أصداء خضراء تسري فيها الحياة في أوصال الوطن كله، كما يسري النماء في شرايين الزهر، وهي أصداء بيضاء يعلو فيها صوت الايمان بقيمة الانسان، ويصرع فيه الحق السليب جدار العبودية، ثم هي أصداء حمراء تمتزج فيها أنوار الحرية الهادرة بدماء الضحايا، وهكذا تتعاقب الألوان بتعاقب الحالات أو المعاني النفسية التي يحسها الشاعر، ويبتعث كل منها هالة من الارتباطات والظلال الناشئة من اقترانه في الواقع بموضوع معين، كاقتران الخضرة بالأزهار، واقتران الثوار الأحياء بمنظر الدم، وما يثيره من إحساسات عنيفة"[1].

إن أولئك الأحياء هم الذين يزرعون الخصب بالثورة والحرب في حين أن الشاعر يشعر بالإثم والموت في وطن يعاني ما يعانيه دون أن يستيقظ فيه الموتى. ولذلك تصبح الأصداء ملونة في تأثيرها النفسي فهي خصب، وهي حرية، وحمراء بلون الدم، لكنه دم أحمر ما يلبث أن يصبح شلال أنوار تتدفق، تصنعها دماء الشهداء ، ليثير كل الوطن العربي ويصل إلى الشاعر ملهماً مضيئاً له طريق الحرية. وما كان للأصداء أن تفعل فعلها، وتؤثر فينا لو لم يلونها السياب ويجعلها مدركة بالبصر، بل بالبصيرة.

وعليه فإننا لا نتفق هنا مع محسن أطيمش الذي رأى أن الصور في هذه القصيدة، قد تحولت إلى هوى خاص، وكأنها تطلب لذاتها فتتراكم وتتلاحق دون أن تسهم في تعميق الأفكار وتطوير الموضوع، وأن السياب " يستفيض طويلاً لرسم عالمه وهو يدلف من خلال هذا المطلع التصويري إلى الفكرة الأكثر أهمية والتي تبدأ من قوله " لا تيأسوا من مولد أو نشور" وفي هذا المفتتح التصويري يحس القارئ أن بعض الصور

(1) أحمد، محمد فتوح، الرمز والرمزية، ص ٣٣٦، ٣٣٧.

يغني عن بعض وأن هذه الاستفاضة والبوح الداخلي المستمر إنما هو انسياق مع جماليات الصورة ونأي عن الموضوع"[1].

فقد لحظنا من خلال تحليلنا للمطلع السابق أنه كان موقفاً موحياً وأن الصور تتابعت ملونة لترسم أجواء الشاعر وانعكاس الأخبار عليه منطلقاً منها إلى صورة أرحب، إلى المستقبل راسماً إياه في ضوء ما حدث، بل إن الشاعر لو بدأ من الموضوع الأهم كما أراد الباحث لجاءت القصيدة مبتورة فاقدة لروحها وانفعالاتها، ولكانت أشبه ما تكون بتقرير، لا قصيدة تقتطع من قلب صاحبها وفكره.

ثالثا: بناء الصورة المفردة بالوصف المباشر والتشبيه:

١- في المرحلة (الوجدانية الرومانسية) الأولى:

إن الوصف والتشبيه والاستعارات من طقوس السياب الأسلوبية التي اكتسبها من المرحلة الرومانسية، والتقطها من بيئة جيكور الغنية بالجمال والألوان.

فقد اعتمد في المرحلة الغنائية الأولى من شاعريته على الوصف والتشبيه أساساً في رسم ذاته ومشاعره بلوحات فنية جمالية يتفيأ القارئ في ظلالها شاطحاً مع الشاعر وأحزانه، ولكنه رسم أقرب ما يكون إلى المحاكاة منه إلى الخلق. انظر إلى قوله:

أطلي على طرفي الدامع ... خيالاً من الكوكب الساطع
ظلاً من الأغصن الحالمات ... على ضفة الجدول الوادع
وطوفي أناشيد في خاطري ... ينادين من حبي الضائع
يفجرن من قلبي المستفيض ... ويقطرن في قلبي السامع

****

لعينيك للكوكبين اللذين ... يصبّان في ناظري الضياء
لنبعين، كالدهر، لا ينبضان ... ولا يسقيان الحيارى الظماء
لعينيك ينثال بالأغنيات ... فؤاد أطال انثيال الدماء
يود إذا ما دعاه اللسان ... على البعد لو ذاب فيه النداء

---

(١) أطيمش، محسن، ١٩٨٧، دير الملاك، منشورات وزارة الثقافة والاعلام، بغداد، ٢٦٦-٢٦٧.

إلى أن يقول:

أشاهدت يا غاب رقص الضياء على قطـرة بين أهدابهـا؟
ترى أهي تبكي بدمع السمـاء أسـاها وأحـزان أترابهـا؟
ولكنهـا كـل نـور الحقـول ودفـء الشـذى بين أعشابها
وأفراح كل العصـافير فيهـا وكل الفراشـات في غابهـا[1]

فالمحبوبة (المشبه) واحد، لكن المشـبهات بهـا متعـددة فهـي كوكـب سـاطع، وهـي أغصن حالمات على ضفة الجدول الوادع، وهي أناشيد ينـاغين حـب الشـاعر، ويفجـرن وحـي الشعر في قلبه المستفيض حبا.

وهو يدخل الاستعارة في التشبيه فالأغصن (المشـبه بـه) وصـفها بالحالمـات مشخصـاً إياها إنساناً يحلم على ضفة الجدول الذي وصفه أيضاً بالوداعة. كما جعل الأناشيد " ينـاغين" مشخصاً إياها جاعلاً حب الشاعر الضائع مناغى على سبيل التجريد.

وعيناها (المشبه) كوكبان يصـبان الضـياء في ناظريـه، وهـما نبعـان لا ينضـبان مـن الوحي لكنهما يزيدان الحيارى فيهما ظمأ.

ويلحظ من هذه الصور خصيصة فنية هامة في شعر السياب وهي استقصاء الصـورة منذ بواكيره الشعرية فهو لا يكتفي بذكر المشبه به؛ بل يسعى إلى إيضـاحه وتكثيـف صـورته ليعطيها أبعاداً رؤيوية أوسع من الظاهر المألوف. ويشخص من الغاب حياًَ مشهداً إياه عـلى منظر محفور في ذاكرته لجماله، إنه قطرة دمع من تلك العينين جرت بين الأهداب فيصفها في هذا المشهد، كأنها الضياء راقصاً على أهـدابها، فهـي ليسـت ضـياء وحسـب بـل ضـياء، حـي، راقص، وهي كأنها دمع السماء نقاءً وطهراً، وهي نور الجدول الشذي الذي تكمن فيـه بهجـة الفراشات والعصافير.

إنها صورة خفيفة لطيفة حالمة تـنبض بالإحسـاس المرهـف، غلبـت عليهـا الأصـوات المهموسة: السين، والصاد، والشين، والطاء، والظاء، والحاء، والـزين، والـذال. وكـذلك الحـروف الرخوة: اللام، والميم، والنون، وكلها تتناسب وشفافية المشاعر والصور التي يرسـمها منسـجمة مع الإيقاع الداخلي النفسي، والخارجي للوحته. وهي تصف على طريقة

(١) أزهار وأساطير، "أهواء" ١٢/١-١٥.

الرومانسيين المحلقة إلا أن جلها جاء مألوفاً وإن كان لا يخلو من الجمال. وهي صور العلاقة فيها بين المشبه والمشبه به ظاهرة لا تحتاج من القارئ إلى كد لاستشفاف معنى المعنى، منها جرت على ما يعرف في النقد العربي التشبيه التحقيقي، وهو الذي يكون فيه وجه الشبه قائماً على أساس التشابه الظاهري الواضح، أي أن " يوجد لوجه الشبه مزيد من الاختصاص في الطرفين"[1].

٢- في مرحلة الالتزام بشقيه الشيوعي والقومي (١٩٤٨م-١٩٥٨م):

في هذه المرحلة حيث النضج الفني في شعر بدر ظلت هذه اللوحات الوصفية مقدمات مهمة يستهل بها كثيراً من قصائده، خاصة مطولاته لا لمجرد الوصف فلم يعد هوغاية القصيدة وغرضها الرئيس، بل بات وسيلة فنية يرسم بها أجواء المكان والزمان والأحداث ممهداً لنفسه الشاعرة لكي تنساب في رسم رؤاه وتجاربه.

وفي هذه المرحلة أصبحت تشبيهاته أكثر نضجاً وتوظيفاً وتعقيداً، وعلى درجة بالغة من الجدة والإيحاء الملفع بالغموض اللذيذ. فلم تعد أوصافه عامة، وتشبيهاته مألوفة، فقد أصبحت تعتمد على ما يعرف عند البلاغيين العرب بالتشبيه التخييلي، وهو " الذي يكون فيه وجه الشبه قائماً بالطرفين أو بأحدهما على ضرب من التخييل"[2].

وهو ما أسماه (دي لويس) بإدراك الشبيه في اللاشبيه، فقد يدرك الشاعر شبهاً بين شيئين لا علاقة ظاهرية البتة بينهما، ومع ذلك يستطيع أن يخلق بينهما علاقة شبه ترسمه تجربته وتحكيها رؤيته الخاصة للوجود من خلال تعمقه فيه، تلك الرؤيا القادرة على الابتداع والتوغل في جزئيات الوجود الرحب، وقد أصبح هذا النمط من الوصف في صور السياب خصيصة فنية مميزة له، بحيث يستطيع المرء أن يتكهن من الاستهلال أنها للسياب، يشم فيه روحه ونفسه.

ولعله من البراهين على ما قلنا أن قليلاً من التأمل في وصف عيني المحبوبة في القصيدة الرومانسية آنفة الذكر يختلف تماماً في درجة عمقه ودقته وغموضه وإيحاءاته عن صورة العينين في أنشودة المطر مع أننا نلحظ بذور الصور المعقدة القائمة على

---

(١) أطيمش، محسن، دير الملاك، ص٢٤١.

(٢) أطيمش، محسن، دير الملاك، ص٢٤١.

التشبيه والوصف في أنشودة المطر - في القصيدة الرومانسية السابقة حين شبه العينين بكوكبين يصبان الضياء في ناظريه، ونبعين لا ينضبان من الوحي... إلخ، في حين فتق من عيني المحبوبة في الأنشودة صوراً بلا حدود، صوراً غامضة، وأحياناً متناقضة ظاهراً، وعبر منها، من خلال المحدود إلى اللامحدود من العوالم الكامنة وراء عينيها، فلم يعد هم الشاعر وصف العينين وصفاً ظاهرياً، ولكنه ولج إلى أعماقهما ليستشف من خلالهما ما كان، وما سيكون متنبئاً بالمستقبل العاصف بالموت والميلاد في آن، لقد تغلغل مسافراً في أعماق الأعماق، غائصاً في عيني المحبوبة مستكشفاً وكاشفاً عن عوالم عجيبة تثير ذهن المتلقي الحاذق وتدفعه إلى التفكير العميق محاولاً أن يصل إلى مرحلة العصف الروحي والنفسي التي عاشها الشاعر ليتمخض عن قصيدة بهذا الزخم من التأثير والفنية، وقد أشرنا سابقاً إلى صورة العينين في أنشودة المطر.

ومثال آخر استهلاله قصيدة " المومس العمياء" حيث يقول:

الليل يطبق مرة أخرى فتشربه المدينه
والعابرون إلى القرار مثل أغنية حزينه
وتفتحت كأزاهر الدفلى مصابيح الطريق
كعيون ميدوزا تفجر كل قلب بالضغينه
وكأنها نذرٌ تبشر أهل بابل بالحريق(1)

إنها مقدمة ترسم أجواء أسطورية من الحزن والبؤس في هذه المدينة التي يتحول كل شيء فيها إلى شقاء يبشر بالدمار، لوحة فنية وصفية تناسب القصة المأساوية التي تعيشها بطلة إحدى ضحايا هذه المدينة البائسة، إنها المومس العمياء. فجو الرهبة الخانق، والليل الذي " يطبق" واستخدام هذا الفعل يشعر بزيادة الضيق والشدة، والمدينة تشرب الليل إمعاناً منه في تكثيف صورته السوداوية، إذ الليل منتشر في كل مكان في المدينة، "والعابرون إلى القرارة مثل أغنية حزينة" وهو تشبيه غريب موحٍ، فهم يؤثرون بشقائهم وبؤسهم في من يراهم كالأغنية الحزينة؛ بل إن المصابيح على الطريق كأزهار الدفلى لا تبدد الظلام بل تزيده وحشة وسأماً، وقلوب الناس في تلك المدينة تمتلئ بحقد يتحول إلى

(١) أنشودة المطر، ٥٠٩/١ .

أسطورة فكأنما نظرت إليه عيون ميدوزا فحجرتها، قتلت كل ما فيها من عاطفة، إنها لعنة إلهية، وحيث إن هذه الحال هي السائدة المسيطرة، فإن ذلك يعني أن بابل الجاهلية القديمة (بغداد اليوم) توشك أن تحترق، فكل عناصر الدمار الإنساني والمكاني تلفها، ومادام هذا واقعها فإن الدمار الساحق آتٍ لا محالة.

ويتضح من هذا المثال أن الشاعر من رواد الشعر الحر"... لم يعد يلتفت إلى قضية بلاغية من نوع وجه الشبه، وعلاقة المشابهة المألوفة الواضحة التي يفهمها القارئ ويهتدي إليها بسرعة، لقد صار همه الأول والأساسي هو خلق العلاقات التي تشير إلى الحالة أو الموقف، أو التصور. وأغلب هذه الأحوال إنما هي تنبيه من الشاعر إلى الجو العام العاطفي أو النفسي أو الفكري الذي يريد أن ينقله إلى القارئ، ففي أبيات السياب التي تقدمت إشارة واضحة إلى عهد الشاعر من أجل خلق جو تراجيدي لتلك المدينة التي هو بصدد رسم صورتها، ولذا رأينا أن التشبيه ينتقل من بيت إلى آخر، في محاولة لتأكيد الصورة المأساوية للمدينة، وتشبيه " العابرون" بالأغنية الحزينة يفصح دون شك عن الصورة البائسة لأناس هذه المدينة المبتلاة، وتشبيه مصابيح الطريق الكابية والخافتة التي توحي بالاختناق في أكثر مما توحي بالإضاءة إنما هو دلالة مأساوية جديدة تتحول فيها المصابيح إلى شيء قاتل ومضجر تماماً مثل أزاهير شجر الدفلى ذات الرائحة الخانقة المسمومة، فإذا كان أناس هذه المدينة مثل الأغنيات التي تثير الأسى، ومصابيحها مثل أزاهير الدفلى فإن إمعان السياب بتطوير التشبيه وجعله يبدو كعيون مشؤومة هو إفاضة في خلق المزيد من الإحساس بالفاجعة التي تنتهي إلى أن كل ما في هذه المدينة يبدو أنه " نذر" تبشر بالحريق والرعب والويلات، هذا هو الجو التراجيدي الذي يهدف إليه التشبيه الجديد، والسياب هنا شأنه شأن كل الشعراء الكبار يحاول أن يضع القارئ، منذ البدء أمام المناخ الشعري الذي يريد لنا أن نعيشه، ويبدو أن اهتمام السياب بملاحقة الصور في مطلع قصيدته إنما جاء لأنه بصدد كتابة قصيدة قصصية ذات حدث وأشخاص وزمن

ومكان، ولهذا نراه يستفيض بتصوير المدينة لأهميتها (بالنسبة)* للقصة، لأنها مكان وقوع الفعل والحدث،... "[1].

ويلحظ مثل هذا النمط التصويري في " السوق القديم" وفي استهلاله " حفار القبور" وغيرهما.

٣- المرحلة الأيوبية: (١٩٥٩م-١٩٦٤م)

في مرحلة المرض والوقوف وجهاً لوجه في صراع مع الموت، تراوح وصف السياب بين المرحلتين السابقتين، أي بين الوصف المباشر بالمحاكاة أو القائم على التشبيه التحقيقي، والوصف المتعمق القائم على التخييل الإبداعي.

مثال الأول قصيدته "حميد":

" حميد" أخي في البلاء الكبير
فقد كان مثلي كسيحا
يدب بكرسيه مستريحا
تساءلت عنه فقالوا: "يسير
على قدميه فقد عاد روحا
لقد مات"
يا ويلنا للمصير
ينام ورجلاه مطويتان
شهوداً على الداء، في قبره
إذا ما رأى الله رأى العيان
وقد سار زحفاً على صدره
فأي انسحاق وأي انكسار
يشعان من عينه الضارعة !! "[2]

---

* هكذا وردت وهو خطأ شائع بأثر من الترجمة عن اللغات الأجنبية.

(١) أطيمش، محسن، دير الملاك، ص ٢٤٣-٢٤٤.

(٢) شناشيل ابنة الجلبي، ٦٩٨/١.

فالقصيدة هذه قائمة على الوصف المباشر لعل السبب هو ذوبان السياب الإنسان المتألم في التجربة، لا ذوبان التجربة فيه. لكننا نجده في قصائد أخر معبراً بتجربته لا عنها، تعبيراً تصويرياً يبدع فيه في رسم هواجسه من خوف وألم ورهبة من الموت، ومن الحياة معاً، خوفاً على نفسه وخوفاً على أطفاله الصغار من الجوع والتشرد، وكل ذلك رهين بضغط الألم عليه، فحين يضغط جسدياً يتحول شعره إلى صرخات مباشرة معبرة عن الموت بصورته التي يشعرها المريض الإنسان، بينما حين يضغط المرض النفسي ويتفاقم فوق مرض الجسد وآلامه- يصبح شعره فلسفة للموت كما يراه إنسان شاعر يقف وإياه وجهاً لوجه.

تأمل قوله في قصيدة " نسيم من القبر" :

نسيم الليل كالآهات من جيكور يأتيني
فيبكيني
بما نفثته أمي فيه من وجدٍ وأشواق
تنفس قبرها المهجور عنها، قبرها الباقي
على الأيام يهمس بي: "ترابٌ في شراييني
ودودٌ حيث كان دمي، وأعراقي
هباءٌ من خيوط العنكبوت؛ وأدمع الموتى
إذا ادكروا خطا في ظلام الموت.. ترويني
مضى أبدٌ وما لمحتك عيني !"
ليت لي صوتاً
كنفخ الصور يسمع وقعه الموتى. هو المرضُ
تفكك منه جسمي وانحنت ساقي
فما أمشي، ولم أهجرك، أني أعشقُ الموتا
لأنك منه بعض، أنت ماضي الذي يمضي
إذا ما اربدت الآفاق في يومي فيهديني ! (١)

(١) المصدر نفسه، ٦٧٢/١، ٦٧٣.

في البدء يطالعنا تشبيه نسيم الليل الذي ألفناه رديفاً للراحة والطمأنينة، وانطلاق الروح؛ لكن سرعان ما يقلب المشبه به هذا التوقع منا إلى نقيضه محدثاً فنياً تأثيراً مفاجئاً مدهشاً إذ هو عكس ما ألفنا. إنه "كالآهات" مبعثه جيكور، يأتي هذا النسيم المؤلم حاملاً معه الآهات التي بدورها تُبكي الشاعر، وتثير شجونه. وهي ليست أي آهات، إنها من نفث أمه المنبعث من بقايا قبرها تحمل معها الوجد والأشواق إلى وليدها المريض، فبقايا قبرها المهجور تهمس به على مر الأيام، فالهمس هنا مناسب للآهات، ومناسب للنسيم أيضاً. إنه هاجس ظل يرافقه منذ القدم صوت أمه ترسم فيه لولدها ما آل إليه حالها: فشرايينها تراب، وحل الدود مكان دمها، وأعراقها تحولت إلى هباء من خيوط العنكبوت، وما عادت تشرب سوى أدمع الموتى الذين يبكون خطاياهم. وهي تتشوق إلى ولدها فقد مضى زمن طويل لم تلمحه فيه.

إنها رسالة من الأم الميتة التي أكلها الدود، وعاث عليها الزمن. وهي صورة ظلت تتكرر في شعر السياب في حديثه عن الموت عبر قصائده المختلفة بشكل مباشر، وأحياناً بشكل غير مباشر من خلال رسمه لصور إنسانية عامة، وذلك منذ المرحلة الرومانسية إلى الأيوبية. صورة مختزنة في الذاكرة للأم الفقيدة التي ماتت وهو صغير وصارت طعاماً للدود، وقد زادت هذا الصور ومثيلاتها إلحاحاً في قصائده الأخيرة، وهو على أبواب الموت ليرى مصيره من خلال مصير أمه، ثم يرى مصير أولاده الصغار، خاصة " غيلان" من خلال حياته هو، يتيماً معانياً عقدة الحرمان من الأم. ونرى السياب الذي يفلسف الموت في هذه القصيدة، فيندفع متمنياً لو أن صوته يصل إلى أمه، إلى عالم الموتى كما وصل موتها إليه ليخبرها عن معاناته المرضية فهو مريض، مفكك الجسم، منحني الساق، عاجز عن المشي، وليقول لها إنه لم يهجرها، بل يعشق الموت، ولا يأنف منه؛ لأنها جزء من عالم الأموات، وهي ماضيه الذي يهديه حين تنعدم الرؤية وتَسْودُّ الدنيا في ناظريه، ثم ينطلق بعد هذه المقدمة؛ ليرسم معاناته وصراعه مع المرض بوصف فلسفي تخييلي عميق الرؤيا، فكم نادى أمه ملتمساً منها أن تلمس ساقه وتشفيه، معبراً بشكل غير واعٍ عن رغبته في الحياة والتغلب على الموت، ثم يسألها: هل وصل إليها صوت أولاده الجياع وهو على سرير المرض مكرراً هذه الصورة الإنسانية المؤلمة،

لأنها أصبحت مأساته الكبرى، فهو عذاب آخر، وجه آخر للموت، وهو أن يموت المرء وهو يحمل هم الأحياء الذين سيتركهم يتامى عاجزين صغاراً من بعده لخوفه من أن نحيوا حياة، خير منها الموت، في مجتمع يطحن الكبار قبل الصغار.

ثانيا: الصورة المركبة:

هي محصلة مجموعة من الصور المفردة الجزئية، البسيطة والمعقدة، تتآلف معاً لتعبر عن فكرة أعقد وأنضج، داخل القصيدة تعكس رؤيا شعرية متكاملة منسجمة تمليها تجربة الشاعر التي لا يمكن للصورة المفردة وحدها أن تصورها.

وتكون الصورة المركبة ناجحة بقدر انسجام الصور الجزئية فيها وتفاعلها معاً، " فإذا انفصلت الصورة الجزئية عن مجموعة الصور المكونة للقصيدة فقدت دورها الحيوي في الصورة العامة، أما إذا هي تساندت مع مجموعة الصور الأخرى أكسبها هذا التفاعل الحيوية والخصب"[1].

وهذا النوع من التصوير خصيصة أسلوبية سيابية غلبت على تفكيره ورسمه لرؤاه المختلفة، فهو كلف باستقصاء صُوَره وتكثيفها، ليعطيها أبعد الدلالات الإيحائية التي يعيشها وتجيش فيه، ناحياً بذلك منحى الشاعر الجاهلي الذي كانت تسلمه الصورة إلى جزئيات وتفصيلات ينطلق معها إلى آفاق أرحب، تاركاً لانفعالاته أن تصور على وجه الدقة رؤاه الخاصة.

" ولما كان السياب واحداً من أبرز المجددين في الشعر العربي الحديث ورائداً من رواد حركته، فإن مسيرته الشعرية هي مسيرة الشعر العربي الحديث، وإن ملامح القصيدة الحديثة وتطوراتها والآفاق التي استشرفتها مدينة إلى جهوده وقدراته الفذة على التجديد الهادئ العميق، بحيث أصبحت القصيدة الحديثة بعد مضي هذه الفترة تشير بشكل أو بآخر إلى أنها مازالت أسيرة تلك التغييرات التي أحدثها السياب مع إضافات بسيطة أخرى، ومجالات جديدة أقحمت نفسها فيها.

وقد تكون طريقة التعبير بالصور هي السمة الظاهرة على شعره من سمات الحداثة والتجديد، وهي (الشكل) الجديد الذي استطاع أن يبدع فيه ويرتفع بالقصيدة إلى

(١) إسماعيل، عز الدين، الشعر العربي المعاصر، ص١٤٩.

رؤية جيدة لتعبر عما يجيش في نفسه من مشاعر وعقد وإشكالات حياتية بالغة الدقة، وهو لا يكتفي بصورة واحدة في القصيدة، إنما يعمد إلى إيجاد ذلك الترابط بين الصور المتتالية المتدفقة ترابطاً ينشئ في الذهن إطاراً لما يريد أن يقوله"[(١)]

"إن أغلب قصائد السياب، إن لم نقل جميعاً تقوم على نوع من الاستدلال القبلي، حيث النتائج فيها تترتب على المقدمات، بالاستنباط، أو المسار، وإن كانت التجربة فيها بعد ذلك تأخذ امتدادات واستطالات. إن النتيجة تظل مرتبطة بالمقدمة التي تبدأ عادة من حقيقة. مثلاً، قصيدة " جيكور والمدينة" من ديوان " أنشودة المطر"، و" المعول الحجري" من " شناشيل ابنة الجلبي"، فهو دائماً، ولتأكيد صدق رؤياه، يرجع إلى الوقائع (أحداث، أساطير، حقائق حياتية). إن الكثير من صوره ومن تشكيلات تلك الصور يقوم على التجربة، وهي صور تتضمن دائماً، خلاصة خبراته، فهي كما يعبر عنها في الفلسفة " صور بعدية". أي إنه ذو " ذهن تركيبي". وهكذا جاءت الكثير من قصائده: تركيباً في الحدث، وتركيباً في الصور. وقد أدخل السياب " الناحية الاستطرادية" في القصيدة الجديدة. فهو وريث تلك الطاقة العربية التي تتلمذ عليها، والتي كانت " تركيبية" و"استطرادية" بذات الوقت فهو شاعر يشبع جو صوره؛ ليزيد من القدرة الإيحائية لقصيدته"[(٢)].

ونمثل لهذه الحالة الاستطرادية، والتي تظهر فيها ذهنيته التركيبية بقصيدة "مرحى غيلان" حيث يقول:

"الأرض (يا قَفَصاً من الدم والأظافر والحديد
حيث المسيح يظل ليس يموت أو يحيا .. كظل ،
كيدٍ بلا عصب، كهيكل ميتٍ، كضحى الجليد،
النور والظلماء فيه متاهتان بلا حدود)

(١) جنداري، إبراهيم، ١٩٩٠، الصورة الفنية في شعر بدر شاكر السياب، الأقلام، السنة ٢٥، العدد ٦، بغداد، ص ٩٣-٩٤.
(٢) السامرائي، ماجد صالح، ١٩٧٨م، بدر شاكر السياب، الجذر المتحول، الأقلام، السنة الثانية عشرة، عدد ١٢، بغداد، ص١٤-١٥.

والموت يركض في شوارعها ويهتف: يا نيام
هُبوا، فقد ولد الظلام
وأنا المسيح، أنا السلام.
والنار تصرخ: يا ورود تفتحي، ولد الربيع
وأنا الفرات، ويا شموع
رشي ضريح البعل بالدم والهباب وبالشحوب
والشمس تعول في الدروب
بردانة أنا والسماء تنوءُ بالسحب الجليد"[1].

" الأرض قفص " صورة مفردة توحي منذ البدء بمعنى الضيق والسجن والعذاب، لكن الصورة لا تقف عن هذا؛ بل تفصل فهو " قفص" من الدم والأظافر والحديد" وكيف يتأتى للدم السائل أن يتحجر فيصبح مادة قوية تصنع منها قضبان القفص، وكيف تأتى للأظافر أن تتعملق لتصبح أسطورة من الإرهاب، أداة للقتل والسجن؟! كما لا يخفى ما تشعر به " الأظافر" التي تقبض على الأرض في قفص من دلالة على هيمنة الظَلَمَةِ والقتلة من عالم الغاب الذي لا يعرف قوة سوى "الأظافر" على الأرض كلها وأهلها، فهي بذلك ضحية وأسيرة لديها. والحديد لم يعد ذلك المعدن الحقيقي الذي يصنع منه القفص، فقد أصبح دالاً على الأسلحة أدوات الدمار التي تشكل نمطاً ثالثاً من أنماط القضبان التي تسور الأرض وساكنيها، إنها نمط من أنماط الإرهاب الثلاثة التي يسيطر بها على الشعوب.

وهذه الصورة تستدعي صورة أخرى أسطورية هي المسيح المخلص في الإنجيل يعذب، فهو في حال صراع مع الموت والحياة، هو رمز للإنسان المعاصر المصلح الذي يريد أن يخلص البشرية لكنه يعجز عن ذلك، فلا يستطيع أن يتفلت من قبضة الدم والأظافر والحديد، إنه واقع في القفص الكبير لا يموت فيستريح ولا يحيا كما ينبغي أن تكون الحياة.

(١) أنشودة المطر ١/٣٢٦، ٣٢٧.

وقد استدعت هذه الصورة تشبيه " المسيح" في هذه الحال من العجز بالظل، لا حياة فيه وإن كان يرى، فهو مجرد خيال زائل، وهو " يد" وركز على اليد؛ لأنها عضو الفعل الإنساني لكنها " بلا عصب"، لا تقوى على الحركة، فكيف يمكن أن تبرئ البشرية من عللها ومحنها وهي معطلة؟! وهو " كهيكل ميت" فجسد الإنسان العاجز روحاً ومعنىً، في صورة الإنسان العاجز جسداً في أقصى درجة من درجات العجز مجرد " هيكل ميت" وهو " كضحى الجليد" والضحى نور وإشراق ودفء، لكنه أضافه إلى الجليد فجعله جموداً، وموتاً يقتل الحركة. إنه عالم يختلط فيه النور بالظلام، الحق بالباطل، الخير بالشر فالمتناقضات فيه تتداخل، والرؤية فيه مشوشة ضبابية، فيتحول النور والظلام إلى متاهتين حقيقيتين لا متناهيتين يعيشهما الإنسان المعاصر حائراً فيهما لا يستطيع التمييز بينهما. وهي أرض غاب عنها الخصب بغياب عشتار، وحل محلها " الموت" الذي يشخصه؛ ليعطيه معنى الحركة الفاعلة التي من شأنها أن تحيي الميت فهو " يركض" و" يهتف" بالنيام الذين استسلموا لقبضة القفص قائلاً: "هبوا فقد ولد الظلام" ، ملبساً بهذه العبارة الموت ثوب كهنة إيزيس " الذين كانوا ينطلقون في منتصف ليلة ١٢/٢٥ من كل عام هاتفين في شوارع الإسكندرية: لقد وضعت العذراء حملها وقد ولدت الشمس"[(١)].

لكن إن كانوا هم يبشرون بولادة الشمس الحقيقية، المخلص النور، فإن بدراً جعل الموت يبشر أيضاً، لكن بولادة الظلام، وهذه مفارقة مقصودة من الشاعر، أراد بها أن يقول: إن نذير الموت أجدر بأن يوقظ النيام من بشير الحياة، بل إنه تحول إلى بشارة بولادة الظلام الذي سيولد منه ضده " النور". وهذه الرؤية المعاكسة منسجمة مع صور الأرض المتتابعة التي تؤول جميعها إلى ظلام وتعيش في أحشائه، بل إن الموت يزعم أنه المسيح فيحل محله، وأنه السلام، وكيف تأتي للموت أن يكون مخلصاً وسلاماً؟ إن هذا التناقض الظاهري يكشف عن رؤيا تخييلية فالشبه عميق الغور حقيقي بين الموت والخلاص والسلام، ذلك أن استبسال الشعوب النائمة، واستيقاظها على صوت الموت والظلام جدير بأن يجعلها تحول الموت بإرادتها إلى سلاح لها لا عليها، تدحر به الظلام.

(١) علق الشاعر عند " ولد الظلام" بهذه الحادثة التاريخية انظر: " أنشودة المطر"، ٣٢٧/١.

والنار التي هي في أصلها الوضعي عدو الخصب والحياة، تحرق وتدمر نراها تتزيى بزي عشتار فتنادي بالورود أن تتفتح وبالربيع أن يولد، بل تتحول إلى نقيضها الصرف الماء (الفرات)، وهي التي ستوقظ البعل؛ لتعود الحياة إلى الأرض بعد المحل والجدب، لكن بقرابين جديدة هي: الدم، والهباب، والشحوب"، إنها النار المطهرة التي تتسلط على السجان في كل الأرض، المدمرة للعدو، المحررة للشعوب من عبوديتها وعندها تتقارب النار والماء، حتى يتطابقان في الأثر والنتيجة فلا خصب إلا بحماية النار، ولا بعل يوقظ من سباته إلا بدماء الأعداء والشهداء المسفوحة من أجله، وبهباب النار التي يدفعها الأحرار ثمناً من أجل التطهير.

ثم تأتي صورة الشمس مصدر الحرارة والنور للأرض في صورة غريبة، فهي لا تبكي، وإنما " تعول" لأنها "بردانة"، فمن أين للعالم أن يكتسب الحرارة والنور ويمارس الحياة إن كان المصدر ليس معطلاً فحسب، بل "بردان"؟

والسماء التي يفترض أن تفرح بحملها الجليد، نراها تنوء به مستقلة، إن انقلاب الموازين على الأرض تلبس مظاهر الكون، وقلب حتى موازين السماء، ولعل الشمس هنا رمز للقيم السماوية العليا التي يستمد منها البشر خلاصهم وحرارتهم ونورهم وقد أصبحت الآن معطلة، والمطر رمز الخير والعطاء الإلهي ومادة الخصب الأولى بات ميتاً عديم القيمة، فالوجوم يلف الكون، والخلل يتسرب ليطبق على الأرض ويحكم عليها قبضته، وهي تحتاج إلى الموت والدماء من أجل إعادة الأمور إلى نصابها وتوازنها الطبيعي.

" إن الصورة الواحدة تجر إلى استطالات من الصور وهي صفة ملازمة للسياب في أهم قصائده، وحتى ما يبدو نوعاً من "الأفكار الاعتراضية" يستخدمه السياب،... هو نوع من الطاقة الشعرية تنفجر مرة واحدة لتستدعي آلاف الأحداث والأشياء والصور والأساطير من " ذاكرة تاريخية" غريبة، جعلت لشعر السياب حيويته، ولقصيدته ثقافتها الخاصة بها. كما أنها، من جانب آخر، ميزت قصيدته بتصميم شكلي خاص بها"[1].

---

(١) السامرائي، ماجد صالح، بدر شاكر السياب الجذر المتحول، ص١٥.

وتبنى الصورة المركبة في شعر السياب بأساليب متعددة منها:

١- المقابلة.

٢- المفارقة.

٣- التوليد.

٤- التراكم.

المقابلة:

وهي أن يرسم الشاعر صورتين مركبتين متضادتين، يقابل فيهما بين الواقع المر، والواقع النقيض الذي يتطلع إليه الشاعر من خلال رؤيته الخاصة للحياة والوجود.

تأمل هذه المقاطع من قصيدة " الأسلحة والأطفال":

عصافير؟ أم صبية تمرح؟
أم الماء: من صخرة ينضح؟
فيخضل عشب وتندى زهور
زهور ونور
وقبرة تصدح
وتفاحة مزهرة
لخفق العصافير فيها
صدى قبلة-الأم تلقى بنيها

" دعيني. فما تلك بالقبرة
دعيني أقل: إنه البلبل
وإن الذي لاح ليس الصباح"
- أتلك السفين التي تعول
على مرفأ ناوحته الرياح؟
تلوح منها أكف الجنود
لإلف كـ" جولييت" فوق الرصيف:
" وداعاً وداع الذي لا يعود" !

وأم كما استوحشت في الخريف
وراء الدجى، دوحة عاريه
وفرت عصافيرها الشاديه !
عصافير؟ أم صبية تمرح؟
أم الماء من صخرة ينضح
ولكن على جثة داميه؟
وقبرة تصدح
ولكن على خربة باليه؟
عصافير؟!
بل صبية تمرح
وأعمارها في يد الطاغيه،
وألحانها الحلوة الصافيه
تغلغل فيها نداء بعيد:
" حديد" عتـ.. يق
رصا...ص
حديـ ... د"
وكالظل من باشق في الفضاء
- إذا اجتاح، كالمدية الماضيه،
عصافير تشدو على رابيه-
ترامى إلى الصبية الأبرياء
نداء تنشقت فيه الدماء
" حديد عتيق:
حديد عتيق !
رصا.. ص" فحتى كأن الهواء
رصاص، وحتى كأن الطريق

حديد عتيق.
وينقض، كالمعول الحافر،
صدى راعب من خطى التاجر
له الويل.. ماذا يريد؟
"حديد عتيق
رصا.. ص
حديد" !
لك الويل من تاجر أشأم
من خائض في مسيل الدم
ومن جاهل أن ما يشتريه
لدرء الطوى والردى عن بنيه
قبور يوارون فيها بنيه !
"حديد عتيق
رصا... صّ
حديد..."
حديدٌ عتيق لموت جديد[1]

في هذه القصيدة يرسم لنا الشاعر واقعاً مرًّاً، لوحات واقع الحرب والدمار، والقتل والتشويه، عالم الأسلحة الذي يجلب للبشرية العذاب، ويسحق الحياة والجمال. في حين يرسم لوحات لعالم السلام مجسداً في الطفولة ومفرداتها الناعمة الوضاءة، وهي صور لما ينبغي أن يكون عليه الواقع.

كل شيء في القصيدة يبدأ بديعاً رائقاً يطفح بالسلام والطفولة والنشوة لكنه ما يلبث أن ينقلب بصوت مشؤوم، يذكرنا بعطر " منشم".

---

(١) أنشودة المطر، ٥٦٣/١.

صورة الحديد الذي كان سريراً للعاشقين، مهداً للحب والحياة والبقاء والخصب، يتحول إلى سلاح على يد تجار الحروب فيقتل ويفصل ذراعاً عن ذراع. فبعد أن كان يجمع ويكمل، أصبح يبتر الشيء الواحد ويشوهه.

فالأصل أن الحديد نعمة، وسيلة من أجل رفاه الإنسان، ليخدم البشرية في صناعاتها السلمية، لكنه على أيدي تجار الحروب والموت يصبح نقمة أداة قتل ودمار، وكأني به يستمد هذا من رؤية المتنبي التي عبر عنها بقوله:

كلما أنبت الزمان قناة ... ركب المرء في القناة سنانا

ومراد النفوس أصغر من أن ... نتعادى فيه وأن نتفانى

تبدأ القصيدة بصورة وديعة طويلة للأطفال ومرح الطفولة، بكل ما تعنيه من تفتح وبهجة وحرية وضعف وجمال. هذه الصورة التي ينبغي أن تكون وأن تدوم، لكن ما تلبث أن تتعكر، ثم تبدأ بالتحول إلى النقيض عند السفين التي "تعول" على مرفأ " ناوحته" الرياح، و"أكف الجنود" التي تلوح للمحبوبة وداعاً لا عودة بعده، صور تشعرنا بعاصفة ستنسف تلك الصورة الوديعة للعالم، ليحل محلها العذاب والألم متمثلين بالعويل والنواح، والوداع الأخير، إنه صوت الحرب التي تسرق الخصب والحياة والحب، وتعتدي على الإنسان، حتى على الطفولة، فالأم التي كان أولادها يلاحقونها ويتحلقون حولها حين تخبز لهم يناغونها تصبح كدوحة عارية في الخريف مستوحشة، فر صغارها من حولها، شردت عصافيرها من أعشاشها، وخرس صوتهم الشادي. وبعد أن كانت العصافير (الأطفال) تمرح مثل ماء على صخرة تنضح فيخضل العشب وتنبت الزهور والنور تصدح القبرة سعيدة فوقها- باتت تمرح على صخرة تنضح ولكن على جثة دامية، إنه تشويه لكل ما هو جميل، والقبرة باتت تصدح ولكن على خرابة بالية، وبعد أن كان الصغار يلهون بحرية أصبحوا في قبضة الطاغية، وخرست ألحانهم الصافية التي كانت تنثر الحياة والخصب وتملأ الفضاء شدواً.

لقد حشد الشاعر للصورة السلمية الأولى كل معطيات الجمال والخصب والقيم الروحية العليا: " زهور، طفولة، مرح، قبرة، شدو، ندى، زهور، ماء، عصافير، تفاحة، نور، قبلة، أم، بلبل، مخضلة، عشب،..." لكن سرعان ما انقلبت إلى النقيض بصورة

جديدة مفرداتها مدمرة هي: " حديد، رصاص، دماء، معول، صدى راعب ، الويل، مسيل الدم، قبور، موت... الخ".

ويظل الصوت في الصورة الثانية يفجر كل الرعب والدمار يتجسد ويتكرر في: " حديد عتيق

رصا... ص

حديـ... د"

وقد عمد الشاعر إلى تقطيع حروف المد في الكلمات، وطبعت بالخط الغليظ بين علامتي تنصيص لتنقل ملابسات الموقف، فهو صوت غليظ مستكره يطيل فيه المنادي، وتشعرنا أيضاً بصوت تساقط هذا الرصاص والحديد المفخمين على الأرض جالبين للموت وللدمار، إنه صوت تاجر الخردوات الذي يحولها إلى رصاص ليذكرنا بهذا النمط من التجار المتمرسين بمثل هذه المهن، يطوفون بين البيوت تنبعث أصواتهم هدارة كالرصاص والحديد، إنه صوت يثير دهشة الأطفال ورعبهم وإن كانوا لا يفهمون ماذا يقول وفيما يتجر. ولذلك كان أثره في نفوسهم كأثر الباشق حين يشق القضاء منقضاً سريعاً مفاجئاً مفجعاً على العصافير الشادية على الرابية الغافلة عن عالم الموت؛ بل إن صوته وحده كفيل بأن يلفت نظر الصبية الأبرياء ويقتلهم رعباً من الداخل حتى أن الشاعر " تنشق" رائحة الدماء بمجرد ملاحظته رد الفعل على وجوههم.

إن هدف التاجر ليس بنبيل، ليس من أجل قضية عادلة، ولا لدحر الظلم، إنما لمجرد التقوت وكسب الرزق، فهو محض تاجر يعيش على مسيل دم الضحايا، ويطعم أبناءه من لحوم الآخرين، ويغيب عن باله أنه يثمر لأبنائه بتجارته هذه قبوراً لهم، لأن الرصاص أصم لا يفرق حين ينطلق بين أبناء من يتجرون به ويروجون له، وبين غيرهم.

" تلك بإيجاز هي الصورة العامة للقصيدة، ويتضح منها أن المبنى الشعري أقيم على أساس المقابلة بين دنيا الطفولة في براءتها وحيوتها وما تضفيه من هناءة في القلوب، وما تعقده من علاقات سليمة في الحياة وبين الدعوة إلى الحديد والرصاص- وقد كان التقابل بين الدورتين الأولى والثانية في القصيدة على نحو مسترسل ضاف، فيه طول النفس، وفيه جمال التصوير لدينا الأطفال والصورة المضادة لها، ولكنه انفلت إلى تصوير

جزئية صغيرة- منظر أم فقيرة تبيع سريراً كان ذات يوم مهداً للحب- ثم عاد يرسم التقابل بين تعب العمال في استخراج المعادن التي تبني الحضارات، وتحول هذه المعادن نفسها إلى خدمة الشعر والطواغيت، ثم يجيء قسم بتحرير الأرض من أولئك الطغاة، وتمجيد عالم السلام وصانعيه في عدد كبير من الأمكنة، وتختتم القصيدة بالأمل في فجر جديد"....[1].

فالقصيدة تبنى كلها على المقابلة بين صور مركبة، تؤدي في النهاية إلى صورة كلية متكاملة مؤسسة على التقابل بين عالمي الحرب والسلم.

٢- المفارقة التصويرية:

أ- المفارقة المبنية على التقاطع بين الصور المفردة:

وهذا النمط من المفارقة يهدف إلى إبراز التناقض بين وضعين متقابلين متقاطعين هما طرفا المفارقة[2].

ومثل هذه الصور تكشف عن واقع ينبغي ألا يكون مظهره عيباً أو خللاً فيه أدى إلى مثل هذا التناقض الحاد، وجعل المتناقضين متعايشين مجتمعين في آن معاً، مع أن ذلك مما لا يقبله عقل، أو منطق في ظل الظروف الطبيعية.

" ويكاد يكون التعبير بالمفارقة أكثر الأبنية انتشاراً في شعر الحداثة، ذلك أن الشعر القديم في مجمله كانت له نظرة وحيدة البعد في هذه الناحية، بمعنى إدراك جانب واحد من وجهي العملة، وذلك ناتج عن اختفاء أحد الجانبين عن النظر إلى الجانب الآخر، وعلى هذا جاء التعبير بالمفارقة في الشعر القديم مرتكزاً على ساق واحدة، أي أن الشاعر يرصد وجها معينا، ثم يعود مرة أخرى ليرصد الوجه الآخر، بينما الشاعر الحداثي يستطيع بامكاناته التعبيرية أن يعاين الوجهين على صعيد واحد، ومن هنا كانت المفارقة عنده عملية متكاملة، بحيث يتم إنتاج الدلالة لوجه واحد، ساعة أنتجها للآخر.

إن المبدع عادة ما يضع نفسه في رؤيته لمفردات عالمه في منطقة وسطى، وعلى هذا النحو يتمكن من الرؤية المزدوجة، فما أن يقع الإدراك على وجه معين حتى

---

(١) عباس، إحسان، ١٩٩٢م، بدر شاكر السياب، المؤسسة العربية للدراسات والنشر، بيروت،ص١٣٧.

(٢) أبو محفوظ، ابتسام، بنية القصيدة عند أمل دنقل، ص٩٥.

ينجذب إلى الجانب الآخر، بل ربما كان الجذب النابع من المركز موجهاً للرؤية إلى عدة جهات في آنٍ واحدٍ، ومن هنا تصبح الرؤية ذات طبيعة شمولية، تدرك التفاصيل إدراكاً مجملاً داخل الإطار الكلي، فهي لا تغيب، وإنما تذوب داخل الكل، ومن هنا تستطيع الرؤية الشعرية إدراك عالمها بأقل جهد ممكن"[1].

والسياب لا يحفل كثيراً بالمفارقات التصويرية المبنية على الصور المركبة، وإنما تكثر في الصور المفردة لديه، إلا في مطولتيه " المومس العمياء"، و"حفار القبور" حيث تبنى القصيدتان أصلاً على مفارقات جزئية تتلاحق لتكون صوراً مركبة، ثم صور كلية.

ففي " المومس العمياء" تحتشد مجموعة كبيرة من "... المفارقات الساخرة في القصيدة: المفارقة التي تجعل الحارس ساهراً على اقتضاء حق الدولة في إجازة الخطيئة لا على حماية الناس منها، وتجعل هذا الحارس نفسه وهو في حي البغايا يردد أغنية " تصف السنابل والأزاهر والصبايا"، والمفارقة التي تجعل الذباب شبعان من قمامة المدينة والخيول تجد غذاءها في الحظائر والحقول بينما الإنسان جائع، والمفارقة التي جعلت " الشرف الرفيع" و" الإباء" و " العزة القعساء" سلعاً تعرض في سوق الشهوات فلا تجد مشترياً، والمفارقة التي تجعل العمياء تنفق كسبها القليل لإضاءة مصباح، في تلك المفارقة الساخرة في الأسماء: فالمرأة تسمى سليمة وهي لديغة تسوطها الشهوات، وترقع (وهيها) بالدهان. وإذا عميت أصبح اسمها " صباح" وإذا رزقت بنتاً سمتها "رجاء"؛ ليموت رجاؤها جملة"[2].

ومن المفارقات صورة أبيها الذي كان يعمل فلاحاً في الأرض يزرع الحقول، وقمحها ينضج في كل حين، ومع ذلك نراه جائعاً يضطر لأن يأخذ شيئا مما زرع، بل إن تهمته بالسرقة لشيء من زرع يديه مفارقة أخرى، مع أن من حقه الشرعي على الأقل أن يشبع من جنى تعبه، لكن انقلاب القيمة في المجتمع واختلال الموازين يجعل فعله جريمة نكراء، ليس هذا فحسب بل إن الاقطاعي هو الذي يحكم وهو الذي ينفذ، إنه القاضي

---

(١) عبد المطلب، محمد، د.ت، الشعر العربي عند نهاية القرن العشرين، المحور الرابع، ظواهر تعبيرية في شعر الحداثة، مصر، ص١٥٤.

(٢) عباس، إحسان، بدر شاكر السياب، ص١٤٧.

والجلاد والخصم في آن معاً، فتراه يقتله، فهي لم تعد سرقة عقوبتها السجن أو قطع اليد، بل تتفاقم وتتضخم لتوجب القتل، فينفرط عقد الأسرة، وتفقد الحرة حياءها وعفتها لتكون هي الأخرى ضحية من ضحايا الجوع:

حتم عليها أن تعيش بعرضها، وعلى سواها
من هؤلاء البائسات، وشاء رب العالمين
ألا يكون سوى أبيها- بين آلاف- أباها
وقضى عليه بأن يجوع
والقمح ينضج في الحقول من الصباح إلى المساء
وبأن يلص فيقتلوه(١)

والمفارقة الثانية المركبة في صورة الزوجة المحصنة التي تتمنى المومس للحظة لو أنها كانت مثلها زوجة حرة تعيش في كنف لا تطمح أن يكون أكثر من حمال من طبقتها، يأكل من مال حلال يعود إليها بأقل ما يمكن أن يسد جوع معدتها: " الخبز، وما يسد جوع روحها " المحبة" لكنها تتذكر تلك البائسة زوجة الشرطي التي حدثتها يوماً عن سوء حالها، والتي ربما كانت أسوأ من حال المومس، مما جعل العمياء، لا تجد مفراً سوى أن تتمنى الموت فهو المخلص الوحيد. فبدل أن يكون الشرطي حارساً للأمن حريصاً على تطهير المدينة من الرذيلة يمنع البغاء، نراه يتحول إلى حارس له وللبغايا، وتصبح سلطته مسخرة لاقتضاء ضريبة الدولة على البغاء، فهو الذي يعطي شرعية لممارسة هذه المهنة، ونراه في وسط جو الفجور يغني أغنية بريئة لطيفة تصف " السنابل والأزاهر والصبايا"

يتغنى بالعفة والجمال. وزوجته التي يفترض أن تعيش وابنتيها من مال حلال في ظل الأمن والطمأنينة في حمى الشرطي، تنعم بالحصانة والعفة نراها تضطر هي أيضاً؛ لأن تنزلق في درب الرذيلة. يرسم الشاعر لنا حالة الرعب والفزع والخوف الذي تعيشه هي وبنتاها. إنه رعب يفوق رعب المومس، فجوعها وخوفها وفوق ذلك مسؤوليتها عن

---

(١) أنشودة المطر، ٥٢١/١.

ابنتيها- أمور تجعلها تنحرف فتبيع عرضها لطالبه، فبيت الشرطي مستباح ممن يملك المال الذي يشتري كل شيء حتى العرض:

يا ليت حمالاً تزوجها يعود مع المساء
بالخبز في يده اليسار وبالمحبة في اليمين
لكن بائسة سواها حدثتها منذ حين
عن بيتها وعن ابنتيها وهي تشهق بالبكاء:
عن زوجها الشرطي يحمله الغروب إلى البغايا
كالغيمة السوداء تنذر بالمجاعة والرزايا
أزراره المتألقات على مغالق كل باب
مقل الذباب الجائعات ترود غاباً بعد غاب
وخطاه مطرقة تسمر، في الظلام على البغايا
أبوابهن إلى الصباح- فلا اتجار بالخطايا
إلا لعاهرة تجاز بأن تكون من البغايا
ويظل يخفرهن من شبعٍ، وينثر في الرياح
أغنية تصف السنابل والأزاهر والصبايا
أغنية تنتظر الصباح وساعديه مع الصباح
تصغي- وتحتضن ابنتيها في الظلام- إلى النباح
وإلى الرياح تئن كالموتى وتعول كالسبايا
وتجتمع الأشباح من حفر الخرائب والكهوف
ومن المقابر والصحارى بالمئات وبالألوف..
فتقف من فزع وتحجب مقلتيها بالغطاء،
ويعود والغبش الحزين يرش بالطل المضاء
سعف النخيل.. يعود من سهر يئن ومن عياء
- كالغيمة اعتصرت قواها في القفار، وترتجيها
عبر التلال قوى تجوع- لكي ينام إلى المساء:

عيش أشق من المنية، وانتصار كالفناء،
وطوىً يعب من الدماء وسم أفعى في الدماء
وعيون زان يشتهيها، كالجحيم يشع فيها
سخر وشوق واحتقار، لاحقتها كالوباء
والمال يهمس أشتريك وأشتريك فيشتريها

ومن المفارقات العجيبة لكنها من صميم الواقع المضطرب أن تستباح هي الإنسانة العربية ذات الأصول العريقة وفي بلادها لأنها جائعة، في حين أن الهر شبعان نائم على الأريكة قربها في دعة وراحة:

وتحس بالأسف الكظيم لنفسها: لِمَ تستباح؟
الهر نام على الأريكة قربها، لِمَ تستباح؟
شبعان أغفى، وهي جائعة تلم من الرياح
أصداء قهقهة السكارى في الأزقة والنباح
وتعد وقع خطى هنا وهناك: ها هو ذا زبون
هو ذا يجيء ونشرئب، وكاد يلمس..ثم راح
وتدق في أحد المنازل ساعة. لِمَ تستباح؟
الوقت آذن بانتهاء والزبائن يرحلون
لم تستباح وتستباح على الطوى؟ لِمَ تستباح؟
كالدرب تذرعه القوافل والكلاب إلى الصباح؟
الجوع ينخر في حشاها، والسكارى يرحلون،
مروا عليها في المساء، وفي العشية ينسجون حلما لها من المنون:
عصبات مهجتها سداه وكل عرق في العيون،
والآن عادوا ينقضون-
خيطا فخيطا من قرارة قلبها ومن الجراح-
ما ليس بالحلم الذي نسجوه، ما لا يدركون....
شيئاً هو الحلم الذي نسجوا وما لا يعرفون،

هو من أكثر كالحفيف من الخمائل والرياح،
والشعر من وزن وقافية ومعنى، والصباح-
من شمسه الوضاء... وانصرفوا سكارى يضحكون !
فليرحلوا. ستعيش فهي من السعال ومن عماها
أقوى، ومن صخب السكارى
فامضِ عنها يا أساها!
ستجوع عاماً أو يزيد، ولا تموت، ففي حشاها
حقد يؤرث من قواها
ستعيش للثأر الرهيب
والداء في دمها وفي فمها ستنفث من رداها
في كل عرق من عروق رجالها شبحاً من الدم واللهيب،
شبحاً تخطف مقلتيها أمس، من رجل أتاها
سترده هو للرجال، بأنهم قتلوا أباها
وتلقفوها يعبثون بها وما رحموا صباها

بل إن المفارقة الكبرى أن ترى في السكارى الذين تعافهم والذين يستبيحون عفافها مخلصاً ومنقذاً، فهي تنسج أحلامها حولهم لا لشيء إلا لجوعها، مع أنها في واقع الأمر تكرههم، بل تحقد عليهم لأنهم قتلوا أباها ثم تلقفوا جسدها وهي الصغيرة الضعيفة. إنها تتمنى أن تنتقم لشرفها الضائع، لكنها في الوقت نفسه تتلهف إلى سكير منهم يقرع بابها ليستبيحها من جديد، إنها تقع تحت وطأة الجوع، جوع المعدة الخاوية المزمن بحيث يصبح الفكرة الملحة عليها، إذ تكرر كلمة الجوع في صور متنوعة جزئية تمتد في القصيدة كلها، وتشكل الهاجس الأكبر، فهو المشكلة الكبرى التي فجرت مأساة قتل أبيها واستجابة جسدها، وجسد زوجة الشرطي، وتحول الشرطي إلى حارس للمومسات، وصوت طفلتها حتى أن تكرار صورة الذئاب وعوائها منبثق من فكرة الجوع ذاتها، فالذئاب لا تعوي إلا متداعية لصيد يسد جوعتها، وربما لأن المومس نفسها تصبح طعاماً حين يستباح جسدها. والذئاب هنا هم الرجال المتوحشون الذين يشبعون من جسدها

الضحية. فقد وردت في القصيدة ثلاث صور للذئاب، ولفظة " سكارى" إحدى عشرة مرة، وكذلك لفظة " جوع وطوى" تكررت إحدى عشرة مرة. ثم إن صوت الذئاب وصورهم المتكررة تتوازى وصوت السكارى وصورهم المتكررة إلى أن تلتحم الصورتان معاً، الذئاب ورواد المبغى حين تستحضر المومس صورة ابنتها "رجاء" التي ماتت متسائلة عن حكمة مجيئها إلى الحياة ثم موتها:

ما كان حكمة أن تجيء إلى وجود وأن تموت؟
ألتشرب اللبن المرنق بالخطيئة واللعاب:
أوشال ما تركته في ثدييك أشداق الذئاب؟
كأن الزناة يضاجعونك وهي تصرخ دون قوت،
فكأنها، وهي البريئة،
كانت تشاركك العذاب لكي تكفر عن خطيئة:
أفترضين لها مصيرك؟

إنها تدرك أن ما تفعله خطيئة، خطيئة بشعة، وترسم صورة العلاقة بينها وبين زبائنها بشكل يثير الاشمئزاز، فهي لا تحقد عليهم فحسب، بل تشمئز منهم، وهي نادمة على ما تفعل ومع ذلك تستمر في ترقبهم، وفي الوقت نفسه تصبر نفسها على موت طفلتها " رجاء" بأن موتها خير لها من حياة كحياتها.

إن المفارقات تتفاقم في نفس المومس العمياء إلى أن تصل إلى حد الذروة من التأزم في الصراع بين واقعين متناقضين متنافرين مؤججة الأرق والانفعال والتوتر في نفسها، وذلك حين ترى الكلاب والخيول والذباب تجد ما يشبعها وهي جائعة، بل حين يصبح عرضها أرخص من الحذاء تعرضه على أرذل خلق الله " السكارى" فيزهدون فيه، وهي من هي في شرف النسب والعراقة، إنها سلالة الأنبياء والفاتحين والأصل أن يبقى الشرف الرفيع رفيعاً، وأن يشدها دائماً إلى التعفف والحصانة، ولكن في هذا الزمن الأعمى، زمن الظلم والضعة كل شيء بات مستباحاً: الأرض، الخيرات، العرض، كلها باتت موروثة للرجل الأجنبي. إنه الواقع المر المتردي الذي يجعل العربية الحرة تطلق صرخة ألم معذب معلنة أنها لا ترفض من الزبائن إلا العفاة المفلسين؛ لأنها تحولت إلى

زهرة مستنقعات (خضراء دمن) لا تعيش إلا على الوحل والنتن. وإن كان أهل مثيلاتها يرون عاراً أن يزوجوا بناتهم زواجاً شرعياً لمن هم دونهم، فإنها لم تعد كذلك، فهي ترضى بالسفاح مقابل المال، ولا تجد من يشتري. إن المومس وصمة عار في جبين كل عربي مازال الشرف يجري في عروقه، ومن شأن هواجسها هذه وتصريحاتها أن تثيره لكي يطهرها وينصفها، إنها جزء من تراب الوطن المستباح. ومن المفارقات أن تكون كل هذه الرؤى الناصعة العميقة تصدر عن بصيرة " مومس عمياء"، إن عمى بصرها جعل بصيرتها أكثر قدرة على رؤية ما وراء الأشياء والواقع. ولو لم تكن عمياء لما كانت مبصرة بنظر ثاقب لا يقف عند حد المرئيات والظواهر:

شبع الذباب من القمامة في المدينة، والخيول
سرحن من عرباتهن إلى الحظائر والحقول
والناس ناموا- وهي ترتقب الزناة بلا عشاء.
هذا الذي عرضته كالسلع القديمة: كالحذاء،
أو كالجرار الباليات، كأسطوانات الغناء...
هذا الذي يأبى عليها مشتر أن يشتريه
قد كان عرضاً- يوم كان- ككل أعراض النساء
كان الفضاء يضيق عن سعة، وترتخص الدماء
إن رنق النظر الأثيم عليه. كان هو الإباء
والعزة القعساء والشرف الرفيع. فشاهديه
يا أعين الظلماء، وامتلئي بغيظك وارجميه
بشواظ عارك واحتقارك يا عيون الأغنياء
- " لا تتركوني يا سكارى
للموت جوعاً، بعد موتي ميتة الأحياء- عاراً

....

من ضاجع العربية السمراء لا يلقى خساراً
كالقمح لونك يا ابنة العرب

كالفجر بين عرائش العنب
أو كالفرات على ملامحه
دعة الثرى وضراوة الذهب
لا تتركوني.... فالضحى نسبي:
من فاتح ، ومجاهد ونبي !
عربية أنا: أمتي دمها
خير الدماء.. كما يقول أبي
في موضع الأرجاس من جسدي، وفي الثدي المذال
تجري دماء الفاتحين. فلوثوها، يا رجال
أواه من جنس الرجال... فأمس عاث بها الجنود
الزاحفون من البحار كما يفور قطيع دود
يا ليت للموتى عيوناً من هباء في الهواء
ترى شقائي
فيرى أبي دمه الصريح يعب أوشال الدِّماء
كالوحل في المستنقعات. فلا يرد الخاطبين
أب سواه: لأن جدة أم ذاك من الإماء
ولأن زوجة خال ذلك بنت خالة هؤلاء !
أنا يا سكارى لا أرد من الزبائن أجمعين
إلا العفاة المفلسين.

ومن المفارقات التي أفرزها الواقع المتردي بسبب تسلط المحتل الذي يمتص خيرات البلاد أن تكون في العراق بلد النفط المتدفق، ومع ذلك تدفع ثمناً باهظاً لزيت مصباحها الذي تضيئه مضطرة في انتظار الزبائن في حين أنها ضريرة جائعة.

ريح العراق: أكان عدلاً فيه أنك تدفعين
سهاد مقلتك الضريرة
ثمناً لملء يديك زيتاً من منابعه الغزيرة؟

كي يثمر المصباح بالنور الذي لا تبصرين؟

ب- المفارقة المبنية على التبادل:

وهي التي يحل فيها أحد طرفي الصورة محل الآخر، ويتلبس بعض خصائصه أو ملامحه أو صفاته.

ومثاله واضح في " مرحى غيلان" في صورة الشمس التي تصبح بردانة، والسماء التي تستقل الجليد، والتبشير بولاة الظلام بدل النور، والموت الذي يصبح المسيح مبشراً بالخلاص، والنار التي تتزيا بثوب عشتار فتنبت الورود، والمسيح المعطل العاجز عن شفاء الأرض وأهلها من أدوائها. كل هذه الصور تنبني على مفارقة أفرزها الواقع الذي يعيش حالة من الفوضى طاغية، وانقلاب الموازين بحيث فقدت الرموز الكبرى روحيتها وطبيعة خصائصها، وتقمصت نقيض خصائصها لتكون أكثر تأثيراً وتعبيراً عن رؤيا الشاعر الخاصة لما يعج حوله من قضايا إنسانية. وقد بينا هذه الصور بالتفصيل في مكان سابق من هذا البحث[١].

وجدير بالتنويه أن بدراً لا يكلف كثيراً بهذا النمط فهو ليس بكثير في شعره وإن وجد فإنه أتى على شكل صور فردية لا مركبة إلا في مواضع قليلة.

٣- الصورة المولدة:

وهي صورة جزئية بسيطة في أصلها يعمد الشاعر إلى توليد صور أخرى منها بحيث تتنامى مستقصية جزئيات منها للتعبير عن رؤيا ذاتية خاصة لا تتم إلا بها مجتمعة.

فالشاعر" يولد تشبيهاً من آخر حتى يصل إلى الأثر الجزئي الذي يقصده، حيث يكون التشبيه الثاني قائما على الأول، والثالث على الثاني، وترتبط هذه التشبيهات بوحدة عضوية ونفسية ومعنوية وثيقة"[٢].

وهذا النمط من الصور يعرف أيضا بالصور المكثفة أو المكتظة: " وقد نتوهم أنه من نوع الصور المتراكمة... وفي الحق إنه ليس كذلك؛ لأنه نتيجة لعملية التكثيف اللاشعورية حتى يستغرق الفنان في علاقة معينة يفرع منها العديد من الصور ويركب

---

(١) انظر ص ٣٠-٣٥-٣٦ من هذا البحث.

(٢) أبو محفوظ، ابتسام، بنية القصيدة عند أمل دنقل، ص١٠٣.

ويداخل بين (بعضها بعضاً)*، بينما تتولد الصور المتراكمة بواسطة الاستقلال الذي لا يشد وثاق الواحدة إلى الأخرى برباط معين"[1].

وقد ذكرنا سابقا انه خصيصة أسلوبية سيابية عند الحديث عن الصورة المركبة ومثلنا بـ" مرحى غيلان"[2].

وأهم تشبيه عند السياب هو الذي ننسى أنه تشبيه ونتعامل معه على أنه صورة مثل (ضوء الأصيل يغيم كالحلم الكئيب على القبور) (والمدرج النائي تهب عليه أسراب الطيور كالعاصفات السود كالأشباح في بيت قديم- برزت لترعب ساكنيه)، فالمشبه به قد يتجاوز حدوده البلاغية فلا يؤدي إلى إظهار صفة معينة في المشبه أو توكيدها بل قد يصبح صورة مستقلة وقد يمتد ليصبح لوحة تستغرق حيزاً كبيراً من القصيدة. وقد تصبح القصيدة مدينة في نسيجها الفني لمجموعة التشبيهات فيها كما لاحظ الأستاذ البصري في (مرحى غيلان)، بل قد تصبح القصيدة كلها تشبيهاً واحداً وتنقسم إلى قسمين: مشبه به يحتل النصف الأول من القصيدة... ومشبه، كما حدث في قصيدة (في المستشفى) فالمشبه به (كمستوحد أعزل في الشتاء) بينما يحتل المشبه النصف الثاني الذي يبدأ بقوله (كذلك انكفأت أعض الوساد) [3]. إن هذا الضرب من التصوير من شأنه أن "يتحول إلى أداة تطور المعاني وتكشف الموضوع وتبلور الحالات والمواقف، وهذا النوع من الصورة الشعرية هو الأكثر اكتمالاً وأهميةً، وبه تتحول الصور إلى نسيج شعري لا تقوم القصيدة بدونه، أو أنها بدون هذه الصور ستفكك وتنهدم، وتضيع قيمتها ومعناها، لأن هذه الأداة صارت صلب القصيدة. وغدت هي الموضوع الكلي، والأثر الذي يريد الشاعر أن يوصله لقارئه.

ولعله من الصعب أن نتلمس لهذا النمط من الصورة الشعرية وظيفة ضيقة ومحدودة جداً، كأن نقول إن لهذه الصور دوراً في تعميق الإحساس العاطفي، أو المشاركة

---

* هكذا وردت، والصواب: يداخل بينها.

(١) اليافي، نعيم، تطور الصورة الفنية في الشعر العربي الحديث، ص٢٧٤، ٢٧٥.

(٢) انظر: ص٢٦-٣٠، من هذا البحث.

(٣) عباس، عبد الجبار، ١٩٧١م، الأسطورة في شعر السياب، الأقلام، السنة السادسة، بغداد، ص ١٦.

الفكرية، أو لتطوير الحدث داخل القصيدة ولرسم الشخصية بشكل متكامل، أو هي للتكييف وللإيجاز وكأنها بدائل موضوعية، ومع أن هذا كله يمكن أن يتكشف (كوظائف)* للصورة إلا أننا نرى أن لكل صورة أو لمجموعة من الصور وظيفتها التي تنبثق من القصيدة نفسها، من موضوعها، هدفها، موقف شاعرها، وما يريد أن يطرحه. في قصيدة بدر شاكر السياب " المومس العمياء" ترد هذه الصورة التي هي لوصف المومسات، أو لموقفهن من الرجال المترددين على بيوت الخطيئة"[(١)].

وكأن ألحاظ البغايا
إبر نسل بها خيوط من وشائع في الحنايا
وتظل تنسج، بينهن وبين حشد العابرين
شيئا كبيت العنكبوت يخضه الحقد الدفين
حقد سيعصف بالرجال...[(٢)]

فالصورة النواة "وكأن ألحاظ البغايا إبر": " فهو تشبيه بسيط، الصورة فيه مفردة وإن كانت جديدة لكن الشاعر أخذ يوسعها ويسل منها تفريعات تتنامى مثل شجرة تنبت من أصل واحد، غير أن فروعها تعطيها جماليات لا يقوم بها الأصل وحده. فألحاظهن تسل " خيوط" لكنها ليست بالخيوط التي نعرف وإنما هي خيوط معنوية من وشائع في الحنايا في نفس المومس الكسيرة الجائعة الحاقدة. ويستغل الشاعر وظيفة الخيوط وهو النسيج، فتنسج بين طرفين كما تفعل الإبر، وطرفاها هما " البغايا" والعابرون. هذه الحياكة تنتج شيئاً منسوجاً خفياً لم يذكره الشاعر وترك للناقد أن يستكشفه ويستشعر به شيئاً واهناً، ضعيفاً، عديم القيمة، مقرفاً في أحيان كثيرة، ومثيراً للاشمئزاز. كل هذا يعكسه المشبه به " بيت العنكبوت"، ولا يقف عند هذا، بل يفرع صورة أخرى تنبثق من بيت العنكبوت، فهو إفراز ينتجه "خض" وهي كلمة تذكرنا بالزبدة التي تستخرج من خض اللبن بعد تعب

---

* هكذا وردت، والصواب: وظائف، فالكاف هنا ترجمة حرفية لـ (as) في الإنجليزية وليس لها أصل في العربية.

(١) أطيمش، محسن، دير الملاك، ص ٢٦٨-٢٦٩.

(٢) "أنشودة المطر"، ٥١٧/١.

ومشقة، لكن بيت العنكبوت هو نتاج خض من نوع آخر، خض الحقد الدفين في قلب المومسات اللاتي يتمنين أن يسفر حبهن الظاهر للرجال عن شيء يعصف بهم فيفنيهم.

"والمومس العمياء قصيدة حدث وأشخاص، ولكي يكون الشاعر موفقاً في إبراز صورة الشخصية الشعرية، فإن عليه من الجانب الآخر أن يكون أكثر دقة واستبطاناً لهواجس الشخصية، ومع أن السياب كان هو المتحدث في هذا المقطع، أي أنه يصور من الخارج ولم يجعل بطلاته ينطقن إلا أنه كان ذا وعي بالغ في رصد حالة المومسات، وتعميق إحساس القارئ بالمشكلة التي هي كارثة اجتماعية، فلجأ إلى تصوير أعين أولئك النسوة مقارناً بين حركتها في البحث عن الزبائن وحركة انسلال الخيوط من الإبر، تلك الخيوط التي تغزلها الروح الجريحة المنكسرة. لتنسج بالتالي بين المومس والزبون " شيئاً كبيت العنكبوت" واهياً قابلاً لأن ينقطع بسرعة، لأن علاقة الزبون بالمومس إنما هي علاقة زان وزانية، بائعة وشارٍ ليس إلا، ولذا فإن هذه العلاقة لا تخلو من منفعة مشوبة بالحقد، حقد المومس على الزناة، أنها تأخذ منهم ولكنها تود لو أن عصفا يمحقهم كلهم، أليسوا هم سبب المأساة؟ والأداة التي حولت المرأة البريئة إلى عاهره؟ هكذا تتحول الصورة الشعرية إلى موقف نفسي- وفكري، ورصد هو غاية في المهارة لهواجس البطلة"[1].

٤- الصورة المتراكمة:

هي صورة مركبة من مجموعة من الصورة المفردة المتلاحقة دون وجود علاقة عضوية ظاهرة بينها، فهي لا تتنامى لتكون صورة متكاملة ذات أصل واحد، لكنها تمثل صوراً لواقع ما من زوايا مختلفة تفرضها رؤيا الشاعر، تتداعى؛ لتشكل في النهاية موضوعاً واحداً.

و"في شعر بدر شاكر السياب العديد من الأمثلة التي تواجه القارئ في القصيدة تلو الأخرى لهذا النمط من الصور الشعرية، والتي تتراكم أحياناً وتتلاحق لتؤدي شتى

---

(١) أطيمش، محسن، دير الملاك، ص٢٦٩-٢٧٠.

الوظائف التي تسهم في خدمة موضوع القصيدة ولعل عناية الشاعر بهذا النمط من الصور هو الذي جعل نتاجه شعراً من الطراز السامي في الشعر العربي الحديث"[1].

ومثال ذلك الصور في قصيدة: " في القرية الظلماء"[2] كما في قوله:

دعها تحب سواي: تقضي في ذراعيه النهار
وتراه في الأحلام يعيش أو يحدث عن هواه
فغداً سيهوي ساعداه
مثل الجليد، على خطوط باهتات، في إطار؛
وعلى الرفوف الشاحبات رسائل
عادت تلف، على نسيج العنكبوت، بها الوعود
والريح تهمس، لن يعود،
ويلون المرآه ظل من سراج، ذابل
وحياله امرأة تحدق في كتاب...
بالٍ، وتبسم في اكتئاب .
الكوكب الوسنان يطفئ ناره خلف التلال
والجدول الهدار يسبره الظلام
إلا وميضاً، لا يزال
يطفو ويرسو مثل عين لا تنام؛
ألقى به النجم البعيد
يا قلب، مالك في اكتئاب لست تعرف ما تريد؟!

في هذه القصيدة يصور ليله المؤرق في القرية النى نعتها بالظلماء التفاتا إلى ما يعتريه في لياليها من هواجس وألم ينز به قلبه المتحزن على تلك التي أحبها بيد أنها آثرت غيره، ويحاول أن يخفف من وطأة إحساسه بالفشل والألم بأن يرسم صورة مركبة من عدة صور تتداعى من نفس معذبة تحاول أن ترتاح، التنبؤ بأن الذي ينتابها سيصيب التي

(١) المرجع السابق، ص٢٧١.
(٢) ازهار وأساطير، ٩٥/١.

كانت سبباً فيه، فسوف تتذوق ما يتذوقه الآن من مرارة من ذلك الذي آثرته عليه، وعندها ستندم. إنها الرغبة الداخلية التي تعتري النفس الإنسانية بشكل غير واعٍ في الثأر للذات.

إن رسم هذه الصور التي ترصد جوانب تفصيلية من تجربته من خلال التنبؤ بالمستقبل المؤلم الذي ينتظرها يعادل ما يعانيه الشاعر الآن- نوع من التفريغ الذي تفرضه حال الشاعر ليصل الى التوازن، لذا يبدأ بالجملة الطلبية المفتتحة بفعل الأمر "دعها تحب سواي" منطلقا من صورة تمثل العقدة التي تؤزمه، ثم يفصل الصورة. وفعل الأمر " دعها" تعزية للنفس، لأنه يترتب عليه أن " غداً سيهوي ساعداه مثل الجليد على خطوط باهتات، في إطار " فساعدا ذلك الذي ترتمي بين يديه الآن، هما نفسهما ستصبحان مثل الجليد تموت فيهما الحرارة والعاطفة، ويتحول إلى ذكريات باهتة، فالصورة، أو الرسوم التي خطها لها في إطار غشيها الجليد، وهذه تستدعي صورة أخرى، الرسائل التي ستكون على " رفوف " وصفها بالشحوب، وقد لفت الوعود فيها على نسيج واه، مثل نسيج العنكبوت، فكل الصور المرئية التي تحيط بالمحبوبة توحي بالاهتراء في العلاقة بينها وبين الآخر. ولا يكتفي بها، فيتبعها بصورة صوتية تدرك بالسمع تحيط بها إمعانا في استكمال جوانب الصورة المدركة بحواس مختلفة لتكون أقدر على إثارة الألم والإحساس بالاهتراء والفشل، فالريح تهمس، " لن يعود" وهي تناسب الوعود الواهية في الرسائل، تعقبها صورة لونية توحي بالشحوب أيضاً، فضوء " المصباح الذابل" ينعكس على المرآة التي تقف عندها "امرأة" هي المحبوبة، وقد نكرها واستخدم اسم الجنس "امرأة" ليشير إلى أثر السنين فيها والهموم، فقد تحولت إلى مجرد امرأة غابت ملامحها وصفتها حتى كأن الشاعر نفسه ينكرها، وهي تحدق في كتاب وصفه بأنه "بالٍ" ربما كان من ذكريات الماضي المهترئة، وهي " تبسم" لا ابتسام الرضى بل " في اكتئاب" عن إحساسها بالعبث وضياع العمر هباءً، إدراكاً منها للحقيقة بعد فوات الأوان، وندمها على بيعها من أحبها بحق " الشاعر"، وشرائها من باعها وسقاها من المرارة التي سقتها لغيره، ولات حين مندم!

ويستدعي الموقف صورة أخرى خارجية تحيط بها حرصاً من الشاعر على رصد كل جوانب الشحوب والاهتراء والأفول فـ " الكوكب الوسنان يطفئ ناره خلف

التلال"، فحتى آخر ضوء خارجي خافت ينطفئ، وقد أصبحت سماؤها ظلمة دامسة، والجدول الهدار الذي يرمز في الأصل الى الحياة والصفاء والتلالؤ يسيطر عليه الظلام، بل ليسبره وكأنه يتعمق فيه إلا وميضاً- وهو ضوء طارئ سريع خاطف ضعيف متأتٍ من نجم بعيد. ومادام هذا الاكتئاب سيتسرب إليها في يوم من الأيام، وما دامت ستلقى ما يلقى قلب الشاعر من عذاب، فإنه يجب على قلبه أن يدع الاكتئاب، فيشخص قلبه متسائلاً " مالك في اكتئاب لست تعرف ما تريد؟! والواقع أن الشاعر مازال في هذه اللحظات مكتئباً رغم الحالة البائسة التي رسمها للمحبوبة المكتئبة في المستقبل، ولعل هيمنة الشعور بالاكتئاب عليه وانغماره فيه هو الذي جعله قادراً على رصد الصور المتلاحقة التي ترسم زوايا دقيقة من معاناتها والأجواء التي ستنغمس فيها.

وفي " العودة لجيكور" يقول السياب:

على جواد الحلم الأشهب
أسريت عبر التلال
أهرب منها، من ذراها الطوال،
من سوقها المكتظ بالبائعين،
من صبحها المتعب
من ليلها النابح والعابرين،
من نورها الغيهب،
من ربها المغسول بالخمر
من عارها المخبوء بالزهر،
من موتها الساري على النهر
يمشي على أمواجه الغافية
أواه لو يستيقظ الماء فيه،
لو كانت العذراء من ورديه،
لو أن شمس المغرب الداميه
تبتل في شطيه أو تشرق،

لو أن أغصان الدجى تورق
أو يوصد الماخور عن داخليه

تبدأ القصيدة بصورة تشخص الحلم جواداً، واختاره الشاعر " أشهب" اللون ليرهص إلى أنه حلم مستحب مشرق منذ البداية، يمتطيه ليسري به ليلاً " منها" إلى "جيكور" ، ولا يذكر البتة لفظ المدينة صريحاً، بل يكنى عنه بالضمير المتصل الهاء " منها، ذراها، سوقها..." بينما يكرر " جيكور" الملجأ والملاذ والراحة ست عشر مرة في القصيدة نفسها تعبيراً عن احتقاره الشديد للمدينة وكرهه لها مقابل حبه الشديد لجيكور، فيرسم صورة مركبة من صورة متتابعة لجوانب سلبية مختلفة تتابع في ذهن الشاعر واحدة تلو الأخرى، فعودته إلى جيكور هروب " منها" من ذراها الطوال، ومع أن الذرى رمز للشرف والحضارة، لكنها عنده حاجب للرؤية خانق، هروب " من سوقها المكتظ بالبائعين"، من زحمتها التي يضيع بها، ومع أن كثرة البائعين ظاهرة حضارية ومؤشر على النشاط الإقتصادي، إلا أنه لم ير المدينة من هذا الوجه الإيجابي، وإنما أراد به معنى التحول إلى مجتمع مادي. وحتى الصبح الذي يفترض أنه النور الذي يبدد الظلام يجعله الشاعر متعباً، والليل فيها ليس بخير حال، فهو ليل " نابح" لأنه يشعر بالوحشة والتوجس وعدم الاطمئنان فيها، بل إن نورها يتحول إلى ضده فهو " غيهب"، والروح يغيب عن المدينة فـ " ربها مغسول بالخمر"، إنه إلهها الجديد المال، ولذلك هو مغسول به يزيده نجساً ودنساً "بالخمر". وهي مغطاة لا بالعفاف والرفعة، بل " بالعار " حتى إنه يتغلغل في الجمال ليفسده، فهو " مخبوء بالزهر" إنه حس تشاؤمي شديد ذاك الذي يسيطر على الشاعر حتى يجرد المدينة من كل جمال، لأن أزمته فيها كبيرة سوداء ينظر من خلالها إليها، وكأن كل جمال فيها بات مشوهاً، وكل نور فيها بات ظلاماً، وبدل أن تسير الحياة في النهر الذي يمر بها، نرى موتها هو الذي يسري عليه ويمشي في أمواجه الغافية. ويفصل في صورة النهر ليدخل صورة مركبة أخرى في الصورة الأولى وهي مولدة تتفرع من أصل واحد، فيتمنى لو يستيقظ الماء فيه، فكأنما هو نائم أو ميت ويتمنى لو تكون العذراء من وارديه لتطهره من دنسه، ولو أن شمس الغروب الدامية في المدينة تبتل من شطيه لتعود إليها الحياة، وأن تورق أغصان الدجى، وهي صورة ذات إيحاء مدهش

إذ كيف يكون للدجى أغصان، ثم كيف يمكن أن تورقٍ أغصانه؟! لا شك أن ذات الشاعر وأنسه بالدجى وارتياحه فيه يجعله ظلة، ومبعثاً للخصب المتنامي الحي.

رسم الشاعر إحدى عشرة صورة مفردة متراكمة في الأبيات السابقة لتؤدي في النهاية صورة مركزة للمدينة التي يمقتها الشاعر ويتعثر فيها بالغربة تحت سمائها، عن جوانب مختلفة من خلال إيقاعها في نفسه. ولذلك ظل يتكرر في بداية كل صورة حرف الجر" من" ثم ضمير يعود عليها يرتبط بشيء من جوانبها أو خصائصها.

ولما رسم صورة مولدة لما يتمنى أن يكون عليه نهرها استخدم أداة التمني " لو" أربع مرات في كل صورة جزئية منها، مع أداة التحسر منطلقاً مع الحلم في رسم صورة لنهرها كما يريده أن يكون، لا كما هو عليه واقعاً.

٣- الصورة الكلية:

هي المحصلة النهائية التي تصور الرؤيا المتكاملة للشاعر بجوانبها المختلفة في قصيدة ما، وتشكل بجملتها فنا كامل الخلقة والروح. وهي وليدة الوحدة العضوية أو النفسية التي تخلق التلاحم بين صور القصيدة المتتالية كافة التي تؤدي إلى الكشف.

فـ" الصورة الشعرية ينبغي ألا تنفصل عن التفكير الكلي الشامل"(١)

ولا خلاف في أن "..... الصورة الجديدة هي التي تكشف عن الجديد دائماً لكن ليس بطريقة ميكانيكية، بحيث تتمسك بما تفرزه الحضارة من الظواهر، وعلاقات جديدة وعقد، بقدر ما هي تلك الإمكانية المتوفرة فيها- كوسيلة*- وكشعور مستقر في الذاكرة يرتبط بالمشاعر الأخرى ويعدل منها. وهي الشكل المادي لهذه المشاعر- الشكل الشعري- شكل القصيدة التي تعتمد أساساً حتى في اختيار الصور على التعبير عن مختلف الإنسانية المتناقضة التي تستطيع القصيدة أن تنقلها ضمن ما تحتاج إليه من صور. إن الصورة تنمو بداخل الشاعر مع نمو القصيدة ذاتها، حيث لا توجد صورة جاهزة يمكن رصفها ضمن القصيدة للتعبير عن المشاعر، بل تخضع الصور لطبيعة

---

(١) إسماعيل، عز الدين، الشعر العربي المعاصر، ص١٦١.

* خطأ شائع أشرنا إليه سابقاً

الشعور الكامن في نفس الشاعر. فما هي فائدة الصور الجاهزة إذا لم تكن نابعة من صميم مشاعر وعواطف الشاعر.

إن الصورة الجاهزة لا تمكننا من الخوض في أعماق التجربة الإنسانية. إنها صورة لتجربة إنسان آخر، أما الصورة التي تنمو مع القصيدة، الصورة التي هي التجربة الانسانية، أو إحدى أدوات التعبير عنها (هي)** الصورة التي تتيح لنا أن نمتلك الأشياء امتلاكاً تاماً، فهي من هذه الناحية الأشياء ذاتها، وليست لمحة أو إشارة تعبر فوقها أو عليها.

وامتلاك الأشياء يعني النفاذ إلى حقيقتها. وعلى الرغم من عدم وجود قيمة أبدية وثابتة فإن هذه الصورة ستكون ذات وهج حاد وعنيف في الكشف والتوغل بعيداً في الجدة والقوة من حيث تناولها للمشاعر الإنسانية"[1].

" وفي القصيدة الواحدة للسياب، بل في المقطع الشعري الواحد، لا نقع على صورة متمردة أو ناشزة عن مجمل اللون العام للقصيدة أو للمقطع الشعري الواحد، إنما يكون هذا اللون خيطاً رفيعاً من مزيج عجيب مركب، لون عام يقود إلى بلوغ مشارف هموم هذا الشاعر وبرمه بالحياة. إن السياب يلجأ إلى التعبير بالصورة دون أن يقع في مزالق تنافر الصور في القصيدة ينتهي به الحال دائماً إلى الوصول إلى لون عام يمنح مشاعره وعواطفه عفوية متدفقة تنساب عبر ألوان عديدة في القصيدة الواحدة، حتى تبلغ هذه القصيدة حد التعبير عن نفسيته بدقة، تلك النفسية المضطربة المستسلمة أحياناً". ذات الرنين الشاكي والموجع، وعبر ألوان القصيدة يمكن التعرف على الوضع النفسي وأزماته. فحياته لا تختلف عن شعره، إنها قصيدة ملونة كتبها الشاعر في سني عمره القصير. تلك الحياة المخضبة بالدم الأحمر وأن بدت غير ذات تأثير بالنسبة لحركة التجديد فإنها تعطي الباحثين يقينا بأن " شعر السياب ليس أكثر من حياته أو أبعد منها، إنه يلبس حدودها فليس شعره حياة ثانية".

** هكذا وردت والأصل أن تقترن بالفاء وجوباً " فهي"، لأنها واقعة في جواب أما التفصيلية.

(١) جنداري، إبراهيم، الصورة الفنية في شعر بدر شاكر السياب، ص٩٢.

وليس غريباً أن يأتي شعر السياب على شكل صور شعرية مترابطة، وأن تأتي هذه الصور واسعة ومتعددة الجوانب، لأن الكثير من الأشياء المادية أدركتها حواس السياب، وساعدته على أن يستمد منها صوره بحساسيته الفريدة"[1].

وتنقسم الصور الكلية في شعر السياب وفق بنائها إلى:

١- الصورة المتنامية.

٢- الصورة المتراكمة (التوقيعات).

١- الصورة المتنامية:

وهي التي تتنامى فيها صور القصيدة المركبة تناميا منطقياً مترابطاً، تظهر فيه الوحدة العضوية بوضوح.

وهذا النمط هو الذي نجده في بنية " القصيدة الطويلة" التي ترتبط فيها الأجواء"... ارتباطاً عضوياً ينمو خلاله الشعور أو الفكرة ويتطور"[2].

ومن الظواهر المهمة في قصيدة السياب: " أن ما يبدو " انصباباً عضوياً" في قصيدته هو في حقيقته، وحدة صاعدة متحركة متماسكة الأجزاء، ومتكاملة من خلال هذا اللقاء بين كل من ثقافة الشاعر وإحساسه ورؤياه وموقفه ، بحيث جاءت قصيدته ممثلة لـ " الحالة" و" الموقف" ، أو (كلاهما)* معاً، وتولدت عن هذه الحالة، أو صدرت عن هذا الموقف تفاصيل يمضي بعضها ببعض من خلال نمو القصيدة، حتى يتشكل من خلال هذا النمو ما دعوناه في نقدنا الحديث " الوحدة العضوية" أو " التنامي العضوي" في الفصيدة، فكان يستلهم تجاربه، ويوغل في الواقع مستنبطنا، مكثفا " اللحظة الشعرية" في ما يمكن أن نعتبره " كشفاً ذاتياً" يقوم على بناء من الصور"، أو " بناء بالصور" وهو ما جعل قصيدته" قصيدة حركة، سواء في ما ترسم من أبعاد ذاتية، أو في ما يكون لها من الواقع، وفي

---

(١) المرجع نفسه، ص ٩٤.

(٢) إسماعيل، عز الدين، الشعر العربي المعاصر، ص١٦٦.

* هكذا وردت والصحيح: لكليهما.

الواقع من تردد وارتداد. قصيدته " رؤيا"، أو تقوم على "الرؤيا" أو هي انبثاق من كهف الرؤيا هذا"[1].

ومثاله قصيدة " المومس العمياء" التي ترتبط صورها المركبة بوحدة عضوية متنامية بدءاً بالمكان "المدينة" وأجوائها ثم التحدث عن الشخصية الرئيسة التي تتنامى من خلال شرائح القصيدة من وصف لأدق المشاعر النفسية التي تصطرع فيها، ووصف لوجهها وجمالها وأصلها، واسترجاع للأحداث المؤثرة في حياتها، وسبب احترافها البغاء، بحيث توضح كل شريحة منها جانباً مهماً من واقع مأساتها تاركاً النهاية مفتوحة، معبراً من خلالها عن خلل اجتماعي بات مستشرياً في المدينة العربية المهزومة سياسياً فترتب على ذلك هزيمتها في كل جانب من جوانب حياتها. ومثال آخر قصيدة "حفار القبور" التي ترصد التحركات النفسية في أعماق "حفار القبور" ذلك المخلوق الذي لا يستطيع أن يحيا إلا بموت الآخرين إنه رمز للساسة الطغاة يقتلون ويتمنون الموت للناس جميعاً في سبيل أن يحيوا هم فكل صورة من صور القصيدة تصور جانباً مهماً من واقع "حفار القبور" ونفسيته، كاشفةً عن خباياها الدفينة بدءاً باستهلاله المشهد الأول للمكان والزمان فالوقت أصيل وفيه حلم كئيب، والمكان "القبور" وما يحيط بها من أفق يغلب عليه السواد والأشباح والظلام، والغربان والعويل استهلالاً يستغرق صفحتين يصف أدق التفاصيل التي تبعث الكآبة في النفس مهيناً نفسه، والقارئ لموضوع القصيدة حيث يظهر ظل حفار القبور مركزاً على صفاته الخارجية التي من شأنها أن تكشف عما وراءها من موت الإنسان فيه وسطوة غريزة حب الحياة المبنية على موت الآخرين، فيصف كفيه، ومقلته وفمه، ثم يبدأ برسم ملامحه الداخلية من خلال الحوار الداخلي الذي يصطرع فيه، فقد استبطأ موت الأحياء من حوله ويراوده الخوف بأن يموت لا ليتعظ؛ بل ليجعله ذلك أكثر شراسة وقسوة حرصاً على فناء الآخرين ليحيا، لذلك نراه يهز يمناه في وجه السماء صائحاً داعياً ربه بأن يبيد نسل العار:

---

(١) الصكر، حاتم، ١٩٧٨، السياب بعد اثنين وعشرين عاماً، سؤال قراءة، رأي د. ماجد السامرائي، الأقلام، السنة ٢٢، العدد٨، ص١٠٠.

وهز حفار القبور
يمناه في وجه السماء، وصاح: رب! أما تثور
فتبيد نسل العار... تحرق، بالرجوم المهلكات
أحفاد عاد، باعة الدم والخطايا والدموع؟
يا رب.. ما دام الفناء
هو غاية الأحياء، فأمر يهلكوا هذا المساء !
سأموت من ظمأ وجوع
إن لم يمت- هذا المساء إلى غد بعض الأنام!
فابعث به قبل الظلام

ليس كل ما يقوله " الحفار" اختلاقاً، فحق إن من ضحاياه نسل العار، "باعة الدم والخطايا والدموع"، ولكنه حين يتمنى الموت يتمناه للبشر جميعاً؛ إلا أنه يختار تلك الشريحة المجرمة ليطلقها ويسم بها الناس جميعاً، ليقنع نفسه بأن ما يطلبه ويدعو به فضيلة وخير، والدليل أن العلة هي " سأموت من ظمأ وجوع إن لم يمت هذا المساء إلى غدٍ بعد الأنام" فهو يريد موت أي من " الأنام" دون تحديد؛ لأنه إن لم يتحقق ذلك يموت جوعاً.

تتتابع الصور الجزئية داخل هذه الصورة المركبة؛ لترصد الصراع في نفس حفار القبور وحسرته على " النهود التي يأكلها الدود" في حين يحرم هو منها، وأمنياته في أن تتكدس الجثث من حوله فتروج حرفته فيظل يدفنها ويدفنها، بتكرار الفعل؛ ليعبر عن شدة تمنيه لذلك واستمتاعه به، ويتقوت منها فحسب، ثم إنه ليس مبرءاً من الخطيئة فهو ممن يسعون إليها، بل إنه لا يتمنى الموت للآخرين إلا ليشبع غرائزه الحيوانية بالرذيلة، فنراه بمجرد أن يقبض أجرة لدفن أحد الموتى يسرع إلى الحانات والبغايا:

ما زلت أسمع بالحروب- فأين أين هي الحروب؟
أين السنابك والقذائف والضحايا في الدروب
لأظل أدفنها وأدفنها.. فلا تسع الصحارى
فأدس في قمم التلال عظامهن وفي الكهوف؟

نبئت أن القاصفات هناك ما تركت مكاناً
إلا وحل به الدمار.. فأي سوق للقبور!
حتى كأن الأرض من ذهب يضاحك حافريها؟
حتى كأن معاصر الدم دافقات بالخمور
أواه لو أني هناك أسد باللحم النثير
جوع القبور وجوع نفسي.. في بلادٍ ليس فيها
إلا الأرامل... أو عذارى غاب عنهن الرجال
وافتضهن الفاتحون إلى الذماء- كما يقال
ما زلت أسمع بالحروب. فما لأعين موقديها
لا تستقر على قرانا؟ ليت عيني تلتقيها
وتخضهن إلى القرار.. وكالنيازك والرعود
تهوي بهن عن النخيل، على الرجال، على المهود:
حتى تحدق أعين الموتى، كآلاف اللآلي،
من كل شبر في المدينة. ثم تنظم كالعقود

إن الحفار بات متوحشاً لا مريضاً نفسياً وحسب، بل حتى الطفولة لم تخرج من إطار حلمه ودعوته، وأعين الموتى التي يفترض أن تثير الوجل في نفس رائيها تصبح مثل اللآلي في نظره هو، والموت يصبح تجارة، فالقبور تجلب الذهب، والدم المتدفق يراه خمراً، والتفكير في النساء يظل يطالعنا في كل صورة وأمنية من تصوير حفار القبور مما حدا ببعض الباحثين إلى اتهام السياب بأنه قط أسرف كثيراً في تصوير الشهوات حتى خيل إلى القارئ أنه كان يريد أن يجعل قصيدته متنفساً للتعبيرات الشهوانية المحمومة، وهو قد أوقع نفسه في موقف لا إنساني حين جعل الحرب موضوعاً للأخذ والرد وليس في الوجود ما يحسن الحرب من حيث المبدأ الإنساني العام حتى ولا منطق الحفار القائم على جوعه وعوزه، لأن الحرب في حقيقتها قد تأكل الحفار قبل أن تهيئ له الطعام وهي

ناحية لم يلتفت إليها الشاعر، ولأن الموتى في الحرب لا يدفنهم حفار بأجر وهي ناحية أخرى من الواقع،...".[1]

والحقيقة أنه لا يفترض دائماً أن تتطابق تفاصيل الرمز مع تفاصيل الواقع المرموز إليه، فإذا كان حفار القبور رمزاً للطغاة المتسلطين على الشعوب والذين يحيون ويكتنزون الذهب باتجارهم بالبلاد، والعباد، فإن ذلك يتفق تماماً والرمز الذي أراده الشاعر. إن حفار القبور يعيش فينا، في كل زمان ومكان، يحيا بموت الآخرين، خمره دماؤهم، ولآلئه عيونهم الجامدة، إنه تاجر الحديد والرصاص والسلاح الذي صوره السياب في قصيدة (أسلحة الأطفال)، ثم إن قدرة السياب على وصف دقائق نفسية حفار القبور المسرفة في جوعها للطعام وللجنس لا يعني بالضرورة إن السياب يعبر من خلاله عن حمى الجنس في نفسه فالسياب حين وصف الدقائق النفسية التي كانت تصطرع في نفس " المومس العمياء" لم يكن امرأة، ولم يكن مومساً ومع ذلك استطاع أن يتقمصها بروحه المسرفة في القدرة على الولوج في وشائج النفوس الإنسانية المختلفة.

بل إنه حين صور لنا حمى الجنس التي تجتاح حفار القبور صورها بشكل مستكره للنفس، يثير الاشمئزاز في نفس القارئ أكثر من إثارته للمتعة.

كما أني لا أرى خللاً في أن جعل السياب " الحفار" يتمنى الحروب؛ لأن ذلك لا يتفق مع المبدأ الإنساني العام؛ وذلك لأن حفار القبور دائماً مثله مثل أي طاغية يخال أنه سيبقى حياً مادام الآخرون يموتون، إنه شعور الإنسان بطول الأمل، وعلى أي حال إن نفسية مريض كحفار القبور لا تخضع في تصوراتها وأمنياتها لمنطق العقل.

ثم يلحق هذه الصورة صورة أخرى تمثل شعور حفار القبور للحظة يقظة إنسانية ببشاعة ما يتمنى، ولكنه يعود ليبرر لنفسه، فنزغ الضمير عنده لا يدوم طويلاً، كما هي حال الساسة الطغاة الذين يغلبهم طول الأمل بالحياة، وشهواتهم المبنية على دماء الآخرين، بل إنه يرى أنه أقل شراً من الطغاة؛ لأنه لم يقرأ الكتب، فهو جاهل لا يحسن صنعة سوى

---

(١) عباس، إحسان: بدر شاكر السياب، ص١/٨، وانظر: مدني صالح، ١٩٨٩، هذا هو السياب، أوجاع وتجديد إبداع، مطبعة اليرموك، بغداد، ص٧٣.

حفر القبور ودفن الموتى، ولكن الإثم الأكبر على أولئك الذين يقرؤون ويعلمون ومع ذلك يحفرون قبوراً لشعوبهم ويعيشون على حسابهم عن خبث ودراية وتدبير، ثم يرسم صورة لنفسه فهو ضحية ايضا من ضحايا الحفار الكبار، ضحية من ضحايا الجوع. ثم تأتي صورة مركبة ترسم المدينة ورائحة الخمور وقد ذهب إليها حفار القبور ليبحث عن الشهوة الرخيصة بما كسبه من دفن ميت أنقذه من الجوع تلك الليلة، ويصوره على فراش الرذيلة تفصيلاً دقيقاً يثير الاشمئزاز من الحفار الذي لا يرى من الدنيا سوى هذه اللحظات من المتعة الرخيصة.

ثم يرسم صورة تالية لحفار القبور في يوم تال منتظراً من جديد جثثاً وضحايا ما يلبث أن تأتيه جثة ليدفنها، إنها تلك البغي التي أعطاها أجرتها في الليلة الماضية هي الأخرى يدفنها، فيأخذ منها ما أعطاها بالأمس ثمناً بخساً.

ويظل الحفار على حاله يدفن الجميع حتى التي كانت بالأمس حلمه أصبحت ترقد تحت قدميه بعد أن دفنها بكفيه واسترد ما أعطاها من أجر.

فالقصيدة كلها تصور مشاهد دقيقة متكاملة تتنامى وتتلاحق بشكل منطقي لترسم في النهاية رؤيا الشاعر لواقع سياسي واجتماعي ونفسي ينخر فيه الفساد في رمز يكاد يتحول إلى أسطورة، فحفار القبور أشبه ما يكون " بدراكولا" لا يعيش إلا على امتصاص دماء الآخرين.

٢- الصورة المتراكمة (التوقيعات)

وهي التي تنبني فيها الصور المركبة في القصيدة كلها على أساس غير منطقي، فالوحدة العضوية فيها غير ظاهرة، ويبدو أن لا صلة بين صورها المفتتة المشتتة سوى اللاشعور، فهي تعتمد الوحدة النفسية " فالقصيدة الجديدة في تصور بعض النقاد المحدثين مجموعة من التوقيعات النفسية التي تأتلف في صورة كلية تمثلها القصيدة في مجموعها... إذ إننا نصادف في القصيدة مجموعة من المشاهد المنفصل بعضها عن بعض كل الانفصال، يكاد كل مشهد فيها أن يقوم بذاته، لكننا ما نلبث أن ندرك إدراكاً مبهماً بأن شيئاً ما يصادفنا في كل مشهد، كأنه يتخذ في كل مرة قناعاً جديداً حتى إذا ما انتهت القصيدة أدركنا أن هذه المشاهد لم تكن أقنعة بل مظاهر مختلفة لحقيقة واحدة. إن الفكرة

وقد ملأت نفس الشاعر تبدأ تتراءى له من خلال ما تقع عليه عينه، وما يقع عليه حسه وما هو مستخف في نفسه من تراث إنساني وروحي، كأنك تحس بها قد أغفلت دونه كل طريق، فحيثما اتجه تمثلها هناك، فإذا هو أغلق نفسه دون الأشياء اصطدم بها كذلك في أعماق نفسه. وفي هذه الحالة نجد أنفسنا ننتقل مع الشاعر من شيء ندركه في خفاء دون أن نعيشه، لكننا نحس في كل مرة بأن شيئا ما يلح علينا ويتأكد وجوده. وفي هذه الحالة نجد أنفسنا منصرفين عن كل بلاغة جزئية قد تصادفنا إلى تمثل للمشهد في مجموعة، وفي الصدى الذي يتجاوب فيه من المشاهد الأخرى".[١]

إن أهم ما يميز هذه الصورة الشعرية الجديدة اتجاهها إلى الاستغناء عن المعالم الحسية المحدودة، والانشغال ببناء وجود فني مستقل يستمد وجوده من عناصر الصورة الشعرية نفسها، لا من عناصر الواقع الحسية.

فلم يعد الخيال الشعري يقتنع بإيجاد العلاقات بين الموجودات أو بأن يتلقى مصادر صوره من الخارج بل أصر أن يخلقها بنفسه. وأصبحت الصورة الشعرية بالتالي صورة تموج بالألوان والأضواء والأصوات والرؤى المختلطة المتداخلة"[٢].

" وهكذا سيطرت الرؤية الداخلية للشاعر على صوره الشعرية فجعلتها صوراً ذات وجود نفسي داخلي تحرص على الداخل أكثر من حرصها على العلاقات الخارجية"[٣].

"كذلك حاول الشاعر العربي الجديد أن يكون مركزاً ومكثفاً في صوره الشعرية، وذلك مقابل الاستغراق الرومانسي في الصور الخيالية كما انتهت إليه القصيدة العربية الرومانسية، وهذا ما جعل الشاعر العربي الجديد يستخدم مفردات صورته الشعرية كإشارات انفعالية تختزن في داخلها تجارب ومواقف متعددة فتكون هذه المفردات بمثابة الاستحضار الانفعالي لهذه المواقف وتلك التجارب"[٤].

---

(١) إسماعيل، عز الدين، الشعر العربي المعاصر، ص١٦٦.

(٢) الورقي، السعيد، د. ت لغة الشعر العربي الحديث، مقوماتها الفنية وطاقاتها الإبداعية، دار المعارف، مصر، ص١٤٥.

(٣) الورقي، السعيد، د. ت، ص١٤٧.

(٤) الورقي، السعيد، د. ت، ص١٥١.

" هذه الطريقة البنائية في استخدام الصور تجعل مهمتها ووظيفتها معا لا أن تشرح الفكرة او تزينها وإنما أن تحملها وتكتشف بها علاقات لأرض جديدة وواقع جديد هو واقع الرؤى، ولعل من أبرز مظاهر هذا الواقع أن الشاعر كثيراً ما يفتت الأشياء الواقعة في المكان لكي يفقدها تماسكها البنائي كله ولا يبقي منها إلا على صفاتها أو بعض صفاتها، وهو أمر مرتبط بتقنية الفن الحديث الذي لا يهمه أن تكون الصورة المكانية مكتملة التكوين أمام العين المبصرة، أي موافقة لمنطق المكان والتنسيق المكاني للأشياء بقدر ما يهمه أن تكون في مجموعها تؤدي دوراً حيوياً يمكن النفاذ منه إلى الشعور السائد الماثل فيها دون معوقات جانبية، وبسبب ذلك قد يحس المتلقي أول وهلة أن صور القصيدة بمثابة الحروف الاختزالية التي حملت شرارتها الكامنة غير أنها تفقد صلاتها (ببعضها بعضا)* "(١).

والرأي أن هذا النمط من التصوير غالباً ما يستخدمه الشاعر حين تتضخم مأساته وتتنوع منابعها وأسبابها إلى درجة تجعله يستجمع في ذاكرته صوراً متنوعة مختلفة ظاهراً لكنها واقعاً ووقعاً ذات أثر واحد في نفسه، تلح على ذاكرته. والسياب قلما يستخدم هذا الضرب ونتلمسه في قصائد محدودة في مرحلة مرضه خاصة منها: " رؤيا ١٩٥٦"، " ليلة في العراق"، "سفر أيوب". ولعل أكثرها وضوحاً في القصيدة الأخيرة، وهي تتألف من عشرة مشاهد، تبدأ بالشاعر المريض الذي يرمز لنفسه بـ " أيوب" الصابر الذي يتحمل من المرض ما لا يطيقه غيره ويراه منحة إلهية توجب الشكر في لغة صوفية خاشعة، فليس المرض سوى هدية من هدايا الحبيب:

لك الحمد مهما استطال البلاء
ومهما استبد الألم،
لك الحمد، إن الرزايا عطاء
وأن المصيبات بعض الكرم
ألم تعطني أنت هذا الظلام

* هكذا وردت والصحيح: " تفقد الصلة بينها".

(١) اليافي، نعيم، تطور الصورة الفنية في الشعر العربي الحديث، ص٢٦٦.

وأعطيتني أنت هذا السحر؟
إلى أن يقول:
ولكن أيوب إن صاح صاح،
" لك الحمد"، إن الرزايا ندى،
وإن الجراح هدايا الحبيب
أضم إلى الصدر باقاتها،
هداياك مقبولة. هاتها!
أشد جراحي وأهتف بالعائدين:
" ألا فانظروا واحسدوني، فهذي هدايا حبيبي"[(١)].

والمشهد الثاني: يصور محباً مغترباً عن محبوبة بعيدة يلمح وجهها من خلال الضباب والمطر، متشوقاً إليها. إنها زوجه إقبال، ويسمع صوت " غيلان" ابنه يناديها واصفاً شوقه إليه وخوفه عليه، مستحضراً منظر الوداع في المطار:

من خلل الثلج الذي تنثه السماء
من خلل الضباب والمطر
ألمح عينيك تشعان بلا انتهاء
شعاع كوكب يغيب ساعة السحر
وتقطران الدمع في سكون
كأن أهدابهما غصون
تنطف بالندى مع الصباح في شتاء
من خلل الدخان والمداخن الضخام
تمج من مغار قابيل على الدروب والشجر
ذرىً من النجيع والضرام
أسمع غيلان يناديك من الظلام
من نومه اليتيم في خرائب الضجر

(١) منزل الأقنان، ٢٤٨/١.

سمعت كيف دق بابنا القدر ؟
فارتعشت على ارتجفاف قرعه ضلوع؟
ورقرقت دموع؟
فاختلس المسافر الوداع وانحدر؟
إلى أن يقول:
إقبال إن في دمي لوجهك انتظار،
وفي يدي دمٌ إليك شدة الحنين ليتك تقبلين
من خلل الثلج الذي تنثه السماء،
من خلل الضباب والمطر!

لم يعد يرى من المطر والضباب في لندن سوى معنى الموت والحزن، إنه مطر عذاب، لا مطر خصب، فهو مثير للألم والهواجس.

أما المشهد الثالث فيصور صراع الشاعر مع الغربة والجوع والداء مع الشوق إلى الوطن، وتتعالى فيه نغمة الألم والضجر، ويرتفع الصراع فيه:

بعيداً عنك في جيكور، عن بيتي وأطفالي
تشد مخالب الصوان والإسفلت والضجر
على قلبي، تمزق ما تبقى فيه من وتر
يدندن: " يا سكون الليل، يا أنشودة المطر".
تشد مخالب المال
على بطني الذي ما مر فيه الزاد من دهر
عيون الجوع والوحدة
نجومي في دجى صارعت بين وحوشه برده،
وإن البرد أفظع لا.. كأن الجوع أفظع، لا .. فإن الداء
يشل خطاي، يربطها إلى دوامة القدر
ولولا الداء صارعت الطوى والبرد والظلماء
بعيداً عنك أشعر أنني قد ضعت في الزحمة

وبين نواجذ الفولاذ تمضغ أضلعي لقمه.
إلى أن يقول:
أأصرخ في شوارع لندن الصماء: " هاتوا لي أحبائي؟
ولو أني صرخت فمن يجيب صراخ منتحر
تمر عليه طول الليل آلاف من القطر؟

المشهد الرابع: متمم للثالث والأول يعود فيه إلى أيوب الذي يصارع الداء متوجها بالدعاء إلى الله بأن يشفيه ويرأف بأولاده متمنياً الشفاء والعودة إليهم، بين أمل ويأس

يا ربُ أيوبُ قد أعيا به الداء
في غربة دونما مال ولا سكن،
يدعوك في الدجن
يدعوك في ظلمات الموت: أعباء
نادى الفؤاد بها فارحمه إن هتفا
يا منجيا فلك نوحَ مِزّقِ السدفا
عني. أعدني إلى داري، إلى وطني!

المشهد الخامس: عودة إلى منظر الثلج المحزن في لندن، متشوقاً إلى الوطن والأبناء، متمنياً العودة إلى الحياة مصوراً نفسه العازر، متخيلاً فرحة إقبال وأولاده بلقائه وشفائه. وهذه الصور تكمل المشهد الرابع:

إيه إقبال لا تيأسي من رجوعي
هاتفاً قبل أن اقرع الباب: عادا
عازر من بلاد الدجى والدموع،
سورها كان ملحاً ، نجيعاً رمادا.
قبلّيني على جبهة صكها الموت صكا أليما،
حدقي في عيون شهدن الردى والمعادا.

ويغلب على هذا المشهد اليأس، فهو بحاجة إلى معجزة لكي تشفيه، إذ لم يعد يرى نفسه مريضاً، بل ميتاً شفاؤه يحتاج لكل معجزة تحيي الميت كتلك التي أحيت العازر الميؤس منه.

المشهد السادس: وصف لشهوة جسدية عارمة مشحونة بعاطفة حب تجتاح الشاعر لامرأة لم يحددها، إذ الذي يهمه التنفيس عن موقف شهواني صرف، وهي مجرد وهم من بنات أفكاره:

خيال الجسد العاري
يطل علي محمولا على موج من النار
من المدفأة الحمراء ذاك الرحم الضاري
إلى أن يقول:
بحارٌ بيننا: ليلان من مدن وأمطار،
وإنك منك اقرب، انت بعض دمي،
خيالي أنت، أمنيات عمري... كل أمنية
بعاطفتي تحرك لا عواطفك الأنانية.
علام مددت بحراً بيننا، دنيا جليدية
أعانق في دجاها جسمك العاري
يطل علي محمولاً على موجٍ من النار
من المدفأة الحمراء، من وهمي وأفكاري

إن الرغبة الجنسية المحمومة تتنفس في كل أبيات القصيدة فهي التي استدعت صورة المدفأة التي أسبغ عليها اللون الأحمر للدلالة على شدة أوارها، وجعل لها رحماً تتضرى فيه وتشتد. وهي صورة معاكسة تماماً لواقع الشاعر شديد البرودة عاطفياً، بل العاجز عن مجرد اللقاء فبينه وبين ذات الجسد العاري الذي أتاه بالخيال بحار ومدن وأمطار، والعلاقة بينهما ليست مجرد رغبة جسدية صرفة، فهي قريبة جداً في الذاكرة، إن القرب الجسدي هنا يستوجب قرباً روحياً لذلك يراها " بعض دمه" و "خياله" و"أمنيات عمره". وبينهما " دنيا جليدية" جعلته لا يملك سوى أن يقرب المسافات بينهما من خلال

الوهم والأفكار. وأرجح أنه يقصد "إقبال" إذ طغت صورتها هي وغيلان وجيكور على مشاهد القصيدة وارتبطت بحنينه إلى الشفاء فالعودة، ما عدا المشهد الثامن.

أما المشهد السابع فيصف فيه ألمه في ليل الغربة الكئيب وقد ألحت عليه فكرة الموت متخيلاً عودته بالسلة إلى داره وصغاره فرحون بعودته.

أما المشهد الثامن: فيتذكر فيه لميعة حين التقته في جيكور اللقاء الأخير الذي ودعته فيه إلى الأبد، ذلك الحب القديم الذي ترك أثره في قلبه:

ذكرتك يالميعة والدجى ثلج وأمطار،
ولندن مات فيه الليل، مات تنفس النور.
رأيت شبيهة لك شعرها ظلم وأنهار،
مريضاً كنت تنقل كاهلي والظهر أحجارا،
أحن لريف جيكور
وأحلم بالعراق، وراء باب سدت الظلماء
باباً منه والبحر المزمجر قام كالسور
على دربي

أما المشهد التاسع فتغلب عليه فكرة الموت، فهو فريسته موضحاً يأسه من الشفاء. فقد بات الموت " سيرين " تلك الحورية البحرية التي تغني لتجذب إليها من يسمعها[1]، فهو منساق بلا إرادة إلى الموت في استسلام تام، فشعره سلاحه الوحيد لا يقوى على رد قوة الموت.

رميت وجه الموت ألف مرة
إذا أطل وجهه البغيض
كأنه السيرين، يسعى جسمي المريض
نحو ذراعيه بلا تردد
ما بقي من سيفي المجرد،

(١) علق الشاعر في حاشية ديوانه فقال: " السيرين، كما في الأوديسة، حورية بحر تغني فتجذب إليها من يسمعها"، انظر: منزل الأقنان ٢٧٣/١.

ويقطر الشعر ولا يفيض،
لأنني مريض
أودع الحياة أو أشد بالحياة
يخيطه الموروث عن أموات
لم يدفع الشعر مناياهم وقد
وقد جاءت إليهم غيلة

والمشهد العاشر: استسقاء للمطر والخصب، ويأس الشاعر من أن يشهده فهو يهم بالرواح والزوال:

فابرقي وارعدي وارسلي المطر
ومزقي في ذوائب الشجر
وغرقي السهوب
واحرقي الثمر
سترجحن بعدك السنابل الثقال بالحبوب،
وتقطف الورود والأقاح
صبية يؤج في وجنتها الجنوب،
****

وأنت يا شاعر واديك، أما تؤوب
من سفر يطول في البطاح،
تراقص النهر
وتلثم المطر؟
أما سمعت هاتف الرواح؟ :
"خام وزنبيل من التراب"
وآخر العمر ردى. ويطلع القمر
فأبرق، أرعد، أرسل المطر
قصائد احتوى مداها دارة العمر،

يا غيمة في أول الصباح،
يا شاعراً يهم بالرواح،
وودع القمر!

هذه نهاية الشاعر، ستبقى قصائده تنادي بالبرق والرعد والخصب، لكنه وصل إلى حد الإيمان بالواقع المر، والنهاية فدورة الحياة ستبقى وتمتد، وسوف تظل تتجدد، لكن الشاعر لن يكون من أهلها ولن يستمتع بها، فثمة هاتف يظل يناديه مذكراً إياه بأن الرحيل قد حان، وإن كل ما سيأخذه في نهاية رحلته كفن من خام، وزنبيل من تراب، وسيظل القمر يطلع، لكنه لن يراه لذا عليه أن يودعه فهو على أعتاب الموت.

إن الفكرة الملحة على الشاعر هي المرض الذي تصحبه مشكلتان رئيستان تزيدانه قسوة وضراوة هما الجوع والغربة. هذه المعاناة في صراعه مع الموت وتشبثه بأهداب الحياة تستدعي كل الصور في مشاهد القصيدة كلها: الشوق إلى الزوجة والولد، وتمني العودة إلى الحالة الطبيعية والشفاء، وذكرى حب داثر وممارسة حياته العاطفية، وهي التي تستدعي في النهاية الاستسقاء والخصب، فالشاعر يرحل عن الدنيا وهي في أجمل أحوالها وأحسنها تاركاً حصادها لغيره.

إن صراع الشاعر مع المرض والموت استدعى كل هذه الصور التي يبدو الاتصال بين بعضها منطقياً ذا وحدة عضوية، في حين يظهر تناقضاً أو تباعداً ظاهرياً بين بعضها الآخر لا ندركه إلا إذا حاولنا سبر نفس الشاعر المريض وهواجسها. ولعل المشهدين السادس والثامن يبدوان دخيلين تماماً على القصيدة ولو تفحصناهما جيداً لوجدنا العلاقة النفسية التي تربطهما ببقية مشاهد القصيدة، فالمشهد السادس يعكس رغبة الشاعر الشديدة في الحياة، وتغلبا على عجزه عن ممارسة حياته الطبيعية الجسدية بسبب مرضه الذي شله عن الحركة.

والمشهد الثامن عودة إلى الماضي للتفيؤ في ظله بحثاً عن ذكرى حب انتهى بالوداع في جيكور التي يتشوق اليها. إنه نوع من استعادة ذكرى القوى والشباب والحيوية والحب، تلك الأشياء التي يفتقدها الآن وهو على فراش الموت، ويجمع الصور جميعاً إن المكان الذي يحويها واحد هو جيكور الحبيبة، الحلم مقابل لندن المرض والموت والعجز.

إن "إقبال الزوجة، "ولميعة الحبيبة القديمة، على الرغم من التناقض الظاهري بين صورتيهما تصبحان في " سفر أيوب" شيئاً واحداً، تجربة واحدة. إنهما الحب والدفء والشباب، والحياة. مع أن الظاهر أن المنطق يفرض تنافرهما وتناقضهما؛ لكنهما الآن وقعهما على نفس الشاعر شيء واحد، وجهان لعملة واحدة هي الحياة والحب في الماضي. إنهما جيكور وغيلان مقومات الحياة والجمال الحقيقية التي اكتشفها وكشف عنها وهو يقف مودعاً هارباً إليها من برودة المرض والجوع والغربة، مستشعراً بالنهاية القريبة، مستمداً الأمل المستحيل في الشفاء بالتَّثبُّت بها.

ثانيا: الرمز Symbol

الرمز ضرب من التصوير فثمة علاقة وثيقة بينه وبين الاستعارة التصريحية خاصة، فكلاهما تصوير قائم على التشابه بين شيئين ابتكرهما المبدع أو استوحاهما من معطيات الواقع من حوله، لكن الفرق بينهما أن الاستعارة تحمل قرينة لفظية أو سياقية دالة على المشبه، غير أن الرمز دائماً يكون مشبهاً به، العلاقة بينه وبين المشبه المحذوف أكثر التصاقاً وأكثر غموضاً، إذ لا قرينة لفظية دالة عليه فهي سياقية شديدة الخفاء لا تدرك الا بالتحليل العميق لجزئيات الرمز وملابساته، والحدس وحده هو أداة الناقد لفهمه واستكشافه.

"فمن شروط الرمز أن يبرز ليكون المرموز إليه في المؤخرة في الحد الأدنى"(١) فإن البناء الأساسي لكليهما واحد فهو يقوم على الالتحام والتقابل والالتقاء ويوحي بالتركيز والتبؤر، وبكلمة أخرى كل تعبير استعاري ذو (خاصية)* رمزية تتمثل في بؤرة من العلاقات ذات قيمة عالية، وفيما عدا ذلك فهما يختلفان فالاثينية في الاستعارة ماثلة أمامنا أكثر من الرمز الذي يعد وحدة مستقلة تتمتع بأصالة غريبة، ولا تخضع لمفهومات خارجية اعتبارية، وإذا كانت الاستعارة مجرد نقل صفة إلى موصوف لجامع بينهما أو لغير جامع بغض النظر عن ماهية أحدهما من حيث ارتباطه بالواقع أو النفس فإن الرمز ملتحمة تبدأ مباشرة من الواقع، وتعتمد على الترجيح والإصرار والإلحاح التي يتميز بها الرمز، وتدق الفروق بينهما حين ننظر إليهما نظراً معزولاً عن السياق، فالسياق هو المعيار الذي يقاس به ما بينهما من صلات، وهنا توصف الاستعارة بأنها عبارة مفردة أو وحدة منبتة عما قبلها، وعما بعدها تشير إلى مفهوم معين تحمله وتعبر عنه، ويوصف الرمز بأنه ابن السياق وأبوه... وليست له أية دلالة رامزة بمفرده، ويتحول الرمز إلى

(١) الأطرقجي، ذو النون، ١٩٨٧، الصورة والرمز في الشعر العراقي الحديث، الأقلام، السنة ٢٢، العددان، ١١ ، ١٢ بغداد، ص١٩٣.

* خطأ شائع والصواب، خصيصة.

استعارة في الوقت الذي يستقل فيه عن سياقه ولا يعود يشكل جزءاً من الدلالة الحدسية الكلية له، أي عندما ينفرد ويستخدم مستقلاً لتقرير فكرة أو نعتها أو حملها"[١].

والرمز صورة توضح الواقع بغامض لو وقف الناقد عليه بعد التحليل والتفكير العميقين لأصبح الواقع أكثر وضوحاً وانبلاجاً. إنه تعقيد يسلم إلى الانفراج في الرؤيا.

"... إن الرمز يبدأ من الواقع ليتجاوزه فيصبح أكثر صفاءً وتجريداً، ولكن هذا المستوى التجريدي لا يتحقق بتنقية الرمز من تخوم وتفصيلاتها، لأنه يبدأ من الواقع ولكنه لا يرسم الواقع بل يرده إلى الذات، وفيها تنهار معالم المادة وعلاقاتها الطبيعية لتقوم على أنقاضها علاقات جديدة مشروطة بالرؤيا الذاتية للشاعر".[٢]

"ويبدو أن الفارق بين الرمز والصورة ليس في نوعية كل منهما بقدر ما هو في درجته من التركيب والتجريد، فالرمز وحدته الأولى صورة حسية تشير إلى معنوي لا يقع تحت الحواس، ولكن هذه الصور بمفردها قاصرة عن الإيحاء سمة الرمز الجوهرية، والذي يعيطها معناها الرمزي إنما هو الأسلوب كله، أي طريقة التعبير التي استخدمت هذه الصورة وحملتها معناها الرمزي، ومن ثم فإن علاقة الصورة بالرمز من هذه الناحية أقرب إلى علاقة الجزء بالكامل، أو هي علاقة الصورة البسيطة بالبناء الصوري المركب الذي تنبع قيمته الإيحائية من الإيقاع والأسلوب معاً"[٣].

و"... الذي يجعل من الصورة رمزاً وفرة دلالاتها وكثرة معانيها وقدرتها على الإيحاء والتداعي وإنما هو وضع خاص لها تكون فيه نسقاً كاملاً من التجربة أو كائناً مستقلاً يملك حياته المتكاملة دون اعتبار لأي معيار عرفي من معاييرها، وما لم ندرك هذا الفرق الضروري فستقع لا محالة في شرك، فنعامل كل صورة قادرة على الترميز رمزاً فنياً"[٤] والرمز لا يحل محل شيء آخر فحسب ولا يكتفي بمجرد الدلالة، حيث الطرفان طرف العلاقة الدالة وطرف الشيء المدلول عليه يعملان معاً، بقدر ما يمثل

---

(١) اليافي، نعيم، تطور الصورة الفنية في الشعر العربي الحديث، ص٢٨٨-٢٨٩.

(٢) الرمز والرمزية، ص ١٣٦-١٣٧.

(٣) الرمز والرمزية، ص١٣٩.

(٤) اليافي، نعيم، تطور الصورة الفنية في الشعر العربي الحديث، ص٢٨٩.

شخصية أو كياناً يحمل شحنة عاطفية من نوع مقصود يراد به أن يثير في نفس المتلقي الرائي أو السامع حالة وجدانية معينة، صحيح أن الرمز والمرموز قد يبدوان كلمتين لكل منهما مدلوله بيد أنهما يزيدان على ذلك لأنهما يضيفان الى عملية الدلالة موقفاً شعورياً خاصاً إزاء قيم محددة وهذا هو المهم في عملية الترميز. إن الإنسان حين لا يجد وسيلة يعبر بها عن حالة شعورية إزاء موقف معين يتخير شكلاً حسياً يكون قادراً على التعبير عن الحالة أو نقلها من الداخل إلى الخارج أو خلق بديل موضوعي يعادلها، وبهذه المعاني الثلاثة يتصف الرمز أول نقلها من الداخل إلى الخارج أو خلق بديل موضوعي يعادلها، وبهذه المعاني الثلاثة يتصف الرمز أول ما يتصف بأنه ليس صورة مباشرة وإنما هو ضرب من الرؤية أو الحدس"[(١)].

" ولما كان من شأن الشعر- كغيره من الأنواع الأدبية- أن يوحي لا أن يصرح. ولما كانت وسيلته إلى ذلك هي الرموز التي تغلف الحقائق العارية وتضع عليها الأقنعة التي تسوغ قبولها في العرف- فقد وجد الشعراء في الظواهر الطبيعية ضالتهم. ذلك أن هذه الظواهر لا يمكن إخضاعها للتقدير الأخلاقي أو الحكم عليها بالسلامة أو الخطأ.

والواقع أن تحليل عناصر الصورة الشعرية ورموزها المستمدة من الطبيعة والعلاقات القائمة بينها على النحو الذي صورها به الشاعر، كل ذلك يكشف لنا أن اختيار هذه العناصر والرموز وإقامة هذه العلاقات بينها يكون له دائماً أصل بعيد في أغوار نفس الشاعر، ويلتقي هناك بكثير من تجاربه الخبيئة في اللاشعور، التي لا يجمل بالشعر أن يعرضها، (من ثم)* تحدث عملية إزاحة لا شعورية بصورة آلية، وهي طبيعة معترف بها"[(٢)].

و"... الشاعر لا يلجأ إلى الرمز إلا لأنه مرغم على ذلك بسبب وجود عوائق سيكولوجية واجتماعية وأخلاقية بالإضافة إلى الخوف والحياء، تحول دون اللجوء إلى التعبير مباشرة عن رغباته وأحاسيسه، أي إن الشاعر يعمد إلى الرمز بصورة طبيعية

---

(١) المرجع نفسه، ص٢٧٨، ٢٧٩.

* خطأ شائع والصواب: ثم.

(٢) درويش صالح، ١٩٦٨م، الرمز في الشعر، الأقلام، السنة الرابعة، بغداد، العدد٥، ص٣٥.

وقسرية في آن واحد فيظهر رمزه كمظهر الثورة على الوضوح الكلاسيكي العادي يشوبه الصدق وعدم الافتعال وبصورة أخرى إن الشاعر يُغيِّرُ طرائق التعبير الشعري فيحل الرمز والإيحاء- حسب رأي الدكتور مندور- محل التقرير والإفصاح...

أضف إلى ذلك وجود عوامل فنية كعامل الرغبة في نقل أحاسيسه إلى الآخرين، والتأثير بهم. وغالباً ما يحقق الشاعر هذه الرغبة باستخدام الصور والتشابيه والاستعارات وغيرها من ضروب البيان والبديع، والقيم الفنية التي تنثال من مخيلة الشاعر بتلقائية تتسامى على كل افتعال أو تصنع"[١].

وقد بات الشعر المعاصر أكثر تعقيداً وأميل إلى الاستغناء بالإشارة والتلميح عن التصريح. فقد " انبثقت أشكال بنائية متقدمة وبدأ الشاعر بهجر المباشرة والتقريرية ونعتمد الإيحاء والرمز والبناء بالصور الشعرية عن طريق إيجاد "معادلات موضوعية" لانفعالاته وأفكاره وتجاربه، ولاشك أن عملية بناء القصيدة الجديدة خلال الأشكال التعبيرية اللامباشرة كالتعبير بالصور تعبيراً بنائياً ونمو البناء الدرامي في القصيدة وكثير من الملامح الملحمية واللجوء إلى الرمز والأسطورة والحكاية وغيرها، كلها ذات قيمة ثورية كبيرة تفتح الطريق أمام الشعر العربي للوقوف في مرتبة الشعر العالمي، إلا أنها قد تتحول على يد بعض الشعراء إلى عامل هام في إرباك وتشتت الجو الشعري وإغراقه بالتعقيد والغموض والضبابية"[٢].

إن الرمز يكون أكثر جمالاً وتأثيراً حين يتنفس في القصيدة كلها ويمتد فيها كاشفاً عن رؤيا الشاعر. فـ "... إذا كانت قيمة الرمز أسلوبية لا تتحقق بالكلمة المفردة أو الوحدات اللغوية البسيطة فإن العمل الشعري يصبح أكثر إحكاماً وإثارة إذا تآزرت فيه الرموز الجزئية تآزرا كلياً يمتد على رقعة القصيدة فيخلق فيها نبضاً شعرياً شاملاً، وذلك مستوى من الرموز يرجح الرموز الجزئية ويفوقها فناً"[٣].

---

(١) درويش، صالح، ١٩٦٨م، الرمز في الشعر، الأقلام، السنة الرابعة، بغداد، العدد ٥، ص٣٥-٣٦.

(٢) تامر، فاضل، ١٩٦٦م، حول ظاهرة الغموض في الشعر الجديد، الآداب، السنة ١٤، العدد٣، بيروت، ص١٣٨.

(٣) الرمز والرمزية، ص١٣٨.

" وينبغي أن ندرك بوضوح أن استخدام الرمز في السياق الشعري يضفي عليه طابعاً شعرياً، بمعنى أنه يكون أداة لنقل المشاعر المصاحبة للموقف وتحديد أبعاده النفسية. وفي هذا الضوء ينبغي تفهم الرمز في السياق الشعري، أي في ضوء العملية الشعورية التي تتخذ الرمز أداة وواجهة لها. أما النظر إلى الرمز في الشعر بوصفه مقابلاً لعقيدة أو لأفكار بعينها فإن هذا النظر يخطئ معنى الرمز الفني ورمزية الشعر إجمالاً"(١).

والسياب يعد رائداً للشعر الحر لا لتقدمه في النظم الإيقاعي الجديد؛ بل بما له من قصب السبق في تطوير القصيدة العربية في الجوانب الفنية الأخرى. من أبرزها استخدام الرمز الناضج بأنواعه المختلفة في شعره، فكثير من قصائده غني بالرموز الفنية الكلية التي تتبني عليها القصيدة كلها تعاضد فيها الرموز الجزئية الرمز الأكبر الذي تنبثق عنه لرسم صورة حية تؤلف بين ذات الشاعر والواقع الذي يريد أن يصوره. فيخلق منه قوة تأثيرية ضاغطة على السامع والقارئ. وقد استخدم قسمين رئيسين من الرمز الفني:

أولا: الرمز الابتكاري

ثانيا: الرموز التراثية، وتتفرع إلى:

١- الرمز الأسطوري

٢- الرمز الديني

٣- الرمز التاريخي

٤- الرمز الشعبي

أولا: الرمز الابتكاري: هو ذلك الذي يتميز بالأصالة والابتكار يبتدعه الشاعر على غير مثال سابق من خلال مزج رؤياه بالواقع مزجاً تخييلياً عميقاً فيعطيه أبعاده الجمالية والتأثيرية. فـ "... قد يستخدم الفنان رمزاً قديماً بعد أن يحطمه ويعيد صياغته ولكن الابتكار لا سيما في ميدان الرمز الخاص هو الذي يهبه قيمته وأهميته شريطة أن نعني بالكلمة لا مجرد الرغبة في الجديد بل القدرة على الخلق"(٢).

---

(١) إسماعيل، عز الدين، الشعر العربي المعاصر، ص٢٠٠.

(٢) اليافي، نعيم، تطور الصورة الفنية في الشعر العربي الحديث، ص٢٨٠.

ويلجأ الشاعر إلى الرمز للكشف عن علاقات معقدة بينه وبين الأشياء من حوله. فالرمز"... أكثر قدرة على خلق العلاقات وتعميقها، ووفرة الدلالات وتنويعها، وتعدد أوجه الايحاءات وانتشار أفيائها"[1].

وفي هذا الميدان نجد الشعراء الرواد"... قد بذلوا جهداً ملحوظاً حتى كاد كل شاعر يعرف برمزه المبتكر. ومن ملاحظاتنا لطبيعة هذه الرموز نجد أنها تنقسم إلى نوعين: نوع يرتبط بعناصر طبيعية كالمطر، والبحر، والنجم، والناي، والريح، وفارس النحاس، ونوع يرتبط بالأماكن ذات المدلول الشعوري الخاص، كدنشواي وجيكور وبويب، والبصارة، وبورسعيد، وأوراس، وما أشبه"[2].

"والشاعر" في تعامله الشعري مع عناصر الطبيعة إنما يرتفع باللفظة الدالة على العنصر الطبيعي، كلفظة المطر مثلاً، من مدلولها المعروف إلى مستوى الرمز؛ لأنه يحاول من خلال رؤيته الشعورية أن يشحن اللفظ بمدلولات شعورية خاصة وجديدة"[3].

والسياب شاعر أصيل ذو تجارب متنوعة عميقة الأغوار فجرت طاقاته الإبداعية الفريدة.

"... لذا علينا أن نكون شديدي الاحتراس ونحن نقرأ مثل هذا الشاعر، كي لا نقع في سطحية القيم وسذاجة التفسير لقصائده، فقصائده بنفس الوقت الذي تبدو واضحة سهلة على الفهم (أو هكذا يخيل لقارئها)، فإن لها منطقاً صعباً ورؤيا معقدة، وواقعاً نفسياً وفكرياً وحضارياً مشبعاً بكل فتوحات العقل الإنساني، في استلهاماته، وفي عمق بنيانه الفكري الفلسفي.

صور عديدة استجمعتها هذه العبقرية الإبداعية وتناولتها بما فيها من أبعاد داخلية، وأضافت إليها تلك الثورة الحيوية من المعاني المختزنة في اللغة وفي الواقع... ومضى بها من خلال الشعر، إلى حدود قصوى من الاتساع"[4].

---

(١) المرجع نفسه، ص٢٩٠.

(٢) إسماعيل، عز الدين، الشعر العربي المعاصر، ص٢١٨.

(٣) المرجع نفسه، ص٢١٩.

(٤) السامرائي، ماجد صالح، بدر شاكر السياب، الجذر المتحول، ص٦.

ومن رموز السياب المبتكرة رمز المطر الذي يتخذ دلالات مختلفة من قصيدة إلى أخرى، بل إنه يتلون في القصيدة الواحدة ليتخذ دلالات متنوعة تتغير من مقطع إلى آخر، وهنا يكمن الإبداع الفني في الرمز.

ففي المقطع الأول من " أنشودة المطر" كان مطراً سماوياً تفرح له العصافير والأطفال، وتردده أنشودة تبشر بالمستقبل المخصب، وفي المقطع الثاني كان ضجراً وسخطاً وطلب غوث من الظلم، واستحثاثاً للناس على الثورة، وفي المقطع الثالث كان بداية اليقظة وانطلاق صوت الثوار ضد الجراد والغربان، وفي المقاطع الأربعة التالية أصبح انتشاراً لصوت الثورة في كل اتجاه ثم نزول مطر النصر، ثم عودة لمطر استغاثة واستسقاء النصر- من جديد ضد الأفاعي، فهو طلب ثورة جديدة، ضد ظالم جديد، ثم " يهطل المطر" الذي يعني بداية ثورة الشعب على الأفاعي واستمرارها.

والرمز في هذه القصيدة ينبع من المرأة الأسطورة التي تتمخض عن الخصب وإن عاشت جدباً في بعض فصول حياتها. والخصب لا يأتي بسهولة، بل بمخاض، والمخاض لا يكون بلا ألم ودم، لذلك تتجسد داخل هذا الرمز ثنائية الموت والحياة، وترتبط به الثمار والكروم والزهر، وهذا الخصب هو الذي يولد النور المتمثل في القمر والنجوم ورقص الأضواء. ولما كان الخصب لا يأتي بلا مطر- خاصة الكروم لا تحيا بدونه، على عكس النخيل الذي يمثل الخصب الدائم- يستسقي لها، ليعوضها عن الدم النازف من العبيد وأجنة الزهر المعتصرة، التي تشير إلى وجود خصب لكنه يقتل جنيناً قبل أن يولد ثمراً، ولأن عشتار الأرض لا يمكن أن تحيا إلا بالمطر، وهذا المطر من نوع آخر، يأتي ليعيد للزهر أجنته، فهو مطر يتداخل فيه المطر المألوف بمعنى الماء الهاطل من السماء، بالمطر الرمز الذي يعني هنا بداية الثورة، إذ لم يكن المطر الحقيقي هاطلاً على الأرض ما تشكلت الزهرة أصلاً، لكن هناك من يمتص حياتها قبل أن تصل إلى مرحلة الإثمار.

وكي تتحقق السقيا ويستجاب إلى ابتهال الشاعر لابد للضباب أن يعلو ويتكاثف؛ ليبشر بالمطر الذي يخفيه في سرجه. وانعكس هذا الضباب على الصور فغلفها، فهي صور غائمة ضبابية لم يوضحها السياب توضيحاً تاماً لتنسجم مع الواقع الضبابي الذي

يشكل حداً وسطاً بين الموت والحياة، والنور والظلام مما تؤديه كلمة "سحر" من دلالة زمنية غلفت المكان، ومن هنا كان موقفاً في اختيار الزمن الذي يقف بين لونين متضادين، ليعكس حال الشاعر النفسية، وحال الواقع والمكان.

ليست السقيا بدعاً في هذه الأنشودة؛ وإنما هي موروث شعري قديم، فقد ارتبطت عند الشاعر الجاهلي بالحياة. فما تكاد قصيدة رثاء أو غزل أو مدح تخلو من السقيا، سقيا للميت، أو سقيا لزمن الوصل، أو سقيا لطلل.

فهي لا تختص بالموتى من البشر فحسب، بل تتعداهم لتشمل كل شيء بات في حكم الميت. فسقيا الشاعر للطلل- كما رأينا- ليست إلا سقيا للزمن الميت (الزمن الماضي)، بل إن البكاء على الطلل نمط من أنماط السقيا الغالية، فإذا لم تسعفه السماء، تسعفه العينان، ذلك أن الفعل يدور في طرفين: الزمان والمكان. يزول الزمان فلا يعودان، ويبقى المكان وحده لذلك فإن عودة الشاعر إلى المكان والبكاء عليه محاولة لبعث الحدث أو الزمان في ذاكرته في محاولة للعيش بأكنافه والارتداد اليه للتفيؤ بالحدث الميت الذي يحب.

والسقيا للميت معادل موضوعي لبكاء الحي على الميت، فتساعده السماء لتحول جدبه إلى خصب، وبكاءه إلى حياة وعطاء لا أخذ وموات، فرفات الميت يتحول إلى عشب أخضر، أو شجرة حية يرى فيها.

والاستسقاء ديناً ومعتقداً موجود، فهو شعيرة من شعائر الإسلام يبتهل بها الناس إلى الله لمنحهم الغيث، واقترن في ما بعد بالعطاء في الشعر العربي المتمثل في كرم الممدوح من خليفة وغيره.

فمثلاً في قصيدة أبي تمام الرائية[1] نجد الخليفة سحاباً يلد الشتاء الذي يلد الربيع الذي يلد بدوره الثمر والمصيف المريح للرعية:

(١) أبو تمام (ت:٢٤٩هـ)، ديوانه،بشرح الخطيب التبريزي، تقديم: راجي الأسمر، ١٩٩٢م، دار الكتاب العربي، بيروت، ٣١٠/١.

رقـت حـواشي الـدهر فهـي تمرمـر وغـدا الـثرى في حليـه يتكسر

نزلـت مقدمـة المصـيف حميـدةً ويـد الشـتاء جديـدة لا تكفـر

لـولا الـذي غـرس الشـتاء بكفـه لاقـى المصـيف هشـائماً تتكسر

كـم ليلـة آسى الـبلاد بنفسـه فيهـا ويـوم وبلـه مثعنجـر

مطـرٌ يـذوب الصـحو منـه وبعـده صـحو يكـاد مـن الغضـارة يمطـر

غيثـان فـالأنواء غيـث ظـاهر لـك وجهـه والصـحو غيـث مضـمر

إلى أن يقول:

صـنع الـذي لـولا بـدائع لطفـه مـا عـاد أصـفر بعـد إذ هـو أخضر

خلـقٌ أطـل مـن الربيـع كأنـه خلـق الإمـام وهديـه المتيسر

في الأرض مـن عـدل الإمـام وجـوده ومـن النبـات الغـض سرجٌ تزهـر

إن الخليفـة حـين يظلـم حـادث عـين الهـدى ولـه الخلافـة محجـر

كـثرت بـه حركاتهـا ولقـد تـرى مـن فـترة وكأنهـا تتفكـر

مـا زلـت أعلـم أن عقـدة أمرهـا في كفـه مُـذ خليـت تتخـير

سـكن الزمـان فـلا يـد مذمومـة للحادثـات ولا سـوام يـذعر

نظـم الـبلاد فأصـبحت وكأنهـا عقـد كـان العـدل فيـه جـوهر

لم يبـق مبـدي مـوحش إلا ارتـوى مـن ذكـره فكأنمـا هـو محضر

وتتجسد السقيا في " أنشودة المطر" وفي هذه القصيدة بلفظة " المطر" التي ارتبطت بالخصب مع اختلاف في زمن حدوث الربيع في القصيدتين. ففي الأنشودة لما يتحقق الربيع بعد، لكن الشاعر يتوقع حدوثه في المستقبل؛ لذا يستخدم اسلوب التسويف وعليه يقيم حلمه وتحققه فيقول:

سيعشب العراق بالمطر

يستخدم هذا الأسلوب في بداية القصيدة ووسطها، أما في آخرها فيلجأ إلى الفعل المضارع الدال على الحال والمستقبل معاً، فيقول في آخر سطر شعري:

ويهطل المطر

بمعنى أنه بدأ يهطل وسيظل، لأن الشاعر أراد له أن يبقى، فهو صوت الثورة التي لا خصب حقيقياً لمطر السماء بدونها. وهو عندما يستعمل الفعل المضارع يتمنى للعراق دائماً أرضاً وسماءً أن يظل متجدداً في حركته نحو الحياة. والفعل هنا بتحوله من المستقبل الى الحال موظف، إذ ما كان له- انطلاقاً من واقعيته وفهمه لتاريخ الأمم- أن يغلب الأمل ويجعله مسيطراً من أول القصيدة، وإلا لقتلها قبل أن تولد، فكان لابد له أن يعبر عن ضبابية الموقف وغبش الرؤية.

أما في النهاية بعد أن احتدم الصراع بين الأمل واليأس، والنور والظلام ووصل إلى لحظة التنوير، حسم الصراع بغلبة الأمل، والنور، فحصلت الراحة النفسية، ووصل إلى مرحلة التوازن التي جعلته يقذف آخر قذفة لصالح الطرف الغالب. فقال: " ويهطل المطر"، والواو تشير إلى طول انتظار لما بعدها، والجملة التي تليها هي بمنزلة المتمنى والمرتجى، فكأنها تعدل: وأخيراً يهطل المطر، فهي تشعر بحذف لذيذ له دلالة بعيدة لا تطابقها دلالته إذا ما ذكر، فهي في الوقت نفسه تزيد دلالتها عمقاً بالحذف، لأنها تشعر بمداهمة المطر الذي كان ينتظر ويرتجى.

أما قصيدة أبي تمام فالفعل الماضي محورها، وبه تبدأ، ذاك أنه وجد المثال (الخليفة) الذي حقق هذا الربيع، وقاد الناس إليه، والخصب تحققا فعلاً، لذلك استخدم الأفعال الماضية. في حين أن السياب مازال يبحث عن المثال الذي يقود الأمة إلى النصر، فمع أن " عيناها" هي الخصب لكنه مسلوب ليس لأهله. فالخصب حاصل وغير حاصل، متحقق وغير متحقق، وربيع أبي تمام ليس بمفصول عن الخليفة الممدوح، فالخليفة يجسد العمل الذي أعطى النتائج وأدى إلى الخصب، بدليل "يد الشتاء" والذي غرس الشتاء بكفه"، وعقد أمر الخلافة التي بكفه، فالألفاظ مؤداها واحد هو العمل، فالشتاء هو الذي صنع الربيع، ولو لم يزرع الممدوح ما أنتج الربيع ولا الشتاء ولكان الصيف حريقاً، لكن بفضل الخصب الذي صنعته يداه تحولت الأرض إلى (مصيف) لا صيف، فالمصيف كلمة في هذا السياق تدل على الجمال والهواء المنعش والاخضرار في فصل الصيف، فهو جمال

المكان المرتبط بالزمان، وصيف جميل، بمعنى تحول الحر إلى هواء عليل وجمال، فهو نعمة لا نقمة.

ومن هنا جاء الصيف والشتاء على تضادهما متآزرين فحلقة الربيع تجمعهما، وهذا ما نجده في أنشودة السياب مع اختلاف في ممثل الخصب، فعنده عشتار المحبوبة التي ترمز إلى الأرض التي يمثلها الصياد والعبيد، فالأرض هي التي توحد يد النتاج، في حين أن الخليفة هو الذي يجمع الأمة ويوحد مسيرتها عند أبي تمام، وإن كان أبو تمام قد وجد القائد المثال الذي يجمع الأمة ويعمل معها من أجلها، فإن السياب لم يجد هذا القائد، بل وجد مجموعة من الغربان والجراد المتسلط على الخصب، لذا نجده يخاطب الأرض أو بمعنى آخر أهل تلكم الأرض، عبيد الغربان والجراد والأفاعي.

ويلحظ أن السياب ركز على لفظة " المطر" الذي من أسمائه: " الحيا" بمعنى الحياة[1] ومن أسمائه أيضاً الغيث- كما في رائية أبي تمام- وهو من مادة (غوث) [2] التي ترتبط دلالتها بالنجدة والإنقاذ من القحط والجفاف.

وقد كان للعرب في جاهليتهم أصنام من هذه المادة لتدل على إله المطر، كيف لا وهم البداة الذين يعيشون على المطر في صحرائهم الممتدة الحائرة، وقد أشار القرآن الى هذا في قوله تعالى:" وقالوا لا تذرن آلهتكم ولا تذرن وداً ولا سواعاً ولا يغوث ويعوق ونسرا"[3].

بل إن الأمم السامية، جلها اتخذت أصناماً ترمز للغيث تقام لها الطقوس لارتباطها بالخصب، فهم بداة تقوم حياتهم على الغيث، فاتخذوا آلهة تجسد هذه الظاهرة الطبيعية.

ففي النقوش السامية يتردد اسم يغوث عند الثموديين مثلاً في النقش:

لتيمـ يغوث بن جشمـ هو عل

ل ت مـ- ي غ ث- ب ن- ج ش م- هـ و ع ل

(١) انظر ابن منظور، لسان العرب، دار صادر، بيروت، ج٢، مادة " حيا"، ص١٧٥.

(٢) انظر المصدر السابق نفسه، ج١٤، مادة " غوث"، ص٢١٢-٢١٣.

(٣) (نوح، ٢٣).

بمعنى: الوعل لتيم يغوث بن جشم ، فتيم ووعل ويغوث من أسماء آلهتهم[1]. وترد " غيث" في رائية أبي تمام من المادة نفسها وترتبط بالأنواء والبادية، فيقول:

لم يبق مبدي موجش إلا ارتوى   من ذكره فكأنما هو محضر

على عكس:

وفي العراق جوع

لأن الغلال تترك " للغربان والجراد" ينطبق عليه المثل الشعبي: " أزرع وادرس لبطرس " فهذا هو الحاصل، يطحن العبيد القمح، ليطعموا مستعمرهم وهم جياع. فالربيع الظاهرة الطبيعية حاصل فعلاً من حيث هو شكل وعطاء، جمال وثمر، لكن المعضلة أن لا مثال يرد عنه آفة النهب والسلب والسطوة، فيوجه العطاء ويوصله إلى أهله. ومن هنا كانت معضلة السياب كبيرة على عكس أبي تمام، فلو وجد المثال لما وجد الجوع في العراق على الرغم من خصبه. لذلك هو بحاجة إلى خصب من نوع آخر، إنه الثورة التي ترتبط بالموت والحياة معا، فاستخدم " مطر" لتحمل معنى القوة والتتابع والعذاب والغزارة والخوف لتناسب الثورة وما تؤديه من تطهير ودحر للقوى الباغية. في حين يستعمل أبو تمام كلمة "غيث" أكثر من مطر لتتناسب وكونه رحمة فقد " سكن الزمان فلا يد مذمومة" للحادثات ولا سوام يذعر" فهو مطر خير لا يخالطه حزن ولا ألم، فالشاعر منسجم مع زمانه، راضٍ عنه، فلا يحتاج إلى غليان الصراع بين الحق والباطل فيختار إيقاعاً هادئاً في أصوات الكلمات ودلالاتها تنسجم والسياق، وكلمة " غيث" بحروفها الهامسة والحلقية تناسب حالته الشعورية والواقعية.

أما السياب فثائر، صورهُ منسجمة والصراع بين الحياة والموت، والذي من شأنه أن يدفعه إلى اختيار كلمات قوية عنيفة دلالة وإيقاعاً لتقذف بالحمم المتلظية في نفسه. فيستخدم " مطر" ويكررها كثيراً لارتباطها بالسخط، والقوة، وأحيانا ليدل بها على الغزارة، وقد ارتبطت دلالة المطر في القرآن الكريم بالعذاب قال تعالى: (وأمطرنا عليها

(١) ولفنسون، إسرائيل، تاريخ اللغات السامية، دار القلم، بيروت، ط١، ١٩٨٠م، ص١٨٠.

حجارة من سجيل منضود)[1]، (وأمطرنا عليه مطراً فساء مطر المنذرين)[2]، (ولقد أتوا على القرية التي أمطرت مطر السوء) [3].

فهي ترتبط بالحمم التي يصبها الله على الظالمين، وهذه الأبعاد الدلالية هي ذاتها التي أرادها الشاعر لتكون عنيفة كالثورة لتحرق الأعداء، فليست الغربان والجراد سوى رموز لمصاصي الدماء والخيرات ولتسمح للعراة الجياع بتذوق معنى الخصب والربيع اللذين لا ينالهم منهما سوى الحزن والدرس والشقاء والعرق.

ومن هنا اقترنت هذه الثورة (المطر) بلون الزهر، ولون الدم في آن:

في كل قطرة من المطر
حمراء أو صفراء من أجنة الزهر
وكل دمعة من الجياع والعراة
وكل قطرة تراق من دم العبيد
فهي ابتسام في انتظار مبسم جديد
ويقول قبل هذا:
أتعلمين أي حزن يبعث المطر؟
وكيف تنشج المزاريب إذا انهمر؟
كالدم المراق، كالجياع ، كالحب، كالأطفال، كالموتى هو المطر !

ونلحظ مما يتكون مطر السياب: قطرة من المطر بمعنى الماء والحياة والخصب الأرضي، لكن ليس هذا وحده، فهو لا يكفي، فلابد أن تتحول هذه القطرات إلى أخرى أغلى منها ثمناً، وأرفع قيمة وشأناً فهي قطرات من أجنة الزهر، ترسم الوجود بألوان الربيع: أحمر وأصفر، وهما لونا الموت أيضاً.

---

(١) (هود: ٨٢).
(٢) (الشعراء: ١٧٣).
(٣) (الفرقان: ٤٠).

فاللون الأحمر لون دم العبيد المراق، وأيضاً دم العبيد المراق له عبق قطرات أجنة الزهر. والأصفر لون الموتى بعد أن تفقد حرارة الحياة لكنه موت له أريج الزهر.

والسياب يحسن استخدام الصور الملونة، فالألوان جزء رئيس من تشكيل صوره الفنية. فاللون عنده "... لا يمثل ديكوراً يمكن الاستغناء عنه، أن اللون يدخل عند السياب ضمن معمار القصيدة ليتشكل في نسيج خاص تتكامل وحدته، وتتناغم في أداء فريد يميز شخصية السياب الفنية، وقيمه الجمالية المبدعة"[1].

فالثورة تتحول من ضحايا- بما تعنيه هذه اللفظة من دلالات دينية للتقرب إلى المعبود- إلى مبسم جديد. فهو ضرب من المخاض تقترب فيه المتمخض إلى حافة الموت ألماً، وتنزف دماً لكن مخاضها يبشر بولادة الحياة والنصر اللذين ما كان لهما أن يولدا بلا ألم ودم وعناء.

وبعد الولادة يتحول الحزن والشجن والنشيج إلى أنشودة المطر يرددها الأطفال والعصافير إلى آخر يوم في الوجود. فالنهاية مفتوحة. إذن لابد من ضريبة للخصب والحياة، هذه الضريبة تتمثل في موت " البعض" في سبيل " الكل"، والموت من أجل الحياة حياة.

" والمطر يهطل دفعة إثر دفعة.. والرحى تدور في استخراج الغلال... ولكنها تمزجها بقطرات الدم، دم العبيد العاملين لإشباع الغربان والجراد، إلا أن دفقات الأمطار والدماء لابد أن تتداح كراتها وقطراتها عن عالم فتي جديد، فيه الحقيقة المغايرة، فيه البسمة والنور"[2].

وليس هذا بجديد، في إطاره العام- فكثيراً ما اقترن غيث السماء بغيث الموت، يقول المتنبي:

---

(١) الجزائري، محمد، ١٩٧٤م، " ويكون التجاوز"، دراسات نقدية في الشعر العراقي الحديث، بغداد، مطبعة الشعب، ص٢٧٧.

(٢) عباس ، إحسان، بدر شاكر السياب، دار الثقافة- بيروت، ط٤، ص٢١٠.

هل الحدث الحمراء تعرف لونها وتعلم أي الساقيين الغمـائم
سقتها الغمام الغر قبـل نزولـه فلما دنا منها سقتها الجماجم(١)

فكلا الشـاعرين لجـأ إلى إدراك الشـبيه في اللاشـبيه والمفارقـة في سـبيل الوصـول إلى المعنى النفسي.

فبيتا المتنبي يجمعان متضادين، إذ جعل المطر والدم واحداً، بل غيثاً على الرغم مـن أن الدم واقعاً يعني الموت. والسقيا تعني الحيـاة، لكـن كلـيهما يتحـول إلى غيـث فيتطابقـان دلالة عند الشاعر، فالرابط بينهما نفسي هو النـاتج. ونستحضرـ هنـا الآيـة الكريمـة (ولكـم في القصاص حياة يا أولى الألباب) (٢).

فالسقيا الربانية لابد أن تعاضدها سقيا أرضية ليعم الخـير. وهـو واجـب الخلافـة في الأرض. والدم تحول إلى غيـث حـين يكـون موتـاً مـن أجـل الحيـاة، لا موتـاً مـن أجـل الهـدم والعبث، فالتطهير هنا لا يتأتى من مطر السماء فحسب، بل لابد من الدم الـذي هـو في أصـل مادته الطبيعية نجس أن يتحول إلى مسك ومطهر لا ينوب منابه سائل، وذلك حـين يستشريـ الفساد. ومن هنا كان من شعائر الإسلام أن يدفن الشهيد بدمائه وملابسه دون أن يغسل.

وهذا هو الدم في قصيدة السياب، ابن تراثه العربي الإسلامي:

كأن أقواس السحاب تتشرب الغيوم
وقطرة فقطرة تذوب في المطر

ولو قارنا هذه الصورة الجديدة الموحية بالبيتين:

مطر يذوب الصحو منه وبعده صحو يكاد من الغضارة يمطـر
غيثان فالأنـواء غيث ظاهـر لك وجهه والصحو غيث مضمـر

لثبت لدينا أن السياب كان تراثياً عربياً مجدداً، ففي البيتين السابقين تـرددت كلمـة مطر ورديفها (غيث) خمس مرات، وهذا ينسجم مع سمة القصـيدة السـيابية التـي تتكرر فيها كلمة مطر. وأيضا مـن حيـث المعنـى ذوبـان السـحاب، وذوبـان الصـحو

(١) ديوان المتنبي، المكتبة الثقافية- بيروت، ص٣٨٥.
(٢) (البقرة، ١٧٩).

متشابهان إلى حد بعيد. وتحول هذا الضباب المتكاثف إلى مخاض صحو، حتى يصبح الصحو مطراً بمعنى عطاء ونتاج تورق منه الكروم وتكركر لـه الأطفـال في الأنشـودة، وتتحول الأرض إلى ربيع تام عنـد أبي تمـام فـلا مكـان للظلـم فيـه، كلهـا تـدل دلالـة واضحة على أنه تراثي، وملخص القضية التي عالجها السياب في البيت:

لك وجهه والصحو غيث مضمر غيثان فالأنواء غيث ظاهـر

فكلمة " الصحو" ترتبط بالانبعاث والحياة، وأيضاً كون الغيث أو المطر وجهين، وجهاً خارجياً متمثلاً في الأرض والخصب المادي، والغيث المضـمر المتـأتي مـن الصـحو وهـو مـا وراء الخصب المادي من عطاء روحي أو مردود نتاج مقنن للعطاء وتوجيهه. وهذه بعينها مشـكلة السياب. فالغيث الظاهر مكتمل حاصل، فالسـماء آتـت مطرهـا والأرض آتـت أكلهـا ضـعفين بإذن ربها، لكن الغيث المضمر ليس بحاصل، وهو الذي حصل فيه القحط والجـدب وظهـرت آثاره على العبيد فأعرتهم وجوعتهم، يدل على هذا قوله:

وكل عام حين يعشب الثرى- نجوع
ما مر عام والعراق ليس فيه جوع

فالجوع مقترن في كل عام بالعشب، إنه أمر عجيب

ذلك أن العشب يغري الغربان والجراد بأن تغزوه فتحوله إلى قحط. ويستخدم " ما" النافية ليشير إلى أنها باتت سنة ماضية في تاريخ العراق بأن يجوع أهلـه، مـادام يعشـب كـل عام.

فالمطر الذي يطلبه، مطر للقلوب الجافة، فهو روحي يرتبط بالثورة الفوارة التي مـن شأنها أن تخلق توازنا بين المطر الخارجي والداخلي، لذا يطلـب السـقيا مباشرة بعـد الجـوع، ثلاث مرات:

مطر...
مطر...
مطر...

والشاعر مرتبط بتراثه، متأثر به لا مقلد له. والفرق بين الشاعرين أن السياب يفضل الغيث المضمر، ويعمق أبعاده الرمزية وفقا لما يقتضيه الحال. فهو لب معضلته ولابد أن يوسعها تشريحاً وتفتيتاً.

" والمطر عند السياب مادة خصبة حاول أن يستثمرها في شعره في غير موطن، ومن أمثلة ذلك ما نراه في قصيدة (مدينة السندباد) وفي قصيدة (مدينة المطر). وكلها في ديوانه (أنشودة المطر). ولكن الذي يبدو لمتصفح هذه القصائد أن (المطر) في قصيدة " أنشودة المطر" كان أوسعها أبعادا، وأكثرها خصباً، وأدخلها في رموز الشعر الرفيع الناضج. ومع أن قصيدة (أنشودة المطر) يضعها النقاد في طليعة قصائد الشعر العربي الحديث، فإن فكرة الاتكاء على المطر أو الماء فكرة قديمة، بل قديمة جداً في بيئة العراق المائية، ومن ثم نرى أن اتكاء السياب على صورة المطر، أو صوره في معالجة قضايا مجتمعه العراقي الحديث أمر حديث جداً، وإن كان فيه رسيس من قديم عريق"[1].

وتأثر السياب بأبي تمام معروف يذكره هو نفسه في حديثه عن الأسطورة في الشعر العربي: "إن استعمال الأسطورة في الشعر ليس جديداً على الأدب العربي، فلعل شاعرنا العربي الكبير " أبا تمام" أول من استخدمها بين كل شعراء العالم. ولو سار الشعراء العرب من بعد أبي تمام على خطه الشعري لكان بيننا اليوم الكثيرون ممن يضارعون ت.س. إليوت، وإيديث سيتول، وسواهما في حسن استخدام الأسطورة[2].

وكثير من الدارسين يرون أن السياب تأثر في الأنشودة بقصيدة ت.س. إليوت، " الأرض والخراب" لما رأوا فيها من تشابه في فكرة البعث والتجدد، وارتباطها بالتحرر

(١) ياغي، هاشم، ١٩٧٣م، من النقد التطبيقي، تحليل أنشودة المطر، مجلة الثقافة العربية، م١، العدد٢، ليبيا، ص٦٤.

(٢) البصري، عبد الجبار داود، التعريف بالسياب، ملف مجلة الاذاعة والتلفزيون، إعداد ماجد صالح السامراني، المؤسسة العامة للصحافة والطباعة- بغداد، بمناسبة انعقاد المؤتمر السابع للأدباء العرب، ومهرجان الشعر التاسع في بغداد ١٩-٢٧ نيسان، ١٩٦٩، ص١٠.

والحرية، والأسطورة أو الرمز[١]. ولمزيد من التفصيل عن رأي النقاد في تأثر السياب بالشعراء الغربيين انظر[٢].

كما يرى- هذا نجيب المانع مع رفض المبالغة فيه فيقول: " وقد قيل عن أثر ت.س. إليوت، فيه الشيء الكثير من الإطناب. ومعرفتي الشخصية ببدر تجعلني أميل إلى أنه كان ينفعل بأدب- ت. س. إليوت الشعري أكثر مما كان يتعقله، وهذا أمر حسن ولكن ما يريده جمهرة من النقاد هو أن يقال: إن السياب ابتغى من ت. س. إليوت أكثر من الإيماءة الموحية، واللمسة المثيرة.

كانت أبدع لمسات ت. س. إليوت عليه قصيدة الأرض الخراب التي وصف فيها الشاعر الغربي موات الحياة الحديثة وربطها بالأساطير القديمة، وتحدث عن الموت في الحياة، وعن موضوع عالجه السياب مراراً وأجاده في الغالب ألا وهو موضوع الحياة عن طريق الموت والفداء، وأن الموت ميلاد[٣].

وعلى أي حال فإن دراسة تأثر السياب بالشعراء الغربيين يحتاج إلى بحث موضوعي منفرد ودقيق، وهو ما لا تتسع له دراستنا هذه.

وسنلقي مزيداً من الضوء على إيحاءات رمز المطر في أنشودة المطر بخاصة، في فصل لاحق من هذا البحث بإذن الله عند الحديث عن ظاهرة التكرار.

---

(١) انظر: الشرع، علي، قراءة في " أنشودة المطر" للسياب مجلة أبحاث اليرموك، منشورات جامعة اليرموك، عمادة البحث العلمي والدراسات العليا- إربد، سلسلة الآداب واللغويات، المجلد الثالث، ع٢، ١٩٨٥، ص ٨٠، وريتا عوض، بدر شاكر السياب، المؤسسة العربية للدراسات والنشر- بيروت، ط١، ١٩٨٣م، ص٣٦-٣٧.

(٢) قطامي، سمير، ١٩٨٢م، الأسطورة في شعر بدر شاكر السياب ، دراسات الجامعة الأردنية، م١، العدد١، ص٢٩. والعظمة، نذير، ١٩٨٥، الحركة التموزية في الشعر، الأقلام، السنة ٢٠، العدد١، بغداد، ص٥. والعظمة، نذير، ١٩٨٢م، بدر شاكر السياب والمسيح، مجلة الفكر العربي، العدد ٢٦، بيروت، ص١٧١. عباس، إحسان، بدر شاكر السياب، ص ١٨٣. والبطل، علي، ١٩٨٤م، شبح قابين بين إيديث سيتويل وبدر شاكر السياب، دار الأندلس، بيروت.

(٣) المانع، نجيب، بدر شاكر السياب، ملف مجلة الإذاعة والتلفزيون، إعداد ماجد صالح السامرائي، ص١٢.

أكثر السياب من استخدام رمز المطر في قصائد كثيرة كان أنضجها في المرحلة التموزية، وذلك إبان الحكم السياسي... الذي عانى منه العراقيون والشاعر بخاصة ليجعل من المطر رمزاً متعدد الإيحاءات داعياً شعبه إلى الثورة والنهوض، باحثاً عن الخصب.

"ولم يكتب السياب هذه القصائد بعد انحسار الحكم... الذي ازدهرت معه المواصفات الجائرة... فالسياب لا يؤمن بضرب الجثث الميتة ولا بمصارعة طواحين الهواء، ولكنه كتبها والحكم... في أوج مجده في أعوام، ٥٤، ٥٥، ١٩٥٦، سربلها آناً بالأسطورة ولفها آناً آخر برداء من التغني باغترابه وضياعه وسط عالم جائر مختل، ووسط النخيل الجميل المنساب على شطآن جيكور يشرب المطر، راسماً المفارقة ومعمقاً لها"[(١)].

أتعلمين أي حزن يبعث المطر؟

وكيف تنشج المزاريب إذا انهمر؟

وكيف يشعر الوحيد فيه بالضياع

بلا انتهاء- كالدم المراق، كالجياع

كالحب كالأطفال، كالموتى- هو المطر[(٢)]

" فتركيز السياب على جمال الطبيعة في هذه المرحلة، نوع من تأكيد هذا الجمال النقي إزاء القبح والجور، وتعميق للإحساس ببشاعتهما في الآن نفسه، كما كان لتأكيده على المطر في تلك المرحلة آلاف الدلالات:

ولفني الظلام في السماء

فامتصت الدماء

صحراء نومي تنبت الزهر

فإنما الدماء

توائم المطر[(٣)]

---

(١) حافظ ، صبري، ١٩٦٦، غريب على الخليج يغني للمطر، الآداب، السنة ١٤، العدد٢، ص٢٠-٢١.

(٢) " أنشودة المطر"، أنشودة المطر، ٤٧٦/١.

(٣) رؤيا في عام ١٩٥٦، " أنشودة المطر" ، ٤٤١/١.

" فاقترن المطر في شعره بالدم والرعب وبالأرق وبالدموع وبعذابات الرحيل وبالحنين إلى الأحباب، وبالخوف من الوحدة والوحشة والظلام، وأصبح المطر في الآن نفسه بلسما ينكأ الجراح، وعلة يتعلل بها حذر الخوف"[١].

وكم ذرفنا ليلة الرحيل من دموع

ثم اعتللنا- خوف أن نلام- بالمطر

مطر.. مطر.. مطر[٢]

" وهو أيضا مرفأ الأفراح والضحكات، وواهب الطبيعة ألقها وبهاءها وجمالها، عدو الجدب وقرينه في آن، وواهب الأطفال البهجة والضكات لقطرات المطر الصغيرة، هو هذا معاً وهو أيضاً مفجر كل هذه الكنوز"[٣].

ونرفع للسحاب عيوننا: سيسيل بالقطر

أرعدت السماء فرن قاع النهر وارتعشت ذرى السعف وأشعلهن ومض البرق ازرق ثم اخضر ثم تنطفئ

وفتحت السماء لغيثها المدار باباً بعد باب

عاد منه النهر يضحك وهو ممتلئ

تكلله الفقائع، عاد أخضر، عاد أسمر، غص بالأنغام واللهف

وتحت لنخل حيث تظل تمطر كلما سعفه

تراقصت الفقائع وهي تفجر- إنه الرطب

تساقط في يد العذراء وهي تهز في لهفه[٤]

" وظل السياب يركز على هذا الرمز الثري بالإيحاءات، حتى نجح من كثرة إلحاحه على الرمز الكامن في هذه الصورة الشعرية الثرية، في أن يربط بين اسمه وبينه، حتى أصبح المطر إذا ما ذكر في الشعر، يذكر معه السياب، وإذا ما ذكر في قصائد

---

(١) حافظ صبري، غريب على الخليج يغني للمطر، ص٢١.

(٢) أنشودة المطر، " أنشودة المطر"، ٤٧٩/١.

(٣) حافظ، صبري، غريب على الخليج يغني للمطر، ص٢١.

(٤) شناشيل ابنة الجلبي، "شناشيل ابنة الجلبي"، ٥٩٨/١.

السياب يستدعي إلى أعماقنا آلاف الرؤى والإيحاءات، يستدعي الجدب والدماء والجوع والحزن والوحشة، يستدعي تموز وعشتار وأتيس والعازر وعشرات الرموز المرتبطة في أعماق الأساطير بالخصب والعطاء والعذاب في آن"[١].

إن رمز المطر بعيد الأغوار في نفس السياب متجذر فيها تتنوع إيحاءاته حسب السياق الذي يرد فيه حتى أن بدراً نفسه سمى أحد دواوينه بـ " أنشودة المطر" لما لهذا الرمز من بعد عظيم، وعبق خاص، ولأن القصائد فيه تمثل القمة في النضوج فناً وفكراً، فكلها مطريات تتوق إلى الحرية والغيث.

والشاعر الرائد في تعامله الشعري مع عناصر الطبيعة إنما يرتفع باللفظة الدالة على العنصر الطبيعي، كلفظة المطر مثلاً، من مدلولها المعروف إلى مستوى الرمز، لأنه يحاول من خلال رؤيته الشعورية أن يشحن اللفظ بمدلولات شعرية خاصة وجديدة"[٢].

" وقد تعامل السياب مع لفظة المطر تعاملاً مختلفاً حين تناوله، إذ أوضحت بعض قصائده أنه كان يرى فيه الفكرة السائدة قديما من أنه أصل الحياة، بينما نجده في قصائد أخرى يحمله معنى الثورة على القهر الاجتماعي والسياسي، في حين نجده في قصائد أخرى رمزاً للبعث والحياة، وقد يكون حاملاً للنقيضين: الموت والحياة.

فمن استخداماته للفكرة السائدة عن المطر قديماً من أنه أصل الحياة، يحاول السياب أن يلمح إلى أن حلول الجدب اقترن بتقديم الأضاحي البشرية، رغبةً في استنزال المطر الذي سيحيل الجدب والأرض الموات إلى خضرة وخصوبة مشيراً إلى أن المطر لن يأتي دون أضاحي، مهما اختلفت الأزمنة"[٣].

جاء زمان كان فيه البشر
يفدون من أبنائهم للحجر
" يارب عطشى نحن، هات المطر

---

(١) حافظ، صبري، غريب على الخليج يغني للمطر، ص٢١.

(٢) إسماعيل، عز الدين، الشعر العربي المعاصر،ص ٢١٩.

(٣) علي، عبد الرضا، ١٩٧٧، المطر والميلاد والموت في شعر السياب، الأقلام، السنة ١٣، العدد ٣، ص٧.

رو العطاشى منه. رو الشجر"[1]

" وجلي أن تأكيد العطش على لسان البشر- وتكراره يزيد حرارة الطلب ويجعله أقرب إلى تصوير ما يعانونه، وربما أراد السياب أن يلمح إلى أن عطش الإنسان العربي إلى التحرر لن يتم دون تقديم الضحايا"[2].

إنه يريد أن يقول إن كان الناس منذ البدء يدركون أهمية المطر، ويضحون بأبنائهم بأيديهم للأصنام استسقاءً، فإن ذلك يعني أنهم يدركون بالفطرة أن حياة الجماعة جديرة بأن يضحي من أجلها نفر منهم بحياتهم، فالمطر أغلى من الدم، فما بال الناس اليوم، في هذا الزمان المجدب لا يفتدون الحياة بالموت، فيقدمون أنفسهم من أجل الحرية، فالحياة في الذل موت وجدب، والموت من أجل الحياة الحرة حياة، ولكل ثمن، وثمن الحرية الدم. إنها المطر الحقيقي الذي سيلد الخصب الحقيقي للأمة. وقد ظل المطر أغنية الثورة التي يطلقها السياب في كل مراحل حياته السياسية. " ففي مرحلة الحكم الملكي الإقطاعي في العراق صورت قصائد المطر حالة الضير والقهر الذي تعانيه جماهير الشعب العراقي متمثلة في كادحيه وفلاحيه، وربط بين المطر وبين جوع العراق الدائم، وألمح إلى أن دموعٍ الجياع والعراة والمحرومين، ودماء المستغلين المضطهدين ستكون ابتساماً آتياً، وحلمة تتورد على فم الوليد، الذي سيحمل الغد الغني واهب الحياة لكل الناس، لأن العراق بدأ يذخر الرعود ويخزن البروق في كل أرجائه، ولم يبق إلا أن يفض الرجال أختام هذه الرياح"[3].

أكاد أسمع العراق يذخر الرعود
ويخزن البروق في السهول والجبال،
حتى إذا ما فض عنها ختمها الرجال
لم تترك الرياح من ثمود
في الواد من أثر

(١) إلى جميلة بوحيرد، " أنشودة المطر"، ٣٨٢/١.
(٢) علي، عبد الرضا، المطر والميلاد في شعر السياب، ص٧.
(٣) المرجع السابق نفسه، ص٧.

أكاد أسمع النخيل يشرب المطر
وأسمع القرى تئن والمهاجرين
يصارعون بالمجاذيف والقلوع،
عواصف الخليج ، والرعود، منشدين:
" مطر...
مطر...
مطر..." [1]

" وعندما قامت الثورة الوطنية في العراق عام ١٩٥٨م وصدقت تنبؤات السياب بنزول المطر، فإنه استبشر بها خيراً، فغناها مؤيداً، وأشار إلى أن الصور قد انبعث، وأن الأموات قد هبوا:

هاك اسمعي الصور والموتى إذا انبعثوا
فاليوم كل سيجزى بالذي صنعا[2]

غير أنه ما لبث أن غير موقفه منها، وبخاصة بعد أن اشتدت حدة الصراع السياسي بين أبناء الوطن الواحد، والتي أدت إلى مصادمات دموية. نخلص من هذا كله إلى أن السياب- نتيجة تلك الظروف- قد وجد نفسه في طريق آخر، ووجد ثورة تموز التي بشر بقرب هطول مطرها، ومن ثم غناها، لم تأت له بجديد، ولم تغير منه حالاً، بل أدخلته في صراعات وجد نفسه فيها محاطاً بما يشبه ظروف ما قبل الثورة، فعاد إلى المطر مرة أخرى، يناشده المجيء ثانية، لأن مبتغاهُ لم يتحقق في المرة الأولى"[3].

جوعان في القبر بلا غذاء
عريان في الثلج بلا رداء
صرخت في الشتاء:
أقض يا مطر

---

(١) أنشودة المطر، " أنشودة المطر"، ٤٧٧/١.
(٢) منشورة في مجلة " الشهر"، ١٩٥٨، العدد التاسع، القاهرة، ص١٩.
(٣) علي، عبد الرضا، والميلاد والموت في شعر السياب، ص٩.

مضاجع العظام والثلوج والهباء،
مضاجع الحجر،
وأنبت البذور، ولتفتح الزهر،
وأحرق البيادر العقيم بالبروق.
وفجر العروق
واثقل الشجر
وجئت يا مطر،
تفجرت تنثك السماء والغيوم
وشقق الصخر،
وفاض، من هباتك، الفرات واعتكر
وهبت القبور هز موتها وقام
وصاحت العظام:
" تبارك الإله، واهب الدم والمطر،
فآه لو ننام من جديد،
نود لو نموت من جديد،
فنومنا براعم انتباه
وموتنا يخبئ الحياة،
نود لو أعادنا الإله
إلى ضمير غيبه الملبد العميق،
نود لو سعى بنا الطريق
إلى الوراء، حيث بدؤه البعيد[1]

" حيث يصور في هـذه القصـيدة معاناتـه قبـل الثـورة، فيـذكر صراخـه أيـام جوعـه وعريه، وكيف كان يطلب الثـورة (المطـر) عـلى الحكـم الملـكي...، مشـيراً إلى أن النـاس كـانوا مضاجع عظام لا يقوون على شيء، فيذكر حلمه في الثورة على العقم من أجل حياة

---

(١) مدينة السندباد، " أنشودة المطر"، ٤٦٣/١.

فضلى، حياة تتفجر فيها العـروق، وتتفـتح فيهـا الأزاهـر وتتضـج الـثمار. غـير أن الحلـم حـين تحقق، وفجر ثورة ١٤ تموز عام ١٩٥٨، بأمطاره التي هزت الموتى، لم يجد فيـه رضـاه ومبتغـاه فود لو يعود به ثانية إلى حالة الموت الأولى، حالة النوم الذي لابد له من يقظة، كي يأتي المطـر الذي يحمل معه الحياة للسياب؛ لأن الثورة هذه لم تكن لتحمل له غير الأذى والعـذاب، إنهـا ثورة بدأت تأكل أبناءها، وحري بالسياب أن يدعو إلى مطر جديد يناسـبه. وهـذا المطر لابـد سيجيء ليصدق نبوءة السياب. وقد عمد في هذه القصيدة إلى اعتبار المطر صنواً للـدم ورمـزاً له:

" تبارك الإله، واهب الدم المطر"[١]

إن النظر إلى الدم والمطر على إنهـما شيء واحـد لـيس جديـداً، ذلـك أن الأثـر الـذي يتمخضان عنه واحد، ووظيفتهما واحدة هي التطهير والحياة.

والسـياب وريـث المتنبـي وأبي تمـام وغـيرهما مـن شـعراء العربيـة، ووريـث طقـوس الاستسقاء المتجذرة في أعماق التاريخ العربي. ففي معركة " الحدث" يقول المتنبي:

هل الحدث الحمراء تعرف لونها وتعلم أي الساقيين الغمـائم

سقتها الغمام الغر قبـل نزولـه فلما دنا منها سقتها الجماجم[٢]

إن سقيا السماء (المطر) تعاضد سقيا الأرض (الـدماء) التـي يهطلهـا سـيف الدولـة على قلعة الحدث فيكسوها اللون الأحمر، لا لأن الشاعر دموي، بل لأنه يدرك قيمـة الـدم في التطهير، وحين تتم السقييان يتحقق النصر، وتتحقق الحرية، إن السقيين متكاملتان، إذ قيمـة الأرض إن سقيت بالمطر وأخصبت ثم لم يمتلك نتاجها أبناؤها، فهم جياع عراة شقاة؟!

إذاً لابد أن يجتمع المطران ليحدث الخصب الحقيقي بمعنى الثمر والغلال، ويتمتـع الإنسان بهما ووصولهما إليه بيسر وسهولة وكرامة.

فها هو بعد أن يستسقي لبابل كي تتطهر عـلى ألسـنة الصغار تهـل السـحب فينـزل المطر:

---

(١) علي، عبد الرضا، المطر والميلاد والموت في شعر السياب، ص٩.

(٢) ديوان المتنبي، ص٢١٠.

وسح وراء ما رفعته بابل حول حماها
وحول ترابطها الظمآن، من عمدٍ وأسوار
سحابٌ.. كان لولا هذه الأسوار رواها!
وفي أبدٍ من الإصغاء بين الرعد والرعد
سمعنا، لا حفيف النخل تحت العارض السحاح
أو ما وشوشته الريح حين ابتلت الأدواح،
ولكن خفقة الأقدام والأيدي
وكركرة و" آه" صغيرة قبضت بيمناها
على قمرٍ يرفرف كالفراشة، أو على نجمه...
على هبةٍ من الغيمه،
على رعشات ماءٍ، قطرة همست بها نسمه.
لنعلم أن بابل سوف تغسلُ من خطاياها![1]

إنه الجوع إلى الحرية التي تتمخض عنها الثورة على الظلم، إنه مطر الدم الذي سيغسل بابل من خطاياها، أراد ببابل " العراق" لكنه رمز إليها بهذا الاسم الوثني القديم ليعطيها ذاك البعد الأسطوري من الانغماس في الخطيئة والخضوع للظلم.

" وهذا التكثيف الرائع للتطلع النقي، ولانهمار المطر، ليس من زاوية النفع الفردي الخاص، بل من زاوية " قلوب العراق" كلها، يعطي عنصر- الإيجاب في تطلعات بدر، حتى وهو على فراش الموت، بالحياة التي يحلم بانهمار المطر، وهو هنا يعود إلى صفاء " أنشودة المطر" فالمطر يظل عند السياب معنى للتطلع ورمز للأماني والربيع والأمل والعطاء والمستقبل الذي يتمناه للعراق، فالمطر عنده يتخذ دلالة قوية وبعداً أقوى في انفتاحه على المستقبل المنشود الذي يرى السياب في الحياة الفضلى، والتي تحقق له ولغيره من المبدعين الوصول إلى حالة الرشد. السياب هنا تعمق معنى " الجوهر والظاهرة" أيضاً، في دلالات الأشياء المادية وانعكاسها على الوضع النفسي والديني للمجتمع، ولأن السياب ابن الريف فقد غنى المطر وناشده، وهو على فراش المرض

(١) مدينة بلا مطر، " أنشودة المطر"، ٤٩١/١.

بلندن، فالسياب كلما حاقت به المصائب تطلع إلى " المطر" يناشده الانهمار. ولا غرابة في ذلك فكل أهل الريف في العراق، ومنذ عصور قديمة ينظرون للمطر نظرة التقديس، فهم يعدون له العدة ويخططون- على ضوء نزوله- مستقبلهم، وبعضهم راح يكرس له الطقوس والاحتفالات الدينية والأعياد الخاصة، فالمطر هو الخلاص، وعند السياب يشكل نفس المعنى، لذا يخرج الصوت حاراً"[(١)].

" كأن جميع قلوب العراق
تنادي تريد انهمار المطر"[(٢)]

" نريد أن نعيد ما أكثر الباحثون الحديث عنه من توظيف الشعراء الرواد وفي مقدمتهم السياب للرموز الأسطورية بحيث تمكن السياب... من صنع رموزه الخاصة إضافة إلى توظيفه وزملائه الرموز التراثية والأسطورية، فأصبحت جيكور، وبويب ولفظة (مطر) وعدد من مكرراته الأثيرة رموزاً شخصية ابتدعها السياب وأعطاها اتجاهاً وعمقاً في المعنى فأصبحت مفردات أثيرة تشكل مناخ الصور والمعاني في كثير من قصائده، ونحن قد نعثر على رمز معين يتشكل في داخل القصيدة الواحدة، ولكن دوران الرموز في فلك قصائد عديدة للشارع، لم يكد يشاركه فيه من زملائه الا البياتي- في فترة لاحقة- وعلى اختلاف بينهما، إذ جاءت معظم رموز البياتي تراثية وبعضها معاصر – أكسبها الشاعر بتكرارها في التعبير عن حلوليته الثورية - نوعا من خصوصية العلاقة والمعنى"[(٣)].

".. إن تلك الاستدارات الرمزية" في قصائده منذ مطالع الخمسينات، كانت قد جعلت من أسماء الأشياء: المطر، النخلة، الخبز، ... ومن الأماكن " لأرض (العراق)، والقرية (جيكور) ... منعطفات رمزية كبيرة، ثرية بالمعنى، غنية بالدلالة في تجربة الشعر العربي الجديد، كان له أن بنى من خلالها رؤية أخرى للحياة، وأعطى وجود الإنسان فيها معنى القوة (الغلبة والانتصار). لذلك لم تكن " الأساطير" و" الرموز" في

---

(١) الجزائري، محمد، ويكون التجاوز، ص٢٥٧.
(٢) شناشيل ابنة الجلبي، ٦١٣/١.
(٣) الأطرقجي، ذو النون، الصورة والرمز في الشعر العراقي الحديث، ص١٩٣.

شعره مجرد " استعارات" بل كانت تعميقا لجوهر فِكْرِه، وتأكيداً للمعنى أو تجسيداً أقوى لدلالته، كان يجد في هذه الأساطير والرموز إغناءً له. وامتداداً به إلى ما هو أبعد من حدوده المباشرة. فكان يوحد بين الأسطورة والواقع، وبين الرمز ودلالته وبين الفكرة وما لها من مبنى في الحياة وفي الوجود الإنساني.

وهو في استدارته الرمزية هذه لم يكن يوسع العالم، أو يتوسع في مداه فيه، بقدر ما كان " يختزل" هذا العالم (بمعناه الكوني) في ما عرف من أرض، فإذا ما أراد أن يعبر عن روح التضاد بين واقعين في هذا العالم رآها في " جيكور" - قريته الجنوبية الصغيرة والبسيطة- و" المدينة" - التي كان يراها من خلال بغداد- وإذا أراد أن يتمثل " تجربة الحياة والموت" فإنه غالباً ما يختزل ذلك في " بويب"- نهر قريته الصغير، حيث " يزهر التوت والبرتقال" على أرض جيكور بفعل مائه- ورأى في المقابل واقع المدينة، حيث لا تنبت غير أشجار الإسمنت، أما إن أراد أن يتصور البراءة والفضيلة فإنه كان يضع الحياة في قريته- حيث البراءة وعفة الحياة والحب الصادق- في مواجهة " بابل" و" عاموره" و "سدوم" و" المدينة- المبغى".

كانت المدينة- وهي يتمثلها من خلال رؤياه الشعرية- هي قاتلة " تموز" ولم يكن " تموز" هذا في قصائد السياب إلا رمزاً ذاتياً " للشاعر الذي كان يجد نفسه مكتظة بقوى الخير والخصب والنماء- ومن خلال ذلك نجد يتخذ من " المسيح الفادي" بشمول تجربته رمزاً ذاتياً آخر لمواجهة الواقع، جاعلاً من " جيكور" مساره الذاتي والروحي الذي يمشي اليه " طريق الجلجلة" الآخر.

وهكذا كانت "رموزه" مفعمة بالمعنى، وليست مجرد " إشارات أو استعارات"[1] لقد ظلت جيكور رمزاً متجدداً في شعر السياب غنياً بالإيحاءات ذات العبق الخاص في نفس السياب وشعره، ورؤيته للوجود من حوله، فـ"... انعزال السياب عن ساحة العالم، إذ أن السياب كان يخاف العزلة " حتى" الموت، ويحب الناس والعلاقات النقية بشكل مفرط وحساس، لذا فإن واقع الإنسان- الفرد- تشكل عند السياب عبر واقع الإنسان- المجتمع - ونحن نجد في تطور صورة " جيكور" وحدها نفس هذا النمو مع الظاهرة،

(١) الصكر، حاتم، السياب بعد اثنين وعشرين عاما، رأي ماجد السامراني، ص٩٩.

تأريخاً وحضارياً- فقد بدأ بإنسان جيكور- القرية، عبر غنائيات جيكور الوادعة على ضفاف شط العرب، ثم عبر جيكور الزنج والقرامطة، وجيكور - المدينة الرمز، وجيكور- تموز والقضية الثورية، ثم جيكور- الحلم والعودة إلى الأصول، واستعادة الماضي عبر حزن المرض"[1].

يقول في قصيدة " جيكور والمدينة"

وتلتف حولي دروب المدينة.
حبالاً من الطين يمضغن قلبي
ويعطين، عن جمرة فيه، طينه،
حبالاً من النار يجلدن عري الحقول الحزينه
ويحرقن جيكور في قاع روحي
ويزرعن فيها رماد الضغينه
دروب تقول الأساطير عنها
على موقد نامٍ : ما عاد منها
ولا عاد من ضفة الموت سارٍ،
كأن الصدى والسكينه
جناحا أبي الهول فيها، جناحان من صخرة في ثراها دفينه
فمن يفجر الماء منها عيوناً لتبنى قرانا عليها؟
ومن يرجع الله يوما إليها؟
وفي الليل، فردوسها المستعاد،
إذا عرش الصخر فيها غصونه
ورص المصابيح تفاح نار
ومد الحوانيت أوراق تينه،
فمن يشعل الحب في كل درب وفي كل مقهى وفي كل دار؟
ومن يرجع المخلب الآدمي يداً يمسح الطفل فيها جبينه؟

(١) الجزائري، محمد، ويكون التجاوز، ص٢٥١.

وتخضل من لمسها، من ألوهية القلب فيها، عروق الحجار؟
إذا سبحت باسم رب المدينه
- بصوت العصافير في سدرة يخلق الله منها قلوب الصغار-
رحى معدن في أكف التجار
لها ما لأسماك جيكور من لمعة واسمها من معان كثار،
فمن يسمع الروح؟ من يبسط الظل في لافح من هجير النضار؟
ومن يهتدي في بحار الجليد إليها فلا يستبيح السفينه؟
وجيكور، من غلق الدور فيها- وجاء ابنها يطرق
الباب – دونه؟
ومن حول الدرب عنها... فمن حيث دار اشرأبت إليه المدينة؟
وجيكور خضراء مس الأصيل ذرى النخل فيها
بشمس حزينه[١]

تنبني هذه القصيدة على المقابلة[٢] بين طرفين نقيضين تشكلا في رؤيا الشاعر، إنها: المدينة (بغداد)، والقرية (جيكور)، لكنهما تخرجان عن كونهما مجرد مكانين لتتحولا إلى رمزين متصارعين يتنازعانه، السياب الإنسان العربي المعاصر في زمن ترجح البشر بين الروح والمادة.

وتبدأ القصيدة من ذروة التأزم، " بدروب المدينة" التي تتحول إلى حبال تلتف حوله، للدلالة على معنى المعاصرة والتطويف، إنها مشنقة، وهي حبال من "طين" رمز للبرودة والثقل والدونية، وتتحول من الحصار الخارجي لتتسلل إلى قلبه، فيشخصها حيث يجعلها " تمضغ قلبه" إمعاناً في تعذيبه، إنها تكتسب روح الأفعى لكنها لا تبتلع بل " تمضغ".

---

(١) " أنشودة المطر"، ٤١٤/١.

(٢) ذهب عشري، على زايد إلى أنها تنبي على المفارقة وهو غير صحيح يتضح ذلك من خلال توضيحنا الفرق بينهما في هذا البحث . انظر: علي عشري زايد قراءات في شعرنا المعاصر، ١٩٩٢، القاهرة، مكتبة الشباب، ص ١٩٤ .

وهي تطفئ " جمر قلبه" والجمر هنا رمز الدفء وحرارة الحياة، وتترك مكانه "طينه" استثقالاً وبروداً مثيراً للاشمئزاز.

وتلك الحبال التي كانت قبل قليل طيناً، تغدو النقيض، فهي "نار" تجلد عري الحقول الحزينة، إن شرور المدينة تمتد إلى الريف وفوق عربة تحرقه، بل وتجلده أيضاً، فالنار رمز الدمار والتلاشي وموت الحياة، حيث وظيفتها التهام الحياة والأشجار بسبب زحف تلك الدروب.

إن الدروب الحبال التي تحاصر الشاعر اكتسبت البرودة والثقل والدونية من الطين، واكتسبت معنى الدمار الشامل، والتلاشي وقتل الحياة من النار. ومجرد دروب المدينة تحدث هذه الزلزلة الكبيرة في روح الشاعر فتمتد لا لتقتلع جيكور، بل لتحرقها في قاع روحه، ولا يخلف الحرق سوى الدمار، فكأنها تزرع فيه زرعاً جديداً من نوع آخر مستكره إنه " رماد الضغينة" فقد بات الرماد يزرع، فاكتسب خصيصة التجدد، لتظل الضغينة متجددة، إنها ميراث المدينة ودروبها[1].

جيكور هنا رمز الحب والدفء والحياة والخلاص، والروح الذي يمتاح الشاعر منه كل معنى من تلك المعاني، والمدينة حيث الشر- اللامتناهي تحاول أن تقتلع كل هذه الصور النورانية التي تشكل السياب الإنسان الطفل، ربيب الخضرة والبراءة، الذي رضع روح الحياة من جيكور، تقتلع الخصب والاخضرار لتزرع وكأنه "رماداً" يحصده من الضغينة التي يكتسبها المرء من المدينة وأجوائها. ولون الرماد الذي يصبغ شوارع المدينة هو لون أهلها، ولون لبها، مقابل اللون الأخضر، لون جيكور.

إن دروب المدينة تتحول إلى أسطورة في قوتها المدمرة، فالأساطير تقول: " إن من سار فيها لا يعود"، حيث ضياع الإنسان الأبدي، ضياع روحه. تلك حقيقة المدينة التي عاشها السياب الفقير، ابن الريف الوديع، وسط الصراعات الفكرية والمادية المسعورة، حيث النضار الذي يشتري كل شيء حتى الإنسان، بل قلوب الصغار. إنها مجرد "مبغى كبير" تمارس فيه كل طقوس السقوط الإنساني، حتى هدوء المدينة وصداها ليسا سوى

---

(١) للاطلاع على علاقة السياب بالمدينة ينظر: أحمد عودة الله الشقيرات، ١٩٨٧م، الاغتراب في شعر بدر شاكر السياب، دار عمار، عمان.

جناحي أبي الهول الصخريين، رمز التسلط والسطوة، والشر المستشري، إنها الجفاف بعينه والقسوة. وهي تحتاج إلى سقيا، إلى "عيون" (لا عين واحدة) لتعيد بناء القرى فيها (رمز الحياة)، فقد فقدت المدينة الحياة قلباً وقالباً، وتسلط أبي الهول الوثن عليها رمز السلطة الغاشمة جعلها تعيش جدباً متأصلاً، السبب فيه هو غياب الله عنها، لا غياباً بمعناه الظاهر فالله- تعالى- لا يغيب، لكن حين يجافي العبيد ربهم، يجافيهم، فكأنما يشاء أن يغيب عنهم بغياب الإيمان والروح عنهم، إن الله ليس في قلوب الناس فكيف يشعرون بأنه معهم " ومن يرجع الله يوما إليها"؟ إن الله لا يحتاج لأحد كي يرجعه، لكنه يكلف البشر بأن يرجعوا إليه، وأن يقتبسوا شريعته، والإرجاع هنا لشريعة الله، إقامتها حضور ظاهر لوجود الله فيهم، فتظهر آثار الصحة عليهم حين تظهر الروح جراء إقامتهم حدود الله.

إن غياب الشريعة عن المدينة، وأهلها أحالها إلى أسطورة في البغي والظلم. وبالمقابل تمثل جيكور النقيض: القلوب النظيفة، الفردوس الحقيقي، إذ ما زال الله ربها، في حين أن المدينة اتخذت لها رباً آخر، إنه المال، فهي تسبح له في ظلماء وثنيتها الجديدة، وكل شيء في ظل ظلامها الروحي-حتى مظاهر البهجة فيها- تتحول إلى مستكرهات، فهي فردوس لكنه " مستعاد" ليس بأصيل، فسرعان ما يزول، وعروشها من صخر، ومصابيحها لا تضيء نوراً، بل " تفاح نار" فهي ثمار من نار تغش العين ببريقها لا لتبرد ظمأ صاحبها وجوعه وإنما تتحول إلى نار. والحوانيت، أوراق تينة غليظة وهو استخدام مقلوب لرمز التين في المفاهيم الدينية والاجتماعية المورثة، والإنسان فيها أصبح "ذا مخلب" ليقتل غيره من البشر، إنه التوحش. وتتابع تساؤلات السياب " بمن" فمن يشعل الحب؟ ومن يرجع المخلب الآدمي يداً...؟ تلك الاستفهامات المتتابعة التي تبحث عن عاقل غائب في تشوق مرير- تناط به كل هذه المسؤوليات العظيمة من أجل إرجاع المدينة إلى الحياة، أو إرجاع الحياة إليها، ولتخليصها من وثنيتها وجدبها، ووحشية إنسانها، وهجير نضارها، وبحار الجليد، فهي تجمع بين شدة الحر وشدة البرودة، وكلاهما طرفا المدينة واقعا، الإحتراق في سبيل النضار، والبرودة حتى الجليد في المشاعر والإنسانية.

ولكي يعود التوازن وتتدفق الحياة من جديد فيها لابد أن تفتح أبواب جيكور لتقتبس من روحها فتخصب وتحرر.

فالسياب القروي يرى"... نفسه وعدداً من أبناء القرية وقد وقعوا في شرك المدينة (المتحجرة القلب)* داخل الأسوار الحديدية التي تسد الطريق إلى قرية "جيكور" التي أصبحت النموذج الأعلى للبراءة والسعادة المفقودتين. الماضي في هذه القصيدة ذكرى سعيدة لحياة لا يمكن استعادتها، ويصبح التركيز جميعه الآن على الحاضر بكل يأسه وعذابه، أما المستقبل فإنه كم مبهم من المحال اختراق الحجب إليه وتمييز خطوطه العامة خلف أسوار المدينة العنيدة"(١).

إن جيكور هي التي تفتح أمامه الطريق، وهي الخصب الذي يمتد ليخلص "بابل" الوثنية، بابل حمورابي، والراقصين فيها- من آثامهم، وعندها سيعود تموز إليها حاملاً الخصب، وعندها حتى " المقهى، والسجن، والمبغى" ستعود إليها الحياة وتتطهر متخلصة من أدرانها.

ويكرر قوله:

وجيكور الخضراء

مس الأصيل

ذرى النخيل فيها

بشمس حزينة

تأكيداً لخصبها، رغم حزنها، فهي دربه وهي كوميض البروق تشرق في نفسه، فيشبهها بالبروق، ضياءاً وسرعةً ورهبةً مع تبشير بالخصب، وهي تشرق لتريه ما وراء الأشياء، بل حتى أنها تريه ما تحت الجراحات، ويتحول أثرها فيه من نفسه إلى يده، فكأن جراحاته حروق، وهي رمز لضعفه " فاليد هي التي تملك القوة الفاعلة مقابل المخلب الآدمي في المدينة" لكنه عاجز عن فتح الأبواب في السور الكبير الذي يفصل بين المدينة وجيكور، وبين الشاعر وجيكور. أنه مثل سور يأجوج ومأجوج يحتاج إلى أعجوبة ومعجزة لكي يخرق الإنسان أبوابه الموصدة، ويفتح مدينتهم على العالم. إنها أبواب لا

---

* خطأ، والصواب "متحجرة" إذ لا يجوز تعريف المضاف.

(١) الجيوسي، سلمى الخضراء، ١٩٨٦، الشعر العربي المعاصر، الرؤية والموقف، الأقلام، السنة ٢١، العدد٦، بغداد، ص٧.

تفتح إلا بأيد دامية فلا بد أن "يدمى على كل قفل يمينه" ولما كان الشاعر وحده عاجزاً فيده جريحة بل محترقة فإنه يتمنى أن يملك "مخلباً" موازياً للمخلب في المدينة"، لا ليهاجم بل ليدافع عن جيكور، ويطهر المدينة، فالمخلب رمز القوة وأداتها التي ينكأ بها الأبواب، ويبعث الحياة في " الطين" رمز للبشر الضعاف الذين لم يتبق منهم سوى الطين بعد أن تجردوا من الروح، فهم بحاجة إلى إعادة خلق من جديد، و" المخلب" أيضاً، و" اليد" هما اللذان سيعيدان إليه الحياة، إنهم مجرد طين؛ لأنهم لا يمتلكون من مزايا الروح وأفعالها شيئاً، إنهم "محض طينة" ويمناه وحدها لا تقدر أن تفعل، فتحيي الميت.

واختتم قصيدته بترك جيكور الخضراء وراء السور، وباب الخصب والنور مازال موصداً منتظراً "من" ينقب السور ويفتح الأبواب " وفي الوقت الذي تحمل فيه " المدينة" في القصيدة إلى جانب دلالتها الرمزية ملامح واقعية واضحة، فإن مدلول جيكور يكاد يكون مدلولاً رمزياً خالصاً؛ حيث تخلت من مدلولها الواقعي كقرية صغيرة من قرى البصرة بالعراق لتصبح رمزاً خالصاً، حيث تخلت من مدلولها الواقعي كقرية صغيرة من قرى البصرة بالعراق لتصبح رمزاً شعرياً، رحيباً يفيض بإيحاءات الطهر والبراءة والسكينة والروحانية فهي- حتى وهي محاصرة سجينة- تظل الملاذ الحاني الفياض بالرحمة الذي يلوذ به الشاعر من هجير المدينة وماديتها وقسوتها"[1].

وهكذا ظلت " جيكور" رمزاً حياً في أعماق السياب وشعره. فثمة قصائد عديدة عنونها بجيكور منها " أفياء جيكور"، "مرثية جيكور" ، "تموز جيكور"، "العودة إلى جيكور"، " جيكور أمي"، " جيكور وأشجار المدينة"، " جيكور شابت"، علاوة على أنه لا تكاد قصيدة تخلو من ذكر جيكور، أو أجوائها الطبيعية في شعره.

ففي أفياء جيكور يقول:

جيكور ، جيكور يا حقلاً من النور[2]

---

(١) زايد، علي عشري، قراءات في شعرنا المعاصر، ص١٦٥-١٦٦.

(٢) "المعبد الطريق"، ١٨٦/١.

إنها تتجاوز الخصب الأرضي لتصل إلى الخصب الروحي فهي " حقل نور"، وحين يمرض يلتمس الشفاء من يد " جيكور" التي تتعمق حتى تصل إلى درجة الأم الحنون، والطبيب المداوي. " فهي الأم الحانية التي تحتضنه وتشفيه من دائه العضال، ومرضه الوبيل، تحنو عليه حتى يبل من وجعه الأليم"[(١)].

جيكور مسي جبيني فهو ملتهب
مسيه بالسعف
والسنبل الترف

ثم يصور جيكور الملهمة، فهي التي خلقت منه شاعراً، وهي التربة التي يرى أن دفنه فيها " لمٌّ لعظامه " فهي تجمعه بعد تبعثر، وهي التي ستنفض عنه كفن الموت حين تضمه، فكأنما ستخلده بدل أن تفنيه.

وستغسل قلبه بعد أن كان " ناراً"، فهو بحاجة إلى الراحة بالاغتسال بجدولها بعد سنين العمل الملتهبة بالعطاء والفكر والعذاب. إنها الجنة التي يعرف، ونبع الروح الذي جعله يعرف " وجه الله"، بل لولاها ما عرف " وجه الله". وأفياء جيكور هي نبع يسيل في بال الشاعر، وهي العالم الذي يسحبه إلى الأحلام، فيتحدث عن الموت حيث تضمه جيكور حديث محب سعيد للآخرين خائف، فالموت فيها حياة وبعث لا انتهاء.

إن جيكور أمه، وأمه هي جيكور، فقد ارتبطا معاً، وامتزجا في رؤى السياب مذ كان طفلاً، هما شيء واحد، فكلاهما نبع الحب والحنان والعطاء والإلهام والرعاية. وكلاهما جذره الذي يمتد فيه، ولا أدل على هذا من هيمنة الحروف الهامسة والمرققة على كلمات القصيدة كلها.

جيكور لمي عظاي، وانفضي كفني
من طينه، واغسلي بالجدول الجاري
قلبي الذي كان شباكاً على النار
لولاك يا وطني،
لولاك يا جنتي الخضراء، يا داري

---

(١) الجنابي، قبس كاظم، مواقف في شعر السياب، ص١٣٣.

لم تلق أوتاري
ريحا فتنقل آهاتي وأشعاري،
لولاك ما كان وجه الله من قدري.
أفياء جيكور نبع سال في بالي
أبل منها صدى روحي
في ظلها أشتهي اللقيا، وأحلم بالأسفار والريح
إلى أن يقول:
أفياء جيكور أهواها
كأنها انسرحت من قبرها البالي،
من قبر أمي التي صارت أضالعها التعبى وعيناها
من أرض جيكور... ترعاني وأرعاها

وعلى الرغم من كثرة الذين عبروا عن بشاعة المدينة مقابل الريف والقرية إلا أن"... تجربة السياب تظل تجربة فريدة متميزة بين هذه التجارب، فقد نجح في أن يجعل من " جيكور " تلك القرية الصغيرة المتواضعة في جنوب العراق معلماً بارزاً من معالم شعرنا المعاصر، ورمزاً أساسياً من رموزه الفنية، وذلك بما أضفى عليها من دلالات، وما فجر فيها من طاقات وإيحاء وإشعاع، فكانت جيكور في شعره كله هي الملجأ الروحي الأمين الذي يلجأ إليه بروحه ويلقي بحمولة همومه بين أحضانه فيجد الأمن والطمأنينة، والحنو الصادق العميق، كان يلجأ إليها من عناء النضال والمجالدة في مرحلة الكفاح، كما كان يلجأ إليها من آلام المرض الفتاك في مرحلة الاختصار، فكان يجد في كل الأحوال لديها الصدر الرؤوم المواسي الذي يحتضن آلامه الجسمية والنفسية على السواء، لذلك كانت جيكور في شعور السياب- في شتى مراحله- هي الملاذ الروحي الدافئ الذي يشع بكل إيحاءات الحنو النقاء والدفء والروحانية، والذي تتنوع إيحاءاته وتتعدد على نحو يستلزم دراسة خاصة لجيكور في شعر السياب"[1].

(١) السامرائي، ماجد صالح، ١٩٨٧، جواد سليم والسياب اللقاء على أرض مشتركة، الأقلام، السنة ٢٢، العدد الأول، بغداد، ص٢١.

لم يكتف السياب بخلق رموز طبيعية أو مكانية في شعره، بل تعداها إلى "شخصيات إنسانية استعادها من ماضيه هو، أو تمثلها في ما كان له من "راهن""[(١)].

ومن هذه الشخصيات المبتكرة: المومس العمياء، وأبو عتيق، المخبر، وحفار القبور، ووفيقة.

تظهر وفيقة فجأة في شعر السياب، في مرضه وهو يصارع الموت، فيفرد لها ثلاث قصائد هي: " شباك وفيقة١" و "شباك وفيقة ٢"، و"حدائق وفيقة"، ويذكرها في " مدينة السراب".

يقول جبرا إبراهيم في مقالته (من شباك وفيقة إلى المعبد الغريق): "أذكر بوضوح أن بدراً حدثني في أواخر عام ١٩٦٠ أو أوائل عام ١٩٦١ أنه فجأة جعل يتذكر فتاة أحبها في صباه تدعى وفيقة، وأنها ماتت صبية، وكان شباكها أزرق يطل على الطريق المحاذي لبيته"[(٢)].

وعلى أي حال فإن تواريخ تلك القصائد كلها في عام ١٩٦١، كما هو في الديوان. والقصائد الثلاث تصور محبوبة أسطورية ماتت صغيرة وهي تنعم في عالمها السفلي بالجنة، وتخصب ما حولها، وتبث الحياة في الأموات. ولعله يذكرها في هذه المرحلة بالذات من حياته؛ لأنه يستشعر بقرب الموت وهو يبحث عن شيء يريحه، وينتزع رهبته من أعماقه، فتقفز صورة وفيقة بشكل ملح إلى ذاكرته، صورة شباكها الأزرق، إنه الخيط الوحيد الحقيقي الذي بقي منها، فيعبر من وراء خشبه إلى الخصب والحياة فهي في برزخها سعيدة، موتها يبعث الطمأنينة في اللاحقين.

شباك وفيقة يا شجره
تتنفس في الغبش الصاحي
الأعين عندك منتظره
تترقب زهرة تفاح،
وبويب نشيد

(١) زايد، علي عشري، قراءات في شعرنا المعاصر، ص١٦٤.
(٢) السياب في ذكراه السادسة، ص٢٥.

والريح تعيد
أنغام الماء على السعف[1]

إن شباكها يتحول إلى أسطورة فلم يعد مجرد شباك عادي، بل يتحول إلى شجرة تتنفس وتورق، وينتظر الناس أن يثمر تفاحاً، وكأن ما تعيش فيه في برزخها سيصل إلى شباكها.

ولست مع الرأي بأن " الشباك الآن شجرة حية (باعتبار ما كان) وأعين تنتظر زهرة التفاح التي هي حتما وفيقة"[2].

بل إنه باعتبار ما سيكون "، إنه لا يتحدث عنه باعتبار ماضيه حين كان شجرة تثمر، بل باعتبار ما سيؤول إليه حين تبعث وفيقة فيه الحياة وهي معجزة، فوفيقة لا تعيش وحسب بل تملك قوة خارقة على بعث الحياة والتجدد، وهو أمر سيتم- وفق رأيه- مستقبلاً:

ووفيقة تنظر في أسف
من قاع القبر وتنتظر:
سيمر فيهمسه النهر
ظلاً يتماوج كالجرس
في ضحوة عيد،
ويهتف كحبات النفس
والريح تعيد
أنغام الماء هو المطر
والشمس تكركر في السعف
شباك يضحك في الألق؟
أم باب يفتح في السور

(١) "المعبد الغريق"، ١/١١٧.

(٢) عمارة، لميعة عباس، ١٩٧١، ظاهرة وفيقة في شعر السياب، الأقلام، السنة السادسة، العدد ١٢، بغداد، ص٩.

فتغير بأجنحة العبق
روح تتلهف للنور؟[(١)]

فوفيقة واقعاً "رهينة القبر" لكنها تنتظر من يفتح لها الباب الموصد بين عالمها والدنيا، لكي تخرج روحها إلى النور.

ونلحظ أنها تنتظر حبيباً سيأتيها، والشاعر يقول:

"يا صخرة معراج القلب"

إن الشاعر هو الذي سيرتقي إليها في عالمها، ولذلك شباك وفيقة موجود في غير مكان من العالم، تحلم فيه الفتاة المنتظرة التي تتحول إلى مسيح مخلص، تحلم بالبرق الأخضر-والرعد". إنها تحلم بالخصب بالجنة، هي رمز للفتاة الطاهرة التي تموت في أوج شبابها وتترك من يحبونها يتشوقون إلى لقائها في عالم أكثر جمالاً وطهراً وعدلاً، وهي أيضاً تتشوق إليهم من وراء برزخها، ونجد هذا الحبيب في " شباك وفيقة" يتحول إلى أمير فيصل إليها متحدثاً إليها بما عاناه من طول انتظار اللقاء بها، إنها ميتة ولا يمكن أن تعود، لكن من أرادها فعليه أن يعرج إليها. وهذا الأمير هو السياب نفسه.

ومن هنا أجدني، لا أتفق مع الرأي بأن السياب في هذه القصائد"... لا يريد أن يموت، ولا يريد أن يلتقي مع وفيقة في عالمها الأسفل، إنه يتذرع إليها ألا تفعل كما فعلت (عشروت)* في بعلها، يريدها أن تتذكره وأن تزرع له الأرض زهوراً وحياة وأن تشد حياته بموتها"[(٢)].

فصور الحبيب الذي يتشوق إليها، ويلتقيها في عالمها كانت وردية، وعالمها كان سعيداً، والشاعر يرى أن تقبليها غاية قصوى، فهو يرى أن موته أمر حتمي، لكنه يريد أن يكون عالمه بعد الموت سعيداً مريحاً:

---

(١) "أنشودة المطر"، ١١٨/١.

* هكذا وردت والصواب: عشتار لأن عشتاروت هي صيغة الجمع في العبرية لعشتار.

(٢) قبس كاظم الجنابي، مواقف في شعر السياب، ص١١٠.

شفاهك عندي ألذ الشفاه
وبيتك عندي أحب البيوت
وماضيك من حاضري أجمل:
هو المستحيل الذي يذهل
هو الكامل المنتهي لا يريد
ولا يشتهى أنه الأكمل،
ففي خاطري منه ظل مديد
وفي حاضري منه مستقبل(١)

فصورتها مثالية، هي الكمال الذي ليس وراءه كمال، بل هي الماضي الذي يستلهم منه الآن مستقبله.

وإن كنا نستشعر بروح التخوف من عالم وفيقة في "حدائق وفيقة بالذات" إلا أنها ظلت مؤنساً في صور مخصبة.

إنها رمز لحياة مخصبة سعيدة بعد الموت (الجدب الذي لا تجدد بعده ظاهراً)، ومن هنا شبهها بعشتار، إلا أنه خصب من نوع آخر، إنه الحياة بعد الموت للإنسان، لا للطبيعة كما اعتدنا في رموز السياب:

وشباكك الأزرق
على ظلمة مطبق،
تبدى كحبل يشد الحياه
إلى الموت كيلا تموت(٢)

فشباكها هو الحبل الذي يعطيه الأمل بالحياة بعد الموت، إن شباكها يذكرنا بشبابيك الأولياء الذين يقصدهم البسطاء من الناس ظانين أنهم ينفعونهم أو يضرونهم، فهو مريض يتخوف من الموت ولون شباكها الأزرق-" الذي لا ينسى السياب لونه كلما ذكره- يوحي إليه بالصفاء ويشعره بالراحة التي تجعله يتخيله " أخضر" فيما بعد.

---

(١) " المعبد الغريق"، ١٢٢/١.
(٢) " المعبد الغريق"١٢٣/١.

إنه يحاول أن يقرب بين العالمين- الدنيا والآخرة، بين الحياة الدنيا والحياة بعد الموت. والموت هو الحائل وتحققه بات مقرباً إلى الراحة، فبمجرد زواله سينعم بعالم وفيقة.

لوفيقة

في ظلام العالم السفلي حقل
فيه مما يزرع الموتى حديقه
يلتقي في جوها صبح وليل
وخيال وحقيقه
تنعس الأنهار فيها وهي تجري
مثقلات بالظلال
كسلال من ثمار، كدوال[1]

" حديقة وفيقة لا تشبه الحدائق إذ ليس للدار حديقة أصلاً، إنما هي حدائق وهمية من صنع خيال الشاعر من صنع الموتى في ظلام القبور، ويظهر أن الشاعر كان يقرأ عن عالم ما بعد الموت للكتاب الروحيين، لأن وصفه لحدائق وفيقة يتفق وما جاء من وصف للعالم الأثيري والجنة عن طريق الاتصال بالأرواح، فوفيقة هنا مدخل للعبور إلى الآخرة مثل صاحبة دانتي (بياتريس) التي كانت سبباً لدخول دانتي العالم الآخر"[2].

وعلى أي حال فإن وصف عالم وفيقة الخصب لا يختلف كثيراً عن وصف القرآن الكريم والسنة الشريفة للجنة مثل فكرة المعراج، والأنهر، والعصافير وصفاء الطبيعة وغيرها.

يقول علي حداد: "إن الصورة التي رسمها السياب للعالم الآخر الذي تعيش فيه حبيبته تقترب كثيراً من صورة الجنة في بعض تفصيلاتها. وقد أخذ الشاعر تسميتها (العالم السفلي) من أسطورة نزول عشتار.

---

(١) " المعبد الغريق" ١٢٥/١.

(٢) عمارة، لميعة عباس، ظاهرة وفيقة في شعر السياب، ص١٠.

وتكاد وفيقة تكون (بوريسة) والشاعر هو (أورفيوس) [1]" الذي خانتـه رجـلاه، فـلا يستطيع أن ينزل إلى العالم الآخر ليعود بصاحبته"[2].

(١) حداد، علي، اثر التراث في الشعر العراقي الحديث، ص١٢٥.

(٢) عباس، احسان، اتجاهات الشعر العربي المعاصر، ص١٧٠.

ثانياً: الرموز التراثية

أصبح رواد الشعر الحر أكثر عمقاً في استثمار الكنوز التراثية الموروثة في قصائدهم، مستغلين ما فيها من طاقات دلالية مؤثرة عريقة، بعيدة الأغوار في نفس الشاعر والمتلقي في آن معاً، من أجل التعبير عن رؤاهم المختلفة المعقدة، متجاوزين مرحلة التعبير عن الموروث التي كانت سمة واضحة في شعر مدرسة إحياء التراث ليصلوا إلى مرحلة التعبير بالموروث، وهي مرحلة أكثر إيحاءً وأعمق تأثيراً، بحيث أصبح الرمز التراثي جزءاً من نسيج القصيدة، وعضواً لا تستغني عنه ولا تقوم بدونه.

فقد مر الشعر المعاصر بمرحلتين " يمكن أن نسمي أولاهما " مرحلة تسجيل التراث أو التعبير عنه" كما يمكن أن نسمي الثانية " مرحلة توظيف التراث" أو التعبير به". وكان طبيعياً أن تبدأ علاقة شاعرنا بموروثه بالصيغة الأولى، صيغة "التعبير عن الموروث" بمعنى تسجيل عناصره ومعطياته بدون إضفاء دلالات معاصرة عليها. وهكذا كانت هذه المرحلة الأولى وجهاً من وجوه حركة الإحياء، وبعداً من أبعادها.

ثم تطورت هذه العلاقة بين الشاعر والموروث إلى مرحلتها الثانية، مرحلة " التعبير بـ " الموروث" بمعنى توظيفه فنيا للتعبير عن التجارب الشعرية المعاصرة، وقد أدرك شعراء هذه المرحلة الثانية الذين تعاملوا مع تراثهم في إطار هذه الصيغة أن عليهم أن يسيروا في الشوط الذي بدأه أسلافهم إلى غايته. وأصبح على الشاعر المعاصر أن يتعامل مع هذا التراث من خلال منظور تفسيري يحاول من خلاله أن يكتشف تلك الروح الشاملة الخالدة الكامنة في هذا التراث والينابيع الأولى التي تفجر منها"[(١)].

ويشير إلى هذا أدونيس فيقول "من يتكلم بصوت الكتب وأنظمتها وقواعدها لا ينقل إليها غير الصدى الباهت للأصوات التي تركتها، لكن من يتكلم بصوت الينابيع

---

(١) زايد، علي عشري، ١٩٧٨م، استدعاء الشخصيات التراثية في الشعر العربي المعاصر، الشركة العامة للنشر والتوزيع والاعلان، طرابلس، ليبيا، ص٣٠-٣١.

الأصلية في أعماق شعبه ينقل إلينا ملايين الأصوات، ويرفع كل فرد منا إلى مصير الإنسانية"[١].

وقد " جسد هذا الأسلوب الفني علاقة الشاعر العراقي المحدث بتراثه تلك العلاقة القائمة على فهمه المتطور لأهميته في عطائه الشعري، وسعيه إلى خلق حالة فنية تستوحي من التراث ما يغني أفكاره ومضامينه المعاصرة. وبهذا فقد أخذ الشاعر منه ما يمتزج مع الفكرة التي يستهدفها ليخلق من ذلك الشكل الفني الجديد للقصيدة العربية. إن الموقف من التراث ضمن هذا الأسلوب لا ينتهي عند حدود اتجاه فني واحد، بل يتعدى ذلك ليشمل أنماطاً متعددة من استيحاء المضمون التراثي في القصيدة، منها: الاستنطاق الشكل التراثي من خلال الاستعانة بالدلالة الرمزية الموجودة فيه، أو النظر إلى الحالة التراثية من زاوية الفعل المعاصر لاستخدامها في خلق انعكاس متطور عن صورتها الأصلية. أو ابتعاث حالة تمتلك المسحة العصرية، غير أنها تبقى محملة بنكهة التراث وأصالته، في استنادها إلى ما يماثلها منه.

إن الشاعر المحدث في استخدامه هذا الأسلوب يخلق عملاً فنياً يحقق التقاء أنماط التعامل التي شملها الأسلوب السابق من تشبيه واقتباس وتضمين في بناء فني واحد تحرك التراث فيه ليصبح أكثر تأثيراً واغناءً. مثلما أصبحنا نرى قضية معاصرة استوحت ملامح تراثية مناسبة، لتمنحها قدرة جديدة من النماء والتجدد. وهذا كله في بناء موحد يكتنف الحالتين ويقدمها في صورة واحدة"[٢].

لم يقف الشاعر في إفادته من تراثه القوي فحسب، بل توسع مفهومه للتراث حتى شمل أساطير الأمم البائدة على اختلاف أصولها ودياناتها، فطفق ينهل من معين التراث على اختلاف منابعه من رمز أسطوري، وتاريخي، وديني، وشعبي.

وجدير بنا في البدء أن نوضح مفهوم الرمز الأسطوري خاصة، دون غيره من الرموز التراثية لتحديد مفهومه من منظور فني ولخلط بعض النقاد فيه أحياناً حيث يعدون

(١) أدونيس، ١٩٦٦، خواطر حول تجربتي الشعرية، آداب، السنة، العدد، بيروت، ص٩٥.

(٢) حداد، علي، أثر التراث على الشعر العراقي الحديث، دار الشؤون الثقافية العامة آفاق عربية، بغداد، ص١١٧-١١٨.

كل رمز تراثياً أسطورة، والواقع هو العكس فالأسطورة أحد الرموز التراثية تختلف معها في أصل نشأتها وطبيعتها، وتتفق معها في أنها رمز جاهز مستمد من أعماق الموروث الإنساني، يوظفه الشاعر لغرض فني.

١- الرمز الأسطوري:

إن ثمة علاقة وثيقة بين الرمز والأسطورة " فكلاهما شكل توسل به الدين والفن والغناء وكل الأنماط الانفعالية التي نبعت من جذر واحد في القديم وعبر به الإنسان البدائي تعبيراً "حرفياً" عن وقع الموضوعات الخارجية على ذاته وعما يشعر به ويحس داخلها"[١].

إن الأسطورة في أصلها رمز لقوى الطبيعة المختلفة، والظواهر الكونية المحيطة بالإنسان أصبحت تشكل معتقداً دينياً عنده عبر جاهليته منذ وجوده على الأرض.

ولسنا هنا بمعرض استحضار التعريفات المختلفة التي وضعها العلماء لمفهوم الأسطورة، من زوايا فكرية وعلمية مختلفة، لكن سنحاول توضيحها من وجهة النظر الفنية. في البدء كانت الأسطورة رمزاً مبتكراً ثم أصبحت عرفاً اجتماعياً دينياً تتبناه الجماعة وتؤمن به.

إنها تعالج"... مشكلات الوجود على أن نوسع من دلالة الكلمة حتى تشمل الله والكون والإنسان، أو بكلمة ثانية الفيزيقا، والميتا فيزيقا، وربما كانت جميع التساؤلات من هذه الجهة التي دارت وتدور في ذهن الإنسان هي موضوع هذا الشكل..."[٢].

فالأسطورة- برأيي- صرعة دينية ابتكرها ذوو السلطان من الكهنة والملوك لتفسير الظواهر الكونية تفسيراً تستطيع العقول إدراكه والاقتناع به، وتملأ حيزاً من الفراغ الروحي الذي كانت تعاني منه الأمم المنحرفة عن فطرتها.

فالأسطورة دين ميت. ومن هنا فإنني أختلف مع يونج الذي نظر إليها على أنها تعبير رمزي عن مشاعر مجتمع ما، وعن رغباته المكبوتة في اللاوعي الجمعي، مثلها في ذلك مثل الحلم بالنسبة للفرد، فالحلم أسطورة فردية إن صح التعبير يكشف عما يستتر

---

(١) اليافي نعيم، تطور الصورة الفنية في الشعر العربي الحديث.

(٢) اليافي نعيم، تطور الصورة الفنية في الشعر العربي الحديث، ص٣٠٨.

في اللاوعي من رغبات"[1] فهي أصل نشأتها لم تكن تعبيراً عن جماعة، لكنها أصبحت فيما بعد تعبيراً عن حلم جماعي بمفهومه العام لا كما فهمه أصحاب المذهب الفرويدي في التحليل، فلا أرد ذلك كما فعلوا إلى الرغبات الجنسية المكبوتة خاصة.

فهي في الأصل خرافة دينية صدرت عن فرد اتخذت فيما بعد وسائلها في التوثيق حيث رسخت على أنها حقائق موروثة في ضمير الشعوب فظهرت في الفنون الشعرية والتماثيل والرسوم وغير ذلك؛ لتعبر عن حلم الإنسان وتصوراته لما حوله من عناصر الوجود وعلاقاته الشائكة. وكلها تنبع من روح دينية منحرفة عن الجادة التي نزلت بها الرسالات السماوية، بل ربما كان لتلك الأساطير أصول دينية حقيقية وصلت إلى الناس عن طريق الرسل، لكنها حرفت بعد طول الأمد، فامتزج فيها الحق بالباطل، والحقيقة بالخيال، مثلما دخل الحنفية من تحريف عند عرب الجاهلية.

ومثل ذلك تحول بعض الشخصيات الحقيقية إلى شخصيات ذات ملامح أسطورية في الأدب الشعبي الذي يتوارثه المجتمع مضفياً عليها آماله وأحلامه بما يتفق وواقعه الذي يعيش.

ومن هنا كانت الأسطورة رمزاً تراثياً موغلاً في القدم.

السياب والرموز التراثية

حينما يلجأ الشاعر إلى أحد الرموز التراثية يكون قد استخدم رمزاً جاهزاً، وقدرته على توظيفه لما يخدم رؤياه الجديدة هو الذي يجعله ناجحاً مبتكراً، واستخدام الأسطورة في شعر الرواد خاصة ظاهرة أسلوبية بينة، ولعل السياب هو أبرز من استخدمها في شعره استخداماً فنياً موظفاً محولاً إياها إلى عضو أصيل في قصيدته لا تتم إلا به، ملبساً إياها رؤياه؛ لتعبر عنها خير تعبير وأبلغه. فعالمنا أسطورة كبرى، وما يحدث فيه من أمور غريبة ووحشية ومتناقضة جديرة بأن تعيدنا إلى عهود الأساطير القديمة، حيث التعسف والظلم المستشري، والعذاب الأبدي والتضحية وغيرها. والسياب

(١) البطل، علي عبد المعطي، ١٩٨٥، الرمز الأسطوري في شعر بدر شاكر السياب، شركة الربيعان للنشر والتوزيع، الكويت، ص٢٥.

هو المدرسة الأولى لمن جاء من بعده من الشعراء في طريقة إدخال الرموز التراثية في نسيج القصيدة، وجعلها جزءاً لا يتجزأ منها.

"إن ما يقدمه الماضي للشاعر الحديث، يتجاوز الواقعية الزائلة، أو الحدث المنقضي- ليشمل مدخراته من الأساطير، والمرويات، والرموز، والنماذج العليا، ومنجزات المخيلة الضاربة التي ما يزال الكثير منها أخاذاً ويمكن الانتفاع به.

"فالأساطير على سبيل المثال هي مظهر من مظاهر تراث التراث، يمكن استثارة ما فيها من حيوية كامنة، وقوة تمور بالدهشة، والشعر. عن طريق الأسطورة يمكن للشاعر أن يعبر عن رؤياه..."[(١)].

"إن استخدام السياب للأسطورة، على سبيل المثال، يمثل رغم بعض جوانب القصور فيه محاولة من أبرز المحاولات في تاريخ الشعر العربي، إنه جزء من وعي السياب للماضي والالتفات إلى ما فيه من ثراء أسطوري يعين على فهم العصر والتعبير عنه تعبيراً يستند إلى ما يمكن تسميته برؤيا أسطورية يحاول، بمثابرة واضحة، أن يبلورها ويعمق ملامحها"[(٢)].

"ومن مقومات الحداثة عند السياب، استيعابه للعمق الثقافي والإنساني في التراث الإنساني، فكانت الأساطير والميثولوجيا والحكايات الشعبية وأغاني القرية، وعاداتها، والناس الشعبيون والأفكار التقدمية، مادة خفية تمارس حضورها المستمر في كل قصيدة، وفي كل مفردة، ولذلك فاستعانته بالأساطير هي استعانة إلغاء الحدود بين ثقافات البشر- والعبور من التراث المحدد بعادات محلية إلى التراث الإنساني المنطلقة عبر وجودها البشري والحياتي"...[(٣)].

---

(١) العلاق، علي جعفر، حداثة الرؤيا، ص٤٦.

(٢) السياب بعد اثنين وعشرين عاما، سؤال قراءة، إعداد حاتم الصكر، رأي د. علي جعفر العلاق، ص١١٣.

(٣) السابق نفسه، رأي ياسين النصير، ص١١٩.

"إن السياب كان أول من استخدم الرمز في الشعر العربي (سياسياً وفنياً) لذلك يعد رائداً معلماً لمن استخدم الترميز في شعره، وبخاصة في مرحلة توظيف الأسطورة، لأن السياب لا يلتفت إلى الأسطورة إلا لكونها أعلى مراحل الرمز استخداماً شعرياً"[١].

دواعي استخدامه للأسطورة والرموز التراثية الأخرى:

يعزو السياب نفسه استخدامه الرمز والأسطورة إلى سببين:

أولا: سبب فني:

إذ يقول: " لم تكن الحاجة إلى الرمز، إلى الأسطورة، أمس مما هي اليوم فنحن نعيش في عالم لا شعر فيه، أعني أن القيم التي تسوده قيم لا شعرية، والكلمة العليا فيه للمادة لا للروح. وراحت الأشياء التي كان في وسع الشاعر أن يقولها، أن يحولها إلى جزء من نفسه، تتحطم واحداً فواحداً، وتنسحب إلى هامش الحياة. إذن فالتعبير المباشر عن اللاشعور، لن يكون شعراً، فماذا يفعل الشاعر إذن؟ عاد إلى الأساطير، إلى الخرافات التي ما تزال تحتفظ بحرارتها؛ لأنها ليست جزءاً من هذا العالم، عاد إليها ليستعملها رموزاً، وليبني منها عوالم يتحدى بها منطق الذهب والحديد. كما أنه راح، من وجهة أخرى، يخلق له أساطير جديدة، وإن كانت محاولاته في خلق هذا النوع من الأساطير قليلة حتى الآن"[٢].

ويقول أيضاً: "إن الشاعر الآن يعيش أزمته الكبرى إنه يعيش في عالم لا يعطيه سوى علاقات متدهورة بين الإنسان والإنسان، وسوى تعكير وتحطيم مستمر لوجوده وإنسانيته. إن واقعنا لا شعري ولا يمكن التعبير عنه باللاشعر أيضاً، إن الأسطورة الآن ملجأ دافئ للشاعر. وإن نبعها لم ينضب ولم يستهلك بعد، ولهذا تراني ألجأ إليها في شعري كثيراً"[٣].

---

(١) السابق نفسه، رأيي علي، عبد الرضا، ص١١٢.

(٢) أخبار وقضايا، مجلة شعر، ١٩٥٧، العدد الثالث، بيروت، ص١١٢.

(٣) العبطة، محمود، ١٩٦٥، بدر شاكر السياب والحركة الشعرية الجديدة، مطبعة المعارف، بغداد، ص٨٦-٨٧، نقلاً عن مجلة الفنون، ١٩٥٧، العدد ٢٢.

إن هيمنة المادة وتعقيد الحياة المعاصرة حطم سحر الشعر وكلماته، وبات التغيير والتحليق في عالم الأسطورة ضرورة لإعادة الحياة إلى الشعر، والشعر إلى الحياة، لما فيها من مستوى عميق عالٍ من الخيال، وعبق سحر القدم والبدائية. فالتطرف في مادية الحياة وجمودها يتطلب تطرفاً في الخيال والشاعرية ليحدث التوازن.

يقول د. عز الدين إسماعيل مشيراً إلى هذه الظاهرة بأن " الظروف العالمية المعاصرة لم تعد تجد في المنهجين السردي والعقلي وسيلة كافية لتفهم كل المتناقضات التي تجعل من الحياة كومة من الأخلاط العجيبة الممزقة وكأن الإنسان المعاصر قد صار يواجه الحياة مرة أخرى بنفس الوجه الذي رآه به في البداية يوم بدت لغزاً كبيراً وسراً رهيباً فعاد الشاعر إلى وظيفة الأسطورة القديمة: إرضاء حاجته الروحية من جهة وحاجته إلى التوازن مع المجتمع حوله من جهة أخرى".[1]

ثانيا: سبب سياسي:

حيث يقول السياب: "لعلني أول شاعر عربي معاصر بدأ باستعمال الأساطير ليتخذ منها رموزاً، كان الدافع السياسي أول ما دفعني إلى ذلك فحين أردت مقاومة الحكم الملكي السعيدي بالشعر اتخذت من الأساطير التي ما كان زبانية نوري السعيد ليفهموها ستاراً لأغراضي، كما أني استعملتها للغرض ذاته في عهد عبد الكريم قاسم. ففي قصيدتي " سربروس في بابل" هجوت قاسماً ونظامه أبشع هجاء دون أن يفطن زبانيته لذلك، كما هجوت النظام أبشع هجاءً في قصيدتي الأخرى " مدينة السندباد" وحين أردت أن أصور فشل أهداف ثورة تموز استعضت عن اسم تموز البابلي بأدونيس اليوناني الذي هو صورة منه"[2].

فقد"... لجأ شعراؤنا إلى حيلتهم الخالدة، استعارة الأصوات الأخرى ليتخذوها أبواقاً يسوقون من خلالها آراءهم دون أن يتحملوا هم وزر هذه الآراء والأفكار، وقد وجد هؤلاء الشعراء في تراثنا معيناً لا ينضب يمدهم بالأصوات التي تحمل كل نبرات النقد

(١) اسماعيل، عز الدين، اشعر العربي المعاصر، ص٢٣٢-٢٣٧.

(٢) بلاطة، عيسى، ١٩٧١، بدر شاكر السياب، دار النهار للنشر، بيروت، ص ، نقلا عن جريدة صوت الجماهير، من مقابلة صحفية مع كاظم الخليفة، بغداد ٢٦ تشرين الأول ١٩٦٣.

والإدانة لقوى التعسف والطغيان، وبالأقنعة التي يتوارون خلفها ليمارسوا مقاومتهم للطغيان، وقد وجدوا ضالتهم بشكل خاص في تلك الأصوات التراثية التي ارتفعت في وجه طغيان السلطة في عصرها، والتي أعلنت تمردها على هذه السلطة"[١].

وعد د. محسن أطيمش استخدام السياب الأسطورة لغرض التخفي السياسي مأخذاً عليه وعلى من رأى رأيه، لأنه يفسد القيم الفنية فيها[٢] مستشهداً بقول آرنولد هوسر: "إنه لمن العسير أن نزعم أن الهدف من الإخفاء أو الستر... والقول بأن الفنان يتخذ من الرموز وسيلة للإخفاء أو المراوغة إنما هو انتقاص بالغ لما يجدر بالفنان أن يفضي اليه"[٣].

ولسنا معه في هذا إذ لا تناقض بين التعتيم لغرض سياسي وفنية القصيدة، فالشاعر دائماً لا يخاطب جميع الناس وإنما يخاطب النخبة منهم، وهم المعنيون دائماً بالرسالة التي يريد أن يبلغها. ولو كان الأمر مقترناً بالإيضاح لوجب أن تكون القصيدة المباشرة هي الفضلى، ولتحول الشاعر إلى خطيب على منبر. فوظيفة الرمز دائماً- منذ وجد- مزدوجة تؤدي غرضين في آن معاً تبهم لتفهم، وتعتم لتكشف، فخطوط الضوء الخافت فيها توصل المتلقي إلى العناية التي أرادها لأن الشاعر دائماً يعطي مفاتيح لرموزه، فلا تكون قصيدته صريحة تقديرية يفهمها جميع الناس، وعندها تكون ذات دلالة واحدة محددة غير قابلة للتأويل، والتفجير مما يجعل الشاعر عرضة للسلطات الجائرة وفي الوقت نفسه لا تؤدي فيه دورها الفني، فهي غير قادرة على التأثير والتثوير في طبقة المفكرين المعنيين بها.

فالأسطورة"... عند بدر تركيبة مزدوجة من المواجهة والهروب"[٤]. والرمز ضرب من الغموض الفني الذي يكون مفجراً لذهن المتلقي بمستوياته المختلفة من أجل فهمه، والوصول إلى المعنى العميق في نفس الشاعر، فيكون تأثيره عميقاً ضاغطاً بعيد المدى بقدر تعب المتلقي في الوصول إلى دلالاته وإيحاءاته معتمداً على حدسه.

---

(١) زايد،علي عشري، استدعاء الشخصيات في الشعر العربي المعاصر، ص٤١.

(٢) انظر: دير الملاك، ص١٣٥.

(٣) آرنولد هوسر، ١٩٨٦، فلسفة تاريخ الفن، ترجمة رمزي عبده بدوي، مطبعة جامعة القاهرة، ص٥٧.

(٤) عباس، عبد الجبار، ١٩٧١، الأسطورة في شعر السياب، الأقلام، السنة السادسة، العدد ١٢، بغداد، ص١٣.

وحين يقرر السياب أن سبب استخدامه الرمز لأغراض سياسية فهو في الواقع لا ينفي السبب الفني بدليل إشارته إلى ذلك في السابق- كما ذكرنا- والدليل قوله في المقالة الأخيرة الآنفة" أبشع هجاء... دون أن يفطن. وهو كأنما يفخر بفنية استخدامه الرمز ها هنا وتوفيقه فيه مع قدرته على التخفي.

يقول د. محسن أطيمش " ومع هذا فنحن لا نطمئن كثيراً إلى ما يراه السياب من أنه هجا قاسماً دون أن يفطن زبانيته لذلك؛ لأن القصيدة " سربروس في بابل" تشير بوضوح إلى شخص معين ويقولُ الشاعر فيها:

وشدقه الرهيب موجتان من مدى.

تخبيء الردى

أشداقه الرهيبة الثلاثة احتراق

يؤج في العراق(١)

يؤكد أن القصيدة تتحدث عن محنة العراق بالذات وفي أيام قاسم، وكل هذا يدل على أن السياب أخفق – انسجاماً مع منهجه في التخفي- في خلق الرموز التي تؤدي إلى حالة التعتيم الرمزي التام، تجعل الشاعر بمنأى عن أذى رجال حكومة قاسم"(٢).

وعلى أي حال حتى لو فهم زبانية قاسم مقصده فإنهم لا يستطيعون أن يحاسبوه على ذلك، لأنهم عندما يعترفون بحقيقة سيدهم وحقيقتهم حين يجعلون الرمز ذا دلالة محددة واحدة، يكون ذلك أدعى لهجاء الذات. كما أنه يظل للسياب مخرج عندهم إذ يستطيع القول بأنها تهويمات شاعر يتحدث فيهاعن فترة ماضية من تاريخ العراق قبل عهد قاسم، وفي كلتا الحالتين لا يجنون سوى الخيبة.

إن تعدد دلالات الرمز الفني تجعل القصيدة أكثر تأثيراً وتوضيحاً للجماهير في الوقت الذي تكون فيه أكثر أمناً للشاعر، وأبعد عن عقول المقصودين وسطوتهم. وهذا النمط من التعبير يقع ضمن ما سماه الجرجاني بمعنى المعنى. فهو يميز بين طريقتين لتأدية الدلالة هما: "المعنى"، و" معنى المعنى" فالأولى: " ضرب أنت تصل منه إلى الغرض بدلالة

---

(١) " سربروس في بابل"، أنشودة المطر، ١٦٨/١.

(٢) أطيمش، محسن، دير الملاك، ص١٣٦-١٣٧.

اللفظ وحده، وذلك إذا قصدت أن تخبر عن "زيد" مثلاً بالخروج على الحقيقة، فقلت " خرج زيد" والانطلاق عن " عمرو" فقلت " عمرو منطلق"، وعلى هذا القياس"[١].

أما الثاني فيصفه بقوله: " وضربٌ آخر أنت لا تصل منه إلى الغرض بدلالة اللفظ وحده. ولكن يدلك اللفظ على معناه الذي يقتضيه موضوعه في اللغة، ثم تجد لذلك المعنى دلالة ثانية تصل بها إلى الغرض"[٢].

ويلتفت الجرجاني إلى الميزة الجمالية المتحققة من الغموض الفني سابقاً بذلك الأسْلُوبيِّين ملتفتاً إلى أثرها في المتلقي جاعلاً الرمز، والوحي والكتابة والتعريض من أدوات التعبير الفني الفصيح" للإيماء إلى الغرض من وجه لا يفطن له إلا عن غلغل الفكر وأدق النظر، ومن يرجع إلى أثرها في المتلقي جاعلاً الرمز، والوحي والكناية والتعريض من أدوات التعبير الفني الفصيح "للإيماء إلى الغرض من وجه لا يفطن له إلا من غلغل الفكر وأدق النظر، ومن يرجع من طبعه إلى ألمعية يقوى معها على الغامض، ويصل بها إلى الخفي حتى كان نسلاً حراماً أن تتجلى معانيهم (الأدباء) سافرة الأوجه لا نقاب لها، وبادية الصفحة لا حجاب دونها، وحتى كان الإفصاح بها حرام"[٣].

ويقول في موضع آخر: " فإنك تعلم أن هذا الضرب من المعاني (الغامضة) كالجوهر في الصدق لا يبرز لك إلا أن تشقه عنه، وكالعزيز المحتجب لا يريك وجهه حتى تستأذن عليه، ثم ما كل فكر يهتدي إلى وجه الكشف عما اشتمل عليه، ولا كل خاطر يؤذن له في الوصول إليه، فما كان أحد يفلح في شق الصدفة"[٤].

مصادره التراثية:

يستقي شاعرنا رموزه التراثية من خمسة مصادر رئيسة هي:

---

(١) الجرجاني، عبد القاهر، (ت:٤٧١هـ)، دلائل الإعجاز، تحقيق محمد رضوان الداية، فايز الداية، مكتبة سعد الدين، دمشق، ص٢٥٨.

(٢) السابق نفسه، الموضع نفسه.

(٣) دلائل الإعجاز، ص٤١٨.

(٤) الجرجاني، عبد القاهر، (ت: ٤٧١هـ)، أسرار البلاغة في علم البيان، تحقيق: السيد محمد رشيد رضا، دار المعرفة، بيروت، ص١١٩.

١- الأساطير الوثنية القديمة.

٢- كتب الديانات السماوية الثلاث.

٣- الأدب الشعبي.

٤- التاريخ.

٥- الأدب العربي.

استقى السياب جل رموزه من تراث الأمم الوثنية القديمة على اختلاف أصولها من يونانية، وبابلية، وفرعونية ، وصينية وغيرها، وقد غلبت على رموزه الأخرى إلى جانب بعض الرموز المسيحية كرمز المسيح عليه السلام والعازر، وأيوب، وقابيل وغيرها.

فمن الأساطير الوثنية استخدام الشخصيات التالية: أدونيس، تموز، عشتار، أوديسيوس، أوزيريس، زيوس، السيرين، أوديب، كوكاست، آينياس، كونغاي، هيلين، بنلوب، برسفون، أبوللو، ديفني، سيزيس، عوليس، ميدوزا وغيرها.

ومن الرموز الإسلامية أورد رمز محمد صلى الله عليه وسلم، وإرم ذات العماد، وغار حراء، ويأجوج ومأجوج، ومن التاريخ العربي الحسن البصري، وعروة بن حزام وعفراء، وذي قار، ومن التراث الشعبي السندباد، وأبو زيد الهلالي، ومدينة النحاس، والواق واق، كما أضفى على بعض الشخصيات الحقيقية دلالة أسطورية كشخصية المعري، وحفصة، وجميلة، بو حيرد، ومحمود علوان.

وقد ظلت الأساطير البابلية الوثنية أقربها إلى وجدانه، وأكثرها دوراناً في شعره، ويذكر السياب سبب ذلك قائلاً عن الأسطورة البابلية: " لما فيها من غنىً ومدلول. وهي بعد قريبة منا: لا لأنها نشأت في بلد نسكنه اليوم، ولا لأن البابليين أبناء عمومة أجدادنا العرب، لا لهذا كله وحسب، بل لأن العرب أنفسهم تبنوا هذه الرموز. قد عرفت الكعبة بين إبراهيم الخليل وبين ظهور النبي العظيم جميع الآلهة البابلية، فالعزى هي عشتار، واللاة هي اللاتو، ومناة هي منان، وود هو تموز أو (أدون= السيد) كما يسمى أحياناً. بل إن العرب الجنوبيين أيضاً عرفوا هذه الآلهة. فتموز الذي يروي لنا بعض المؤرخين العرب أنه رأى أهل حوران يبكونه، تحت اسم تاعوز.. عرفته اليمن باسم تعز، ومازالت إحدى مدنها تسمى باسمه حتى اليوم، وتقابل تعز الذكر أنثاه العزى. بل يخيل إلي أحياناً

أن قوم عاد وثمود قد كانوا من عبدة تموز: عاد أو آد- العين والهمزة تحل إحداهما محل الأخرى بين لغة سامية وأخرى- عاد = عادون هو آدون: السيد، وثمود هو تموز. ولما كان الإسلام- وهو الانتصار الأكبر الذي حققته القومية العربية جاء ليقتلع اللاة والعزى وودا وسواها من الأوثان التي عرفها العرب، فإن تسميتها اليوم بأسمائها العربية هذه، حين نستعملها رموزاً، يعتبر نوعاً من التحدي للإسلام وبالتالي للقومية العربية. وهذا ما يجعلنا نعود إلى أصول هذه الرموز البعيدة. ولكنني لا أنكر أن هناك من يستعمل هذه الرموز لمجرد أنها بابلية أو فينيقية – بصورة خاصة- فليس بين العراقيين من يشعر بأن البابليين أقرب إليه من العرب، بل ليس هناك من يشعر بأن هناك رابطة- غير رابطة المكان- بينه وبين البابليين، ومع ذلك، فليس شرطاً أن نستعمل الرموز والأساطير التي لا تربطنا بها (كذا) إحدى هذه الوشائج ومن يرجع إلى قصيدة إليوت الرائعة" الأرض الخراب" يجد أنه استعمل الأساطير الوثنية الشرقية للتعبير عن الأفكار المسيحية وعن قيم حضارية عربية"(١).

إن هذا الرأي يفسر لنا أيضاً قلة الرموز الدينية الإسلامية في شعره، إذ يخشى أن يمس قدسية المفاهيم الإسلامية، ومن هذا القبيل رأينا طغيان استخدام رمز المسيح عليه السلام على رمز محمد صلى الله عليه وسلم. ويقول د. عشري زايد مفسراً هذه الظاهرة:

" ولقد كانت شخصية محمد- عليه السلام- هي أكثر شخصيات الرسل في نتاج المرحلة الأولى، مرحلة التعبير عن الموروث ولكنها في المرحلة الثانية- مرحلة التعبير بالموروث- تخلت عن تلك المكانة من حيث شيوع استخدامها، لشخصية المسيح- عليه السلام- التي أصبحت أكثر شخصيات التراث الديني، وربما أكثر الشخصيات التراثية على الإطلاق- شيوعاً في الشعر العربي المعاصر. ولعل السر في هذا أن الشاعر في إطار صيغة " التعبير بـ..." يضطر إلى تأويل ملامح الشخصية التراثية تأويلاً خاصاً يتلاءم والبعد الذي يريد أن يسقطه عليها من أبعاد تجربته، بينما هو في إطار صيغة " التعبير عن..." لم يكن مضطراً لمثل هذا التأويل، ولا لتحميل شخصية الرسول ملامح

(١) السامرائي، ماجد، ١٩٩٤م، رسائل السياب، من رسالة كتبها السياب إلى سهيل إدريس، المؤسسة العربية للدراسات، بيروت، ص١٣٣.

معاصرة، وإنما هو ينقلها كما هي في مصادرها التراثية... ومن ثم فإن شعراءنا كانوا يحسون بنوع من التحرج من استخدام شخصية الرسول في إطار صيغة " التعبير بـ ..." تأثماً من أن يتأولوا في شخصية الرسول الكريم. أو أن ينسبوا لأنفسهم بعض صفاته وهم في هذا التأثم يصدرون عن نظرة الإسلام إلى شخصيات الرسل، وما ينبغي أن تحاط به من قداسة، بينما لم يكن المسيحيون ينظرون إلى شخصية المسيح- عليه السلام- وشخصيات بقية الرسل بمثل هذا القدر من التحرّج والتأثم، حيث تناولوها بقدر غير قليل من الجرأة في أعمالهم الفنية والأدبية، و(من ثم) * فلم يتحرج شعراؤنا من التوسع في استخدام شخصية المسيح نظراً لغناها بالدلالات التي تتلائم والكثير من جوانب تجربة الشاعر المعاصر، ونتيجة لذلك فقد أصبحت شخصية المسيح- عليه السلام- هي الأكثر شيوعاً، وتبعتها شخصية- محمد صلى الله عليه وسلم- في نسبة الشيوع"[1].

وعلى الرغم مما قاله السياب من خوف المساس بقداسة الإسلام وتحدي تعاليمه، وخشية تأويل شخصية محمد – صلى الله عليه وسلم- فإننا نجد السياب قد تجرأ في استعماله هذا الرمز الطاهر متأثراً بالرموز الأسطورية والمسيحية ولعله أيضاً بتأثير من الفكر الشيوعي اللاديني، في قصيدته " في المغرب العربي"، بل إنه استعمل اسم " الله"- عز وجل- استعمال الآلهة الوثنية المزعومة، فجعله رمزاً أسطورياً، فوقع في المحظور إذ جعله يموت، ويبكي ويجوع ويستدعي، كما أن السياب خلط بين الفكر الإسلامي والقومية، ظهر هذا واضحاً في رسالته آنفة الذكر، وكذلك في قصيدته في المغرب العربي، فجعلها شيئاً واحداً.

والقصيدة هذه ذات روح عربية إسلامية متأججة وصور ورموز خلاقة لولا ما ذكرناه من عيب آنفا.

" وكان السياب في منتصف الخمسينات هو الرائد الأول في استعمال الأسطورة والنماذج العليا في الشعر قد كتب قصيدته الشهيرة " في المغرب العربي" ١٩٥٦م، التي استعمل فيها نماذج عليا من الحضارة العربية الإسلامية القديمة. كتبها احتفالاً بالثورة

* خطأ شائع أشرنا إليه سابقاً.

(١) زائد، على عشري، استدعاء الشخصيات التراثية في الشعر العربي المعاصر، ص٩٩.

الجزائرية، ومع أن موضوع الإله الميت الذي ينبعث في الحياة كما يحدث في الأساطير الفينيقية، موجود فيها إلا أن الشاعر استعمل شخصية النبي محمد نموذجاً أعلى للبطل الذى لم يحمه مجده القديم من أن يموت الآن، في أصيل حضارة عظيمة، وبموته يتراجع الله نفسه من هذا العالم المنهار فيموت العالم بتراجع رحمة الله عنه"[1].

" يصور الشاعر من خلال شخصية محمد – عليه الصلاة والسلام- انطفاء مجد الإنسان العربي، ويقينه من ازدهار ذلك المجد من جديد"[2].

" وفي مرحلة تالية شهدت تنامي الوعي القومي والدعوات الجادة الى الوحدة العربية وما رافق ذلك من تصاعد حالة الاعتزاز بالعروبة وقيمها والسعي الى إبراز التراث القومي للأمة،... وتظهر هذه الحقيقة جلية في شعر السياب الذي كتب في الستينات وفي قصائده، قافلة الضياع، يوم الطغاة الأخير، إلى جميلة بوحريد، رسالة من مقبرة، في المغرب العربي، ففي هذه القصائد أصبح السياب أكثر إحساساً بالعروبة وأكثر تجاوباً مع قضاياها، وأصبح التأريخ العربي معيناً يستقي منه صوره"[3].

تبدأ القصيدة بالحديث عن الموت: موت الحضارة، وموت الإنسان، وترسم العلاقة الوثيقة بين وجود العربي ووجود حضارته. ولذلك حين يرى على صخرة على آجرة حمراء- إشارة إلى لون الدم- اسمه منقوشاً عليها، وهي شاهد قبره يحار أحيٌّ هو أم ميت، إنه حي وميت في آن معاً، ويعود ليرى نفسه ظلاً، مجرد ظل، ويربط بينه وبين عدة أشياء من خلال التشبيه بأداة التشبيه " الكاف" فيشبهه بالمئذنة المعفرة، ثم بالمقبرة، ثم بمجد زال، ثم يعود ليشبه " ظله" بالمئذنة لكنه في هذه المرة يفصل جزئيات المشبه به فهي التي تردد عليها اسم الله، وهذه الثلاث: المئذنة، والمقبرة، والمجد الزائل، هي محور القصيدة، انهيار الحضارة بدمار المئذنة التي يعلو منها صوتها، ودمار الإنسان وتحول المدينة إلى مقبرة يدفن فيها العربي تحت ركام حضارته.

---

(١) الجيوسي، سلمى الخضراء، الشعر العربي المعاصر، الرؤية والموقف.
(٢) زائد، علي عشري، استدعاء الشخصيات التراثية في الشعر العربي المعاصر، ص٩٩.
(٣) أطيمش، محسن، دير الملاك، ص١٩٣.

ثم يصور ما حوله فيتحدث عن الماضي " كان" محمد منقوشاً على آجرة " خضراء للدلالة على الخصب والسلام والامتداد، "زاهياً" عالياً في سماء الأرض العربية، لكن " أمس" عنصر يشير إلى التحول والصيرورة في الزمن الحاضر نقيض الماضي " تأكل الغبراء والنيران من معناه" فهي لا تأكله جسداً، بل معنى مشيراً إلى احتقار الغزاة له، وحقدهم عليه، فهم يجرحونه، بلا دم، وبلا ألم؛ لأنه جرح روحي أعمق، إنهم يريدون قتله فكراً ممتداً، وعقيدة حية خالدة، وهو بذا " مات"، ومع أن محمداً مات منذ القدم إلا أنه الآن يموت روحاً وامتداداً وفكراً، ولما لم نهب لنجدته، لنجدة حضارتنا متنا نحن أيضاً موتاً أبدياً، متنا " موتى وأحياء"، وكأن الموتى "أجدادنا" لم يكونوا أمواتاً من قبل، وبانهدام المئذنة وموت محمد – صلى الله عليه وسلم- معنىً" أصبحوا موتى فعلا، إذ فقدوا امتدادهم فكراً ونسلاً وروحاً، فموت محمد هو موت للأمة بأسرها. وبقاؤنا مرهون ببقاء الله فينا، ونبيه أيضاً .

إلى هنا ظل النموذج الإسلامي موفقاً، وظل رمز محمد متدفقاً موظفاً إلى أن يقول عن محمد صلى الله عليه وسلم:

فقد مات...
ومتنا فيه، من موتى ومن أحياء
فنحن جميعنا أموات
أنا ومحمد والله[(١)]

إن هذه الجملة الأخيرة أوقعت الشاعر في محظورين الأول ديني إذ جعل الله يموت، وهو الحي الذي لا يموت، وعطف اسمه واسم محمد على " لفظ الجلالة" وهو ما لا يجوز فاستعمله استعمال الرمز الأسطوري الوثني مع أننا ندرك مغزى الشاعر وهو الموت المعنوي بمعنى وجوده في قلوبنا وعقائدنا.

- أما الثاني ففني، إذ لجأ إلى التصريح بعد التلميح، والمباشرة بعد الرمز فأفسد فنية الصورة، وقدم الخلاصة جاهزة.

(١) "أنشودة المطر"، في المغرب العربي ٣٩٥/١.

ويتابع استعمال الرمز الديني استعمالاً أسطورياً في قوله:

وهذا قبرنا: أنقاض مئذنة معفرة
عليها يكتب اسم محمدٍ والله،
على كسرة مبعثرة
من الآجر والفخار
فيا قبر الإله، على النهار
ظلٌ لألف حربةٍ وفيل
ولون أبرهه
وما عكسته منه يد الدليل،
والكعبة المحزونة المشوهه
قرأت اسمي على صخرة
على قبرين بينهما مدى أجيال
يجعل هذه الحفره
تضم اثنين: جد أبي- ومحض رمال"
ومحض نثارة سوداء فيه، استزلا قبره-
وإياي، ابنه في موته والمضغة الصلصال.

ويستحضر صورة أبرهة الغازي الذي أراد أن يهدم الكعبة، وكان دليله عربي خائن يدعى " أبو الرغال" حاشداً الفيلة والحراب وهي أعلى تقنيات الحرب في ذلك الزمان ليهدم الحضارة العربية وعقيدتها المتمثلة بالكعبة المشرفة. إنه العدو نفسه والطريقة ذاتها والهدف نفسه أيضاً، قبرنا، وقبر حضارتنا!

يستخدم السياب هنا " قبر الإله" كما استخدم رمز الميت الذي ينتظر القرابين ليبعث، وهو يحاول أن يوضح غاية الغازي، وهي قبر الله في نفوسنا إلى الأبد، لإثارة الحمية عندنا لنهب مدافعين عن عقيدتنا، إلا أن هذا لا يمنع من أنه قد وقع في المحظور.

ويسرف حتى يجعل " الله"- عز وجل- يتجلى في الحرب مؤيداً، ثم ما يلبث أن يجعله يتضرع، ويبكي جريحاً ، ويستجدي الخبز في يافا مشيراً إلى الاحتلال اليهودي عام ١٩٤٨:

إله الكعبة الجبار،
تدرع أمس في ذي قار
بدرع من دم النعمان في حافاتها آثار
إله محمدٍ وإله آبائي من العرب،
تراءى في جبال الريف يحمل راية الثوار،
وفي يافا رآه القوم يبكي في بقايا دار
وأبصرناه يهبط أرضنا يوماً من السحب:
جريحاً كان في أحيائنا يمشي ويستجدي،
فلم نضمد له جرحاً
ولا ضحى
له منا بغير الخبز والأنعام من عبد!

إنه يصور إله الكعبة الجبار- عز وجل- تصويراً نصف بشري على طريقة الملاحم اليونانية، فجعله يموت ويرثى " كتموز" ويجرح ويحتاج إلى من يضمد جرحه، بالقربان، الذي لم يبذل العرب منه سوى " الخبز والأنعام" وهو يحتاج إلى قربان أثمن من ذلك، دم الضحايا من البشر الذين يحاربون في سبيله باذلين أرواحهم، وترتفع أصوات المصلين في طقوس أقرب الى الوثنية منها إلى الإسلام:

وأصوات المصلين ارتعاشٌ من مراثيه
إذا سجدوا ينز دم
فيسرع بالضماد فم:
بآيات يغض الجرح منها خير ما فيه،
تداوي خوفنا من علمنا أنا سنحييه
إذا ما هلل الثوار منا: " نحن نفديه" !

" وقد ظل لفظ الإله، وعناصر كثيرة من العقائد السماوية تعيش في ذهنه رموزاً أسطورية إلى جانب الرموز اليونانية والبابلية القديمة، حتى بعد فترة طويلة من انسلاخه (من)* الحزب الشيوعي، حيث نضج فهمه للأساطير، واستخدامه لها بعد تعرفه على شعر إليوت وستويل"(١).

غير أن الشاعر يعود ليستدرك، فيستعمل رمز " الله" تعالى استعمالاً حميداً حكيماً، وكذلك رمز " محمد صلى الله عليه وسلم مرتداً عن تطرفه، في رموز متألقة دلالة متجددةً تصويراً، فقد أغار على قرانا في الأرض العربية الممتدة، في وقت " الظلام" "سربٌ من جراد رمزاً للعدو الآتي من بعيد مباغتاً مستشراً، طامعاً بخبراتنا، ناوياً تدميرنا، غير تاركٍ وراءه سوى البؤس والجوع والفجيعة، "فكأن مياه دجلة حيث ولى تنم عليه بالدم والمداد"، وهذه صورة يستدعي فيها من الذاكرة التاريخية المغول رمز التدمير والكارثة حين دمروا بغداد وقتلوا أهلها سنة ١٥٦هـ وألقوا بكتبها في دجلة فامتزج المداد الأسود بالدم، لتكون أبشع هجمة همجية لا تكتفي بقتل البشر، بل تلحقهم بقتل حضارتهم، إنه التاريخ يعيد نفسه " يقتل الحبالى"، ويحول أهله بقايا المآذن التي يحطمها إلى نعال لجواده.

ويصبح العدو اثنين، بل أسدين جاعا لا معدة بل فؤاداً، فجوعهما روحي منبعه الفؤاد المكتظ حقداً على الحضارة العربية الإسلامية، ولعله يقصد بالأسدين اليهود يساندهم الأوروبيون المحتلون من جهة، والروس من جهة أخرى، فالأجوع (اليهود) أكل عيسى- عليه السلام- وشرب من ماء العماد والغاً فيه غير مراعٍ قدسية دين أو مكان.و" عض نبي مكة"، ونراه هنا لم يأكله لكنه يوشك أن يفعل كما فعل في فلسطين إشارةً إلى تجاوز حلم الأسد الحاقد حدود الشام، ولذلك " الصحارى وكل الشرق ينفر للجهاد". ونلحظ أن الشاعر يستخدم فاء الاستئناف مقترنة بـ " الصحارى" بعد ذكر " عض نبي مكة" مباشرة وذلك إشارة إلى سرعة تأهب الصحارى، والشرق كله لإنقاذ نبي مكة بالجهاد.

* خطأ والصواب، " عن".

(١) البطل، علي عبد المعطي، الرمز الأسطوري في شعر بدر شاكر السياب، ص٥٢.

إن المحتـل الغاصـب لا يرعـى حرمـة أي ديـن سـماوي، دون تفريـق بـين مسـلم ومسيحي، إنه عدو الشرق المتدين على الإطلاق:

أغار، من الظلام على قرانا
فأحرقهن، سرب من جراد
كأن مياه دجلة، حيث ولى،
تنم عليه بالدم والمداد
أليس هو الذي فجأ الحبالى
قضاه، فما ولدن سوى رماد؟
وأنعل بالأهلة في بقايا
مآذنها، سنابك من جواد؟
وجاء الشام يسحب في ثراها
خطى أسدين جاعا في الفؤاد؟
فأطعم أجوع الأسدين عيسى
وبلَّ صداه من ماء العماد
وعض نبي مكة فالصحارى
كل الشرق ينفر للجهاد

ثم يقول:

أعاد اليوم، كي يقتص منا أنا دحرناه؟
وأن الله باق في قرانا، ما قتلناه؟
ولا من جوعنا يوماً أكلناه؟
ولا بالمال بعناه-
كما باعوا
إلههم الذي صنعوه من ذهب كدحناه؟
كما أكلوه إذ جاعوا-
إلههم الذي من خبزنا الدامي جبلناه؟

وفي قوله "أعاد" استدعاء حدث تاريخي من الماضي وربطه بالثأر مشيراً إلى الغزو الصليبي الذي دحرناه، وها قد عاد العدو نفسه لينتقم منا لدفاعنا عن أرضنا وعرضنا، عائداً من أجل الهدف القديم نفسه يمتص خيراتنا، ويهدم حضارتنا، إن الماضي يطل برأسه من جديد فكأنهم لم ينقموا منا إلا أن قلنا: ربنا الله، فعقيدتنا راسخة وإلهنا ثابت لا نقتله لا نأكله ولا نبيعه كما يفعلون. وهو بذا يشير إلى فراغهم الروحي معرضاً بالحضارة الغربية الزائفة التي لا وجود حقيقي لله في أهلها، فهم يعيشون خواءً روحياً هيمنت عليه المادية والرأسمالية. ويرسم صورتين متقابلتين للحضارة الإسلامية وأهلها من جهة، والحضارة الغربية وأهلها في المقابل.

وفي قوله " ولا من جوعنا يوماً أكلناه" يستحضر موقفاً وثنياً قديماً مما تذكره كتب التراث العربي من أن بعض الجاهليين كانوا يصنعون آلهتهم من التمر فإذا جاع أحدهم أكله فأي رب هذا الذي يسجد له ثم يؤكل؟ إشارة إلى عدم تجذر الإيمان بالوثن في قلوب العرب في الجاهلية، إن هذا الموقف شبيه جداً بفعل الغربيين الآن، فهم يبيعون إيمانهم الذي يدعون وإلههم بالمال ويأكلون ثمنه، فكأنما أكلوه.

وفي هذه الصورة تركيز شديد، إنهم يبيعون آلهتهم من أجل الذهب، إلههم الجديد الذي لم يجنوه من تعبهم، بل من "كدحنا" – نحن العرب-، فهو فوق ذلك ذهب مسروق. وهو يذكرنا بالعجل الذي صنعه السامري من ذهب لبني إسرائيل فعبدوه لما ذهب موسى- عليه السلام- ليتلقى الألواح من الله- عز وجل.

قال تعالى: (واتخذ قوم موسى من بعده من حليهم عجلاً جسداً له خوار ألم يروا أنه لا يكلمهم ولا يهديهم سبيلاً اتخذوه وكانوا ظالمين) [1].

إنه الارتداد إلى الوثنية، إلى الخطيئة التي تجر عليهم خطايا متلاحقة. ثم يخص فرنسا بالذات، لأنها العدو المباشر في هذه القصيدة بالخواء الروحي والعداء للدين.

وفي باريس تتخذ البغايا
وسائدهن من ألم المسيح
وبات العقم يزرع في حشاها

(١) (الأعراف، ١٤٨).

فم التنين: يشهق بالفحيح
ويقذف من حديد في حمانا
جحافل كالفوارس، دون روح
تجد وراء مكة في الصياحي
أقمناها، ويثرب في السفوح

فهن " هم" الفرنسيون، يتجرون بالخطيئة متجاهلين تعاليم المسيح، حتى كأنهم بغايا تتوسد ألم المسيح، تنام عليه في طمأنينة، غير عابئة بدفعه ثمن خطيئتها وخطيئة البشر- من دمه. وهو بذا يشير إلى احتقارهم لكل دين، وتجردهم منه، وأوله دينهم الذي يدعون وهم أبعد ما يكونون عنه واقعاً.

ثم يصورهم تنيناً، وهو أسطورة صينية، تقذف الحديد الملتهب في حمانا العربية طالباً مكة ويثرب، لا يترك بعده إلا رماداً، وخص هذين المكانين لقدسيتهما، وهما مهد النبوة ومنبع الهداية. ثم يعيد المقطع الذي ظل يردده من بداية القصيدة:

قرأت اسمي على صخره
وبين اسمين في الصحراء
تنفس عالم الأحياء
كما يجري دم الأعراق بين النبض والنبض
ومن آجرة حمراء ماثلة على حفره
أضاء ملامح الأرض
بلا وميض
دم فيها، فسماها
لتأخذ منه معناها
لأعرف أنها أرضي
لأعرف أنها بعضي
لأعرف أنها ماضي، لا أحياه لولاها
وأني ميت لولاه، أمشي بين موتاها

أذاك الصاخب المكتظ بالرايات وادينا؟
أهذا لون ماضينا
تضوأ من كوى " الحمراء"
ومن آجرةٍ خضراء
عليها تكتب اسم الله بقيا من دم فينا
أنبرٌ من أذان الفجر؟ أم تكبيرة الثوار"
تعلو من صياصينا...؟
تمخضت القبور لتنشر الموتى ملايينا
وهب محمدٌ وإلهه العربي والأنصار:
إنَّ إلهنا فينا.

وبين اسمين في الصحراء " رمز العروبة ومهدها" تنفس عالم الأحياء، ويُنَكَّرُ الاسمين لأنهما أظهر من أن يذكرا ومن بينهما تبدأ الحياة تدب في أموات، ويبدأ البعث العربي من جديد حضارةً وروحاً.

وتطالعنا من جديد تلك الآجرة الحمراء التي كانت على قبر الشاعر، الإنسان العربي الذي رأى نفسه ميتاً تحتها وقد " أضاء ملامح الأرض دم فيها" فالدم هو الفاعل لأنه الفداء، والقربان الذي أعاد المئذنة مكانها، وأعاد القبة الخضراء وعليها اسم الله، محمد، فانبثق النور من داخل الموت، فسماها الدم، ولعله يقصد " الجزائر" مفيداً من دلالتها اللغوية من الجزر أي الذبح والفداء وإراقة الدم فصارت الأرض العربية " الحمراء" ذات كوى تضيء العالم. وأن يكون الأحمر مضيئاً مشرقاً شبه غير ظاهر، فهو من باب إدراك الشبيه في اللاشبيه نظراً إلى رؤيا الشاعر التي ترى الدم طريقاً إلى النور كما أن الضوء منبع له.

هذه الحمراء المصبوغة بالدم جزء منه وهو جزء منها، وحياته مرهونة بحياتها فالحضارة الإسلامية هي ماضي الإنسان العربي وهي حاضره الذي يمتد إلى المستقبل، ولولا ماضيه لكان ميتاً مع الأموات وإن كان " يمشي" أي يمارس فعل الأحياء فبقاؤه مرهون ببقائها وكأني بالسياب يلتفت إلى معنى الآية الكريمة: "ولا تلقوا بأيديكم إلى

التهلكة"[1] لا كما يفهمها العوام: بقتال من ليس لكم بند؛ بل كما فسرها العلماء، يترك الجهاد، لما يترتب على ذلك من طمع الأمم بالمسلمين. واستضعافهم ويمزج بين اللونين الأخضر والأحمر؛ ليجعلهما متآلفين مستغلاً المفارقة الجمالية المتأتية من تداخل اللونين الآجرة الخضراء التي كتب عليها من جديد اسم الله واسم محمد - صلى الله عليه وسلم- بالدم الباقي من القربان، فكلاهما أصبح جزءاً من الآخر ومكملاً له، إنهما معاً يبشران بولادة المستقبل الخصب.

وما أن يعلو صوت الأذان حتى يتحد بصوت الثوار إلى درجة أن الشاعر يستخدم أسلوب الاستفهام، فلا يدري صوت أيهما، ليعكس رؤيته العميقة للموقف، فالجهاد عبادة وبقاء كما أن الآذان عبادة وبقاء، كلاهما صوت للحضارة الذي يجب أن يظل يتردد، فيبعثان معاً الموتى (الملايين)، الشعوب الإسلامية جميعها، ليعود محمد من جديد يهدي الأمة، وليعود شرع الله من جديد يظلل الأرض العربية، والأنصار (العرب اليوم) يظلون ممتدين إلى الأبد لنصرة الإسلام. ونجد في قوله "إلهه العربي" خلط بين الإسلام والقومية، فليس لله جنسية، وكان الأولى بالشاعر أن ينعت محمداً بالعروبة لا إلهه.

ويختم القصيدة بتقرير حقيقة متفائلة بـ " أن إلهنا فينا" وسيبقى فينا لنبقى أحياء أبداً لا نموت. فثورة العرب في العصر الحديث ثورة مقدسة، وهي عودة إلى جوهر القضية منذ البدء في عصر التاريخ الإسلامي المشرق.

<u>المستويات الفنية لاستخدام الرمز التراثي:</u>

تراوح استخدام السياب الرموز التراثية بين مستويين فنيين هما:

١- الإشارة .

٢- الرمز المكثف .

---

(١) البقرة: ١٩٥.

أولاً: الإشارة:

ويقصد بها ذكر الرمز التراثي جاهزاً في قالب شعري بسيط عارض عابر في القصيدة دون شحنه بالدلالات الإيحائية العميقة ذات الطاقة الفاعلة، وهي تقع ضمن ما سماه عشري زائد بصيغة التعبير عن الموروث"[1].

و"... هذا الأسلوب هو تصوير التراث بأحداثه التاريخية ووقائعه ومظاهره المختلفة، وفيه يتجه الشاعر كلياً إلى التراث حتى يصبح كل مبتغاه من القصيدة تصوير مضامينه، دون السعي إلى الاستفادة منه في الربط بين الحاضر والماضي، مما يبقي قصيدته مقتصرة على نظم الحقيقة التاريخية وإعادة صياغتها.

ويبقى هذا النمط... عاجزاً عن إقامة صلة متينة بين الحاضر والتراث بل لعله أكثر... ابتعاداً عن منحى الحالة التي يعيشها الشاعر في عصره فما أهمية أن يحدثنا الشاعر بأسلوب تقريري مباشر عن أحداث تاريخية، وسير شخصيات نستطيع معرفة ما نريده عنها في كتب التاريخ والأدب، وتغنينا عن قراءة قصيدة طويلة أسطر معدودة من النثر. فالشاعر في هذا النمط يحشر موضوعات مستمدة من التراث في شعره حشراً ويرهق قصيدته بهذا التصوير التاريخي المباشر. ونحن لا نعترض على ذكر الشعراء للأحداث التاريخية في قصائدهم ولكن على الطريقة التي يقحمون بها تلك الأحداث دون أن تمنح طاقة فنية تبرز روعتها وأهميتها لحاضرنا"[2].

" والتشبيه أول نمط من أنماط هذا الأسلوب، ولا نريد هنا التطرق إلى معاني التشبيه البلاغية، أو تحديد خصائصه وعلاقاته ولكننا نقول: إن التشبيه الذي نعنيه هو أن يعقد الشاعر مقارنة بين حالة آنية يعيشها، أو يود التعبير عنها، وحالة أخرى تدخل في الإطار التاريخي الذي يكتنفه التراث، فالشاعر يضفي الحالة التراثية (المشبه بها)، على حالة معاصرة، يريد إبراز اهتمامه بها، ليمنحها عمقاً وامتداداً. لأن الحالة التراثية على ما يبدو تنصف عنده بالتكامل، وهي بذلك تمثل في دلالتها نهاية الصور التي ترسخت سماتها في نفسه لتصل عنده مرتبة المثال الذي يمكن الوصول إليه، ولكن يمكن التشبيه به.

---

(١) انظر ص١٣٩، من هذا البحث.

(٢) حداد، علي، أثر التراث في الشعر العراقي الحديث، ص١١٢-١١٣.

ومع وفرة الأمثلة التي أفصحت عن طبيعة التشبيه في الشعر العراقي الحديث فإن الصلة التي تربط الشاعر بالتراث من خلال شكلية لا تتعدى تعبيرها عن دلالة فكرية ضيقة، يقصدها الشاعر قصداً"[1].

فالإشارة " تتحرك في مستوى معنوي واحد، وتظل- في الأغلب الأعم- غير قادرة على خلق جو إيحائي يثري دلالات القصيدة، وغير موظفة في بنائها، فهي أقرب ما تكون إلى التشبيهات، وأعجز ما تكون عن التجسيد الفني، وابتعاث الدلالات الشعورية ونجدها غالباً تجول في دائرة التراث العربي"[2].

صحيح أنها تشير إلى مستوى معنوي واحد، فهي أدنى مراتب الرمز، لكنها على أي حال ليست دائما غير قادرة على خلق جو إيحائي- وقد احترز الباحث بقوله: في الأغلب الأعم- بل لابد أن تكون موحية ولكن درجة إيحائها لا ترقى إلى المستويين الآخرين. ولا يعني قربها من التشبيه عجزها دائماً فقد يؤدي التشبيه من الدلالة ما لا يؤديه غيره من ضروب التصوير ضمن سياق ما.

ولعل ذلك متأتٍ من سهولة الوصول إلى دلالتها دون كد في أعمال الفكر والحدس من أجل ذلك، فدورها يقف عند حد استدعاء الحادثة التراثية أو شخوصها بأبعادها الأولى دون إضفاء أبعاد أعمق من روح الرؤيا المعاصرة.

ويغلب هذا النمط في المرحلة الأولى من مراحل السياب الشعرية في بدايات استخدامه للأسطورة متأثراً بطريقة شعراء مدرسة الإحياء، ومدرسة أبوللو والشعراء الرومانتيكيين مثل: علي محمود طه المهندس، في مرحلة كان الرمز التراثي فيها ما يزال مستحدثاً في القصيدة الشعرية. وقد جاءت الإشارات الرمزية في شعر السياب متفاوتة في فنيتها، فبعضها ضعيف غير موظف يثقل كاهل القصيدة، وبعضها يسهم إسهاماً فاعلاً في خلق الرمز الكلي، وعكس الرؤيا الشمولية التي يريد أن يوضحها الشاعر، تدخل في

(١) السابق نفسه، ص١٠١.

(٢) داود، أنس ، الأسطورة في الشعر العربي الحديث، دار الجيل للطباعة، مكتبة عين شمس، الفجالة، ١٩٧٥ ، ص٢٣٢.

نسيجها ولا تستغني عنها على بساطتها وورودها العارض فيها لما لها من إضفاء بُعد إيحائي جديد لا يتحقق كما ينبغي بدونها.

ومن الإشارات الضعيفة قوله في قصيدة "أهواء" في بدايات السياب الشعرية عام ١٩٤٧م:

رآها تغني وراء القطيع   كـ" بنلوب" تستمهل العاشقين[1]

"إن هذا البيت هو من أوائل الإشارات إلى أسطورة في حركة الشعر العراقي المعاصر، كما أن طريقة استخدام السياب لهذه الشخصية الأسطورية ستكون منهجاً للعديد من الشعراء العراقيين، ولفترة غير قصيرة من الزمن، وفي قصائد لا حصر لها، فما الذي فعله السياب؟ لقد عرف وربما بشكل متعجل حكاية عوليس وغربته، وانتظار زوجته له، التي كانت تستمهل العاشقين في محاولة للتخلص منهم، ولاشك أن استخدام السياب لهذه الشخصية إنما جاء على سبيل التشبيه، وتلك حقيقة ستتأكد في شعره وشعر شعراء جيله الذين غالباً ما نقرأ في قصائدهم إشارات أبطال أسطوريين تأتي عابرة دون أن يكون لها وظيفة أكثر أهمية وإسهاماً في إغناء القصيدة وتطويرها، لأنها ترد على شكل كناية أو تشبيه أو لمجرد التداعي.

وإذ يتأمل القارئ هذا البيت، سيلاحظ أن الإفادة من الرمز الأسطوري من أجل كشف حالة مماثلة، أو تصوير شخصية معاصرة من موقفها وفعلها، هي إفادة غير واضحة، ذلك أن علاقة المشابهة بين البطلة الأسطورية وحبيبة الشاعر تبدو منبتة، لأننا إزاء حالتين مختلفتين حالة من تغني وراء قطيعها، ومن تغزل غزلها ثم تنقضه، ولم يستطع الشاعر أن يجد الرابط الذي يشد هاتين الحالتين إلى بعضهما، لكي تكتمل لديه الصورة الشعرية المقبولة، والفاعلة في تطوير القصيدة وبلورة الموقف"[2].

(١) "أزهار وأساطير"، ١٤/١.

(٢) أطيمش، محسن، دير الملاك، ص١٢٤، ١٢٥.

ومثله " ورود الأسطورة عرضاً على سبيل الدخيل الذي لا دور له سوى الإشارة إلى التشابه والتناظر كأن يقول في (دار جدي)"[1].

كأن مقلتي بل كأنني انبعثت أرفيوس
تمضيه الخرائب الهوى إلى الجحيم
فيلتقي بمقلتيه بيروديس[2]

وعلى الرغم من نضج أدوات السياب الفنية في استيحاء الرموز التراثية فيما بعد، إلا أن الإشارات الأسطورية من هذا النمط غير الموظف ظلت تطالعنا في شعره بسبب التداعي الثقافي المتدفق الذي ينهل على الشاعر أحياناً فلا يستطيع التفلت منه." وقد كنا نتوقع من رواد الشعر الحر بما امتلكوه من قدرة ثقافية وإبداعية متطورة أن يتخلصوا من التشبيه في شكله البسيط هذا، ولكنه بقي في شعرهم إلى جانب ما استحدثوه من أساليب فنية في التعامل مع التراث، واستمروا في مجاراة من سبقهم في استخدامه بالصيغ ذاتها المعتمدة على أدوات التشبيه وركنيه (المشبه والمشبه به) ولكنهم لم يكتفوا بالشخصيات التاريخية فوردت في أشعارهم شخصيات أخرى شعبية وأسطورية، وظل الشاعر يشبه نفسه تشبيهاً مباشراً"[3].

ومن ذلك تلك الإشارات التي تتابعت مقحمة مكدسة في " مرثية الآلهة"[4] " حيث استمد فيها صوراً من الأساطير الإغريقية بإشارته إلى يهوذا، ومن التراث الإسلامي أشار إلى قابيل، ومن التأريخ العربي إشارته إلى الحلاج"[5] فجاءت القصيدة " مثقلة بكثير من الأفكار غير المتمثلة تمثلاً فنياً فهي مزدحمة بالصور غير المترابطة، ولقد فرض الشاعر على بنائها حشداً ضخماً من الأساطير والثقافات والمعاني غير المهضومة"[6].

---

(١) عباس، عبد الجبار، ١٩٧١، الأسطورة في شعر السياب، الأقلام، السنة السادسة، العدد٢٢، بغداد، ص١٦.
(٢) "أزهار وأساطير"، ١٤٥/١.
(٣) حداد، علي، أثر التراث في الشعر العراقي الحديث، ص١٠٥.
(٤) انظر: " أنشودة المطر"، ٣٤٩/١.
(٥) حداد، علي، أثر التراث في الشعر العراقي الحديث، ص٢٥٣.
(٦) العالم، محمود أمين، ١٩٥٥، متابعات الآداب، بيروت، عدد آذار، ص٦٦.

يقول أنس داود: " وفي شعر السياب كثيراً ما نشاهد هذه الظاهرة لأنه قد حاول أن يعتمد اعتماداً كبيراً على الأسطورة، وحاول أن يجدل مجموعة من الإشارات والرموز في البناء الفني لقصائده. فكان أن وضح التعمل في بعض ذلك، وبدت بعض الإشارات مقحمة على السياق الشعري بحيث لا تخسر القصيدة شيئاً إذا أسقطت هذه الإشارات"[(1)].

ففي قصيدته " شباك وفيقة".

شباك وفيقة في القريه
نشوان يطل على الساحه
(كجليل تنتظرُ المشيه
إيكار يمسح بالشمس
ريشات النسر وينطلق
إيكار تلقفه الأفق
ورماه إلى اللجج الرمس-
شباك وفيقة يا شجره
تتنفس في الغبش الصاحي[(2)]

"فهذا التشبيه بالجليل، وانتظاره مشية المسيح، وهذا الحديث عن إيكار بن ديدالوس الذي صنع جناحين من شمع، طار بهما من مينوس في جزيرة كريت، فأذابت الشمس جناحيه وسقط في البحر غريقاً، يعترضان القارئ بما يعلو على بساطة التجربة، وهي ذكرى صبية أحبها الشاعر في صباه، ثم ماتت.

ولو أنه خلص إلى هذه النبرة الأليفة العذبة التي تبدت في آخر المقطوعة، متناسبة مع المستوى الشعوري للتجربة، لأصابت القصيدة حظاً من التأثير في نفوسنا بأكثر مما يوشحها من الإشارات التاريخية والأسطورية التي تعترض مسارها الطبيعي، وتبدو شيئاً نافراً عن نسيجها الشعري"[(3)].

---

(١) السابق نفسه، الموضع نفسه.

(٢) المعبد الغريق، ١١٧/١.

(٣) داود، أنس، الأسطورة في الشعر العربي الحديث، ص٢٤٠-٢٤١.

ونحن لا نتفق مع الباحث في إقحام أسطورة إيكار لمجرد التداعي دون وجود صلة عميقة بينه وبين شباك وفيقة، وكذلك تشبيهه بالجليل، فقد جاء موظفاً مناسباً لرمز وفيقة الذي ارتقى إلى أسطورة، ومع فكرة البعث والحياة في العالم الآخر، عالم ما وراء الموت فكأنما هو ينتظر البعث كانتظار الجليل لعودة المسيح فكلاهما مرتبط بمعجزة، ومتشوق إلى الحياة مشرئباً اليها، فوفيقة لم تعد مجرد محبوبة عادية ماتت[1].

"ولسنا في شباك وفيقة، أمام تجربة بسيطة على الإطلاق، فالشاعر لا يرى وفيقة، ولا يتذكر غرامه بها، ولكننا أمام الإنسان النوع في مواجهة مشكلته الأزلية- الموت كما كنا في "مرحى غيلان" أمام الإنسان- النوع أيضاً في مواجهة اهتمامه الأزلي بالخلود واستمرار البقاء. وكما بدأ الشاعر "مرحى غيلان" بتشبيه من المسيح للتغلغل في أعماق الأسطورة يبدأ هنا أيضا، ولكن الخلود المتحقق باستمرار النسل رغبة متحققة، بينما الإفلات من الموت في " شباك وفيقة" أمر مستحيل التحقيق، لذلك فالشاعر يحبس هذه الأمنية المستحيلة بين قوسين (كجليل تنتظر...) إن خلع الحياة على الشباك وجعله ينتظر عودة وفيقة- جزء من خداع النفس، لا يلبث الشاعر أن يتخلى عنه أمام الحقيقة الخالدة- الموت الحتمي، فقد علا إيكاروس بعنفوانه حتى بلغ الشمس، ولكن علوه كان السبب في سقوطه وحياته كانت علة موته"[2].

"وكانت رحلته تلك الأخيرة التي انتهت به إلى الموت كما انتهت رحلة (وفيقة)... وتركت الشاعر يبحث عنها في جزائر منسية ليعيش رحلة التعب الذي سبقه إليها (عوليس):

عوليس مع الأمواج يسير
والريح، تذكره بجزائر منسيه

وتنتاب الشاعر معاناة مرة، يداعبه خلالها الأمل في أن يجد حبيبته وفي لحظات يعاوده شعور أنه يراها ويتصور ذلك فيخاطبها:

أطلي فشباكك الأزرق

---

(١) انظر تحليل هذه القصيدة، من ص ٨٨-٩١، من هذا البحث.

(٢) البطل، علي، الرمز الأسطوري في شعر السياب، ص٢٢٩-٢٣٠.

سماءٌ تجوع

تبينته من خلال الدموع

كأني بي ارتجف الزورق

إذا انشق عن وجهك الأسمر

كما انشق عن عشتروت المحار

وسارت من الرغو في مئزر

لقد أصبحت وفيقة في لحظة مثيلة لعشتروت وهي تخرج إلى الأرض بالخصب والحياة. ووفيقة الحلم العذب الذي ما انفك السياب يتأمله بحنان العاشق ولا يريده أن ينتهي، لا تموت. هكذا يعتقد الشاعر، ولكن الواقع يؤكد موتها، ويلح صوته على الشاعر ليدرك هذه الحقيقة، فيواسي نفسه بأن يبعث وفيقة ولكن في العالم السفلي"[1]. لأن وفيقة معادل للشاعر نفسه الذي يقف على أعتاب الموت وهو ما يزال شاباً.

وقد استطاع السياب في كثير من المواطن استخدام الإشارة الموظفة ذات التأثير والإيحاء. و" التوفيق في استخدام الإشارة يقف بها عند مشارف الرمز، ويجعل منها صورة شعرية قادرة على الإثارة، وتكثيف مجموعة من الدلالات الشعورية والفكرية.. ولدى السياب جملة من الإشارات الموفقة، على نحو ما يقول في قصيدته "المبغى":

أهذه بغداد

أم أن عاموره

عادت فكان المعاد

موتاً؟ ولكنني في رنة الأصفاد

أحسست.. ماذا؟ .. صوت ناعوره

أم صيحة النسغ الذي في الجذور؟[2]

(١) حداد، علي، أثر التراث في الشعر العراقي الحديث،ص١٢٣.

(٢) "أنشودة المطر"، ٤٥٢/١.

فالقصيدة تصوير لمظاهر الانحلال والفساد في بغداد، فحين تأتي في النهاية تلك الإشارة إلى "عامورة" إنما تنذر بالنهاية التعسة التي يتوقعها الشاعر لمدينته مادامت في لهوها، مستغرقة في انحلالها"[1].

وكأنما الشاعر وريث الأنبياء يبشر وينذر، ويرى الحقيقة في حين تلف الخطيئة ما حوله من مكان وزمان.

ومن الإشارات الإبداعية استحضار شخصية المسيح- عليه السلام- على صورة مشبه به في قوله:

بين القرى المتهيبات خطاي والمدن الغريبه
غنيت تربتك الحبيبه
وحملتها فأنا المسيح يجر في المنفى صليبه[2]

" ومع أن العبارة تعني "فأنا كالمسيح يجر صليبه" وتومئ إلى الصورة السابقة؟ "كبنلوب " إلا أن ثمة تطوراً نلحظه في الإفادة من الرمز- المشبه به- ذلك أننا في أبيات السياب هذه نحس بحالة من التوحد، أو خلق المتينة التي تربط بين الشاعر ورمزه، فحالة البطل في غربته ووحدته وملاقاته الأيام الصعبة، وإيمانه بفكرة التضحية من أجل الوطن تجعل لقاءه مع الرمز وتوحده به ممكنا، وتؤدي بالتالي إلى خلق الصورة القائمة على التشبيه المتماسكة و(المترابطة)* الأجزاء.... فإن التشبيه في أبيات السياب يقدم لنا فكرة اللقاء في الموقف الداخلي النفسي والفكري، بين البطل والرمز"[3].

ففي وسط القرى التي تتهيبه لأنه أجنبي عنها، تنظر إليه بعين الريبة، في علاقة تماس مع المدن الغربية يصدح الشاعر بأغنية لتربة العراق وطنه، يحمله معه في التصاق دائم بكل حب رغم تعبه من حمله، وهو في ذلك مسيح يبحث عن خلاص وطنه، "يجر" في المنفى صليبه، واستعماله كلمة "جر" يشعرنا بنوء ما يحمله، وبعذابه وذله في سبيله،

---

(١) داود، أنس، الأسطورة في الشعر العربي الحديث، ص٢٤٢.

(٢) "أنشودة المطر"، غريب على الخليج، ٣٢١/٢.

* خطأ والصواب مترابطة الأجزاء، لأنه لا يجوز تعريف المضاف بأل.

(٣) أطيمش، محسن، دير الملاك، ص١٢٦.

وتشبثه في الوقت نفسه بهذا العذاب، وبهذه التضحية راضياً بأن يحمل العبء من أجل الخلاص للآخرين ولوطنه الحبيب.

ومن الإشارات الأسطورية الرائعة "ميدوزا" و"أوديب" في قصيدة المومس العمياء، وقد أشرنا إلى ميدوزا في مكان سابق في هذا البحث[١].

فقد جاءت هذه الإشارة مناسبة لواقع المدينة المأساوي الأسطوري، التي تحجرت قلوب أهله فكأنما هي مسحورة، مأمورة تنذر أهل بابل الحديثة بالحريق جراء حقدها وبغيها.

ويشير إلى أوديب بقوله:

من هؤلاء العابرون؟
أحفاد " أوديب" الضرير ووارثوه.
(جوكست) أرملة كأمس، وباب " طيبة" ما يزال
يلقي " أبو الهول" الرهيب عليه، من رعب ظلال
والموت يلهث في سؤال
باقٍ كما كان السؤال، ومات معناه القديم
من طول ما اهترأ الجواب على الشفاه
وما الجواب؟
"أنا" قال بعض العابرين

ولا نتفق مع من ذهبوا إلى هذه الإشارات الأسطورية جاءت دونما ضرورة[٢] ويعلق إيليا حاوي قائلاً: "فتشبيه المصابيح بأزاهر الدفلى جديد بقدر ما هو أليف، أما مقارنتها بعيون ميدوزا فقد اقتضت عليه شرحاً وتذييلاً في الهامش، فكأنه تحرى عن هذه المعادلة تحرياً وأقحمها إقحاماً على المشهد.

---

(١) انظر ص ٢٧-٢٨.

(٢) انظر: أطيمش، محسن، دير الملاك، ص١٢٦، و د. إحسان عباس، بدر شاكر السياب، ص١٤٨، وعبد المجيد لطفي، ١٩٦٧، مناقشات بمناسبة ذكرى السياب، الآداب، السنة ١٥، العدد الثاني، ص٦٥، وعبد الجبار عباس، ١٩٧١، الأسطورة في شعر السياب، ص١٥.

السياب ذاته لم يرتبط بأسطورة ميدوزا ارتباطاً وجدانياً، بل إنه اقتبسها اقتباساً ثقافياً، كما أن القارئ يشخص أمامها بعين فارغة، لأنها فاقدة الصلة بتراثه وحياته، لا تدوي في وجدانه ولا تبلغ مداها فيه، زاعماً أن مصابيح الطريق تحجر قلبه بالضغينة، دون أن يعاني فعلاً، أي شيء من الضغينة، وقد حمله على ذلك المحمل ليستوي له التشبيه"[1] .

ثم يقول في أسطورة أوديب"... والأسطورة تفد، مفتعلة، أضاف الشاعر إليها وحذف منها لتتعادل واغتصب دلالتها وأقامها ليفيد منها الإيحاء بالعمى الضارب على عيني أبنائها"[2] .

ونقول:إن الشعر المبدع دائماً يكون انزياحاً عن المألوف، فكل شرف في أوله خارجية، وإن كان السياب قد استحدث فن الرمز التراثي والأسطوري خاصة فاضطر لأن يضع الهوامش موضحاً ليضيء منهجه الجديد فليس في هذا من عيب، وإن كان يمتاح من ذاكرته الثقافية، فإن هذا منقبة لا مثلبة، وليس على الشاعر أن ينزل إلى مستوى العامة أو النقاد، بل عليهم أن يرقوا هم إليه ليفهموه، وإن كانت تلك الأساطير غريبة عن روح الإنسان العربي بالأمس، فقد باتت اليوم على يد السياب جزءاً من ثقافته قريبةً من وجدانه بفضل الصيغ الفنية التي بلّرها فيها، وأصبحت الجسور ممتدة بين الناقد، والشاعر المعاصر. والسياب لم يغتصب دلالة ميدوزا، وما كان قادراً على إيصال معنى الحقد المستشري الذي ينبعث حتى من منابع الضوء في المدينة الملفعة بالرذيلة لو لم يرد ذكر ميدوزا.

-أما "أوديب" الملك ذلك الذي تزوج أمه دون أن يعلم، وعاقب نفسه بأن فقأ عينيه فقد جاء أيضا يؤدي دلالة عميقة الأثر في القصيدة إمعاناً في رسم واقع المدينة الفاسد، ولإعادة الإنسان إلى فطرته السوية بعد انحرافه الشديد، فأولئك العابرون بحثاً عن شهوةً في جسد بائسة منهم، إنهم هم عميان كأوديب، وإنما يواقعون عرضهم، فذكر أوديب"... توطئة

---

(١) حاوي ايليا، ١٩٨٠، بدر شاكر السياب، دار الكتاب اللبناني، بيروت، ص٦٨.

(٢) المرجع نفسه، ص٦٩.

للحديث عن العمى، ورمزاً للاستجابة العمياء التي لا تستطيع التفرقة بين الحلال والحرام..." [1].

وأبو الهول السلطان الجائر، القوة القاهرة التي تطرح المعجزات وتقتص من المخطئين، والسؤال ما زال باقياً لكن "معناه قد مات" وفي هذا رمز إلى المفارقة بين الموقفين "فالإنسان" هو الإجابة على أبواب هذه المدينة الفاسقة ليس بجسده ولحمه، ولكنه الإنسان بمعناه الحقيقي، الروح المتسامي، والرفعة والشعور بالآخرين.... فالإنسان هو اللغز الأزلي الأكبر، وهو الذي يملك الجواب من خلال: أنا، أي من خلال معرفة الذات والبحث عن العلة في الذات ودوائها.

وكل هذه الدلالات موحية موظفة تعكس طابع المدينة المأفون، وواقع إنسانها المتردي، العابر، والمومس، فكلاهما لغز بحاجة إلى حل.

أما أن السياب قد حذف وغيّر في الأسطورة ليخضعها لتجربته ورؤيته الخاصة، فإن هذا فن وإبداع لا إفساد لأن"... المزلق الخطير الذي ينتظر الشاعر حين يتعامل مع الأسطورة هو استسلامه لما تضعه بني يديه من مواقف جاهزة وتفاصيل وأحداث تعفيه من مشقة الخلق وعناء الابتكار، فلأن الأسطورة- كما بينا- منبع الشعر وتلتقي معه في جوهر واحد فإن مجرد اختيار الشاعر لأسطورة معينة سيهيئ له حشداً من الصور والخيالات الجاهزة ويفتح الباب أمامه موازياً للخلق الشعري، غير أننا لم نعد نحسب توفر الأسطورة في قصيدة ما فضيلة في ذاتها تمتاز بها على القصيدة الخالية من الأسطورة، وإنما العبرة بقدرة الشاعر على استغلال أسطورة معينة والتعامل معها كمادة غفل لا تختلف عن ألفاظ اللغة التي هي مادة جاهزة شائعة بين الناس لكنها في القصيدة المعاصرة خلق جديد كأنها ما وجدت من قبل"[2]

(١) عباس، إحسان، بدر شاكر السياب، ص١٤٨.

(٢) عباس، عبد الجبار، الأسطورة في شعر السياب، ص١٥.

ثانيا: الرمز المكثف:

وفي هذه المرحلة يصبح الرمز مكثفاً أكثر إيحاءاً، وأبعد غوراً، والشاعر فيه أكثر قدرة على توظيف المادة التراثية المهضومة، متمثلا لأبعادها، مؤاخياً بينها وبين الواقع المعاصر الذي يريد أن يطرحه.

فالبناء الأسطوري فيه يصبح محكماً"... تكون فيه الأسطورة لحمة القصيدة وسداها يواصل فيه الشاعر الإفادة من الرموز والأساطير بحيث تكون الوجه التعبيري الذي ينتظم القصيدة كلها دونما تدخل في الشاعر أو كشف عن بديلها الرمزي"[(١)].

فقد " تطور هذا الأسلوب نوعياً عند رواد الشعر الحر حين أدركوا أن تصوير التراث بشكله المباشر لم يعد قادراً على منح شعرهم ما يبتغون له من قدرة تعبيرية فانتقلوا من صيغة التعبير عن التراث، إلى صيغة التعبير بالتراث عن مضامين حديثة تغتني أفكارها به"[(٢)].

هكذا أصبح الشاعر المعاصر في موقفه الجديد من التراث يصدر عن فلسفة جديدة مختلفة كلية عن تلك التي كان يصدر عنها الشاعر في المرحلة الأولى،... تتضمن الارتباط الوثيق بالتراث، والحرص في ذات الوقت على تجاوزه ولكنهما في الواقع وجهان لعملة واحدة هي موقف الشاعر المعاصر من موروثه.

انطلاقاً من هذا الفهم الجديد لطبيعة العلاقة بين الشاعر والموروث اختلف أسلوب تناول الشاعر للشخصية التراثية في شعره، لم يعد همه الأول أن ينقل إلينا نقلاً فوتوغرافياً ملامح هذه الشخصية كما هي في مصادرها التراثية، وإنما أصبح معنياً بتعصير هذه الشخصية- إذا صح هذا التعبير - بمعنى أن يجعلها تراثية معاصرة في نفس الوقت، وذلك بأن يختار بين ملامح الشخصية التي يتناولها ما يتناسب وتجربته المعاصرة، ثم يسقط أبعاد تجربته على هذه الملامح التي اختارها"[(٣)].

---

(١) المرجع نفسه، ص١٥.

(٢) حداد، علي، أثر التراث في الشعر العراقي الحديث، ص١١٥.

(٣) زايد، علي عشري، استدعاء الشخصيات التراثية في الشعر العربي المعاصر، ص٧٧.

"يحاول الشاعر في هذا المستوى من توظيف الرموز أن يردم الهوة بين طرفي الزمنين: الماضي والحاضر، سواء بقلب المواقف والأحداث الدينية والتعبير بضدها، (أم) بالتحوير فيها من خلال التصرف في أحد جوانبها، والإبقاء على الملمح الحاد من ملامحها. وبذلك يؤسس نمطاً جديداً من دلالة الرمز، فيصبح فيه الموقف القديم، أو الحادثة الدينية كتلة مركبة، نقرأ من خلالها تجربة الشاعر ورؤيته. وباستعادة الماضي والحاضر، وارتقاء كل منها في إرهاب الآخر، تتاح للشاعر فرصة تأمل ذاته وهي تنفعل مع العالم من خلال التراث"[1].

" وقد كان السياب على وعي بالطريقة الصحيحة لاستخدام الأسطورة في التعبير عن مضمونه المعاصر، وما قد يحتاجه ذلك من تحطيم لهيكلها المتوارث، والتغيير بالحذف أو بالإضافة أو الاستبدال - في بعض مكوناتها، مع الالتزام بالإطار العام، أو المغزى الكلي، أو ما يظل وشيجة اتصال بالمادة الموروثة"[2].

وتتضح هذه السمة الأسلوبية ناضجة في المرحلة التموزية في فترة التزام السياب السياسي بشقيه الشيوعي والقومي، إذ اكتملت له أدواته الفنية وبات أقدر على جعل العنصر التراثي عضواً أصيلاً في قصيدته لا تقوم إلا به، وفيها انصب اهتمامه على أساطير الخصب، والرموز المسيحية التي تمثل الفداء، والحياة بعد الموت.

- أما في مرحلة المرض، المرحلة الأيوبية فنجده"... يرجع- مع اتساع مصادره- إلى الإشارات الأسطورية المتنوعة، مع بعض تركيز على شخصية " السندباد" وصنوه " عوليس" ، كطرف مضاد لشخصية الشاعر وحياته. فكل منهما- الشاعر والرمز- جواب آفاق، ولكن أحدهما مغامر ناجح في سبيل غايات بنائه، والآخر مفروض عليه أن يرحل عن الديار، وأن يجتاز البحار مريضاً ينشد العلاج في مصحات الكويت ولندن وبيروت، تحف الريبة بعودته"[3].

---

(١) بلعلي، آمنة، الرمز الديني عند رواد الشعر العربي الحديث، ١٩٨٩، رسالة ماجستير، جامعة الجزائر، معهد اللغة والآثار العربي، ص٥٦.

(٢) داود، أنس، الأسطورة في الشعر العربي الحديث، ص٢٧٣.

(٣) السابق نفسه، الموضع نفسه.

وتمثل هذه المرحلة مجموعة من القصائد منها: " المسيح بعد الصلب"، "من رؤيا فوكاي"، "رؤيا في عام ١٩٥٦"، العودة لجيكور"، "سفر أيوب"، "أنشودة المطر"، "مدينة بلا مطر"، "رحل النهار" وغيرها مما سنتناوله بالتحليل في مكان لاحق من هذا البحث، إن شاء الله تعالى:

ونلحظ أن السياب شكل التراث في شعره بالأساليب التالية:

١- التشبيه.

٢- التصريح.

٣- التلميح.

٤- التوحد.

٥- المزج.

٦- القلب.

٧- التحوير.

٨- إضفاء الروح الأسطورية على بعض الشخصيات التراثية.

٩- خلق الأجواء الأسطورية.

١٠- التضمين الإشاري.

١- التشبيه:

ويكون بسوق الرمز التراثي على صورة مشبه به مباشر، أو استعارة، كما هو في أصله. وقد فصلنا القول فيه عند الحديث عن الإشارة[١].

٢- التصريح: وهو نوعان:

أ- تصريح مفصل.

ب- تصريح مجمل.

---

(١) انظر ص ١٤٨-١٥٨ من هذا البحث.

التصريح المفصل:

وهو أن يستحضر الشاعر الرمز التراثي بتفاصيله موظفاً إياها فنياً يتفاعل مع رؤياه. وهي مرحلة تلت مرحلة الاستحضار الإشاري، فقد أدرك الشاعر المعاصر أن الإشارة الرمزية كانت "... سمة مرحلة أولى في التوجه إلى الأسطورة فسنجد الشاعر العراقي يلتفت إليها وإلى الحكايات التي نسجت حولها التفاتات جديدة، في محاولة لإغناء قصيدته ومن هذه الالتفاتات إيراد جزء من الأسطورة (كمادة)* مضمنة داخل القصيدة، ومع أن بعض الشعراء يميل إلى ذكر الحدث الأسطوري، وربما أوغل في شرحه، وذكر شيئاً من تفصيلاته، فإن هذا الاستخدام سيكون الخطوة الإيجابية التالية في طريق توظيف الأسطورة ومادتها في العمل الشعري، وبادرة مهمة لتكوين علاقات ستتطور وتنمو بين الشاعر ومعطيات علم الأساطير، وربما كانت قصيدة السياب " من رؤيا فوكاي" دليلاً طيباً ومبكراً على هذا الاتجاه إذ يتخذ من قصة "كونغاي"[1] مادة ومدخلاً للحدث الشعري العام:

مازال ناقوس أبيك يقلق المساء
بأفجع الرثاء
"هياي... كونغاي، كونغاي"
فيفزع الصغار في الدروب
وتخفق القلوب
وتغلق الدور ببكين، وشنغهاي
من رجع كونغاي
فلتحرقي وطفلك الوليد

---

* خطأ شائع بأثر الترجمة والصواب مادة.

(١) يذكر السياب في حاشية القصيدة أسطورة كونغاي فيقول: " تحدثنا إحدى الأساطير الصينية عن ملك أراد أن يصنع ناقوساً ضخماً من الذهب والحديد والفضة والنحاس وكلف أحد الحكام بصنعه ولكن المعادن المختلفة أبت أن تتحد ما تمتزج بدماء فتاة عذراء، وهكذا ألقت كونغاي بنفسها في القدر الضخمة التي تصهر فيها المعادن، فكان الناقوس وظل صدى كونغاي يتردد منه كلما دق: هياي... كونغاي... انظر: "أنشودة المطر"، ٣٥٥/١.

ليجمع الحديد بالحديد
والفحم والنحاس بالنضار
والعالم القديم بالجديد
آلهة الحديد والنحاس والدمار،
أبوك رائد المحيط نام في القرار:
من مقلتيه لؤلؤ يبيعه التجار...
وحظك الدموع والمحار
وعاصف عات من الرصاص والحديد

لقد استطاع السياب من خلال هذا المدخل الأسطوري أن يدلف لتصوير الواقع المعاصر- واقع الحديد والدم والموت- كما يراه الشاعر وبطل قصيدته الذي جن من هول ما شهده غداة ضربت هيروشيما بالقنبلة الذرية[1]، وهكذا تتحول كونغاي بطلة الأسطورة إلى رمز تتحد فيه معان متعددة فهي صورة من صور الفداء والتضحية، كما أنها رمز لإبراز فكرة البعث، بعث الحياة الجديدة التي ستولد من احتراق الفادين"[2].

ونحن وإن كنا نتفق مع الباحث في أن "كونغاي" رمز التضحية والفداء، إلا أننا لا نوافقه في أنها رمز البعث، وسياق القصيدة يدل على الفجيعة، فـ " كونغاي" هي الشعب الذي يضطر دائماً لأن يدفع ثمن نزوات الكبار (الزعماء) متمثلين في رغبة الوالد " الملك" في اقتناء شيء طريف، تحفة معدنية نادرة مهما كان الثمن. فكونغاي العذراء رمز الطهارة والشباب الذي يدفع ثمن " الذهب والنحاس والفحم"، هذه المعادن التي تصبح لا وسيلة من أجل إسعاد البشر، بل دماراً يمحقهم، وكأن الحضارة المتمثلة في الناقوس الفريد تعيد نفسها اليوم في صورة الفحم والمعادن- لا تصنع إلا مجبولة بدماء الضحايا والأبرياء.

وتبرز قدرة السياب الإبداعية في خلق الأجواء الأسطورة حيةً مؤلمةً، مستحضراً صدى دقات الناقوس التي ستظل إلى الأبد تحمل اللوعة لتحكي لجميع الناس كلما دقت

---

(١) انظر تعليق السياب معرفاً بـ " بفوكاي" ، "أنشودة المطر"، ٣٥٥/١.
(٢) أطيمش، محسن، دير الملاك، ص١٢٨.

أنها مصنوعة من دم الأبرياء، وستظل الضحايا ما دامت المعادن. كما أنه حور في الأسطورة بما يتلاءم والمعنى الذي يريد، فقد جعل لكونغاي طفلاً وليداً وجعلهما معاً يحترقان لا لهدف سوى صنع الطرائف من المعادن التي تسود وتعلو ليسقط الإنسان. فكم من كونغاي وطفلها في عالم اليوم يدفعون ثمن نزوات المتحكمين في العالم! كما أبدع الشاعر في إضفاء جو إنساني على قصيدته حين واءم بين "كونغاي" الأسطورة الشرقية، وما حدث في هيروشيما جراء إسقاط القنبلة الذرية عليها، إنه صراع من أجل التفوق المادي دفع ثمنه الباهظ الأبرياء كما كسا قصيدته بعداً إيحائياً حين سماها " من رؤيا فوكاي" واكتفى بذكره في العنوان فقط ليجعل من نفسه فوكاي، يرى بعينيه، ويعبر بلسانه عن دواعي جنونه، تلك الصور الوحشية في عالم لا يعبأ إلا بالنحاس والحديد والفحم. هذه الآلهة الجديدة التي جعلها الإنسان المعاصر تستعبده ويقدم لها القرابين من دماء الآخرين وهذا دفع السياب في القصيدة فيما بعد إلى استحضار صورة قابيل، إنه عالم لا يهتم إلا بالثراء بأي وسيلة، يتجر أناسه حتى بعيون البشر حين يكون لها ثمن كاللؤلؤ.

"وفي هذا القسم يتكئ السياب على عدة اقتباسات وتضمينات شعرية يجمعها طابع ترميزي عام، يوحي بالميلاد بعد الموت، إلا أنه لم يستفد من هذا الترميز معناه، إنما جعله يؤدي وظيفة جديدة، هي حلول الفناء والموت والجفاف في البشرية قاطبة، نتيجة سيادة قوى الشر والعدوان من تجار الحروب وصانعي أسلحة الدمار الذرية. علماً أن هذه الاقتباسات والتضمينات قد شملت أبياتاً من "شكسبير" و"إليوت" و"لوركا" و"أديث سيتويل""[1] ، وكانت قد أملت نسيجه الشعري (في القسم الأول) بطاقة جامحة من العواطف الإنسانية جعلت القصيدة ذات تواصل تصاعدي في تفجير الرؤية المأساوية لعالم الرصاص والحديد"[2] ومازال قابيل رمز الجريمة الأولى حياً يسفك ويقتل وإن اختلفت وسائله.

---

(١) أشار السياب إلى اقتباساته هذه في هامش القصيدة نفسها، ٣٥٧/١.

(٢) عبد الرضا علي، الأسطورة في شعر السياب، ص١١٣.

وعليه فإنه ليس صحيحاً... أن عناية الشاعر برصف هذه الرموز الناضبة كانت أكثر من عنايته ببناء القصيدة ذاتها.... "[(١)].

فقد جاءت تلك الرموز متعاضدة متكاملة في أداء وظيفتها الدلالية والإيحائية، ومثل ذلك تصريحه برمز أتيس[(٢)] في "رؤيا في عام ١٩٥٦م":

تموز هذا، أتيس
هذا، وهذا الربيع.
يا خبزنا يا أتيس،
أنبت لنا الحب وأحي اليبيس.
التأم الحفل وجاء الجميع
يقدمون النذور،
يحيون كل الطقوس
ويبذرون البذور
سيقان كل الشجر
ضارعة، والنفوس
عطشى تريد المطر
شدوا على كل ساق
يا رب، تمثالك
فلتسق كل العراق
فلتسق فلاحيك، عمالك
شدوا على كل ساق
أواه، ما شدوا؟

---

(١) محمد فتوح أحمد، الرمز والرمزية في الشعر العربي المعاصر، ص٣٢٤.

(٢) يوضح السياب في هامش القصيدة، رمز أتيس فيقول: " أتيس يقابل تموز الإله البابلي عند سكان آسيا الصغرى القدماء. يحتفل بعيده في الربيع، حيث يربط تمثاله على ساق شجرة. وحين تبلغ الحمية أوجها عند أتباعه وعابديه، يجرحون أنفسهم بالسيوف والمدى حتى تسيل دماؤهم قرباناً دلالة الخصب" انظر: "أنشودة المطر"، ٤٣٤/١.

أواه، ما سمروا؟
أغصان زيتوننا أثقلها الورد
ورد الدم، الأحمر.
شدوا على كل ساق
يا رب تمثالك
فاسمع صلاة الرفاق
ولترع فلاحيك عمالك[1]

يفصل السياب هنا رمز " أتيس" والطقوس التي تُؤدى له استمطاراً من أجل الخصب.ويركز على تمثال السقيا والدم، فاتباعه يقدمون دماءهم سقيا له، ليسقيهم هو المطر، والمطر الذي يستسقون هو الثورة، وخصبه الحرية. ويظل السياب يكرر " لفظ التمثال" الذي يعلقه أنصاره على الشجرة:

تمثالك البعل
تمثالك الطفل
تمثالك العذراء
تمثالك الجانون والأبرياء
تمثالك الأم الشماليه،
لأنها ليست شيوعيه
يقطع نهداها
تسمل عيناها،
تصلب صلباً فوق زيتونه،
تهزها الريح الجنوبية
تمثالك الآلاف، مجنونه
من رعبها، تمثالك الأحمر
كأنه الشقيق إذ يزهر

(١) أنشودة المطر، ١/٤٣٥، ٤٣٦.

فـ " أتيس" يتمثل في كل إنسان معذب، فالإله يتجسد في صـورة البشر- إذ لا مكـان اليوم لتمثال الحجر، فقد باتت التماثيل من لحوم، الطفل، والعذراء والجانون، والأبرياء، والأم الشمالية التي تقتل لمجرد أنها ليست شيوعية، فيقطع ثدياها، وتسمل عيناها، وتصلب فالضحايا " التماثيل" من أجلهم تقدم الدماء، وهم في الوقت نفسه المنقذون، لأنهم سيمطرون الدم الغزير لدم الثورة، لتخصب الحياة. فضعفهم موت، وثورتهم بعث إلى الحياة من جديد. فلا يكف الدم إلا الدم.

ثم إن التمثال لم يعد متجسداً بواحد، بل بالآلاف المجنونة من الرعب، فالشعب كله تمثال "أتيس" وهو أحمر (لون الدم)، وقد آن أن ينبت الشقيق منه إيذاناً بالربيع والبعث.

ندد السياب في هذه القصيدة بالشيوعية وما ارتكبه عبد الكريم قاسم وأتباعه بعد ثورة تموز من فظائع في العراق، خاصة في مذبحة الموصل[1].

ب- التصريح المجمل:

وهو أن يصرح الشاعر بالرموز التراثية تصريحاً مختزلاً، بحيث يتخير الجزء أو الأجزاء التي تهمه منها لتكون ملتحمة في بنية القصيدة.

وقد " اتضح مما سبق أن السياب ينزلق أحياناً إلى استخدام الأسطورة استخداماً استعارياً، ويوفق- أحياناً أخرى- في استيعابها وجعلها جزءاً من بناء القصيدة. ومنذ ديوانه " المعبد الغريق" تؤدي في شعره غرضاً ثالثاً هو: تلخيص التجربة الشعرية باستقطاب الأسطورة ونفي جزيئاتها وتفصيلاتها الثانوية مع الإبقاء على الباعث الرئيسي- منها أو الغاية الكامنة منها Motive بوصفهما أهم ما يعني الشاعر من الأسطورة"...[2] فالشاعر يتخير من الرمز التراثي الجزء الذي يريد استطاقه منه.

وقد أدرك الشاعر الرائد أن تفصيل الأسطورة كان خطوة ستقوده"... إلى نمط من الاستخدام أكثر غنى وأهمية، ذلك أنه بدأ يدرك أن إيراد الأسطورة كحادثة جاهزة لم

---

(١) لمزيد من التفصيل انظر: توفيق، حسن، ١٩٧٩، شعر بدر شاكر السياب، دراسة فنية وفكرية، المؤسسة العربية للدراسات والنشر- بيروت، ص٢١٦-٢٢٤.

(٢) أحمد، محمد فتوح، الرمز والرمزية في الشعر العربي المعاصر، ص٣٠٠.

يعد مقنعاً ولا هدفاً يستطيع أن يرضي تطلعات الشاعر الواعي، ومن هنا بدأ ينظر إلى الأسطورة على أنها المادة الخام، الأولية والضرورية، التي يمكن أن تشيع في البناء الشعري كله، وتصير جزءاً من نسيجه العام دونما حاجة إلى شرحها أو ذكر تفصيلاتها،..."[1].

وعلى أي حال فان هذا النمط لا نجده فقط في " المعبد الغريق"، بل نجده أيضاً في الدواوين الأخرى، خاصة في ديوان " أنشودة المطر".

ففي قصيدة الوصية يلخص أسطورة "عوليس" منتخباً منها ما يتفق وتجربته، يقول:

من مرضي،
من السرير الأبيض
من جاري أنهار على فراشه وحشرجا
يمص من زجاجة أنفاسه المصفَّره،
من حلمي الذي يمد لي طريق المقبرة
والقمر الريّض والدجى...
أكتبها وصية لزوجتي المنتظرة
وطفلي الصارخ في رقاده: " أبي ، أبي"
تلم في حروفها من عمري المعذب.
لو أن عوليس وقد عاد إلى دياره
صاحت به الآلهة الحاقدة المدمرة
أن ينشر الشراع، أيضلّ في بحاره
دون يقين أن يعود في غد لداره،
ما خضه النذير والهواجس
كما تخض نفسي الهواجس المبعثره،

(١) أطيمش، محسن، دير الملاك، ص١٢٩.

كتب الشاعر هذه القصيدة على فراش المرض الذي شل حركته في مستشفى بيروت، كاتباً وصية لإقبال زوجه، وتكون الوصية عادةً في أغلى وأثمن ما يملكه الإنسان، وعند السياب هو ابنه غيلان، بأن تكون له أماً وأباً معاً. ومع أن الواقع اللغوي المألوف يفترض أن يكون بعد " من" مكان صدور الوصية؛ إلا أن السياب تجاوز المكان إلى ملابساته، فيكرر " من" أربع مرات ، وما بعدها أهم منابع الألم في المكان وهي: المرض، والسرير الأبيض- ولا يخفى ما في هذا اللون من إيحاء بالكفن والموت- والجار المحشرج على فراش الموت، والحلم الذي يراوده، حلم الموت الذي يمد له " الطريق إلى المقبرة".

كل هذه الأجواء تجعله يستحضر رويداً الشعور بالنهاية المحتومة، بعد رحلة عذاب مريرة، فيجد في أسطورة عوليس معادلاً موضوعياً لعذاباته، فهو عوليس وزوجه بنلوب، وغيلان ولدهما تليماخوس.

وعوليس هو "أوديسوس" ملك إيثاكا، وزوج بنلوب التي أنجبت له ابنة تليماخوس. وهو أحد أبطال الإلياذة، وقد أفرد له هوميروس ملحمته الثانية " الأوديسة " نسبة إليه يصور فيها صراع بطلها ضد شعب الكيكونيس أكلة لحوم البشر، ثم مخاطرته بأرض النعاس الدائم، ثم صراعه ورفاقه لوحوش "الكيكلويس"، ثم غضب إله البحر عليه، ثم وقوعه بأيدي الساحرات والإلهات، فتصور الأوديسة كل ما لقي من عذاب ومفاجآت خارقة ويتخلص أخيراً بعد عشرين سنة ويعود إلى بنلوبي الوفية التي ظلت تستمهل الطامعين بملكه بزواجهم منها متيقنة من عودته بحيلة احتالتها عليهم حين ضيقوا عليها، فوعدتهم بإتمام الأمر حين تنتهي من إعداد كفن لوالد زوجها تنسجه بيديها، فكانت تنسج طوال النهار، فإذا جاء الليل نقضت ما غزلت، وبعد ثلاث سنوات اكتشف الخاطبون الحيلة، فضيقوا عليها، وكان مجيء زوجها هو الخلاص من المأزق[(1)].

ونلحظ أن السياب لم يسرد تفاصيل الأسطورة واكتفى بالتلميح إلى "بنلوب" زوجه حين وصفها بـ " منتظرة" وإلى ولدها من خلال نداء ولده له" أبي.. أبي" في رقاده، وهي

(1) انظر: البطل، علي، الرمز الأسطوري في شعر السياب، ص74-75، وعوض، لويس، 1965م، نصوص النقد الأدبي عند اليونان، ج1، دار المعارف، القاهرة، ص259.

صورة يستخرجها من الصورة المختزنة في لا وعيه منذ كان طفلاً يتيم الأم محروم الأب، ومعاناته هذه تثير الآلام الدفينة من العمر كله فهي كما يقول " تلم في حروفها من عمري المعذب" فكأنما هي تجمع كل العذاب، في الماضي والمستقبل. وهو يسلط الضوء على عوليس، وعلى حدث محدد في هذه الأسطورة لأنه يريد أن يركز على مشاعره في رحلة الغربة والموت على رحال المجهول مفارقاً الزوج والولد، ويركز بالذات على الجانب النفسي الذي يكابده جراء الهواجس والنذير الذي يصطرع في داخله كما كان عوليس يصارع صراعين خارجياً وداخلياً، وفي الوقت الذي يستعيد فيه من عوليس الصراع الخارجي فإنه يلبسه من عذابه صراعه الداخلي، مسقطاً عليه المشاعر المختلفة: الخوف على الزوج، والولد، الخوف من الأعداء،اليأس من العودة،... إلخ، ولذلك نجده يركز على حادث طرد الآلهة الحاقدة له وحكمها عليه بأن يظل تائهاً في البحار دون يقين من العودة إلى الدار. وهو ذاته ما يخشاه الشاعر، فكلاهما يصارع من أجل الحياة صراعاً يغلب عليه اليأس، وتحف به المخاطر، وإن كان السياب المتفائل في أعماق نفسه يتمنى أن تنتهي رحلته نهاية سعيدة كما انتهت رحلة عوليس، مع انقطاع أمله؛ ولذلك فإنه يرى أن ما يخضه من نذير (بالموت)، والهواجس أكثر من تلك التي كابدها "عوليس".

ونجد تصريحاً مجملاً تراثياً في سفر أيوب في استثماره صورة "قابيل" حيث يقول واصفاً عجزه على سرير المرض والموت في لندن والناس حوله منشغلون، موجهاً الخطاب إلى "إقبال":

بعيداً عنك أشعر أنني قد ضعت في الزحمة
وبين نواجذ الفولاذ تمضغ أضلعي لُقمه
يمرُّ بي الورى متراكضين كأن على سفَر ،
فهل أستوقف الخطوات؟ أصرخُ: أيها الإنسان
أخي، يا أنتَ، يا قابيل... خذ بيدي على الغمّه ؟
أعنّي، خفف الآلام عني واطرد الأحزان"؟
وأين سواك من أدعوه بين مقابر الحَجَر ؟ (١)

---

(١) "منزل الأقنان"، ٢٥٥/١.

فهو ينتخب من رمز "قابيل" القسوة نافياً ما سواها، غير مستحضر ملابسات الحادثة التاريخية الدينية من ذكر الدم والقتل والدفن، والغراب... الخ، لأن ما يعنيه في موقفه هنا تصوير قسوة الإنسان وتحجر مشاعره، فأنى له أن يستغيث بليل قابيل ومثيله ممن لا يعبئون بالإنسان؟ فكيف يرجو ممن استباح دم أخيه أن يشعر به ويواسيه وهو على فراش الموت؟ والذي يعنيه تحجر المشاعر الإنسانية وموتها في قلب قابيل، لا تلوث يديه بدم أخيه. ذلك أن كل الذين يمرون به كأنهم على سفر، مستعجلون لا مكان ولا وقت عندهم للتخفيف عنه، فهم واقعاً "قابيل"، ولذلك يخص إقبال دون البشر بالخطاب قائلاً: "وأين سواك من أدعوه بين مقابر الحجر" فلندن مقابر، والأحياء فيها حجارة، لا إنسانية فيهم.

٣- التلميح:

وهو مرحلة متقدمة في استخدام الرمز التراثي بحيث تكون وليدة هضم للرموز التراثية ترتسم بعض ملامحها في الذاكرة وتصدر في تصوير الشاعر دون وعي أو تعمد متخطياً".. الأسطورة الملخصة إلى التفكير بالأسطورة دون ذكر ما يشير إليها صراحة، بحيث تصبح الأسطورة أو الرمز التراثي صدىً تنبض به القصيدة دون أن تفصح أو تبين. تأمل- على سبيل المثال- مستهل قصيدته " حامل الخرز الملون" حيث يحدث نفسه بعدم جدوى تطوافه بين مستشفيات العالم، لأنه لم يجن منه إلا ما يجنيه حامل الخرز الملون أو حامل الضباب، وسيعود إلى زوجته المنتظرة فارغ الكفين كما رحل: لا صحة ولا مال:

ماذا حملت لها سوى الخرز الملون والضباب؟
ما خضت في ظلمات بحر أو فتحت كوى الصخور
والريح ما خطفت قلوعك، والسحاب
ما بلّ ثوبك. ما حملت لها سوى الدم والعذاب[1]

أليست صورة الشاعر الذي لم يخض بحر الظلمات، ولم تخطف الريح قلوعه، استلهاماً عكسياً لأسطورتي " عوليس" و" السندباد"؟ ثم أليس تمثل الأسطورة على هذا

(١) المرجع نفسه، ص٢٤٦/١.

النحو وتحويلها إلى خلفية وجدانية وفكرية للقصيدة- أقرب إلى منطق الفن من سردها سرداً تفصيلياً غير منتج"؟[1]

لاشك في أن السياب في هذه القصيدة يتمثل أسطورة رحلة " عوليس" فالزوجة في سجنها، تنتظر منذ " عشر سنين" وهي المدة التي غابها عوليس مع أبطال اليونان في حرب طروادة، ثم عادوا وظل هو تائهاً في البحار، وهو الذي كانت تعيقه المآزق في السواحل النائية، حارب الوحوش (الغول)، حطم إله البحار سفينته، وإن كان أوديسيوس قد عاد إلى زوجه سالماً، فإن شاعرنا يرى أنه سيعود بلا شيء ذي قيمة سوى الخرز الملون الرخيص، وصحته التي باتت هباءاً، وسيجدها قد نالت منها المقادير فهي مجرد شبح، وطيف:

في سجنها هي، خلف سور.
في سجنها هي، وهو من ألمٍ وفقرٍ واغتراب
عشر من السنوات مرت وهي تجلس في ارتقاب:
أطفالها المتوثبون مع الصباح
صمتوا المتوثبون مع الصباح
صمتوا أو كفوا عن مراح،
زجرتهم لتحس وقع خطاك. برعمت الزهور
وأتى الربيع وما أتيت، وجاء صيف ثم راح
ماذا يعيقك في سواح نائيات؟ في قصور
قفر يعيش الغول فيها، كلما رمت الرياح
بحطام صارية تحفِّز؟ ما يعيقك عن رجوع؟
لم تبق للغد من دموع
في مقلتيها، لا ولم يبق ابتسامٌ للقاء!
ستعود، حين تعود بالخرز الملون والهباء،
ستضمن منها طيف أمس، فلا يجيبك في الضلوع

---

(١) أحمد، محمد فتوح، الرمز والرمزية في الشعر العربي المعاصر، ص٣٠١.

منها سوى دمك المفجّع والخواء !

بدأ الشاعر"... يكتفي بالإشارة الخفية إليها، أو التلميح غير المباشر، الذي لا يتطلب البوح التام، وربما مضى الشاعر في هذا الطريق إلى نقطة أبعد فصار يستخلص الدلالة الشاملة لأسطورة ما، ولقد بدا في أكثر من قصيدة أو مجموعة شعرية، وكأنه يمتلك الذاكرة التي تقدم له أصداءً من أساطير مختزنة، يتمثلها ويعيد توظيفها بحرية تامة وعفوية شعرية مقتدرة، دون أن يبدو متكلفاً أو عامداً لأن يقدم حدثاً أو قصةً أسطورية، لقد غدا هذا الفهم الجديد لتوظيف الدلالة الأسطورية بداية أصيلة وحقيقية لما سنراه فيما بعد من كتابة القصيدة المتكاملة التي تكون الأسطورة لحمتها وسداها، والتي ستبرز وظيفتها على مستويين، الأول بنائي فني، والثاني موضوعي يربط بين عالم الأساطير والواقع المعاصر"[١].

يقول موضحاً مأساة اللاجئين الفلسطينيين في قافلة الضياع؟

هيهات ليس للاجئين ولا جنات من قرار
أو ديار
إلا مرباع كان فيها أمس معنى أن نكون
سنظل نضرب كالمجوس نجس ميلاد النهار:
كم ليلة ظلماء كالرحم انتظرنا في دجاها
نتلمس الدم في جوانبها ونعصر من قواها
شع الوميض على رتاج سمائها مفتاح نار
حتى حسبنا أن باب الصبح يفرج- ثم غار
وغادر الحرس الحدود[٢]

" ويلاحظ القارئ هنا كيف اكتفى السياب بالمعنى الأسطوري القديم، وأشار إليه ملمحاً وبصورة تبدو كأنها عفوية ثم كيف بنى من ذلك المعنى معنى جديداً يرتبط بالواقع، يضيئه ويكشفه، ويمنحه الدلالة التراجيدية التي كان الشاعر حريصاً على إبرازها، وليس

---

(١) أطيمش، محسن، دير الملاك، ص١٢٩.

(٢) "أنشودة المطر"، ٣٧٣/١.

مهماً أن نعرف من أين استقى السياب الأسطورة التي تقول أن المجوس كانوا يترقبون ميلاد السيد المسيح الذي تؤذن نجمة بمقدمه وبرؤيتهم تلك النجمة يسافرون إلى بيت لحم للتأكد من الولادة[1]، لكن الذي يهم الناقد أن هذا المعنى الذي جاء على شكل إشارة وتلميح سيكون المادة الصالحة والمناسبة لهذا الوضع من القصيدة، فكما أن المجوس ظلوا ينتظرون البشارة ومولد النهار الجديد، هكذا نحن- أبطال القصيدة- اللاجئين الذين هم بحاجة إلى بشارة تعيد إليهم نومهم الأنقى، ووطنهم الضائع، وإذا تم للمجوس ما كانوا يحلمون به، فإن حلم أبطال القصيدة لم يتحقق لأنهم ما زالوا يتلمسون في الظلماء دونما جدوى، بل إن ترقبهم كان هباءً وخسارةً، والنجمة الموعودة استحالت إلى لعنة وخيبة، وجاءت مع الليل ناراً ورصاصاً"[2]. حتى أن اللاجئين ظنوا أنه الصبح الذي يرقبون، لكن ما لبثوا أن أدركوا أنها النار لا النور المنتظر، كما لا يخفى ما في تشبيه الظلام الذي يعيشون به بالظلام داخل الرحم، حيث الظلمة المطبقة، فقد اختار من الرحم هذا المعنى دون المعاني الأخرى كالبعث والولادة وإن كانت الولادة مقترنة بالنور، فيتحول وجودهم داخل الرحم إلى الاختناق والانضغاط والدجى المطبق، وهذه الصورة لاشك تعاضد الرمز الأسطوري الذي لمح إليه الشاعر. "وهنا تبرز القيمة الجمالية لاحتواء الشعر معنى الأسطورة الشامل، والموضوعية التي تربط بين الماضي وأحداثه، والواقع المعاش بآلامه وأحزانه"[3].

وفي أنشودة المطر تتنفس أسطورة عشتار والخصب في كل أجزائها دون تصريح بها، فالمطر، وإيراق الكروم المرتبط بعيني تلك المخاطبة المجهولة، والخصب في العراق، كلها أشياء تدل على عشتار، وإن لم تذكر صراحة.

وفي القصيدة نفسها يقول الشاعر:

وفي العراق ألف أفعى تشرب الرحيق

---

(١) وهي رواية مسيحية، انظر: الكتاب المقدس، إنجيل متى، الإصحاح الثاني.

(٢) أطيمش، محسن، دير الملاك، ص١٣٠.

(٣) المرجع نفسه، ص١٣٠.

من زهرة ربها الفرات بالندى[١]

"وإذا كانت هذه الكلمات إشارة إلى أن قوى التسلط والإقطاع كانت تنهب كل ما تجود به أرض العراق من خصب وورد دون أن تترك للكادحين الذي أسهموا في صنع الحياة ونمائها شيئاً فإن للقارئ أن يتساءل لماذا جعل نتاج الفلاحين زهرة ذات رحيق؟ ومن أين تأتى له هذا المعنى، وهذا الربط بين الأفعى ورحيق الزهور؟ وللإجابة عن سؤال كهذا لابد لنا أن نقرأ هذه الكلمات من قصيدة عراقية قديمة:

قال اوتونوبشتم لجلجامش
سأفتح لك يا جلجامش، سراً خفياً...
يوجد نبات... ينبت في المياه...
وشوكه يخز يديك كما يفعل الورد
فإذا ما حصلت يداك على هذا النبات وجدت الحياة الجديدة.
....
ثم قال جلجامش لآروشنابي الملاح
إن هذا النبات عجيب
يستطيع المرء أن يستعيد به نشاط الحياة
....
وبعد ثلاثين ساعة مضاعفة توقفا (عن السير) ليبيتا الليل
وأبصر جلجامش بئراً باردة الماء
فنزل فيها ليغتسل في مائها
فشمت الحية شذى النبات
فتسللت واختطفت النبات
ثم نزعت عنها جلدها[٢]

---

(١) "أنشودة المطر"، ٤٧٤/١.

(٢) باقر، طه، ١٩٥٧، ملحمة جلجامش، بغداد، ص١٤٩، ١٥٠.

وهنا تتضح لنا الصورة تامة وندرك أن السياب استلهم المعنى الأسطوري، وجعله شيئاً أساسياً في بنية قصيدته، ولابد أن القارئ سيعرف بعد أن يتأمل كلمات الأسطورة ان الأفاعي التي تنهب ورد فلاحي العراق إنما تسلبهم حياتهم وكدهم تماماً كما سلبت أفعى جلجامش وردة حياته"[1] ذلك أن الزهر هو مرحلة بين الموت والحياة، فالزهرة نتاج المطر في موسم الشتاء تتفتح في الربيع لتحيي أمل النفوس، نفوس الفلاحين الذين تعبوا في زراعتها ورعايتها، من بذر وحرث وعناية، فإذا رأوها تتفتح أملوا في أن يكون صيفهم مثمراً، لكن " الحية" المتمثلة في الأعداء الذين يجهضون آمالهم بإجهاض الزهرة، يحولون أملهم إلى خيبة، وتعبهم إلى هباء، وصيفهم إلى جفاف وقحط. "وإن توظيف السياب لمغزى الحكاية الأسطورية قد جاء بشكل عفوي ودونما تظاهر بالكد والجهد من أجل الإشارة إلى أسطورة، لتكون تشبيهاً عابراً أو حلية تضاف إلى الشعر؛ لأنها غدت هي المعنى، وهي الدلالة الموضوعية الكبيرة التي يريد إبرازها، وسحبها من الماضي السحيق لتلامس الحاضر والواقع"[2].

٤- التوحد:

هو أن يتحد الشاعر بالرمز التراثي الذي يوافق تجربته اتحاداً كلياً، ويتقمصه مسقطاً عليه تجربته، متقنعاً به على شكل قناع درامي يتخفى وراءه ويتحدث بلسانه.

والقناع هو شكل من أشكال التنكر، يرتديه الممثل على الوجه لإخفاء هويته، ليخلق شخصية أخرى[3] على المسرح.

وفي الشعر الحديث أفاد الشعراء من تقنيات التمثيلية وأساليبها في قصائدهم، ومنها اكتساب أسلوب القناع الدرامي، وذلك ليضفي الشاعر على صوته نبرة موضوعية شبه محايدة، تنأى به عن التدفق الذاتي المباشر[4].

---

(١) أطيمش، محسن، دير الملاك، ص١٣١، ١٣٢.

(٢) المرجع السابق نفسه، ص١٣٢.

(٣) انظر: أطيمش، محسن، دير الملاك، ص١٣.

(٤) انظر: عصفور، جابر، ١٩٨٠، أغاني مهيار الدمشقي، مجلة فصول، ع٤، ص١٢٣.

فهو يعمد إلى خلق مسافة بينه وبين ذاته من خلال تقمصه روح الرمز وجعلها تتحدث عنه من خلال حديثها عنه بنفسها فهو محاولة لخلق موقف درامي بعيد عن التحدث بضمير المتكلم[1].

وعليه فإننا نستطيع القول " أن القناع هو الذات التي تنوب عن الشاعر في القصيدة صوتاً وفعلاً..."[2] فتصبح الشخصية التراثية محور القصيدة. "وفي إطار هذا النمط- الذي يعد هو النمط الأساسي لاستخدام التراثية- تغدو شخصية هي الإطار الكلي، والمعادل الموضوعي لتجربة الشاعر، حيث يسقط على ملامحها التراثية كل أبعاد تجربته المعاصرة"[3].

وقضيتها المعاصرة التي أرادها الشاعر لها، يرتفع حينذاك رمز القصيدة إلى مستوى القناع الشعري، بعد أن حقق هذا الرمز الفني أهم سمات اللقاء بينه وبين الشاعر من توحد وتبنٍ في الموقف الفكري والإنساني لاستيعاب التجربة المعاصرة"[4].

"حين يرى السياب أن فجيعته دائمة الحضور في حياته، فإنه يحاول أن يسبغ على هذه الفجيعة ما يجعلها تشكل عند المتلقي معايشة ومشاركة إنسانية لعظيم ما يعانيه. ولما كانت رموز العذاب كثيرة في تاريخ الإنسان، فإن السياب قد جعلها تعبر عن حالته الفردية، بأن وحد بينها وبين عذابه وآلامه، وصولاً إلى تعميم الحالة وتوسيع دائرتها الإنسانية..."[5].

و"... في قصيدة " المسيح بعد الصلب" يوحد السياب بينه وبين السيد المسيح وبين تموز من خلال "مونولج درامي" ذي وقع جنائزي حزين[6] حيث يقول:

بعد ما أنزلوني، سمعت الرياح

---

(١) انظر: عباس، إحسان، اتجاهات الشعر المعاصر، ص١٥٤.

(٢) الزبيدي، رعد أحمد علي، ١٩٩١، القناع في الشعر العربي الحديث، الجامعة المستنصرية، بغداد، كلية الآداب رسالة الماجستير، إشراف د. عبد الرزاق الألوسي، ص٥.

(٣) زايد، عشري، استدعاء الشخصيات التراثية في الشعر العربي المعاصر، ص٢٩٥.

(٤) الزبيدي، رعد أحمد علي، القناع في الشعر العربي الحديث، ص١١.

(٥) علي، عبد الرضا، الأسطورة في شعر السياب، ص١٢٧.

(٦) المرجع نفسه، ص١٢٨.

في نواح طويل تسف النخيل
والخطى وهي تنأى. إذن فالجراح
والصليب الذي سمروني عليه طوال الأصيل
لم تمتني. وأنصت: كان العويل
يعبر السهل بيني وبين المدينة
مثل حبل يشد السفينة
وهي تهوي إلى القاع. كان النواح
مثل خيط من النور بين الصباح
والدجى، في سماء الشتاء الحزينة[1].

فالسياب كتب هذه القصيدة عام ١٩٥٧م راسماً معاناته السياسية والاجتماعية والنفسية القاهرة، حين كان صراعه مع رفاقه الأوائل الشيوعيين في أوجه أثر انفصاله وصراعه مع الحكم الملكي الذي بدأ يشدد قبضته على أعدائه[2] فجاءت "تجربة القصيدة في مضمونها العام تصور تضحية الشاعر في سبيل أمته، واستشهاده في سبيل بعضها، مستغلاً في ذلك فكرة صلب المسيح وفدائه للعالم.

أو حياة العالم من خلال موته. وفكرة البعث من خلال الموت فكرة افتتن بها السياب وأصبحت تمثل عنصراً هاماً من عناصر الرؤية الشعرية"[3].

"والسياب في هذه القصيدة يستعير ثلاثة من ملامح المسيح في الموروث المسيحي، هي الصلب والفداء والحياة من خلال الموت، ليصور من خلالها مدى معاناته والعذاب الذي تحمله في سبيل بعث أمته، وكيف أثمرت هذه التضحيات فانبعثت أمته مناضلة تسلك الطريق الذي سلكه، طريق النضال والتضحيات والفداء.

---

(١) "أنشودة المطر"، ٤٥٧/١.

(٢) انظر: توفيق، حسن، شعر بدر شاكر السياب، دراسة فنية وفكرية، ص٢٠٩-٢١٠ ، وعبد الرضا علي، الأسطورة في شعر السياب، ص١٢٨.

(٣) زايد، علي عشري، استدعاء الشخصيات التراثية في الشعر العربي المعاصر، ٢٩٥.

وقد اتحدت شخصية الشاعر بشخصية المسيح اتحاداً تاماً، ففي الوقت الذي يستعير لنفسه بعض ملامح تجربة المسيح فإنه يضفي على المسيح بعض ملامح تجربته الخاصة، حيث توحدت الشخصيتان في شخصية واحدة، هي السياب المسيح، والمسيح السياب، تتكون ملامحها من ملامح الشخصيتين مجتمعة.

"... وفي المقطع التالي يصور الشاعر عمق رضا المسيح، وسعادته بأن يحيا شعبه من خلال موته وتضحيته، وفي التعبير عن هذه البعد من أبعاد التجربة يستخدم السياب ملامح من تجربته هو المعاصرة، ومفردات من مجمعه الشعري الخاص، حين يتحدث عن قريته جيكور، وبعثها وازدهارها من خلال موته، وسعادته وإحساسه بالدفء لهذا البعث الجديد الذي رواه بدماء قلبه"[1].

"يحس أن جيكور تمتد حتى حدود الخيال، لتصبح (يوتوبيا) "سيابية خاصة، كل شيء فيها أخضر، حتى دجاها، وعندما يلمس الدفء قلبه يجري دمه في ثراها، لأن قلبه هو الشمس التي تنبض بالنور، وهو الأرض التي تنبض بالقمح والزهر والماء النمير، إن هذا القلب هو نفسه تموز، وهو في ذات الوقت السيد المسيح الذي سوف يحل في كل من يأكل ويشرب منه، لأنه أصبح هو العشاء الرباني"[2].

"ويظل الشاعر يلح على هذه الفكرة- "فكرة الحياة من خلال الموت" ويبرزها في أكثر من معرض وبأكثر من صورة مستغلاً عبارات المسيح الشهيرة التي قالها لتلاميذه في العشاء الأخير حيث[3] "أخذ يسوع الخبز وبارك وكسر وأعطى التلاميذ وقال: خذوا كلوا، هذا هو جسدي، وأخذ الكأس وشكر وأعطاهم قائلاً: اشربوا منها كلكم، لأن هذا هو دمي الذي للعهد الجديد، الذي يسفك من أجل كثيرين لمغفرة الخطايا"[4].

حينما يزهر التوت والبرتقال

حين تمتد جيكور حتى حدود الخيال

---

(١) السابق نفسه، ص٢٩٥-٢٩٦.

(٢) علي، عبد الرضا، الأسطورة في شعر السياب، ص١٢٨.

(٣) زايد، علي عشري، استدعاء الشخصيات التراثية في الشعر العربي المعاصر، ص٢٩٧.

(٤) الكتاب المقدس، انجيل متى، الإصحاح السادس والعشرون.

حين تخضر عشباً يغني شذاها
والشموس التي أرضعتها سناها
حتى يخضر حتى دجاها
قلبي الشمس، إذ تنبض الشمس نورا
قلبي الأرض، تنبض قمحاً، وزهراً وماءً نميرا
قلبي الماء، قلبي هو السنبل
موته البعث، يحيا بمن يأكل
في العجين الذي يستدير
ويدحى كفهد صغير، كثدي الحياة(١)

"ولكن قوى الظلام التي (قامت)* بصلب الشاعر، لن تترك هذه البذرة، دون محاولة لاقتلاعها، أو على الأقل تأخير نموها ما أمكن. ولذلك فإن الشاعر حين يتجلى بعد الصلب- كما تجلى المسيح بقيامه من بين الأموات- يجد يهوذا- تلميذ الأمس وعدو اليوم- له بالمرصاد. إذ لا يطول ارتباك يهوذا – تلميذ الأمس وعدو اليوم- له بالمرصاد. إذ لا يطول ارتباك يهوذا أمام المضحي العائد، فيتمالك نفسه ويبدأ عمله مرة أخرى، لإعادة صلب الشاعر، وتثبيته في عالم الموت، إن الأقدام التي سمعها الشاعر وهي تنأى بعد صلبه تعود ثانية، مدمدمة رهيبة"(٢).

قدم تعدو، قدم، قدم
القبر يكاد بوقع خطاها ينهدم
أترى جاءوا؟ ... من غيرهم؟
قدم، قدم، قدم،
ألقيت الصخر على صدري،
أو ما صلبوني أمس؟ أنا في قبري

---

(١) "أنشودة المطر"،١/٤٥٨.
* خطأ شائع بأثر من الترجمة للأفعال المساعدة، والصواب (التي صلبت الشاعر).
(٢) علي، البطل، الرمز الأسطوري في شعر السياب، ص١٥٨.

فليأتوا. إني في قبري
من يدري أني...؟ من يدري؟
ورفاق يهوذا؟ من سيصدق ما زعموا؟
قدم... قدم

فيتذكر كيف استطاع أن يحيا في قبره يوم منح ذاته للآخرين، ويوم مات ليعيشوا، وكيف استحال إلى قوة خالدة غير قابلة للفناء، لأنها قوة إلهية، يوم تفجرت ذاته كنوزاً يمتاح منها الناس"[1].

إن الشاعر المسيح لم يعد خائفاً من الصلب والموت، فالبندقيات باتت لها أعين ترقب لتطلق النار وكأنها تأكل الدروب فتحولت من حاسة بصر إلى فم يأكل إشارة إلى دقتها في البحث عنه لتعود فتصلبه من جديد، وصلب الشاعر هو توقفه عن تبني قضايا أمته وانعزاله عنها، بل إن قتله بات " حلم النار" ولكن أنى للنار أن تصمد في وجه النور السماوي؟ فالنار والنور كلاهما يضيء لكن النار تحرق، والنور يثلج، وتأتي " أحداق شعبي" مقابل "أعين البندقيات" وهذا خلق الطمأنينية في نفسه فكلهم سيحمل عنه عبء الصلب، فيصبح حياً بعد أن كان خشباً ميتاً، فلا يندى إلا كل غصن حي، والصليب هنا يفقد دلالته المسيحية في الأصل ليصبح رمزاً للفداء والخصب في آن معاً، إنها الثورة التي ستبعث الحياة من جديد للشاعر وأمته في آن، ولذلك يصبح موته صغيراً مقابل حياة الأمة كلها، و"ما أكبره" من حيث أثره ونتاجه. وكل شيء في المدينة التي كانت حزينة بات مبهجاً مخصباً حتى المقبرة" غطت غابة مزهرة، ففي كل مكان " صليب وأم حزينة"، رمزاً لبقاء الأمة المرهون ببقاء فكرة الفداء والتضحيات، وانتهت القصيدة بتحقق المخاض للمدينة، والخروج من ظلمة القبر إلى النور.

أعين البندقيات يأكلن دربي،
شرّعٌ تحلم النار فيها بصلبي،
أن تكن من حديد ونار، فأحداق شعبي
من ضياء السماوات، من ذكرياتٍ وحب

---

(١) زايد، علي عشري، استدعاء الشخصيات في الشعر العربي المعاصر، ص٢١٩.

تحمل العبء عني فيندى صليبي، فما أصغره
ذلك الموت، موتي، وما أكبره!
بعد ما سمروني وألقيت عيني نحو المدينه
كدت لا أعرف السهل والسور والمقبرة:
كان شيء، مدى ما ترى العين،
كالغاية المزهره،
كان في كل مرمى، صليب وأم حزينه
قدس الرب!
هذا مخاض المدينه

"وقد وفق الشاعر توفيقاً كبيراً في استخدام شخصية المسيح في التعبير عن هذه التجربة الغنية، ونجح في التوحد مع شخصية المسيح بعد أن وجد في كل ملمح مقابلاً لبعد من أبعاد تجربته فتم الامتزاج الكامل بين الشخصيتين وأصبحت شخصية المسيح شخصية معاصرة في ذات الوقت، حيث نجح الشاعر في أن يجعل منها إطاراً لتجربته المعاصرة برمتها، يستوعب كل خلجاتها ونبضاتها، ويستقطب كل أبعادها دون أن نحسن بأن الشخصية مقحمة على تجربة الشاعر، أو مفروضة عليها، بل نجدها وقد انتظمت كل خطواتها وتفصيلاتها النفسية وشاعت روحها من خلالها، حتى التعبير العادي عن الاندهاش في ختام القصيدة، يستخدم فيها الشاعر المعجم المسيحي فبدلاً من أن يعبر عن اندهاشه بالبعث الجديد وشكران الله عليه بعبارة مألوفة من نحو " سبحان" أو " تعالى الله" فإنه يستخدم عبارة من المعجم المسيحي "قدس الرب"[1].

والسياب يكثر من التوحد بالرموز التراثية في المرحلتين الثانية والثالثة، حتى بات الرمز فيهما عنواناً على المرحلة، فقد كانت الثانية تموزية أكثر فيها من استخدام رمز " تموز" و" المسيح" وهما الرمزان المناسبات للتعبير عن نضاله السياسي فطق يتقمصهما لإبراز فكرتي البعث والفداء، ومن قصائد هذه المرحلة: "مدينة السندباد"، "تموز جيكور"، "العودة لجيكور"، "سربروس في بابل".

(١) زايد، علي عشري، استدعاء الشخصيات التراثية في الشعر العربي المعاصر، ص٣٠٠.

-أما في المرحلة الأخيرة حيث اجتمعت عليه الرزايا الثلاث المرض والفقر والاغـتراب، فالأوجـاع الذاتية شغله الشاغل بات رمز أيوب المبتلى الصابر عنواناً على المرحلة، كما اسـتعمل الشـاعر رمزي السندباد وعوليس للتعبير عن رحلته المرضية التي بـلا نهايـة، بالإضـافة إلى رمـز العـازر الذي ارفض عنه الموت، فبعث بمعجزة من جديد. ومن قصائد هذه المرحلـة: " سـفر أيـوب"، "رحل النهار"، في غابة الظلام"، قالوا لأيوب" "أمام باب الله"، تقمص السياب قناع أيوب- عليـه السلام- في صورتين متضادتين، الأولى يظهر فيها متبرماً ساخطاً أكثر منه صابراً على قضـاء ربـه، مخاطباً رب العزة والجلال بوصفه بأفعال الشر، وهو ما نجده في التوراة، وتظهر هذه النغمـة في قصيدته "أمام باب الله".

"إن هذه النغمة المتبرمة تذكرنا... بذلك الوجه التوراتي الساخط المتبرم الذي يطالعنا لأيوب من السفر المعنون باسمه في العهد القديم حيث يرتفع صوته في وجه الرب متـذمراً:"[1] "دفعني الله إلى الظالم وفي أيدي الأشرار طرحنـي، كنـت مسـتريحاً فزعزعنـي، وأمسـك بقفـاي فحطمني، ونصبني له غرضاً أحاطـت بي رماتـه". شـق كليتـي ولم يشـفق، سـفك مـرارتي عـلى الأرض"[2]. "إن الله عوجني ولف علي أحبولته، ها إني أصرخ ظلماً فلا استجاب، أدعو وليس لي حكم، قد حوط طريقي فلا أعبر، وعلى سبيلي جعل ظلاماً"[3].

وهو ما لا يوافق أدب العبد مع ربه في الشريعة الإسلامية فـ"... الأفعال كلهـا خيرهـا وشرها، في إيمانها وكفرها، طاعتها وعصيانها، خالقها هو الله لا شريك له في خلقه، ولا في خلـق شيء غيرها، ولكن الشر لا ينس إليه ذكراً، وإن كان موجوداً منه خلقا، أدباً أدبنا به، وتحميـداً علمناه، وكان من ذكر محمد- صلى الله عليه وسلم- لربه قول من جملته، " والخـير في يـديك والشر ليس إليك" على هذا المعنى"[4].

---

(١) زايد، علي عشري، استدعاء الشخصيات التراثية في الشعر العربي المعاصر، ص١١٦.

(٢) العهد القديم، سفر أيوب، الإصحاحان السادس عشر، والتاسع عشر.

(٣) السابق، الإصحاح التاسع عشر.

(٤) القرطبي، أبو عبد الله محمد الجامع لأحكام القرآن، ٢١٠/١٥.

و"... على الرغم من وجود اسم أيوب فيها، إلا أن شخصيته تبدو بوضوح في تلبس الشاعر لها، وحديثه من خلالها حيث تسري في القصيدة روح أيوب الذي أخرجه المرض عن طوره، بل وعن إيمانه، والتي يمتلئ بها ذلك السفر من الكتاب المقدس، فالسياب يلتقي مع أيوب- الشخصية الدينية- في كثير من العبارات التي تبدو وكأن الشاعر ينقلها شعراً من الكتاب المقدس في قوله[1]

أتسمع النداء- يابوركت- تسمع؟

وهل تجيب إن سمعت؟

صائد الرجال

وساحق النساء أنت، يا مفجع

يا مهلك العباد بالرجوم والزلازل

وموحش المنازل[2]

ففي السؤال " أتسمع" خروج عن الصبر، وثورة على القضاء، ويمضي في هذا بتعقيبه باستفهام آخر " وهل تجيب إن سمعت؟" إنه متشكك في الإجابة، بل متشكك في المدعو، فهو يراه فعالاً للشر.

وقد وقع الشاعر هنا في تناقض إذ بدأ القصيدة على خلاف ذلك بالانطراح أمام باب الله الذي وصفه بأنه " كبير" ليدل على اتساعه للخلق جميعا، بدأ صارخاً في الظلام مستجيراً بصفتين من صفات الخير في الله عز وجل: رعاية النمال في الرمال، فهو متكفل برزقها وحياتها، وسماع الحصاة في قرارة الغدير، فهو يسمع ما لا يسمع، فأنى له سبحانه أن لا يسمع الشاعر وهو يصيح " كالرعود"، ولذلك نجده يستدرك بعد الاستفهام عن السمع، بجملة طلبية للتنزيه فيقول: يا بوركت- تسمع: مقراً مسلماً بذلك بجملة خبرية:

منطرحاً أمام بابك الكبير

أصرخ، في الظلام، أستجير:

يا راعي النمال في الرمال

---

(١) البطل، علي، الرمز الأسطوري في شعر السياب، ص١٩٩.

(٢) المعبد الغريق، ١٣٥/١.

وسامع الحصاة في قرارة الغدير.
أصيح كالرعود في مغاور الجبال
كآهة الهجير

وقد كان من الممكن أن نؤول الاستفهامين " أتسمع...؟" و"هل تجيب...؟" على أنه في الأول توكيد، وفي الثاني تمنٍ لولا ما تبعهما من صفات لله بأفعال يكرهها العبد: صائد الرجال، ساحق النساء، يا مفجع... الخ.

إنه" أيوب الثائر الذي يصف ربه بقوله[1] "إنه حكيم القلب شديد البأس من ذا الذي يتصلب أمامه ويسلم، يزحزح الجبال ولا يشعر، وفي غضبه يركسها، ويزلزل الأرض من أساسها فترتجف عمدها... لو دعوته فأجابني لما آمنت أنه أصغى إلى صوتي، ذلك الذي يسحقني في الزوبعة ويثخني بالجراح لغير عله، متى ضرب قتل لساعته، وفي ابتلاء الأذكياء يتلاعب"[2].

لكن أيوب – السياب- ما يلبث أن يعود إلى خشوع العبد لربه، والاعتذار عن ثورته، فينكر على نفسه ذلك:
أحس بانكسارة الظنون في الضمير
أثور؟ أغضب؟
وهل يثور في حماك مذنب؟
إنه تراجع أيوب في الكتاب المقدس: "ها أنا حقير فما أجاوبك؟ وضعت يدي على فمي، مرة تكلمت فلا أجيب، ومرتين فلا أزيد"[3].

ويتقرب إلى ربه بما بذله من أعمال الخير بعد أن أعلن زهده بالغلال والزرع والحقل الذي تروي الإسرائيليات إنه كان سبب ابتلاء الله أيوب بالمرض وذهاب المال والولد، وذكر في التفاسير حيث يروى"... أن أيوب عليه السلام كان رجلاً من الروم ذا مال عظيم، وكان براً تقياً رحيماً بالمساكين، يكفل الأيتام والأرامل، ويكرم الضيف، ويبلغ

---

(١) البطل، علي، الرمز الأسطوري في شعر السياب، ص٢٠٠.
(٢) سفر أيوب مواضع متفرقة في طبعة بيروت وطبعة القاهرة.
(٣) سفر أيوب.

ابن السبيل شاكراً لأنعم الله تعالى، وأنه دخل مع قومه على جبار عظيم فخاطبوه في أمر، فجعل أيوب يلين له في القول من أجل زرع كان فامتحنه الله بذهاب ماله وأهله، وبالضر في جسمه حتى تتأثر لحمه وتدود جسمه، حتى أخرجه أهل قريته إلى خارج القرية، وكانت امرأته تخدمه"[١].

ويعود يشكو بلواه إلى خالقه في لغة ساكنة هادئة أتشبه ما تكون بالمناجاة معترفاً بذنوبه، وعدم أهليته للاتصال بالذات الإلهية، ليصل إلى مرحلة من الإشراق الروحي الذي يرقى إلى روح أيوب النبي الصابر الأواب كما يصوره القرآن الكريم، في لغة أقرب ما تكون إلى الصوفية، منفساً من خلالها عن تأوهاته وآلامه من خلال استخدام الأصوات المناسبة مثل المدات، والشدة، والهاء الساكنة، والحروف الهامسة:

أودّ لو أنام في حماك
دثاري الآثام والخطايا
ومهدي اختلاجة البغايا
تأنف أن تمسني يداك
أود لو أراك... من يراك؟
أسعى إلى سدتك الكبيرة
في موكب الخطأة المعذبين،
صارخة أصواتنا الكسيره
خناجراً تمزق الهواء بالأنين:
"وجوهنا اليباب
كأنها ما يرسم الأطفال في التراب،
لم تعرف الجمال والوسامة.
****
إليك يا مفجر الجمال، تائهون
نحن، نهيم في حدائق الوجوه. آه

(١) القرطبي، ابو عبد الله، الجامع لأحكام القرآن، ٣٢٣/١١.

من عالم يرى زنابق الماء على المياه
ولا يرى المحار في القرار
واللؤلؤ الفريد في المحار

إنه يعتذر لا عن نفسه فحسب بل عن " موكب الخطاة والمعذبين" الذين كلحت وجوههم، بما جنوه على أنفسهم من الخطايا، باحثاً عن الروح، الجوهر الكامن في قرار الإنسان لا في وجهه. ليأتي الطلب الأخير، دليل الرحمة والقبول: الموت.

منطرحاً أصيح، أنهش الحجار:

"أريد أن أموت يا إله"

إنها جملة ذات وقع مؤلم تشعرنا بأن السياب قالها وهو في قمة الألم بحيث رسم صورته وهو منطرح "ينهش الحجار" لما يعانيه من الآلام التي تتحول إلى "هيستيريا" تجعل الحجار لينة بين فكيه مقارنة بما يعانيه، وقد علل الدكتور إحسان عباس استعماله لفظ " يا إله" و"أيها الإله" بأن " ألفته للرموز المتعلقة بأرباب الأساطير ثم برمز المسيح على وجه الخصوص، قد محت حيناً المسافة القائمة بين الله والإنسان"[1] ونتفق معه في هذا الرأي ونضيف إليها تأثره بالشيوعية وأفكارها اللادينية، فهي تنتزع القداسة من كل دين.

- أما الصورة الثانية من القناع الأيوبي الذي يتقمصه السياب فهو يتطابق مع صورته في القرآن الكريم كما في " سفر أيوب" و"قالوا لأيوب".

فنجد أيوب المثال في الصبر الذي بلا حدود، لا تشوبه شائبة، ولا تخرجه البلوى عن سمته وتنسكه، واستسلامه لقضاء الله وقدره طالباً رحمته، قال تعالى (وأيوب إذ نادى ربه أني مسني الضر وأنت أرحم الراحمين. فاستجبنا له فكشفنا ما به من ضر وآتيناه أهله ومثلهم معهم رحمة من عندنا وذكرى للعابدين)[2].

وقال جل وعز: (واذكر عبدنا أيوب إذ نادى ربه أني مسني الشيطان بنصب وعذاب). (اركض برجلك هذا مغتسل بارد وشراب) (ووهبنا له أهله ومثلهم معهم رحمة

(١) عباس، إحسان، بدر شاكر السياب، حياته وشعره، ص٢٧٧.
(٢) (الأنبياء: ٨١-٨٢).

منا وذكرى لأولي الألباب)[1] فقد استمد الشاعر " أيوب"... رمزاً للصلابة في حمل عذاب المرض، والثقة بالسماء مهما اشتدت الكربات وطال الانتظار، ويمكن القول بأن الشاعر بعثوره على هذا الرمز قد وجد أكثر الصيغ ملاءمة لأحزانه الصابرة، فقارئ قصيدته " سفر أيوب" و"قالوا لأيوب" يحس بأن الشاعر لا يتخذ من الرمز واجهة يستتر خلفها- كما يفعل شعرائنا- ويفضي على لسانها بأحاسيس غريبة عنها، بل يشعر وكأن "أيوب" حقيقة هو الذي يشكو ويبوح ويهجس ويأمل، كما يشعر بأن صلة " السياب" بذلك الرمز قد بلغت حد الامتزاج الكامل، وبأن التراث قد تخطى هنا دور التفسير الاستعاري فأصبح بناءً عضوياً تنمو من خلاله القصيدة وتتآزر الصور"[2] يقول في قصيدته " سفر أيوب".

لك الحمد مهما استطال البلاء
ومهما استبد الألم
لك الحمد، إن الرزايا عطاء
وإن المصيبات بعض الكرم
ألم تعطني أنت هذا الظلام
وأعطيتني أنت هذا السحر؟
فهل تشكر الأرض قطر المطر
وتغضب إن لم يجدها الغمام؟
شهورٌ طوال وهذي الجراح
تمزق جنبي مثل المدى
ولا يهدأ الداء عند الصباح
ولا يمسح الليل أوجاعه بالردى
ولكن أيوب إن صاح صاح:
لك الحمد. إن الرزايا ندى،

(١) (ص: ٤١، ٤٢، ٤٣).
(٢) أحمد، محمد فتوح، الرمز والرمزية في الشعر المعاصر، ص٢٩٤.

وإن الجراح هدايا الحبيب
أضم إلى الصدر باقاتها،
هداياك في خافقي لا تغيب،
هداياك مقبولة، هاتها"
أشد جراحي وأهتف بالعائدين
"ألا فانظروا واحسدوني، فهذي هدايا حبيبي[1]

إن صوت المبتلى المؤمن يتعالى في هذه القصيدة، فعلى الرغم من استشراء المرض وصراعه المستمر معه فهو لا يهدأ في الصباح، ولا ينتهي ليلاً بالموت ليريحه، إلا أن أيوب حين يصيح من الألم يحول صياحه إلى انفعال آخر، الدعاء العذب " لك الحمد إن الرزايا ندى" وهذا يتفق تماماً مع المضمون الإسلامي الخالص، فكم من آية ذكرت الثواب الجزيل للصابرين، وفي الحديث الشريف "إن الله إذا أحب قوماً ابتلاهم[2]" فالبلاء قد يكون مؤشر حب للعبد لا غضب عليه، بل إن الشوكة يشاك بها يثاب عليها. ولذلك تصبح "الجراح" هدايا من " الحبيب" وتتكرر كلمة هدايا على لسان أيوب- السياب " أربع مرات" وحبيب مرتين، مرة بأل التعريف، ومرة مضافة إلى ياء المتكلم لتحقق معنى تفرد الحبيب بهذه الصفة وسيادته، ومرة لتحقق الصلة الوثيقة والقرب الروحي بين العبد وربه، في لغة صوفية رائعة. إن هذه الرزايا تصبح " باقات يضمها إلى صدره" لما يترتب عليها من تكفير وغفران، بل إنها هدايا جديرة بأن يحسد عليها إذ لا ينالها إلا من تقبله ربه.

إن "... نبرة الحمد على البلاء، وتحول المصيبة إلى عطاء، والاستسلام القدري الكامل، والتوجه إلى الله بما يشبه فناء المحب في المحبوب، هي نبرة أيوبية خالصة إلى أبعد حد، وهي تنتمي إلى "أيوب" بقدر ما تنتمي إلى الشاعر، فلا ندري هل ينطق الشاعر

---

(١) "منزل الأقنان"، ٢٤٨/١.
(٢) انظر: المعجم المفهرس لألفاظ الحديث النبوي، ١٩٨٨م، نشر: أ. ي. ونسنك، دار الدعوة، استانبول، ٢١٩/١.

من خلال الرمز أم يتكلم الرمز بلسان الشاعر. وتلك أقصى غايات التفاعل بين الرمز ومضمونه..." [١]

إنه يتغنى"... مستمداً من صبر أيوب صبراً، ومن شفائه- فيما يروى عنه في القرآن الكريم وفي الكتاب المقدس وفي القصص الشعبية- أملاً في الشفاء لعله كان أهم الأسباب- غير الشعورية- إلى اتخاذه قناعاً فنياً...، فمرةً يناجي الله صابراً، ومرةً يعبر عن يقينه بالعودة كما عاد العازر إلى بيته، ويتجسد له هذا الحلم حتى ليتصور زوجه مرتاعة من عودته"[٢].

ليتني العازر انفض عنه الحمام
يسلك الدرب عند الغروب
يتمهل لا يقرع الباب: من ذا يؤوب
من سراديب للموت عبر الظلام
لن تصدق أني... ستهوى يداها
على رتاج، وتصفر لي وجنتاها
ثم تركض مذعورة، تشد بخيط الدروب
نحو قبري، وتطويه حتى تمس الضريح الحطام[٣]

لن تصدق أنه عاد إلا بعد أن تتقرى ضريحه فتراه حطاماً لتقول إنه بعث من جديد وتحققت المعجزة.

وليس صحيحاً ما ذهب إليه السعيد الورقي حين عمم فذهب إلى أن كل أيوبيات السياب التائبة"... وقفة إدانة أكثر منها توبة مهتد"[٤].

فقد بدأ السياب ساخطاً في "أمام باب الله" لكنه انتهى إلى أيوب الصابر قلباً وقالباً، ويبالغ الباحث في تعميمه فيرى في قوله في " سفر أيوب":

---

(١) أحمد، محمد فتوح، الرمز والرمزية في الشعر المعاصر، ص٣٠٠.

(٢) داود، أنس، الأسطورة في الشعر العربي الحديث، ص٢٩٢-٢٩٣.

(٣) "منزل الأقنان"، ٢٦٢/١.

(٤) الورقي، السعيد لغة الشعر العربي الحديث، ص٣٢٥.

أطفال أيوب من يرعاهم الآنا؟
ضاعوا ضياع اليتامى في دجى شات
يا رب ارجع على أيوب ما كانا
جيكور والشمس، والأطفال راكضة بين النخيلات
وزوجة تتمرى وهي تبتسم[1]

فيرى فيه إدانة أكثر منه ترجياً[2] ونرى أنه استفهام خرج إلى معنى الاسترحام، والدليل أنه يتبعه بالدعاء بإعادة على أيوب ما كانا" كما في القرآن الكريم، حيث أعاد الله عليه عافيته، وماله، وأهله ومثلهم معهم بعد أن كان ابتلاه أيضاً بفنائهم.

وهذه الثلاث هي نقاط التقاء وتشابه مع " أيوب" عليه السلام: فراق الأهل، المرض العضال، بالإضافة إلى الزوجة الوفية التي لم تدع زوجها حتى حين أنف الناس من علته، والسياب محتاج إلى معجزة الهية ترفع عنه ما ابتلي به، ومن هنا كان ناجحاً في استعمال القناع المناسب، فكان رمز أيوب مطابقاً له، " ويمثل استدعاؤه لصورة أيوب نهاية المرحلة التي بلغها في حمى " الروحية" ولعله لولا المرض لم يبلغها، ولكن المرض هو الذي منح شكلاً مثالياً للعلاقة بين الإنسان والإله، فأيوب يمثل فلسفة الاستسلام والرضى من جانب الإنسان، كما يمثل حقيقة لا يسأل عما يفعل من جانب الله، لأن حكمته أعمق من كل فكر إنساني"[3] .

"فإذا كان للمرض من أثر في موقفه من الألوهية، فهو أن عاد به إلى معرفة الحد الذي لا يصح للإنسان أن يتجاوزه في تصوره للإله، حتى وإن كان ثائراً شاكياً. ولولا المرض لما تعرض هذا الجانب من السياب إلى مثل هذا الاختبار العسير، فقد كانت راحته الفسية في العودة إلى الروحية[4]".

---

(١) "منزل الأقنان"، ٢٥٧/١.
(٢) انظر: الورقي، السعيد، الشعر العربي الحديث، ص٣٢٥.
(٣) عباس، إحسان، بدر شاكر السياب، ص٢٧٦.
(٤) السابق نفسه، ص٢٧٨.

إن أيوب عليه السلام كان " أوّاباً"كما وصفه- عز وجل- على وزن " فعّال" إشارة إلى ملازمة هذه الصفة له، فهي فيه أصلية مركزة، أما أيوب- فقد بدأ عاصياً متبرماً، وانتهى تائباً أوّاباً.

"فقارئ قصيدة " سفر أيوب" و"قالوا لأيوب" يحس بأن الشاعر لا يتخذ من الرمز واجهة يستتر خلفها- كما يفعل بعض شعرائنا- ويفضي على لسانها بأحاسيس غريبة عنها، بل يشعر وكأن أيوب حقيقة هو الذي يشكو ويبوح ويهجس، ويأمل، كما يشعر بأن صلة السياب بذلك الرمز قد بلغت حد الامتزاج الكامل"[١].

٥- المزج:

وهو أن يضفي على شخصية تراثية بعض ملامح شخصية تراثية غيرها، مازجاً بينهما بحيث تعضد إحداهما الأخرى، ليستعير من الطرفين أكثر من بعد دلالي لا يتوافر في إحداهما منفردة فتصبح أكثر ملاءمة لتجربته، وأعمق إيحاءً".

ويغلب هذا المنهج على شعر السياب في المرحلتين التموزية والأيوبية حيث النضج الفني في استفهام فحوى التراث من مصادر متنوعة، واستخلاص الدلالات التي توافق تجربته منها، فهو منهج يعتمد على "... جدل مجموعة من الإشارات والمواقف والأحداث الأسطورية، وصنع مجرى خاص من خلال معطياتها، وهو المنهج الذي دعا إليه بالنقد والإبداع، "إليوت"، والسياب- في هذه الناحية- تلميذ مجتهد في مدرسته"[٢].

ولا شك أن خصائص استخدام السياب للأسطورة تنطوي على قدرة فاعلة، وسعة اطلاع كبيرين، حيث إنه يعمد في استلهاماته إلى أن يعطي قوة اللمح الشعري أكثر دفقاً في الانفعال والحركة، وبخاصة حين يجعل الشعورية وليدة استكشافات إنسانية متعددة، تجمعها رغبة الارتفاع بالحالة الراهنة إلى درجة الاتقاد والتفجير.

لهذا كانت بعض تجاربه الشعرية في توظيف الأسطورة، تعني بظاهرة مزج بعض الأساطير التي يمكن أن تعبر عن حالة معينة، ففي المقطع الثالث من قصيدة " مرحى غيلان " يتيه السياب في عالم حلمي جميل يتيحه له لفظ " بابا.. بابا" حيث يتداعى

---

(١) زايد، علي عشري، استدعاء الشخصيات التراثية في الشعر العربي المعاصر، ص١١٥.
(٢) داود، انس، الأسطورة في الشعر العربي الحديث، ص٢٨٧.

خياله الحالم ليجمع بين " تموز" البابلي "وبعل" الفينيقي و"سيزيف" اليوناني، في حالة شبه منفردة، هي الرغبة في الخلود، إذ يقول:

أنا في قرار بويب أرقد، في فراش من رماله،
من طينه المعطور، والدم من عروقي في زلاله
ينثال كي يهب الحياة لكل أعراق النخيل
أنا بعل: أخطر في الجليل...
على المياه، أنث في الورقات روحي والثمار
والماء يهمس بالخرير، يصل حولي بالمحار
وأنا بويب أذوب في فرحي وأرقد في قراري
"بابا...بابا".
يا سلم الأنغام، أية رغبة هي في قرارك؟
"سيزيف" يرفعها فتسقط للحضيض مع انهيارك[١].

إن مزج السياب لهذه الأمور والأساطير كان نتيجة طبيعية لحالة تحقيق ذاته، حيث أراد أن يبين من خلالها مقدار التعب والعناء الذي يلاقيه الإنسان للوصول إلى غايته المنشودة، وهي تحقيق خلوده، وقد ألمح السياب إلى أنه وجده حين قال:

هذا خلودي في الحياة تكن معناه الدماء"[٢]

وليس صحيحاً ما ذهب إليه أحد الباحثين من أن "... تموز البابلي عنده هو أدونيس الإغريقي تماماً، وهو أتيس وأوزيريس دون أية فوارق بل إنه لم يكن ليفرق كثيراً بين تموز والمسيح، وكثيراً ما جاء أحدهما مرادفاً للآخر"[٣] مستشهداً بالمقطع الأول من "مرحى غيلان"

"بابا" كأن يد المسيح،
فيها، كأن جماجم الموتى تبرعم في الضريح

(١) "أنشودة المطر"، ٣٢٥/١.
(٢) علي، عبد الرضا، الأسطورة في شعر السياب، ص١٣٤، ١٣٥.
(٣) أطيمش، محسن، دير الملاك،ص١٤٦.

تموز عاد بكل سنبلة تعابث الريح

فكلمة " بابا" من غيلان تصبح في فعلها كيد المسيح، تحيي، ولكن روح أبيه، حتى كأن جماجم الموتى، تلك الصورة التي باتت في نفس السياب ماثلةً دائماً، تبرعم، والبرعمة من خصائص النبات، لكن الشاعر أراد أن يشير إلى التلقائية وسرعة الاستجابة في البعث، وهذا ما استدعى رمز تموز، إن تموز هنا ليس المسيح، فيد المسيح هي " المحيي" لكن تموز هو " المبعوث" فهما ليسا مترادفين؛ بل متضادين متكاملين لإبراز رؤيا الشاعر.

واستشهد أيضاً لذلك بتموز وأتيس في "رؤيا عام ١٩٥٦م"[1] ولم يتأت ذلك لمجرد الترادف، بل أضاف إلى معنى الخصب والبعث في تموز طقوس " أتيس" الذي يربط تمثاله على شجرة ويفتديه أتباعه بدمائهم[2] وهي الفكرة الأساس التي أراد أن يجسدها الشاعر.

" فهو حين يجيء باختلافات (أتيس) التي تقام في الربيع دون طقوس تموز في هذه القصيدة: إنما يقصد التلميح إلى ما كان من صراع دموي في العراق، لأن طقوس تموز خالية من أي عنف دموي، على عكس طقوس أتيس..."[3].

وفي قصيدة " المسيح بعد الصلب" يمزج السياب بين المسيح- عليه السلام- وتموز:

كنت بدءاً وفي البدء كان الفقير

مت، كي يؤكل الخبز باسمي، لكي يزرعوني مع الموسم،

كم حياة سأحيا، ففي كل حفره

صرت مستقبلاً، صرت بذره،

صرت جيلاً من الناس: في كل قلب دمي قطرة منه أو بعض قطرة[4].

---

(١) انظر: ص١٦٢، من هذا البحث.

(٢) انظر: فريزر، جيمس، ١٩٧٩م، أدونيس أو تموز، الغصن الذهبي، ترجمة جبرا إبراهيم جبرا، المؤسسة العربية للدراسات، بيروت، ص١١.

(٣) علي، عبد الرضا، الأسطورة في شعر السياب، ص١٣٧.

(٤) "أنشودة المطر"، ٤٥٨/١.

"إن خصيصة البعث والخصب في كل سنة ليست من أبعاد " المسيح" ولكنها من خصائص تموز الذي يعود إلى الأرض في كل سنة مرة في الربيع، وبغيابه تمحل الأرض ويموت الناس من الفقر والجوع، فالشاعر أراد أن يضيف إلى معنى الفداء في " السيد المسيح" معنى البعث المتجدد للشعوب، فإن انبعاث تموز يتجدد مع حركة الفصول، فهو أقدر على تصوير التفاؤل القريب حين يكون الحديث متصلاً بظلامات الشعوب وضرورة يقظتها، وليس كذلك رمز المسيح. ثم إن رمز تموز لا يتصل بخطيئة أصلية، وإنما يمثل قوة خصب مستوحاة من التصور البدائي، وليس له أية علاقة بإطار أخلاقي"[1].

أما في قصيدة " سربروس في بابل" فعلى الرغم من أن السياب جمع فيها بين " سربروس" و" تموز" و"عشتار" في هجائه لنظام قاسم فإنه عمد إلى مزج جديد، يقوم على الإفادة من خصائص رموز معيّنة هي في حقيقتها واحدة في أصلها البدائي غير أنها تختلف في ما حملها القص الأسطوري من مسير.

فحين يستخدم من الأسطورة البابلية رمز قرينة تموز "عشتار" ربة الخصب والنماء، دلالة على إخلاص المرأة ووفائها لزوجها فإنه يعمد إلى الأسطورة المصرية، حيث رمز "إيزيس" قرينة " أوزوريس"[2] المعرفة بإصرارها على الوفاء والأخذ بثأر زوجها القتيل من قاتله حتى لو كان أخاها، لهذا يمزج السياب بين خصائص "عشتار" و"إيزيس" ويوحد بينهما فيوحي بحتمية الثأر من عهد قاسم"[3].

وأقبلت آلهة الحصاد،
رفيقة الزهور والمياه والطيوب.
عشتار ربة الشمال والجنوب،
تسيرُ في السهول والوهاد

---

(١) عباس، إحسان، بدر شاكر السياب، ص٢٢٦.

(٢) فريزر جيمس، الغصن الذهبي ٢٩-٣٣ ص ٤٣٦/٤٥٧، قصة الحضارة لدبورانت م١، ١٥٩/٢، م١، ٣٣٦/١، الحضارات السامية القديمة، ص٢٥٦.

(٣) علي، عبد الرضا، الأسطورة في شعر السياب، ص١٣٩.

تسير في الدروب
تلقط منها لحم تموز إذا انتشر،
تلمه في سلة كأنه الثمر.

لقد امتزجت هنا"... شخصية عشتار بشخصية "إيزيس" التي جابت وادي النيل شمالاً وجنوباً بحثاً عن زوجها الذي مزقه "ست" إرباً إرباً، ودفنه في بقاع متعددة من الوادي"[1].

"لكن سربروس كما ينبش الأرض ويشوه ملامح الأمل، يتعقب عشتار في بحثها اللهيف عن عودة الخصب، واكتمال جثة زوجها تموز (أو أوزيريس)، لتنفث الحياة فيه (من أسطورة إيزيس):

لينهش الإلهة الحزينة، الإلهة المروعة
فإن من دمائها ستخصب الحبوب
سينبت الإله، فالشرائح الموزعة
تجمعت، تلملمت ... سيولد الضياء
من رحم ينز بالدماء.

هكذا تتضافر مصادر شتى للأساطير على صنع هذا الكيان الكلي الموحد في فن السياب، وحيث كان هناك مجال لتواصل هذه الرموز- كالتناظر بين " تموز- عشتار" و"إيزيريس- إيزيس" وحيث كان كل عنصر أداة ضرورية في إثراء العمل الفني، كان هذا المزج بين الرموز – مع اختلاف مصادرها- مزجاً موفقاً، يعمق مضمون العطاء الفني المتلقي، على نحو ما رأينا في هذه القصيدة....[2]

وفي قصيدة رحل النهار نجده يمزج بين شخصية السندباد مستمدها من قصص ألف ليلة وليلة من تراثنا العربي- وبين شخصية عوليس (أوديسيوس) بطل الأوديسة زوج بنلوب الوفية الذي أسرته آلهة البحار، مستمداً من رمز السندباد معنى الرحلة الدائمة، ومن " أوديسيوس" الرحلة الإجبارية في سبيل مهمة ملحة لا أمل في العودة منها، وبما أن

---

(١) داود، أنس، الأسطورة في الشعر العربي الحديث، ص٢٨٩.
(٢) المرجع نفسه، ص٢٨٩-٢٩٠.

رحلة السندباد علاجية من مرض عضال تكتنفها هموم رجل فقير خلف وراءه زوجه وأولاداً مهددين من بيتهم لأنهم لا يجدون مالاً يدفعونه أجرةً له[1] فإن صورة الزوجة المنتظرة تظل ملحة، فتأتي ملامح أسطورة أوديسيوس الذي ترك الزوجة الوفية وراءه تنتظره عند ساحل البحر آملة في عودته:

رحل النهار
ها إنه انطفأت ذبالته على أفق توهج دون نار
وجلست تنتظرين عودة سندباد من السفار
والبحر يصرخ من ورائك بالعواصف والرعود
هو لن يعود
أو ما علمت بأنه أسرته آلهة البحار
في قلعة سوداء في جزرٍ من الدم والمحار
هو لن يعود
رحل النهار
فلترحلي هو لن يعود[2]

ويستشعر السياب بأن النهاية قريبة والعواصف والرعود (في داخله) هي التي تصرخ بأنه " لن يعود" هذه المرة. إن مغامرة السندباد في رحلته هذه هي الأخيرة فـ"... السندباد الشجاع الهمام قد صار في قبضة المقدور، وليس بيده الآن أن يعود أو لا يعود. ولابد أنه فقد القدرة على الرؤية، فالنهار الصريح قد رحل، والليل المظلم قد أقدم... ولم يكن هكذا السندباد القديم، ولكن لا غرابة في أن يكون فهكذا رآه الشاعر، أو رأى نفسه فيه. إن رحلته ليست رحلة كشف ومغامرة يعود بعدها بالطرف الفريدة كما كان شأن السندباد، ولكنها رحلة في عالم الضباب والمجهول، رحلة لا عودة منها... إنها رحلة الموت... وواضح أن رمز السندباد هنا (مقترن) بالزوجة التي تحترق انتظاراً لعودة زوجها المغامر، دون أن تفقد الأمل في عودته رغم ما تقول به كل الدلائل المادية- إنما

---

(١) انظر مقدمة الديوان لمحمد علوش، ٢/ ٨٠.

(٢) "منزل الأقنان" ١/ ٢٢٩.

ينفتح على رمز أوليس وبنيلوب زوجته. فبنيلوب ظلت تنقض ما تغزل، والزمن يمضي، ولكنها لم تفقد الأمل في عودة أوليس. ومهما تقدم بها السن، وفقدت زهرتها، نضارتها فإنها علقت حياتها على أوهى خيط من الأمل في عودته. وهي رغم كل ما ألم بها من ضيق وتعرضت له في الوقت نفسه من إغراء ظلت متعلقة بذلك الخيط الواهي. فماذا حدث هنا لصاحبة السندباد؟

لقد شاب شعرها الأشقر وابتلت رسائل الحب بالدموع حتى انطمس الكلام فيها والوعود، وجلست تنتظر مشتتة الخواطر، وفي رأسها دوار تحدث نفسها"[١].

سيعودُ. لا. غرق السفين من المحيط إلى القرار
سيعود. لا. حجزته صارخة العواصف في إسار
يا سندباد أما تعود؟
كاد الشباب يزول تنطفئ الزنابق في الخدود
فمتى تعود؟
أواه، مد يديك بين القلب عالمه الجديد
بهما ويحطم عالم الدم والأظافر والسعار
يبني ولو لهنيهة دنياه
آه متى تعود؟[٢]

ليس السندباد (أوليس) وحده الذي يعذب، بل (بنيلوب) أيضا تعاني وتعذب، كما أن السياب ليس وحده يخوض مغامرة يصارع فيها الموت مكرهاً لا مختاراً بل إن (إقبال) أيضا تعاني وتصارع " عالم " الدم والأظافر والسعار" الذي صوره السياب في كثير من قصائده، فقد فقدت "يده" تلك التي كانت تحميها من أن تنهشها الأظافر المسعورة وتستبيح دماها، فالاضطراب السياسي، والفقر، والمرض، والأولاد الصغار والغربة، كلها أمور ذكرها السياب صراحة في قصائده الأخيرة كانت مؤرقات تزيده ألماً فوق ألمه، إنه يموت

---

(١) إسماعيل، عز الدين، الشعر العربي المعاصر، ص٢٠٩-٢١٠.
(٢) منزل الأقنان، ٢٣١/١.

وهو يحمل عبء الأحياء فمن ذلك قوله في قصيدة "عكاز في الجحيم"، مخاطباً حارس باب الجحيم:

لم تترك بابك مسدوداً ؟؟
ولتدع شياطين النار
تقتص من جسدي الهاري
تقتص من الجرح العاري
ولتأت صقورك تفترس العينين وتنهش القلبا
فهنا لا يشمت بي جاري
أو تهتف عاهرة مرت من نصف الليل على داري:
"بيت المشلول هنا، أمسى لا يملك أكلاً أو شرباً
وسيرمون غداً بنتيه وزوجته درباً
وفتاهُ الطفل إذا لم يدفع متراكم إيجار"

والطريف أن السياب كأنما كان يتنبأ بالمستقبل، فقد طرد أهله من بيتهم يوم موته لعجزهم عن تسديد الأجرة[1].

"وهكذا نجد رمز السندباد في هذه القصيدة وقد جمع بين مغزاه الشعوري العام والمغزى الشعوري الخاص الذي يرتبط ارتباطاً وثيقاً بتجربة الشاعر الخاصة وهي بذلك قد أفادت من ذلك المغزى العام بمقدار ما أضافت إليه. وفي هذا يتمثل التعانق الصادق بين الحقيقي وغير الحقيقي، وهو من أهم ما يميز الرمز الشعري. وقد تمثل في أن الشاعر استطاع ان يشعرنا بأنه إنما يعبر عن أشياء واقعية في مجاله الشعوري في حين كان يبني في الوقت نفسه صورة خيالية لمشاعره"[2].

٦-القلب:

وهو أن يعمد الشاعر إلى استخدام رمز تراثي استخداماً معاكساً لدلالته الأصل، وذلك لتطويع الرمز لتجربة الشاعر والواقع المعاصر.

---

(١) توفيق، حسن، شعر بدر شاكر السياب، ص١١٦.
(٢) إسماعيل، عز الدين، الشعر العربي المعاصر، ص٢١٢.

"ويهدف الشاعر من استخدامه هذا الأسلوب في الغالب إلى توليد نوع من الإحساس العميق بالمقارنة بين المدلول التراثي للشخصية، والبعد المعاصر الذي يستخدم في التعبير عنه"[١].

فالسياب مثلاً يعمد"... في بعض أزماته النفسية الحادة إلى تحوير في المضامين الأسطورية التي يستخدمها، بحيث تبدو ذات ملمح جيد على الضد من مضامينها القديمة الأولى، وبشكل يتخذ الرمز فيها حالة مغايرة، عما كان عليه الترميز في واقع تكوينها البدائي"... وفي ظننا أن قلب المضامين الأسطورية كان في تقرير السياب أنه سيمنح الحالة التي يصورها أكثر طاقةً بحيث تبدو الفجيعة أشد هولاً وأعمق تأثيراً، وليس هذا بغريب على شاعر مفجوع مأزوم تطارده انكسارات الماضي وخوف المستقبل. ففي قصيدة "مرحى غيلان" تصبح الأرض قفصاً من الدم والأظافر والحديد، بحيث يبدو فيها المسيح متأرجحاً بين الموت والحياة، كيد بلا عصب... أو كهيكل ميت، وهو بهذه الصورة شبيه بضحى الجليد، حيث النور والظلماء فيه متاهتان بلا حدود، إن هذه الأرض ليس لعشتارها بعل، الموت يركض في شوارعها مبشراً بولادة الحياة صائحاً: أنا المسيح والنار تصرخ: أنا الفرات وبدلاً من أن يرش ضريح تموز (بعل) بالزهور والمياه، يرشه بالدم والهباب وبالشحوب، إن كل شيء في هذه الأرض ينقلب إلى ضده، حتى الشمس مصدر الطاقة الحرارية تعول في الدروب صارخةً مما أصابها من برد السماء"[٢].

إن الذي قلب الرموز إلى ضدها دلالة هو واقع الأرض المتناقض وإنسانها الذي تحول إلى الضعف والعجز بعد أن كان في الماضي فاعلاً يبرئ ويشفي ويخلص. وما دام هذا وضع الإنسان فإن كل شيء حوله سيتحول إلى ضده[٣].

وفي "مدينة السندباد" يجسد السياب خيبة أمله وشعبه بثورة تموز، وضياع حلمهم في تحقيق النصر والحرية، إذ ما أن وصل عبد الكريم قاسم إلى الحكم حتى أعمل السيف

---

(١) زايد، علي عشري، استدعاء الشخصيات التراثية، ص٢٥٥.

(٢) علي، عبد الرضا، الأسطورة في شعر السياب، ص١٣١-١٣٢.

(٣) سبق أن فصلنا تحليل هذه القصيدة، انظر: ص٢٧-٢٩ من هذا البحث.

والشيوعيين في الناس، فتكشف عن ظلم فادح[1] فراح السياب يحملهم تبعة تلك المجازر وكان إذ ذاك قد انفصل عنهم"... مردداً الأسطورة القديمة، بعد تحميلها بالدلالة الجديدة، إذ تحاول عشتار بعث تموز، ولكنها تفشل، إذ تبعث تموزاً زائفاً معادياً للبشر"[2]

يا أيها الربيع ما الذي دهاك؟
جئت بلا مطر،
جئت بلا زهر،
جئت بلا ثمر.
أقبل الصيف علينا أسود الغيوم
نهار هموم
وليله نسهر فيه نسحب النجوم
حتى إذا السنابل
تعجن للحصاد
وغنت المناجل
وغطت البيادر الوهاد
خيل للجياع أن ربة الزهر
عشتار، قد أعادت الأمير للبشر
وكللت جبينه الغضير بالثمر[3]

ونلحظ أن الربيع قد جاء حيث تكرر الفعل "جئت" في صيغة الماضي للدلالة على حصوله فعلاً، ولكن في عدة أحوال " بلا مطر، بلا زهر، بلا ثمر" وقد ترتب على هذه الثلاث إسوداد الصيف، فبدل أن يكون مريحاً مثمراً جاءت غيومه سوداء ونهاره هموم، وليله مؤرق في انتظار الانفراج، وجني السنابل. لكن ما أفدح خيبة الأمل المفاجئة حين

(١) لمعرفة المزيد عن مذبحة الموصل وصداها في شعر السياب، أنظر: حسن توفيق، بدر شاكر السياب، ص٢١٦.
(٢) البطل، علي، الرمز الأسطوري في شعر السياب، ص١٢٩.
(٣) "أنشوة المطر"، ص٤٦٨.

يكتشف الناس أن البعث الذي تحرره لم يكن سوى "تخيل" صوره لهم جوعهم، فبدل أن يبعث أدونيس أو المسيح ليشفي الناس من أوجاعهم ويسد جوعتهم إلى الحرية والنصر، نجد قرابينهم قد بعثت الذئاب، وجهودهم أحيت يهوذا بدل المسيح، وقابيل بات يسلط الكلاب على الصغار، إن المشكلة ليست في أن جهودهم لم تثمر، بل إنها أثمرت ولكن الضد، فبدل أن تولد الحياة يولد الموت.

الموت في البيوت يولد،
يولد قابيل لكي ينتزع الحياة
من رحم الأرض ومن منابع الحياة
فيظلم الغد
وتجهض النساء في المجازر،
ويرقص اللهيب في البيادر،
ويهلك المسيح قبل العازر،
دعوه يرقد،
دعوه فالمسيح ما دعاه!
ما تبتغون لحمه المقدد
يباع في مدينة الخطاه،

لم يعد المطر يحمل الخصب، وإنما عاد يحمل نقيضه لتكون الخسارة أفدح، وبدل أن تبعث عشتار "تموز" نراها تبتعث الذئاب، لقد تحولت عن وظيفتها الأصل المتوخاة منها،إنها ثورة أمطرت المحق والمحل، فأجهضت النساء، وهلك المسيح، وبيع لحمه (قديداً) في مدينة الخطايا حيث لا قدسية حتى للأنبياء، وبابل كلها باتت مجازر مقابر ودماء. وحدائقها المعلقة استبدل ثمرها بالرؤوس التي تنقرها الغربان، هذه الزينة الجديدة التي تبهج سفاحها وذئابها،إنه واقع العراق الشنيع وليس أدونيس وحده الذي يموت إن عشتار أيضاً التي يفترض أن تحييه تموت هي الأخرى رغم شعار "عاشت الحياة" الذي كان على جدرانها:
أهذه مدينتي؟ أهذه الطلول

خط عليها: " عاشت الحياة"
من دم قتلاها، فلا إله
فيها، ولا ماء ولا حقول؟
إلى أن يقول:
أهذه مدينتي؟ جريحة القباب
فيها يهوذا أحمر الثياب
يسلط الكلاب
على مهود إخوتي الصغار. والبيوت
تأكل من لحومهم. وفي القرى تموت
عشتار عطشى، ليس في جبينها زهر،
وفي يديها سلة ثمارها حجر
ترجم كل زوجة به. وللنخيل
في شطها عويل

إن الجدب يجعل الصغار لا يجدون شيئاً يقدمونه لعشتار سوى الحجار، بدل سلة الثمر، ليس هذا وحسب بل إن ثمة من يأخذ هذه الحجار ليرجم بها كل زوجة فيقتل الخصب، ويفوت على عشتار فرصة الحياة فهي تموت "عطشى" وليس صحيحاً ما ذهب إليه بعضهم من أن عشتار تغضب بسبب القرابين الزائفة". لذلك ترجم الزوجات بما قدمه أبناؤهن إليها من أحجار، وفي حالة احتضارها نتيجة قعود عابديها عن تقديم الأضاحي لها"[1].

فالفعل " يرجم" مبني للمجهول، وهذا يعني أن ثمة من قضى على الأطفال (يهوذا الأحمر) الذي يسلط الكلاب على الصغار في مهودهم ليصطبغ بدمائهم، بل إن عشتار قد رضيت بالقربان لأنهم لا يجدون غيره ودليل ذلك أنها ظلت تحمل السلة لكنها ضعيفة بحيث لا تقدر أن ترمي منه ما تدفع به عن نفسها. إنها العراق وأبناؤه الذين قضى- عليهم نظام قاسم.

---

(١) البطل، علي، الرمز الأسطوري في شعر السياب، ص١٣٠-١٣١.

إن السياب قد قلب الدلالة الأسطورية لتموز (أدونيس) رمز التجدد الدائم، والموت الذي يحمل بذور الحياة والموت الذي يستعد للحياة أقوى وأنشط، فجعله يموت لينبت ضده (الظلم، والمحل) إن الفناء هو الذي يتغلب عليه بعد أن كان دائماً المنتصر على الفناء. كما أنه قلب دلالة عشتار". وهي الخالدة التي لا تموت في الأسطورة بل هي ربة الحياة المتجدده، وبهذه الصورة من المهانة " ليس في جبينها زهر"، إنما يعني استمرار الجدب في العراق".[1] وكأنما حكم عليها، على الأمل في التحرر بالفناء والانتهاء.

إن قلب الأسطورة هنا جاء معبراً، عن الواقع أصدق تعبير، فالثورة التي كان يتوخى منها النصر والحرية لم تثبت سوى أضدادها، بل كأنما قتلت كل أمل للشاعر وشعبه في عودة الحياة الآمنة والحرية إلى الوطن ونجد قلباً لأسطورة تموز أيضاً في قصيدة "مدينة بلا مطر".

٧-التحوير:

وهو أن يغير الشاعر في ملامح الشخصية التراثية أو ملابساتها بالإضافة أو الحذف، أو القلب، أو غير ذلك لتطويعها كي تحمل الملامح المعاصرة، وتعبر عن أبعاد رؤياه.

"وقد حاول السياب أن يتجنب ما يصيب الأسطورة من جمود بتطويعها إلى تجاربه المختلفة"[2] فهو على وعي.." بالطريقة الصحيحة لاستخدام الأسطورة في التعبير عن مضمونه المعاصر، وما قد يحتاجه ذلك، من تحطيم لهيكلها المتوارث، والتغيير بالحذف أو الإضافة أو الاستبدال- في بعض مكوناتها، مع الالتزام بالإطار العام، أو المغزى الكلي، أو ما يظل وشيجة اتصال بالمادة الموروثة"[3]. ففي المشهد الخامس من "رؤيا في عام ١٩٥٦" يحور السياب"... في بعض مضامين الطقوس المطرية ويجعلها تبدو ذات مضامين جديدة، إضافة إلى أنه لفق أكثر من شعيرة طقوسية في القصيدة

---

(١) البطل، علي، الرمز الأسطوري في شعر السياب، ص١٣١.

(٢) داود، أنس، الأسطورة في الشعر العربي الحديث، ص٢٨٦.

(٣) السابق نفسه، ص٢٧٣.

الواحدة، فبدلاً من أن تكون أغاني الطقوس مبهجة سعيدة، فقد جعلها مخيفة تقوم على الدم والقتل يقول:

عشتار على ساق الشجره
صلبوها، دقوا مسمارا
في بيت الميلاد- الرحم.
عشتار بحفصة مستتره
تدعى لتسوق الأمطارا
تدعى لتساق إلى العدم
عشتار العذراء الشقراء مسيل دم
صلوا... هذا عصر الحجر
صلوا، هذا طقس المطر
صلوا، بل أصلوها نارا.
تموز تجسد مسمارا
من حفصة يخرج والشجره
النهد الأعذر فاض ليطعم كل فم
خبز الألم
"الأقة"، صاح القصاب،
"من هذا اللحم بفلسين"،
اقطع من لحم النهدين
اللحم لنا، والأثواب
ستكون لمسح السكينه
من آثار دم الأطفال
من آثار دم المسكينة
فلتحيى زنود العمال!

إن عشتار هنا تصلب بدل أن تقدم لها القرابين، بل إنهم (الشيوعيين) دقوا مسماراً في بيت الميلاد، فقد تعمدوا أن يقضوا على موطن الإخصاب فيها.

إن اقتران عشتار بحفصة استلزم الصلب وهو ليس من ملامح أسطورة عشتار، وفكرة قتل الحياة بمقتل حفصة استدعى صورة عشتار.

ويذكر هلال ناجي قصة مقتل حفصة فيقول"... كانت عائلة الشهيد علي العمري من بين من تعرض لهذا الإجرام، داهم الشيوعيون داره محاولين أن يلغوا في الأعراض المحصنة فانتفض علي العمري للدفاع عن عرض ابنته الوحيدة زينة فتيات الموصل الشهيدة حفصة العمري، فخر صريعاً برصاص الشيوعين وحاولت هي أن تحمي بجسدها حياة والدها فحاولوا افتراسها حية لكنها آثرت أن تموت عفيفة حرة حصاناً، وهكذا استشهدت حفصة ثم سحلت... ثم علقت جثتها عارية على عمود نور في الموصل، ثم على دعامة في جسر هناك تحقيقاً لرسالة السلام العالمي!! .."[1] " وقد صور بدر هذا المشهد المرعب في مقطع من مقاطع "رؤيا في عام ١٩٥٦"، حيث رسم كل التفاصيل وأبرز الجزئيات التي يتألف منها المشهد كله"[2].

إن عشتار التي يضحى لها باتت ضحية، وحفصة العذراء تسال لها الدماء، أي من أجل الثأر لشرفها. ومصرعها يستوجب الصلاة من أجل مطر جديد، ثورة جديدة، وصلاة أخرى لأنه عصر الحجر، بمعنى الارتداد إلى البدائية والغوغائية، وتحجر الإنسانية، وصلاة ثالثة تكون بإصلاء النار، لأنها الوسيلة القادرة على التطهير بالجهاد.

و"تموز" فاض ليطعم عشتار وحبيبها بدل أن يتجسد ثمراً وربيعاً يتجسد مسماراً، جماداً حديداً. و"النهد الأعذر فاض ليطعم كل فم"، لكن "خبز الألم" إن كلمة "الألم" نسفت الدلالة المتوقعة التي خطرت في الأذهان، وأحدثت خيبة أمل مفاجئة للمتلقي فانقلبت دلالة الجملة فقد أطعمت كل من حولها الألم بصلبها، بل إن لحمها يباع بأرخص الأثمان فها هو القصاب يصيح بأنه بفلسين. فيأتيه شارٍ طالباً من لحم النهدين. إنه قمة الحزن لاستباحة

---

(١) توفيق حسن، شعر بدر شاكر السياب، ص٢٢١-٢٢٢، نقلاً عن هلال ناجي، حتى لا ننسى، فصول من مجزرة الموصل.
(٢) توفيق، حسن، شعر بدر شاكر السياب، دراسة فنية وفكرية، ص٢٢٢.

إنسانية الحر، هذه الصورة وليدة الإحساس بخيبة الأمل وإفلاس الأمة من كل قيمة، حتى بات السياب المتفائل صاحب المطريات الثائرة المبشرة بالخصب متشائماً إلى حد الانتكاسة النفسية الحادة التي أحدثتها خيبة أمله في أصدقاء الأمن أمام مشهد حفصة المصلوبة عارية لا لذنب سوى أنها أبت أن ترخص عرضها. ويلاحق السياب أصغر التفاصيل لإبراز الجريمة وليكمل الصورة فتكون أبعد غوراً وتأثيراً فالأثواب التي كانت تستر حفصة هي الأخرى تستغل فيستخدمها الجناة لمسح سكينهم من آثار دمها ودم الأطفال، ساخراً من شعاراتهم الزائفة "فلتحي زنود العمال"، تلك الزنود المغموسة في الدماء دماء الضعاف الأبرياء، حقاً بها لجديرة بأن تحيا وتبقى!

٨-إضفاء الروح الأسطورية على بعض الشخصيات التراثية أو الواقعية المعاصرة:

فمن حق الشاعر أن يضفي أحياناً على بعض الشخوص المعاصرة التي لم تدخل من قبل عالم الأسطورة طابعاً أسطورياً"(١).

ومن ذلك حفصة إلى رمز الخصب القتيل وهي تقترن بعشتار كما رأينا سابقاً. ومثله أيضاً رمز وفيقة الذي أسبغ عليه الشاعر من أبعاد أسطورية بحيث نسي وفيقة الواقعية، وجعلها عالماً آخر خارقاً رمزاً للحياة بعد الموت، للعالم الآخر(٢).

وفي قصيدة "إلى جميلة بوحيرد" تكتسب "جميلة" الشهيدة الجزائرية خصائص أسطورية توصلها إلى الخلود والإلهام والبعث والفداء:

يا أختنا المشبوحة الباكيه،
أطرافك الداميه
يقطرن في قلبي ويبكين فيه
يا من حملت الموت عن رافعيه
من ظلمة الطين التي تحتويه
الى سماوات الدم الواريه،
حيث التقى الإنسان والله، والأموات والأحياء في شهقه،

---

(١) إسماعيل، عز الدين، الشعر العربي المعاصر، ص١٩٩.

(٢) انظر ص ٢٠٤-٢٠٧ من هذا البحث.

في رعشة للضربة القاضيه
الأرض، أم الزهر والماء والأسماك والحيوان والسنبل،
لم تبل في إرهاصها الأول
من خضة الميلاد ما تحملين:
ترتج قيعان المحيطات من أعماقها، ينسح فيها حنين،
والصخر منشد بأعصابه- حتى يراها- في انتظار الجنين
الأرض؟ أم أنت التي تصرخين؟
في صمتك المكتظ بالآخرين؟
في ذلك الموت، المخاض، المحب، المبغض، المنفتح، المقفل.
ونحن؟ أم أنت التي تولدين؟
أسخى من الميلاد ما تبذلين[1]

إنها حين تصلب تصبح رمزاً لفكرة يتجمهر حولها الجزائريون في " زحام " يرجون ما تبذل: الطعام، والأمن والنعماء والعافية، لأن ثمن كل هذه الدم لا غير.
إن موتها يعني النشور وهذه الصورة تذكرنا بأولئك المتجمهرين البدائيين حول وثن يطلبون منه: الطعام، والأمن و... لكنه طقس جديد ليس لعبادة جوفاء فيها الإنسان قاصر ضعيف، ذليل مستسلم، وإنما هو تجمع حولها، رمزاً يقتبسون منه شعلة الحياة الحقة.

لم يعد المصلوب هنا مسيحاً فوق البشر يصنع المعجزات، بل إنساناً عادياً وأي إنسان! إنها امرأة عادية تعلو فوق ضعفها وعجزها لتصنع المستحيل. إن كل زهرة برعمت في "وهران" توحي بأن الأرض ظلت تدر ليكون طحينها في النهاية القاتل الباغي. إن البراعم انتصار على الموت، واستمرار الحياة، وهو المعنى ذاته الذي توحيه صورة " جميلة المشبوحة الباكية" وألوان الأذى والعذاب تصبح رصيداً يدفعنا إلى الثأر. وقد ولى عهد الفداء للحجر، وعهد تحويل الإله إلى مخلوق نصف بشري يعرى ويدمى، وقد آن الأوان أن يفدى الإنسان بالإنسان من خلال منظور إسلامي كما فعل " النبي الفقير"- صلى الله عليه وسلم- الذي حرر الناس من العبودية وأعلى من شأن الإنسان

(١) "أنشودة المطر"، ص٣٧٩.

وفعله فانطلق محطماً التيجان، تيجان الظلم العتية، و"وارى الآلهة" التي استبعدته زمناً طويلاً. ومنهم من "قومها" اقتبست قوتها فصنعت المعجزة.

الله لولا أنت يا فاديه
ما أثمرت أغصاننا العاريه
أو زنبقت أشعارنا القافيه
أنا هنا... في هوة داجيه
ما طاف لولا مقلتاك الشعاع
يوماً بها نحن العراة الجياع،
لا تسمعي ما لفقوا، ما يذاع،
ما زينوا، ما خط ذلك اليراع
إنا هنا كوم من الأعظم
لم يبق فينا من مسيل الدم
شيء نروي منه قلب الحياه
إنا هنا موتى حفاة، عراه.

إن "جميلة" تفعل فعل "عشتار" في الأساطير، فهي تحيي النفوس الميتة، فتثمر الأغصان العارية، بل إن "كوم الأعظم لم يبق فيه مسيل الدم" يبعث في النهاية. فهي نفحة من عالم الآلهة، تفعل في الناس فعلها عند البدائيين. ولذلك ينتهي الشاعر إلى "إنا سنمضي في طريق الفناء"، الفناء من أجل الحياة، طريق جميلة:

يا نفحة من عالم الآلهه
هبت على أقدامنا التائهه
لا تمسحيها من شواط الدماء،
إنا سنمضي في طريق الفناء،
ولترفعي "أوراس" حتى السماء
حتى تروي من مسيل الدماء
أعراق كل الناس، كل الصخور،

حتى نمس الله

حتى نثور!

إن جميلة بدأت فادية وحيدة لأمة نائمة برمتها، وانتهت مفدية بالأمة كلها فالشاعر يرى أن علينا أن نصل إلى ما وصلت إليه جميلة من سيل الدماء، فأعراق الناس باتت مسيل دم تروي به كل الصخور، فالناس يفدون الصخور، لكن بالجهاد من أجل الأرض الوطن، وعندها سيصلون إلى مرحلة الشعور بالله(حتى نمس الله)، وحينئذ تبدأ الثورة من أجل الإنسان فتتحقق الحياة. ونتفق مع د. علي البطل في استخدام السياب لرمز عشتار لم يكن ناجحاً في بعض مواضع هذه القصيدة كقوله مثلاً: عشتار أم الخصب، والحب، والإحسان، تلك الربة الوالهه

لم تعط ما أعطيت، لم ترو ما رويت: قلب الفقير

"فلم يرق تعبيره في هذا الموضع حتى إلى درجة التشبيه أو الاستعارة- وهما درجتان متدنيتان في استخدام الرمز- ولكن هبط إلى المباشرة والسطحية إلى درجة أثرت في بقية البيتين فجاءا نثراً خالصاً- وإن احتفظا بالتواتر الموسيقى- فقوله " تلك الربة الوالهة"، و"لم تعط ما أعطيت، لم ترو ما رويت" ليس من الشعر في شيء، على أن وصف عشتار بالربة الوالهة وإشارة ذلك إلى غلمة عشتار وأحاديث عشقها، يفسد دلالة الرمز في هذا الموضع، ولا يتوافق مع عطاء الخصب الذي يريد بعثه في البيت الثاني"[(١)].

فالحديث عن عشتار"... ربة الجنس (بنوعيه) غير محمود في سياق الحديث عن فتاة تمجدها القصيدة بعطاء روحي فياض،..."[(٢)]

٩- خلق الأجواء الأسطورية أو التراثية للواقع او مكوناته:

ففي قصيدة "مدينة بلا مطر" يبدأ الشاعر القصيدة بتصوير مدينة بابل، التي هي العراق، أو هي الأمة كلها، ويرسم السياب صورة تلك المدينة، فيقول في مفتتح القصيدة:

مدينتنا تؤرق ليلها ناراً بلا لهب

---

(١) البطل، علي، الرمز الأسطوري في شعر السياب، ص١٥٠.

(٢) عباس، إحسان بدر شاكر السياب، ص٢٣٦.

تحم دروبها والدور، ثم تزول حماها
ويصبغها الغروب بكل ما حملته من سحب
فتوشك أن تطير شرارة ويهب موتاها[1]

إن الصورة التي شكلها الشاعر لهذه المدينة، هي صورة أسطورية"... أعني أن قدرته على إثارة الإحساس بالغرابة والرعب إنما توحي للقارئ بأن هذه المدينة تنتمي إلى عالم الأساطير وليس الواقع أو أنها لشد ما هي واقعية تبدو لنا أسطورية، لأنها ترتبط في مخيلتنا بالعديد من الصور لتلك المدن المحترقه ذوات الأبراج والأسوار التي تمر عليها عربات الفاتحين لتشعل فيها الحريق.

وهذه المدينة التي تجثم عليها النار هي بابل المدمرة التي تعاني الوحشة لأن تموز إله الخصب والحب ميت ومدفون فيها، وهي بغداد الكالحة التي تنتظر المطر، وفجر الثورة، غير أن تموز أوشك أن يصحو من نومه ليعود إلى مدينته الخضراء "وتوشك أن تدق طبول بابل" إيذاناً بالنماء وبمقدم المطر لكن مانعاً يمنع ذلك، ولذا تظل المدينة ميتة، وهنا نجد السياب يسترسل بوصف المدينة، وتبرز لنا مهارة الفنان الكبير وقدراته على شحن الأبيات بكل ما يوحي بالأجواء الأسطورية"[2].

وتوشك أن تدق طبول بابل ثم يغشاها
صفير الريح في أبراجها وأنين مرضاها
وفي عرفات عشتار
تظل مجامر الفخار خاوية بلا نار...

"... ولم يكن محض صدفة أن ترد في أبيات السياب هذه المفردات التي تشير إلى عالم الأساطير "أبراجها" "تدق طبول" "مجامر الفخار" "غرفات عشتار" إنما هي الوعي باللغة المناسبة المنسجمة مع الجو الأسطوري الذي يلف القصيدة بشكل عام"[3].

---

(١) "أنشودة المطر"، ٤٨٦/١.
(٢) أطيمش، محسن، دير الملاك، ص١٣٩-١٤٠.
(٣) أطيمش، محسن، دير الملاك، ص١٤٠.

ولا يقف السياب في خلق الأجواء الأسطورية عند حد التوطئة لأسطورة ما، بل يخلقها لذاتها مستحضراً من الذاكرة صوراً قديمة ذات عمق وعبق نفسيين لديه. ومن ذلك وقوفه عند " منزل الأقنان" الذي كان مهداً لذكريات حلوة حية باتت أطلالاً وقد خلت من ساكنيها فيقول مخاطباً "منزل الأقنان".

وكم ألم طويت وكم سقيت بمدمع جاري؟!
وكم مهد تهزهز فيك: كم موت وميلاد
ونار أوقدت في ليلة القمر الشتائيه!
يدندن حولها القصاص: "يحكي أن جنيه"
فيرتجف الشيوخ ويصمت الأطفال في دهش وإخلاد
كان زئير آلاف الأسود يرن في واد
وقد ضلوا حيارى فيه، ثم ترن أغنية:
"أتى قمر الزمان"... ودندن القصاص: "جنيه"[1].

"وظلت أماسي الطفولة عالقة في ذهن السياب، وتخزن في ذاكرته منها ما كان يقال فيها من حكايات وملاحم شعبية تتسم بطابع الخيال المفزع في كثير من الأحيان، سواء أكانت على لسان العجائز من النساء داخل الدار، أم على لسان الشيوخ من الرجال حين يفيئون إلى "الديوان" حيث منتداهم اليومي وقد ترسب من تلك الأماسي شريط طويل لم يفارق مخيلة السياب حتى آخر يوم من عمره، إذ صور كثيراً مما كان يدور في تلك الأماسي من قصص شعبية تبعث على الخوف والارتجاف والإنصات التام وفق أسلوب محبب (ملذ)*.

" ... وإذا كانت هذه الصور قد علقت في مخيلته (ومن)* ثم ظهرت في شعره حين تفتحت شاعريته واكتملت نضجاً، فإنها سجلت لنا أهم المؤثرات النفسية والبيئية في تكوينات السياب الثقافية الأولى، حيث كانت الحكايات الشعبية تشكل فيها حصة كبيرة،

---

(١) منزل الأقنان، ٢٧٩/١.

* هكذا وردت يقصد "لذيذ".

* هكذا وردت وهو خطأ شائع فقد استخدم "ثم" اسم الإشارة إلى المكان استخدم حرف العطف"ثم".

وما لبث أن عاد إليها يستقي منها أجمل صورة بنفس قصصي تصويري، مستغلاً ما فيها من أجواء رحبة تعكس دلالتها التاريخية القديمة على عالم اليوم،..." [١].

قد تمكن السياب"... من أن يصل في بعض ما كتب إلى أعلى مؤشر في عملية الخلق والإبداع، كما في قصيدته "المعبد الغريق"، و"إرم ذات العماد" حيث ارتفع بالدلالة الأسطورية فيهما إلى مستوى تكتيكي لم يستطع أن يتجاوزه فيما كتب بعدهما. ففي "المعبد الغريق" يستلهم السياب من خبر بسيط معنى أسطوريا ذا دلالة معاصرة، فيعطيه بعداً إنسانياً يتحد فيه ما هو ذاتي مع ما هو حاصل تاريخياً، وهذا الخبر هو عن معبد بوذي في الملايو غرق في بحيرة "شيني" بسبب انفجار بركاني، وفي المعبد الغريق كنوز تحرسها تماسيح ووحش له عين واحدة، وعلى الرغم من مرور ألف سنة على غرقه، فإن الكنوز مازالت في قرارة هذه البحيرة [٢].

تبدأ القصيدة بأجواء مثيرة للرعب والدهشة فـ "خيول الريح تصهل" فقد أوحى له صوت الريح بالصهيل، واستحضار صورة الخيول تشير منذ البدء بالصراع والمعارك وتعضد ذلك صورة المرافئ، صواريها المغطاة "بشمس من دم".، إنها صورة بارعة لغروب ينبئ بمأساة تلفع الأجواء على مدى البصر، وتصبغ الزمان والمكان به:

خيول الريح تصهل، والمرافئ يلمس الغرب
صواريها بشمس من دم، ونوافذ ألحانه
تراقص من وراء خصاصها سرج، وجمع نفسته الشرب
بخيط من خيوط الخوف مشدوداً إلى قتينة، ويمد آذانه
إلى المتلاطم الهدار عند النوافذ الحانه
وحدث- وهو يهمس جاحظ العينين، مرتعداً،
يعب الخمر- شيخ عن دجى ضاف وأدغال
تلامح وشطها قمر البحيرة يلثم العمدا...

---

(١) علي، عبد الرضا، الأسطورة في شعر السياب، ص٧٥-٧٦.
(٢) علي، عبد الرضا، الأسطورة في شعر السياب، ص١٤٠، انظر الخبر في: مجلة شعر العدد ٢، ٩٦٢، ص٤٥-٥١.

يمس الباب من جنبات ذاك المعبد الخالي

طواه الماء في غلس البحيرة بين أحراش مبعثرة وأدغال[١]

ويروي السياب الحدث على لسان شيخ مخمور في حانة قصية من الخوص تضيئها سرج في أحد المرافئ. إنه حديث رجل فقد السيطرة على مكنونات الذات فانطلقت منه الحقيقة الخطيرة التي ما كان لها أن تظهر لولا أنه مخمور. والخمر هنا عكس دلالتها واقعاً ولغةً والتي تعني ذهاب العقل وضياعه واختلاط الأمور، فهي هنا تعني وضوح الرؤيا، وجلاء الصورة، ودقة تجليات العقل الخارج من سلطات السطوة والقيود. ومع ذلك وجدناه خائفاً يجمع نفسه متحدثاً إلى البحر المتلاطم الذي أثار في نفسه ذكرى المعبد الذي غطس في البحر وسط أحراشه.

"وهذه الفكرة- وجود الكنز-هي أولى ملامح التفكير الخرافي الذي يغري المرء باقتحام المصاعب من أجله، ولكن يمكن أن نصل إلى المعبد وهنا نلاحظ أن الشاعر بمخيلته التي تعرفت على الأساطير والخرافات جيداً، سيخلق الكثير من التهويل الأسطوري إمعاناً في تقديم المزيد من الرعب والرهبة واستحالة الوصول فزاد على استقرار المعبد فوق فوهة بركان متفجر رعباً آخر"[٢].

ويقف برهة عند البركان فيصور فماً لسقر تنفث منه حممها، فلا يدع في الواد حجراً على حجر، ولظاه المتفجر في "رحم البحيرة" ينثر الأسماك والدم، مرغياً سماً". إنه بركان مروع، قتل الحياة في الماء ودمر الأرض ثم ابتلع المعبد بكنوزه، فجاء التمساح لا يحرسها فحسب، بل "تمرغ فوقها ثم طفا على السور ليحرس الكنز الذي بات "كنزه".

الأخطبوط بأيديه الكثيرة "نار موت" "يرصد الباب"، باب المعبد، فهو مساعد التمساح، وهو بعين واحدة إشارة إلى أحادية الرؤيا عنده مغرور بوجوده فهو معمر منذ ألف يهزأ بفناء الإنسان وغروره معاً.

---

(١) "المعبد الغريق"، ١٧٦/١.

(٢) أطيمش، محسن، دير الملاك، ص١٥٣.

"كل هذا فعل ذهنية تدرك أن جزءاً كبيراً من أحداث الأساطير يقوم على خلق حالة من الخوف، لأن انتصار البطل في الأسطورة ليس سهلاً أبداً، ولابد أن يكون محفوفاً بالمخاطر، وبالاقتراب من الموت، ولو كان طريق الانتصار مأموناً وسهلاً لافتقدت الكثير من الأساطير والحكايات التي نسجت حولها قدرتها على الإثارة أو الإمتاع وشيوع روح التحدي والمغامرة، وإذن فالسياب سيتابع بعض معطيات عالم الأسطورة، وسيجعل من الطريق إلى الكنز عالماً مرعباً لا يستطيع أن يلجه إلا رجل مغامر وذو بأس عظيم".(1)

إن هذه الأسطورة اللامعقولة هي الواقع اللامعقول نفسه، فالتمساح ذاك المخلوق الكريه ذو الأسنان الحاده يتمرغ بالكنوز رمز لأولئك الزعماء الذين تصل إليهم الكنوز والثروات دون حول منهم نتيجة للثورات التي يرمز إليها البركان الذي يخلق الدمار ويفجر الدماء، ليحصدوا هم النتاج، فيفيدوا من مصائب الآخرين مغتنمين الفرصة فيملكون ما ليس له بوضع اليد دون استغلاله لخير الشعوب التي دفعت ثمنه باهظاً، إنهم مجرد حراس لكنوز مجمدة لا يفيدون منها ولا يفيدون الآخرين. والأخطبوط هو رمز لأعوانهم وحماة عروشهم الذين يمكنونهم أكثر، إنه رمز حي ودقيقة لأولئك الأعوان، حراس حارس الكنوز المأجورين الذين تمتد أياديهم الكثيرة في كل اتجاه تمتص دماء من يحاول الوصول إلى الكنوز.

وقد يرى بعضهم أن في هذا التفسير تطرفاً، لكن السياب نفسه ألمح إلى أن هذه الرؤيا ليست ببعيدة عن تصوره حين قال:

هنالك ألف كنز من كنوز العالم الغرقى
ستشبع ألف طفل جائع وتقتل آلافاً من الداء
وتنقذ ألف شعب من يد الجلاد، لو ترقى
إلى فلك الضمير!

(1) المرجع السابق، ص١٥٣-١٥٤.

وحين يهزأ الأخطبوط بالإنسان الضعيف ذي العمر القصير يكون رد السياب:

ألا ياليته شهد السلاحف، تسحق الدنيا
قياصرُها، ويمنع درعها ما صوب الزمن
إليها من سهام الموت
لكن الذي يحيا
بقلبٍ يعبرُ الآباد، يكسر حده الوهنُ
فيصمتُ، عُمْرَه أزلٌ يمين حدوده أبدٌ من الأكوان في دنيا

إنه يشير إلى أن امتداد العمر لا يرتبط بالضرورة بالقوة، بل العكس هو الصحيح فالسلاحف المشهورة بتعميرها لا يطول أجلها إلا لجبنها، إذ تحميها درعها التي تختفي فيها عند الخطر. تلك السلاحف تشهد أن القياصرة "تسحق الدنيا" فالحضارات البشرية القوية هي التي زلزلت العالم وكان محورها الإنسان الضعيف قصير العمر.

والشاعر يوجه الإنسان والشعوب إلى الثورة لانتزاع "الكنوز الغرقى" المخبأة تحت تمساح كريه، فتنتعش فيها الأمم ولكن بشرط أن ترتقي إلى مستوى "الضمير".

إنها مفارقة كبرى تلك التي رآها السياب في هذا العالم، خاصة العالم العربي، ثروات عظيمة يتحكم فيها واحد وقلة من معينيه، في حين أن الشعوب جائعة مسترقة:

أكُلُّ هذا المال في دنيا الأرقاء
ولا يتحررون؟ وكيف وهو يصفد الأعناق،
يربطها إلى الداء؟
كان الماء في ثبج البحيرة يمنع الزمنا
فلا يتقحم الأغوار ولا يخطو إلى الغرف
كان على رتاج الباب طلسماً، فلا وسنا
ولكن يقظةٌ أبدٌ، ولا موتٌ يحدُ حدود ذاك الحاضر الترفِ
كان تهجد الكهان نبعٌ في ضمير الماء يدفق منه للغُرَفِ

فهو يخلق من الأجواء الشعبية صوراً لتلك الأبواب الموصدة على الكنوز فكأنها مرصودة بالجن، تعكس ذلك كلمة " طلسم" وهي سلطة قوية ممتدة لا تموت لأنها تتجدد باستمرار، فكلما ذهب خازن وحارس جاء آخر ، فكأنما هو رصد لا يموت. وليس من مغامر أنسب من عوليس لهذه المهمة الصعبة، رمز الإنسان الذي ضرسته الحياة وأجبرته المقادير والسلطان على المخاطر، فكان جباراً قادراً على التغلب على كل مفاجآتها وأهوالها، لذا يحور من أسطورة عوليس الذي كانت غايته من مصارعة الأهوال العودة إلى زوجته المنتظرة وولده، فيزهده الشاعر في هذه الغاية ويجعل له هدفاً أسمى هو العودة إلى "المعبد الغريق" للتغلب على حارس الكنوز ليسعد نساء كثيرات، وأطفالاً كثيرين.

يريد لعوليس أن يتجرد من فرديته، من حلمه الفردي لينخرط في هموم الجماعة وحلمها. فيكتسب "... دلالة جديدة هي صفة المنقذ والمخلص وهذه الدلالة هي مما يتطلبه الحدث أو القصة"[1].

ثم إنه يجعل الوحش كما الرصد في القصص الشعبية يدرك أن نهايته على يد "فلان" من الناس دون غيره؛ لذا يحلم فيه ويخشى أن يفجر عينه الحمراء "بالظلم" ولا شك أن في كلمة " الظلم" ومضة إلى أن المقصود هم الساسه المستبدون:

هلم فإن وحشاً فيه يحلم فيك دون الناس.
ويخشى أن تفجر عينه الحمراء بالظلم
وإن كنوزه العذراء تسأل عن شراعك خافق النسم

ويرى أن حرب طروادة كانت عبثاً وتضييعاً للعمر بلا ثمن، واجداً فيها معادلاً موضوعياً للواقع المعاصر حيث يضحي الساسة بشعوب بأسرها من أجل غاية تافهة لمجرد امرأة أعجبتهم رمزاً للنزوة الشخصية، ويرون ذلك حقاً لهم لمجرد أن شعوبهم " توجتهم" فاستعبدوها ودفعوا أبناءها إلى الموت باذلين الثمن من "دم المهجات" صغاراً وكباراً:

---

(١) أطيمش، محسن، ص١٥٤.

"لأجل فُجور أنثى اتقاد مُتَوج بالثأرْ
تخضب من دم المهجات حتى سلم الأفنِ،
وحل بلا أوان يومُنا، وتساوت الأعمار
كزرع منه ساوى منجلٌ
وهناك في الشفق
تنوح نساؤنا المترملات، يولول الأطفال عند مدارج الأفق

والتاريخ يعيد نفسه، وكذلك بلاد الشاعر (العراق- العالم العربي كله) تفجر بالدماء لا لسبب سوى نزوات الزعماء ورغباتهم أذاقوهم صنوف الجوع والحرمان:

هلم فقد شهدت، كما شهدت، دماً وأشلاء
تفجر في بلادي قمقم ملأته بالنار
دهور الجوع والحرمان
أي خليقة قاء؟!
رأينا أن أفئدة التتار، وأذؤب الغار
أرق من الرعاع القالعين نواظر الأطفال والشاوين بالنار
شفاه الحلمة العذراء
يا نهراً من الحقد
تدفق بالخناجر والعصي، بأعين غضبى:
نجوماً في سماء شدها قابيل بالزند.

فليتك حين هز الموصل الإعصار (لا درباً ولا بيتاً، ولا قبراً نجا فيها) شهدت الأعين الغضبى

وليتك في قطار مر حين تنفس السحر
فقص، على سرير السكة الممدود، أمراسا
تعلق في نهايتهن جسم يحصد النظر
عليه الجرح بعد الجرح بعد الجرح أكداسا
ليهوي جسم حفصة لابساً فوق النجيع دماً وأمراساً

إن التتار رمز الغطرسة الغوغائية والهمجية أقل جرماً برأي السياب من نظام عبد الكريم قاسم ناظراً إلى بشاعته من خلال جسد " حفصة" المصلوب المربوط بالحبال مكدسة جراحه مغطى بالدماء.

والشّاعر يريد أن يكون رفيقاً لعو ليس في رحلة الخلاص، ويظل يردد "هلم" اسم فعل الأمر وهو أكثر انسجاماً مع انفعال الشاعر وأعمق دلالة وتسريعاً من الفعل " أقبِل" أو "أسرع" إذ يتضمن المعنين معاً بالإضافة إلى الاستحثاث والشجيع، فالمهمة صعبة لا تحتمل التأخير:

هلم نشق في الباهنج حقل الماء بالمجداف
وننثر أنجُمَ الظلماءِ، نُسقطها إلى القاعِ
حصى ما ميزته العين عن فيروزه الرفاف
ولؤلؤة المنقط بالظلام
سنرعبُ الراعي
فيهرعُ بالخراف إلى الحظيرة أن يغرقن في القاع

وتغلب على هذا المقطع من القصيدة الأفعال المضارعة التي تدل على المستقبل: "نشق، نسقط، ننثر، سنرعب"، فكلها "نفعل" للجماعة وهو ما يريده الشاعر مقابل الأفعال الماضية التي سيطرت على القصيدة من أولها حين كان الحديث عن البحيرة والوحش: (مج، تفجر، قر، عصفت، تطفأ، توهج، تمرغ... الخ) فما يريد أن يفعله الشاعر ومن معه اليوم هو رد فعل لأفعال ماضية حان الثأر لها، وتغيير مجراها. وفي قوله "تنثر أنجم الظلماء" استعمال عكسي لصفة الأنجم، فالأصل أنها مزهرة مشرقة، لكنه ينزاح بها إلى دلالة نقيضة لها فيستعمل "أنجم على وزن "أفعل" جمع قلة تحقيراً وتقليلاً، ثم يضيفها إلى "الظلماء" لا " الظلام" للمبالغة في ظلامها، فالساسة المهيمنون في سماء الأمم هم قلة ترتفع في وقت سيطرة " الظلماء" على الشعوب. فبدل أن تهديهم تضللهم، وبدل أن تنير لتبدد الظلام، تجعله يشتد أكثر، فهي أنجم زائفة؛ لذا يريد أن يسقطها إلى القاع حيث مكانها الحقيقي، وبمجرد سقوطها تتكشف عن محض حصى- لا يختلف عما في قاع البحر الذي لؤلؤه منقط بالظلام. وفي استعماله كلمة " الراعي" إرهاص إلى المعنى لكنه يكمل

توريته بذكر الخراف ليصرف نظر السامع إلى المعنى اللغوي ظاهراً، وإنما يعني بالخراف ما يملكه من مال، وهو حال كثير من أولئك المتربعين على العروش حين تسقط من تحتهم أول ما يفكرون به إنقاذ ما يملكون من مال وأرواح.

ويستعجل السياب "عوليس" في الاستجابة إلى "صوت آسية الناعس من الردى" من سجع الكهان" وتتخذ هذه الكلمة دلالة هنا عكس دلالتها في الإسلام والعربية من أنه تنسيق كلمات بقافية متتابعة لمجرد الجرس الموسيقي دون معنى لتغليفه بالغموض، وإيهام الناس بأنه معجز من الآلهة، ولكنه هنا يتخذ الدلالة الضد فهو نداء فيه روح السحر والرهبة الممتزجين بروحانية عالية، لذلك عليهم أن يطووا دجى الدهر قبل أن يأتي يوم تطلع فيه الشمس دون ألوان، خالية من البهجة والحياة حين يحل محل نور الحقيقة والهداية" التبر"، ويختفي وقع سجع الكهان، حين تسيطر المادة على الروح:

هلم فليل آسية البعيد مداه، يدعونا
بصوتٍ من نعاس من ردى، من سجع كهان
هلم... فما يزال الدهر بين أيدينا
لنطو دجاه قبل طلوع شمس دون ألوان
تبدد عالم الأحلام، تخفت – إذ يرن التبر فيها- سجغ كهان!
يجول التبر فيها مثل وحش يأكل الموتى
ويشرب من دم الأحياء، يسرق زاد أطفال
ليتقد اللظى في عينه، ليعيره صوتا
يحطم صوت كل الأنبياء هناك
يا لرنين أغلال
ويا لصدى من الساعات ، بالأكفان مس رؤوس أطفال
وفَلَّ عناق كل العاشقين، ودس في القبله
مدى من حشرجات الموت، رد أصابع الأيدي
أشاجع غاب عنها لحمها، وستائر الكُله
يحولها صفائح تحتها جثث بلا جلد

هلم فبعدُ ما لمح المجوسُ الكوكبُ الوهاجُ تبسطُ نحوه الأيدي
ولا ملأتِ حراء وصُبحه الآياتُ والسورُ
هلُم فما يزال زيوس يصبغ قمة الجبلِ
بخمرته، ويُرسل ألف نسرٍ نز من أحداقها الشررُ
ولتخطف من يدير الخمر يحمل أكؤس الصهباء
والعسل
هلُم نزور آلهة البحيرة،
ثم نرفعها لتسكن قمة الجبل

إن الإله الجديد الذي تعبده آلهة البحيرة والذي بدوره يستعبد الناس- يحطم " صوت كل الأنبياء"، كل قيمهم ودعواتهم فاعلاً فعل قابيل الذي لم يذكره الشاعر هنا وإنما ألبَسَ فعله ودمويته للتبر الذي حل محله " يأكل الموتى" ويشرب من دم الأحياء، الموتى الضعاف الذين لا يقاومون فيكونون فريسة سهلة، والأحياء ذوو العقول والقلوب الحية يقاومون فيقتلون لذلك. إنها فتنة لا يسلم منها الجاهل ولا العالم، ولا الكبير ولا الصغير. إنه الموت " الذي سيكفن رؤوس الأطفال".

تراجع صوت الأنبياء المتمثل بمولد المسيح عليه السلام، ونُزول القرآن بحراء. قد ارتدت البشرية إلى عهد الآلهة؛ بل إننا نعيش قبل عهد الأنبياء. كان من المتوقع أن يخوض السياب وعوليس- الشعب المغامر المخلص حرباً ضارية مع التماسيح " آلهة البحار" لتحرير الكنوز وإرجاعها إلى مستحقيها (الشعب الجائع)، لكنه لم يحدث، فعلى العكس تماماً يطلب إليه نقيض ما طلبه في البداية، فيحرفه عن غايته، وبالانفعال نفسه" هلم" ، ولم تعد " إغارة" على عدو بل " زيارة" ولم يعد الهدف قتل الآلهة" بل " رفعها" إلى القمة. ويلحظ أن السياب أنهى جملته الأخيرة بعلامة (التأثر) ليسخر من واقع مرير سخرية أمر، ولست مع د. إحسان عباس حين التفت إلى هذا التحويل في آخر القصيدة حيث يقول"... إنه يريد وصاحبه أن ينعما في ظلمات القرون وغيابات الجهل، مطمئنين إلى أن شريعة " الغصب" وتأليه الإنسان للقوى التي يود تأليهها ما يزالان يحكمان الوجود، وهذه غابة من أسوأ ما تنتهي إليه قصيدة حتى ولو كنا نأخذ هذا القول على

محمل السرية، ولا ريب في أن الذي أوقع السياب في هذا المزلق هو فكرته الوعظية عن الذهب وقدرته على إفساد النفوس، تلك الفكرة التي استمدها شعرياً من أديث سيتول معتقداً من القصص الذي يتمتع أحياناً بمسحة دينية، وراها عملياً فكرة محببه حين أحفق في أن يجد " النقود" التي تعينه على المرض ومصاعب العيش"[1].

لم تكن غاية السياب الدعوة إلى التخاذل والتسليم للواقع المرير بقدر ما يهجوه ويقرره، ولم يكن الوعظ سبب ذلك، بقدر ما فرض واقعه وتجربته الخاصة مع الشيوعية مثل هذه النهاية، فعبد الكريم قاسم وجماعته من الشيوعيين كانوا في حلم السياب " عوليس" الذي سيغامر ويواجه الصعاب من أجل تخليص الأمة من القلة التي تتحكم بالأموال والموارد، لكن فجأة- كما رأينا في هذه القصيدة- انقلبوا إلى ضد، إلى عدو للشعب انجلى ذلك بوضوح في مذبحتي الموصل وكركوك، والسياب الذي كان يناصره بالأمس رأى نفسه مشاركاً في صنع هذه الآلهة، ورافعاً لها فوق الأولمب هو و" عوليس- الشعب" ، لتعود فتتخير فرائسها بجنودها الكثيرة الجارحة " ألف نسر" لتصبح ساقية لعدوها لأنها أضعف من أن تقاومه.

والذي يتتبع الأصوات في القصيدة يلحظ أنها ذات جرس لغلبة حروف الهمس، والحلقية، والرخوة عليها فكانت منسجمة تماماً في إيقاعها مع نهاية القصيدة التي انتهت بتقرير حقيقة حزينة مستسلمة، وهذا في ذاته جدير بإثارة المتلقي ليتمرد ويحاول أن يغير هذا الواقع، ولو انتهت القصيدة بالانتصار على آلهة البحار لما كان فيها ما يميزها عن غيرها من قصائده التي تنتهي بالخصب والمطر.

١٠- التضمين الإشاري:

وهو أن يضمن الشاعر قصيدته عبارات أو مواقف يستمدها من المصادر التراثية الأدبية أو الدينية ليضفي عليها أجواء ذات عبق روحي في ذاكرته الثقافية ذات علاقة بتجربته.

ويمثل التضمين " النمط الثاني من أسلوب التعامل مع التراث حالة جزئية ذات تأثير محدود في القصيدة، وفيه يعتمد الشاعر على الموروث الأدبي من شعر ونثر. إن

(١) عباس ، إحسان، بدر شاكر السياب، ص ٢٨١، ٢٨٢.

هذا النمط من التعامل مع الموروث يفصح عن رغبة الشاعر المحدث في مجاراة الشاعر القديم، وملاحقة أجوائه وصوره وانعكاس لما ترسخ في ذهنه من مضامين تراثية هي جزء من ثقافته[1].

وعودة الشاعر"... إلى القيم الفنية الشعرية الموروثة ليست الكفاءة أو رجعه، إنما هي إحياء لكل ما (أوثر)[2] عن الماضي الشعري من معطيات فنية إيجابية، وهي تطوير لفن الشعر كما أنها إضاءة وتعميق لرؤية الشاعر وإحساسه بالاستمرار والتواصل الفنيين والشاعر عندما يتوجه إلى معطيات موروثه الأدبي فإنه لا يعمد إلى الإفادة الجامدة التي تدخل في باب التكرار والتقليد، وإنما يهدف إلى إعادة صوغ تلك المعطيات بما يثري عمله الجديد ويجعله صالحاً للتعبير عن قضاياه المعاصرة"[3].

والقصيدة الجيدة " لا تقتبس من الموروث التاريخي لتوثيق الشعر وتأكيد انتمائه إلى القديم، وإنما تثير... في ذهن المتلقي دلالات وصوراً وومضات، تقرب بها المعاني الحديثة التي يريدها الشاعر المعاصر، بإثارة تلك الأجواء التاريخية، بشرط أن يلتحم هذا المقتبس بنسيج الشاعر"[4].

- أما المصادر التراثية التي يقتبس منها الشعراء ويضمنونها شعرهم: القرآن الكريم والحديث النبوي الشريف، وبعض الأقوال والأمثال المشهورة، والشعر العربي القديم، وأحياناً من التراث الأدبي الغربي.

ويتعامل السياب مع التضمين بطريقين: الأول ينقل فيه المقتبس " بفكرته وألفاظه القديمة أو بألفاظ جديدة تناسب مضمون القصيدة مع تغيير بسيط يطرأ على الفكرة"[5].

(١) حداد، علي، أثر التراث في الشعر العراقي الحديث، ص١٠٦.
(٢) هكذا وردت والصحيح: أثر.
(٣) أطيمش، محسن، دير الملاك، ص ٢٢٢ .
(٤) علوان، علي عباس، تطور الشعر العربي الحديث في العراق، ١٩٧٥، منشورات وزارة الإعلام، العراق، ص٢٦٤.
(٥) حداد، علي، أثر التراث في الشعر العراقي الحديث، ص١٠٧.

"... إن هذا النمط من الالتفات إلى التراث (يعتبر)[1] إشارة عابرة أو هـو توظيـف جـزئي غـير فاعل جداً في تطوير مضمون القصيدة، وربما بدا محض إعجاب وتقليد للصورة الموروثة"[2].

- أما الطريق الثاني فإنه يوظف الشاعر فيه المقتبس للتعبير عـن رؤيـاه بتحـويره وصـهره في بوتقة انفعالية واحـدة تصبح الصـورة ذات دلالـة عصرـية لا تنفصـل في ذهنـه، عـن دلالتهـا التاريخية، فكلتاهما تستدعي الأخـرى حيـث الحـاضر والمـاضي يتفـاعلان معـاً في نفسـه إمـا تواصلاً، أو تناقضاً تبرز من خلاله المفارقة الحادة بين الموقفين والـزمنين ثـم الشـاعر وصـاحب المقولة المقتبسة ومثال الأول:

تضمينه الآية الكريمة: (إنا عرضنا الأمانـة عـلى السـموات والأرض فـأبين أن يحملنهـا وأشفقن منها، وحملها الإنسان إنه كان ظلوماً جهولاً)[3] وذلك في قصيدته مـن "رؤيـا فوكـاي" حيث يقول:

تلك الروابي كم انحط النهار على   أقصى ذراها ، وكم مرت بها الظلم
لو أودع الله إياهـا أمانتـــه   لنالهن عـلى استيداعهـا نـدم[4]

فهو لم يزد عن معنى الآية الكريمة. ومثله أيضاً تضمينه ألفاظ الآية الكريمة: (الله نور السموات والأرض مثل نوره كمشكاة فيهـا مصـباح في زجاجـة، كأنهـا كوكـب دري يوقـد مـن شجرة مباركة زيتونة، لا شرقية ولا غربية...)[5].

وذلك في قصيدته (جيكور والمدينة):

مصابيح لم يسرج الزيت فيها وتمسسه نار[6]

---

(١) هكذا وردت، والصحيح: يُعد.

(٢) أطيمش، محسن، دير الملاك، ص٢٢٣.

(٣) الأحزاب، (٧١).

(٤) أنشودة المطر، ٣٥٩/١.

(٥) (النور: ٣٥).

(٦) أنشودة المطر، ٤١٧/١.

نلحظ أن هذا النمط من التضمين يغلب على شعر السياب عند الاقتباس من القرآن الكريم، ولعل حرصه على عدم المساس بقدسيته يجعله يستحضره بصورته ولفظه القرآنيين في الغالب.

وهو نمط شكل مرحلة ستقود الشاعر- فيما بعد- إلى استخدام أمثل أكثر نضجاً، وأعمق إيحاءً.

وأما النمط الثاني فيرد في ثلاثة مواطن في قصيدة المومس العمياء، ففي مطلعها يقول:

والليل يطبق مرة أخرى فتشربه المدينة.
والعابرون إلى القرارة مثل أغنية حزينه[1]

" والعلاقة المجازية التي هي " شرب الليل" انتماء للماضي الشعري وتأثر بالصورة التي وردت في أبيات ابي العلاء:

يكاد الصبح تشربه المطايا   وتملأ منه أوعية شنان

حقا إن (لكلا) [2] الصورتين معنى وظيفة في القصيدتين لكن ما يتضح هنا هو أن السياب التقط تلك العلاقة المجازية ونأى بها، ربط بين " شرب الصبح" ، و"شرب الليل".

غير أن هذا الربط لم يكن زينة شعرية، أو تدليلاً على ثقافة تراثية، أو تقليداً، إنما تحول إلى تكوين تصويري فاعل ومدخل وصفي يسهم كثيراً في بلورة الحالة الشعرية، ذلك أن السياب كان بصدد رسم صورة للمدينة الموحشة التي يخيم عليها الليل والحزن وتعيش حالة من الجدب، والتي ما تزال تشرب ليلها المرير مرة إثر أخرى هنا يمكن (لما) [3] أن تقول أن الشاعر أخذ يتجاوز الالتفات البسيط والعابر للصورة القديمة، وقد بدا يتمثلها ويعيد خلقها، لتخدم موضوعه وموقفه المعاصر الخاص[4].

---

(١) أنشودة المطر، ٥٠٩/١.

(٢) هكذا وردت ، والصواب: " كلتا".

(٣) هكذا وردت ، والصواب "لنا".

(٤) أطيمش، محسن، دير الملاك، ص٢٢٤-٢٢٥.

إنه يعيش حالة نفسية نقيض ما يتمنى مستحضراً راحة المعري التامة وهو يرسم صورة لانتعاشه ونشوته عند الصباح حتى كأن الإبل تكاد تجمعه زاداً في أوعيتها، تلك الحال التي يفتقدها الشاعر في مدينته التي لا يراها إلا في دجى سابغ، بل متغلغل حتى كادت المدينة تشربه.

ومن ذلك تضمينه بيت المعري:

خفف الوطء، فما أظن أديم الـ   أرض إلا من هذه الأجساد

وكذلك عبارة المعري التي كتبت على قبره " هذا جناه أبي علي" - حيث يقول:

وانسلت الأضواء من باب تثاءب كالجحيم
تطفو عليهن البغايا كالفراشات العطاش
يبحثن في النيران عن قطرات ماء... عن رشاش
لا تنقلن خطاك فالمبغى " علائي" الأديم:
أبناؤك الصرعى تراب تحت نعلك مستباح،
يتضاحكون ويعولون
أو يهمسون بما جناه أب يبرؤه الصباح
مما جناه، ويتبعون صدى خطاك إلى السكون

ولا أتفق مع من ذهب إلى أن هذا تضمين من النمط الأول لا يضفي على المعنى القديم جديداً[(١)] فلم يعد حديث السياب عن الموتى المتحللين رميماً ورفاتاً مختلطاً بالتراب، ليقول للإنسان اتعظ، ولا تتكبر، ترفق ببقايا أجدادك ليترفق بك أحفادك واضعاً الإنسان أمام حقيقة مرة، الموت. إن السياب يتحدث عن الأحياء الموتى، أولئك المسحوقين من الضعاف، منهم البغايا الفراشات العطشى الباحثة عن الماء في النيران، بل عن " رشاش" للحياة في غبش الرؤيا حين تحترق ملقية بنفسها في النار في انفعالها وشدة عطشها إلى النور، إنه العمى الحقيقي، وكذلك السكارى الماشون على تراب المبغى الكبير الذي يتسع ليشمل " المدينة" كلها، إنما يطفون أبناءهم الصرعى بنعالهم، بظلمهم وبغيهم، كلهم ضحايا البغايا وزبائنهن في ليل المدينة، سواء كانوا " يتضاحكون " أو " يعولون" . والفعل يدل

(١) انظر: البطل، علي، الرمز الأسطوري في شعر السياب، ص٥٩.

على الحياة والحركة، غير أنهم أموات يتساوى ضحكهم وعويلهم، بل إن ضحكهم نوع من العويل. هم ضحية جناية الأب لا لمجرد أن كان سبب ولادتهم وإخراجهم للحياة كما عند المعري، بل لأنهم ولدوا في الظلام ولادة غير شرعية، ولعله يرمز بذا إلى الوضع السياسي والاجتماعي القاسي الذي يعد مسؤولاً عن خلق هؤلاء الضحايا، وتوليد البؤس غير الشرعي، يتبرأ منه صانعوه نهاراً رياء الناس، وجريمتهم تتم في الخفاء تحت جنح الظلام " وإذ نمضي مع السياب في قصيدته " المومس العمياء" ونصل إلى المقطع الذي يتحدث فيه عن العلاقة بين ماضي المومسات البريء وحاضرهن الملوث، فسنلتقي بالصورة الشعرية القديمة التي وردت في شعر المتنبي:

لا يسلم الشرف الرفيع من الأذى   حتى يراق على جوانبه الدمُ

وسنرى كيف تحولت بين يدي السياب إلى جزء فاعل ومؤثر، يعبر عن أحاسيس الآباء الذين كانوا لسنوات قريبة خلت آباء الأطفال " كالحمائم في النقاء".

لأب يقبل وجه طفلته الندي أو الجبين
ما كان يعلم أن ألف فمٍ كبئر دون ماء
سيمص من ذاك المحيا، كل ماء للحياء،
... وأن عاراً كالوباء
يصم الجباه فليس تغسل منه إلا بالدماء

وسنرى أيضاً أن تلك الصورة الشعرية القديمة استطاعت أن تكتسب أبعاداً موضوعية جديدة، ولو أن القارئ تجاوز قضية الخطيئة، " البغاء" بمعناها الشخصي- الضيق ودلف منها إلى الموضوع الأكثر شمولاً لأدرك أن تأكيد السياب على ضرورة التطهر بالدم إنما هو إشارة إلى الواقع الاجتماعي الأسود المرير الذي كان يحياه العراق في سنوات ما قبل ثورة تموز، ذاك (الوقع)* الذي لا يمكن أن يتطهر إلا بالدم أيضاً، وهذا البعد الآخر للصورة الشعرية ينبثق عن الرؤية الكلية لقصيدة المومس العمياء، التي لا نراها قصة تتحدث عن امرأة سقطت وحسب وإنما هي تصوير شامل للخراب

* هكذا وردت ، والصواب، " الواقع".

الاجتماعي، واحتجاج شديد على كل ما كان يحدث، وطموح إلى خلق عالم جديد أكثر عدالة ونبلاً"[1].

" ويبدو قول المعري:

سحائب مبرقات مرعدات   لمهجة كل حي موعدات

مصدراً للصورة الشعرية التي وردت في قصيدة السياب " مدينة بلا مطر" وربما عمد الشاعر إليه ونقله نقلاً يوشك أن يكون تاماً:

جياع نحن وأسفاه ! فارغتان كفاها
وقاسيتان عيناها
وباردتان كالذهب
سحائب مرعدات مبرقات دون أمطار
قضينا العام بعد العام بعد العام نرعاها
وريح تشبه الإعصار لا مرت كإعصار
ولا هدأت[2]

غير أن الصورة الشعرية القديمة تحولت هنا، بفعل تراكم الصور من حولها، إلى نسيج سيابي خالص، بعد أن أضاف إليها الشاعر " دون أمطار" وهذه الإضافة بالغة الأهمية نأت بالصورة القديمة عن معناها الذي وردت فيه وتحولت بفعل رؤية الشاعر المعاصر إلى جملة وكأنها انبثقت عن الموقف الشعري الذي تتوالى فيه الصور لتؤكد حالة الجدب واليباب والإحساس المتألم بالخيبة، ذلك أن هذه السحب ذات البروق والرعد ليست سحباً حقيقية، هي سحب كاذبة، لأنها خالية من المطر الذي يعيد الخصب والحياة لمدينة بابل المحترقة، وشعبها الجائع"[3].

---

(١) أطيمش، محسن، دير الملاك، ص٢٥٦.

(٢) أنشودة المطر، ٤٨٧/١.

(٣) أطميش، محسن، دير الملاك، ص٢٢٦-٢٢٧.

وإن كان المعري يعبر عن لهفة كل حي لما تعد به السحب من المطر والخصب وهو ينتظرها، فإن السياب يائس منهن لأنهن يعدن وينتهين بلا مطر، وليست هذه المرة الأولى فقد ظل يتأمل عاماً بعد عام، بعد عام، وهو تكرار يشير إلى طول الانتظار واليأس من تحقق المأمول.

ومن التضمين المحور تحويراً موظفاً قول السياب في قصيدة " بور سعيد":

يا حاصد النار في أشـلاء قتلانا ... منك الضحايا، وإن كانوا ضحايانا
كم من ردىً في حياة، وانخذال ردىً ... في ميتةٍ، وانتصار جاء خذلانـا !
إن العيون التي طفـأت أنجمهـا ... عجلت بالشمس أن تختار دنيانـا
وامتد، كالنور، في أعمـاق تربتنـا، ... غرس لنا من دمٍ، واخضل موتانا
فازلزلـي يا بقايا كـاد أولنـا ... يبقي عليها من الأصنام، لولانـا
نحـن الذي اقتلعنـا من أسافلهـا ... لاة وعزى، وأعليناه إنسانـا(1)

فهو يقتبس من قول جرير :

إن العيون التي في طرفها حـورٌ ... قتلننا ثم لم يحيين قتلانـا
يصرعن ذات اللب حتى لا حراك به ... وهن أضعف خلق الله إنسانا

جرير يتغزل بجمال العيون الذي يقتل ولا يسعف بإعادة الحياة، إنه قتل معنوي، أما السياب فيعرض واقعاً مغايراً فهي " عيون أطفأ العدو أنجمها" فهي تقتل، مسلوبة الإرادة "لا تفعل" ، وإنما " يفعل بها" العجب فتطفأ وتقتل وتشوه غير أنها ميتة تهب الحياة، هي "أنجم" اطفئت لكن انطفاءها سيلد مصدر الضوء الأكبر منها " الشمس" فموتهن تعجيل لشروقها واختيارها دنيانا، إنها الحضارة والقوة والحق والحرية، وعندها سيهتز الموتى فتخضل من جديد في بعث جديد. العيون عند جرير والسياب كلتاهما ضعيفة، لكن ضعفها في صورة جرير قاتل، وضعفها في صورة السياب قتيل محيي. والسياب حين يحور في الاستعمال التراثي إنما يستحضر الإثنين معاً: الماضي الجميل حيث الغزل، وحيث الشاعر

---

(1) أنشودة المطر، ٤٩٢/١.

الذي لا يشغله سوى جمال العيـون وسـحرها، والحـاضر المريـع بإفرازاتـه وملابسـاته، حيـث الشاعر المسكون بهموم أكبر، لم يعد منها يـرى في العيـون جـمالاً ذاتيـاً فحسـب، وإنمـا صـور مشوهة يطمح من خلالها إلى تحقيق الحرية.

ويلحظ أن الشاعر وقع صورته على البحر البسيط نفسه الذي استخدمه جريـر، إنـه يعيش حالة التوتر ذاتها التي عاشها صاحبه، لكن سبب التوتر مناقض تماماً في الشعور، وهذه براعة منه، وإرهاص إلى صدق تفاعل الماضي والحاضر معاً في نفسـه، لكـن الصـورتين تتـآزران، والسياب مثل جرير تقتله العيون الجميلة، برهاناً على أنه حي عاطفةً وإحساساً، وهـو يريـد لها الحياة، لذلك يشكل عقاباً مؤلماً للمـوتى ليهبـوا فينقـذوها، ويعيـدوها سـيرتها الأولى كـما كانت و" يعدم الباحث عن التضمين والاقتباس عند رواد الشعر الحر الأمثلة المشابهة لما كـان لدى سابقيهم من الشعراء، مع توسعهم في المضـامين المقتبسـة مـن الـتراث، لا سـيما الـتراث الشعبي، غير أنهم طوروا صيغ الاقتباس والتضـمين وحـاولوا الاسـتفادة منهـا في خلـق دلالات نفسية توطد الفكرة أو تضفي عليها شيئاً جديداً. يقول السياب:

عيون المها بين الرصافة والجسر ثقوب رصاص رقشت صفحة البدر[(١)]

والشطر الأول من بيت علي بن الجهم المشهور:

عيون المها بين الرصافة والجسر جلبن الهوى من حيث أدري ولا أدري[(٢)]

فهو لا يتغزل مثله بعيون جميلة صادفها على الجسر- بـل ليخلـق في ذهـن المتلقـي هزة معينة، فينقل المعنى في الشطر الثاني من البيت إلى حالة مغايرة، حين تمسي- عيـون المهـا الجميلة التي ترسخت في أذهاننـا ثقوبـاً سـوداً، أحـدثها الرصـاص الغـادر " فلـيس فيهـا تلـك الحياة، ولا ذاك الرواء الذي عهدناه"[(٣)] .

---

(١) المبغى، " أنشودة المطر"، ٤٥٠/١.

(٢) ابن الجهم، علي، (ت: ٢٤٩هـ)، ديوانه، تحقيق: خليل مردم بك، ١٩٨٠م، دار الآفاق الجديدة، بيروت، ص٢٢٠.

(٣) حداد، علي، أثر التراث في الشعر العراقي الحديث، ص١١٠.

إنه يرسم واقعين متضادين يجريان في المكان نفسه (الرصافة والجسر) في أرض العراق: ماضياً جميلاً آمناً لا يرى الشاعر فيه سوى العيون الجميلة وعيون المها، التي تأسره عنوة، والحاضر المؤلم الذي قلب واقع المكان إلى النقيض حيث " ثقوب رصاص رقشن صفحة البدر". فما زالت النساء جميلات وجوههن " صفحة البدر" غير أن التشويه كان في موضع الجمال فيهن فاستبدلت العيون بثقوب الرصاص. إنها حقيقة الواقع الحديث. ويفصل السياب في العينين اللتين أصبحتا ثقبين كبيرين يسكب منها شلال من الرماد (رمز الدمار) فثمة قبضة ماردة " تعصر الدروب تمطها فلا تسلم منها المها ولا عيونها.

وكل الحسنوات عند السياب كحبيبته ناهدة التي تفيض حيويةً وخصباً يدفعن ثمن تحول الرجال في بغداد إلى محض طين صنعه الخزاف بيديه وشكله تمثالاً أجوف مفرغاً من الحياة، وربما استطاعت تلك العيون أن تبعث فيهم الروح فيثوروا مرجعين الصورة إلى أصلها:

ويسكب البدر على بغداد؟
من ثقبي العينين شلالاً من الرماد:
الدور دار واحده، وتعصر الدروب، كالخيوط، كلها
في قبضة مارده
تمطها ، تشلها،
تحيلها درباً إلى الهجير
وأوجه الحسان كلهن وجه " ناهده"
(حبيبتي التي لعابها عسل
صغيرتي التي أردافها جبل
وصدرها قلل)
ونحن في بغداد؟ من طين

يعجنه الخزاف تمثالا،
دنيا كأحلام المجانين
ونحن ألوان على لجها المرتج أشلاء وأوصالا.

الفصل الثاني
البنية العامة للقصيدة وتطورها

يتناول هذا الفصل- بعون الله- تشكيل القصيدة السيابية وتطور بنائها الفني، ففي البدء كان السياب غنائياً رومانسياً، وحين اشتد عوده واستكمل أدواته الفنية أخذ يكتب المطولات ذات الخصائص الدرامية.

فبنية القصيدة تنقسم إلى نوعين:

أولا: البناء الغنائي

ثانيا: البناء الدرامي

أولا: البناء الغنائي:

" وهو ذلك الشعر الذي يتغنى فيه الشاعر بعاطفة من العواطف فيضمن القصيدة طائفة من المشاعر الجزئية التي تأتي نتيجة انفعال سريع"[1]. " فهي تجسم موقفاً عاطفياً مفرداً أو بسيطاً. هي قصيدة تعبر عن حالة أو إلهام غير منقطع"[2]. فلا صوت سوى صوت الشاعر الذي يتحدث في القصيدة خالياً من صراع مع صوت آخر داخله أو خارجه. " ولو أننا رسمنا خطاً بيانياً للقصيدة الغنائية المعاصرة لقلنا إنها تصوير لموقف عاطفي مفرد يتحرك أو يتطور في اتجاه واحد. وهذا هو المعيار الذي نستبصر من خلاله بالقصيدة الغنائية المعاصرة"[3]. إذ " ينتظمها خيط شعوري واحد، يبدأ في العادة من منطقة ضبابية ثم يتطور الموقف في سبيل الوضوح شيئاً فشيئاً حتى ينتهي إلى إفراغ عاطفي ملموس. وحدة العاطفة إذن وتطور هذه العاطفة في اتجاه واحد هما السمتان المميزتان للبنية الداخلية للقصيدة المعاصرة"[4].

---

(١) إسماعيل، عز الدين، الشعر العربي المعاصر، ص٢٤٤.

(٢) المرجع نفسه، ص٢٤٦.

(٣) السابق نفسه، ص١٥١.

(٤) السابق نفسه، ص٢٥١.

ويعتمد الشاعر الغنائي غالباً أسلوب السرد، ويطعمه أحياناً بالخطاب البسيط دون خلق حوار معقد.

وقد ظلت الغنائية مسيطرة على شعر السياب في المرحلة الرومانسية في بواكيره الشعرية، وعاد إليها أيضاً في المرحلة الأخيرة، مرحلة المرض والصراع مع الموت، والانكفاء على الذات وأوجاعها.

وتتخذ القصيدة الغنائية عند السياب طابعين:

١- اعترافي

٢- خطابي[١].

١- البناء الغنائي الاعترافي:

ويقصد به ذلك النمط من القصائد التي ينصب اهتمام الشاعر فيها على ذاته لا يتجاوزها، فهي محور القصيدة وهدفها، بحيث تظل خاصة بتجربة الشاعر وحده دون غيره. ومن هذا القبيل قصيدته " ثورة على حواء" حيث يبدأ متحدثاً عن آلامه وخيبة أمله في الحب، وفشله مع المرأة التي وصفها بالرعونة.

ثم انتقل إلى خطاب تلك المعنية التي لم يقف عندها، وإنما تجاوزها إلى كل بنات جنسها:

إنـي عـدوك يا مغـررة　　سكرت بخمرة شرها الأمـم
ما فيـك إلا كـل مثلبـة　　ما فيك إلا الحـزن والنـدم
ولأنت يا محبوبتـاه أسـى　　للقلـب يحطمـه فينحطـم
ولأنت- مهما كنت - سافـلة　　إن شاء ذلك أو أبـى الخـدم
خدموا جمالك وهو- لو علموا-　　دنس بثـوب الطهـر ملتثم
إنـي أشـك بكـل غانيـة　　لا بل أكـاد، أكـاد أتهـم
وأقول جهراً أنت عاهـرة　　وليغضبنـك ذلك الكلـم[٢]

(١) انظر هذين المصطلحين في : أبو محفوظ، ابتسام، بنية القصيدة عند أمل دنقل، ص٦٤.
(٢) "قيثارة الريح"، ٣٢٢/٢.

إن قهر السياب وخيبة أمله في الحب يجعلانه يلوث حتى المثال من المرأة، فيتهمها بالسفالة والسقوط لا لشيء إلا لأنها رفضت هواه، فحطمت قلبه، وهي جريمة عنده جديرة بالانتقام:

حطمت قلبي في الهوى سفها فمتى وأين وكيف أنتقم؟

فقد بات رفضها حبه ذنباً، إلا أن جنوح الذات في ألمها يمنعه من أن يتوقف عن اندفاعه الأعمى:

ويمثل التذكار لي صوراً زهراً معطرة فأبتسم
كفا تصافحني مهنئة فكأنما نبضاتها نغم
وأكاد من شغف أقبلها وأكاد حين نصولها أجم
فأعود أغتفر الذنوب لها ويروعني ما خطه القلم
فأكاد أمحوه فيمنعني فكر يريش جناحه الألم

إنه صراع الذات يسوده الشاعر، مفصلاً عاطفته التي تتطور باتجاه واحد نحو التفريغ لشحناتها المحمومة، فعاطفته تتحرك جراء تذكار صورة، ومجرد " كفها" وهي تصافحه مهنئة تثير نبضاته نغماً متصاعداً من الحب ويجنح مع خياله لمجرد المصافحة حتى يكاد يقبلها. فالسياب المحروم حتى وهو في قمة ثورته على " حواء" ليس سوى روح شفاف ضعيف متعطش إلى الحب تحكمه عقدة الحرمان، الحرمان من الأنثى (الأم)، والحرمان من الجمال، لذلك سنرى- بعد قليل- أن له ترة على كل " جميلة"، ثم الحرمان من المال. ويعبر عن هذا الحرمان صراحة حين يقول:

كيف الرضا والنفس جامحة وجرح قلبي ليس يلتئم؟

وحين لا يملك أن يستميل المرأة ويحظى بحبها وجمالها يزهد نفسه فيها ملصقاً بها من التهم والمعايب ما يعزي به نفسه:

عبد النساء معاشر جهلوا ماذا يخبئ ذلك الصنم
يخفي إحساسه في تكبره لا سر قدرته كما زعموا
وأشك بالعذراء تظهر لي عذراء ما علقت بها التهم

وأقول: وجه البدر مؤتلق ... ولقد تجلل طهره الظلم

يصمها بالخيانة والسقوط والخواء الروحي لا لفعل فعلته بل لامتناعها عن الفعل؛ أي لا لأنها ارتكبت ما استحقت به هذه التهم كأن تخونه مثلاً، وإنما منعته من حبها فلم تعطيه منه شيئاً، فزادت حرمانه حرماناً؛ لذا يعود يتحين لحظة الانتقام ومكانه وكيفيته مكرراً الشطر الثاني من بيت سابق خاتماً به قصيدته:

أورثتني شكاً بكل هوى ... وبكل من تسعى بها قدم

حتى غدوت وما أرى امرأة ... إلا وثار الحقد يضطرم

لي عند كل جميلة ترة ... فمتى، وأين، وكيف انتقم؟

فإن كان يتشوق للثأر في البدء ممن حطمت قلبه فإنه ينتهي إلى الرغبة في الثأر "من كل جميلة " لا من واحدة بعينها نافثاً غيظه وقهره في هذه الاستفهامات المتتابعة، ليفرغ عاطفته من خلال تمنية الذات بالثأر.

لكن سرعان ما يعود فيتعذر لحواء حين يروق تفكيره فيعود عاطفياً شفافاً محباً للمرأة لا غاضباً عليها، وذلك بعد أربعة أيام فقط من كتابته " ثورة على حواء"، فيقول في " بين الرضا والغضب".

حواء عفوك إن جرى القلم ... بغوي شعر ملؤه تهم

قد كنت في ما قلت معتسفاً ... فلبئس قولاً ذلك الكلم

عجباً أَجَـرِّدُ مِنْكِ عاهرة ... يا عفة شهدت لها الأمم

لا لوم فالحرمان أنطقني ... ومحا خساسة قولي الندم

أسكرت روحي بالهوى زمناً ... فسما الخيال وصفق النغم

وهجرت ما امتلأ الفؤاد أسىً ... وعفا الغناء ونُفر الحلم[1]

يقر الشاعر بأنها " تهم" لا حقيقة، وأن ما قاله كان تعسفاً، وأن الحرمان هو سبب ما نطق به من " خساسة القول". إن السياب الطفل أحب المرأة أشد الحب، وكرهها أشد الكره، أحبها حين كانت أمه نبع الحنان والحب، وكرهها حين أصبحت زوج أب اختطفت

(١) قيثارة الريح، ٢/٣٢٨.

منه أباه. فالمرأة ذات ثنائية حادة في ذاكرته الطفلة؛ ولذلك تراه حين يتناولها تناولاً إنسانياً تقفز صورها أماً حنوناً ترضع طفلها الحياة.

وحين يحرم منها تقفز صورتها شيطانية ساقطة فيجعلها سر تعاسته ومرضه ثم يعود فيعتذر بأرق القصائد وأصفاها عاطفة مركزاً على صفتي الحنان والوفاء فيها[1].

وفي " المومس العمياء" وغيرها رسم المرأة ضحية للرجل، وللمجتمع في إطار إنساني رفيع.

ويلحظ في القصيدتين – موضع التحليل- أنهما ترسمان شعوراً واحداً هيمن على الشاعر هي قضية وجدانية ذاتية صرفة، فالعاطفة فيها واحدة بسيطة تتنامى ليصب الشاعر فيها ذاته هو منفرداً، الأولى ثورة على المرأة المحبوبة والمجافية، والثانية اعتذار لها عن هجائه اللاذع لها.

٢- البناء الغنائي الخطابي:

وهو ذلك النمط الذي يعمق فيه الشاعر هواجسه وهمومه لتصبح أبعد غوراً، وأوسع دائرة فتصلح أن تعبر عن هموم الإنسان بعامة، من خلال تحويل ما هو خاص بالشاعر إلى عام، فكأنما يخاطب به الإنسان من خلال الحديث عن مشاعره الذاتية، أو من خلال تحويل العام إلى خاص، فثمة طرفان حاضران في ذهن الشاعر أثناء مخاضة الشعري " الأنا" و" الجماعة" دون أن يكشف عن صراع بين شعورين متضادين في نفسه بحركتين متناميتين، بل يتجهان في حركة واحدة.

ومثال على ذلك قصيدته " قاتل أخته" التي يعرض الشاعر فيها قضية اجتماعية حيث القوي يأكل الضعيف، والغني يشتري كل شيء حتى الحرائر، فتكون " ليلى" رمز العذرية والطهارة في تراثنا العربي ضحية الفقر والحرمان والطبقية، فيقتلها أخوها تطهيراً لشرفه المستباح، ثم يعقبه مزيج من الندم والحقد، ندم على قتلها وذلك بعد أن يستيقظ عقله ويتعالى صوت ضميره، وحقد على الجاني الحقيقي " مالك التبر" . ويتقمص السياب شخص " قاتل أخته" تظهر من خلاله بداية توجهه إلى استخدام القناع الدرامي ولكن بشكل بسيط، فهو يتحدث بلسانه ليستطيع التعبير بصوته عن مشاعره.

---

(١) انظر: شناشيل ابنة الجلبي" ٦٨٧/١، ٧٠٧، ٧١٠، ٧١٨.

ليلى... كفاك! إلى يدي نظرا ماذا ترين سوى الدم القاني
هذي دماؤك فوقها صرخت: " ما كان ذنبي أيها الجاني؟!"
عودي فقد شحب الدجى ومشى نعش الكواكب فوق أجفاني!
شدي عظامك والبسي كفنا قد كان أجدر بي وبالزاني[(١)]

إن أخاها يعاني لمقتلها " فقد شحب الدجى" فهو في حكم الميت، وكان موتها موتاً للكواكب مصدر النور في سمائه، فهي في نعوشها لا في سماء بل فوق أجفانه ويرى أنه الجاني هو والزاني، وهما الجديران بالكفن هو لأنه بضعفه قوى الزاني لينهش عرضه، والزاني لأنه أغواها. يبرئ أخته فهي ضحية للرجل، الأخ الضعيف الفقير الذي رضي بأن يباع دم رئتيه بأزهد الأثمان " بفلس" "غصباً" فانهارت كل قيمة عليا عندها، فكلها زائفة، فهان عليها عفافها:

أختاه أنطقها وملء فمي آه يقطع حرّها كلمي
أختاه، صوتك ما يفارقني يدعو إلى ظلم التراب دمي!
حيث التفت رأيت ثم يدا صفراء تجذبني إلى العدم
إني أكاد أحسها لمست بالثلج خدي، والنجيع فمي!
أغواك بالومضات من ذهب طام، فأغرق حسك الذهب
وتنبه الحرمان فيك ، على قصر يحوم حوله لقب
لما رأيت أخاك يبيع دماً بالفلس من رئتيه يغتصب
هان العفاف عليك وانحطمت قيم تعهد صوغها الكذب

يريد أن يلحق بها لعله يستريح من رائحة دمها، وكفها المخضبة به تلك الصورة التي تلاحقه، فلابد أن يجمعهما التراب يوماً، غير أن جريمته ستظل تطارده، " بكفها" كفنه بالدم، الذي سيظل عليه حتى بعد أن تفنى عظامه:

أثار كفك بالدم انطبعت من كل ناحية، على كفني
أبلى، وتلبث غير بالية حتى تجف منابع الزمن
حتى أعود ثرى تنقله بين القفار عاصف الدجن

---

(١) " الهدايا"، ٥٤٣/٢.

حتى تذوب على مدارجها　　بيض النجوم صريعة الحزن

****

رباه... نهلك وهو متكىء　　بين الكؤوس يداعب الأملا ؟

يجني... فيقتلها... ويقتلني　　ظلماً- ويجهل أنه قتلا

الأخ وأخته هما الضحيتان لذلك القاتل المترف اللامبالي، " متكيء بين الكؤوس" يتلذذ بعذاب الآخرين دون أن يشعر بالإثم أو الندم على ظلمه الذي جناه على الضحيتين، وحين يذهب الأخ للثأر منه يكون رده:

صاح الشقي: أأنت تقتلني؟　　يا ليت أختك في الثرى تدري

العار تاجك... سله. أي يدٍ　　قد كللته بقانيء الدر

يستفهم استهزاءً به معيراً إياه بأخته التي سلبها شرفها بالأمس، قائلاً بأن "العار تاجك" إشارة إلى الإحاطة به وظهوره عليه مثلما يكون التاج على أشرف مكان في ابن آدم، وهو تاج مكلل ولكن بـ "قانئ الدر" ليكون أكثر تميزاً وظهوراً.

وهكذا تنتهي القصيدة بحسم الموقف للغني العابث، وبالحسرة والندم للضحيتين القاتل والقتيلة، فما زال قاتل أخته عاجزاً عن قتل الجاني الحقيقي. وهو الواقع الذي أراد السياب أن يصوره، فمازال المجتمع عاجزاً عن الوقوف في وجه القلة الظالمة التي وصمتهم بالعار، بل كللتهم به ليظلوا دائماً محنيي الرؤوس أمامها في ذلة وضعة.

ولا يريد السياب أن يبرر للمرأة سقوطها في الرذيلة، وإنما أراد أن يشير إلى موضع الداء الرئيس في المجتمع، وهو الفقر والضعف في الرجل الذي لا يقوى على حماية أخته أو زوجه أو ابنته بتوفير الحياة الكريمة لها، بل إن مثلها الأعلى (وليها) يرزح في نير الذل والضعف والقهر، فتكتسب منه هذه الصفات فلا تصمد أمام الحرمان فيجذبها بريق الذهب الذي يزين لها الرذيلة. والسياب يستغل هذه الصورة المؤثرة؛ ليثير حمية الفقراء من أجل التغيير ونسف الظلم، فكلهم ضحايا، ونلحظ أن هذه القضية الاجتماعية تغلغلت في نفس السياب حتى أصبحت قضية ذاتية يخاطب من خلالها المجتمع ويداويه في مزج عميق بين " الأنا" و" المجتمع" فهي تجربة تصلح للتعبير عن قضايا إنسانية عامة تصلح أن يكون " الإنسان" عامةً معنياً بها. وهذه القصيدة واحدة من مجموعة من القصائد

الغنائية التي شكلت نواة لمطولته " المومس العمياء" حيث المرأة فيها ضحية المجتمع الفاسد، ضحية والدها الضحية، والإقطاعي الظالم، فهي التي تدفع ثمن ضعف الرجل وثمن سطوته.

وفي مرحلة المرض في انتظار الموت يعود السياب إلى الغنائية الذاتية التي تتسع حتى تمثل تجربة " الإنسان" الذي يعاني من الفقر والقهر والجوع والمرض والغربة، فهي تجربة ذاتية تتعمق لتصبح تجربة إنسانية عامة. " والمعول الحجري" إحدى هذه القصائد التي ترسم انهيار كل جمال وحياة في نفس من يقف وجهاً لوجه مع الموت على السرير الأبيض ينتظر لحظة الصفر، يقول:

رنين المعول الحجري في المرتج من نبضي
يدمر في خيالي صورة الأرض
ويهدم برج بابل، يقلع الأبواب، يخلع كل آجره
ويحرق جنائنها المعلقة الذي فيها
فلا ماء ولا ظل ولا زهره
وينبذني طريداً عن كهف ليس تحمي بابه صخره
ولا تدمي سواد الليل نار فيه تحييني وأحييها(١)

إن فكرة الهدم هي الصورة العميقة التي تولدت في نفس السياب، ولذلك سمى قصيدته " المعول الحجري" وجعل لرنينه ارتجاجاً لا في أذنيه، وإنما في نبضه، يمارس كل أفعال التحطيم: " يدمر، يهدم، يقلع، يخلع، يحرق، ينبذ" وكل أفعاله في داخل الشاعر، في خياله: يدمر الصورة الأرض، وبرج بابل، ويتمكث السياب عند بابل (الوطن)، فالمعول لا يكتفي بتدمير البرج، بل يقلع الأبواب ويخلع كل آجرة، ويحرق جنائن بابل فلا يبقي منها شيئاً من مقومات الجمال (الماء، والظل، والزهرة) وينبذه بعيداً عن "كهف" يلفه الظلام الدامس الذي يحرم فيه حتى من نار تؤنسه، إنهما " الظلام والمكان" يذكران بصورة القبر التي تسيطر على تفكير الشاعر. قد بات المعول هو الفاعل، أما هو وأشياؤه التي يحبها فـ " مفعول به" مسلوب الإرادة، وحين يستشعر بإحاطة السواد والانتهاء به

(١) "شناشيل ابنة الجلبي"، ٧٠١/١.

من كل جانب في ظلام الكهف يترهب ويرتعب ينادي على الكواسر ثم يفصلها بذكر أنواع منها " يا أسود" يا " نمور" لا ليصارعها، بل لتمزق " الإنسان" المرتجف رعباً في الظلام؛ لأنه يريد أن يرتاح بالمواجهة من الخوف من المواجهة:

تعالي يا كواسر يا أسود ويا نمور مزقي الإنسان

فضجي بالزئير وزلزلي قبره

ويلحظ أن الشاعر وأعضاءه ظل " مفعولا به" حيث يطلب إلى الأشياء أن تفعل فهو عاجز لا يملك إلا الاستسلام " أسكتوا العراق، رنين المعول يزحف، فجر نجومك، أشعل في دمي زلزالي... إلخ"، إلا حين وصل إلى اليد، العضو المخول بكتابة خوالج نفسه فقد وجدناه فاعلاً " أكتب"، أسفح" وهما الشيء الوحيد الذي يملك أن يفعله الآن، وربما لا يستطيع أن يؤديه فيما بعد، فقد يحول دونه " موته، أو جنونه، أو ضمور يديه، أو شلل دماغه الذي بدأ من رجليه". وقد استطاع السياب بحق أن يصور زحف الداء. تدريجياً عليه روحاً وجسداً، فهو يحصد أعضاءه عضواً عضواً يعطيه صفة الحياة حين جعله " يزحف" فكأنما هو يعي ويخطط ويملك الحركة في الوصول إلى الهدف وهو إيصاله إلى مرحلة العجز التام، لذا رأى السياب أن عليه أن يكتب كل ما في خاطره؛ لأنه قد لا يستطيع أن يكتب بعد بيت شعر جال في خياله حين يصل المعول إلى يده، أو دماغه:

دماغي وارث الأجيال، عابر لجة الأكوان
سيأكل منه داء شل من قدمي، وشديداً على قلبي
كلام ذاك أصدق من نبوءة أي عراف
تريه مسالك الشهب
عمى الأسرار، تطلعه على المتربص الخافي
إذ نطق الطبيب فاسكتوا العراف والفوال
رنين المعول الحجري يزحف نحو أطرافي
سأعجز بعد حين عن كتابة بيت شعر في خيالي جال
فدونك يا خيال مدى وآفاق وألف مساء

وفجر من نجومك، من الأضواء
وأشعل في دمي زلزال
لأكتب قبل موتي أو جنوني أو ضمور يدي من الإعياء
خوالج كل نفسي، ذكرياتي، كل أحلامي
وأوهامي
وأسفح نفسي الثكلى على الورق
ليقرأها شقي بعد أعوام وأعوام ؛
ليعلم أن أشقى منه عاش بهذه الدنيا
وآلى رغم وحش الداء والآلام والأرق
ورغم الفقر أن يحيا

ويختفي صوت أيوب، وصورة العازر في قصائده الأخيرة من ديوانه الأخير، وتموت كلمات البعث في استسلام واقعي لم يعدم فيه بصيص أمل، ويخرج بحكمة تصلح أن تجري في الناس مجرى المثل:

" إذ نطق الطبيب فاسكتوا العراف الفوال" ورنين المعول الذي يزحف نحو أطرافه هو الدليل.

والسياب يريد لخياله أن يحدث زلزالاً في دمه ليستخرج كل مكنون دفين في قاع نفسه فهو يستشعر أن القصيدة التي يريد لم تكتب بعد، وأيامه، بل ساعاته باتت قصيرة ويريد قبل أن يفنى أن يخرج كنوزه كلها لو استطاع.

ولا يغيب عن ذهن السياب الكئيب حين يسفح مشاعره وأحلامه بل وأوهامه " الإنسان عامة" " شقي" مثله من البشر حتى يصارع الموت، ويريد من شعره أن يكون عزاء لغيره ممن يمرون بمثل تجربته.

ويلحظ غلبة المدات، والشدات، والحروف الرخوة، والهامسة، والهمزات، والنداء على القصيدة كلها؛ لتنسجم مع فكرة الموت "واقعاً" التي تهيمن على الشاعر الذي أصبح متيقناً من أن مرضه ليس سوى قناع يتخفى وراءه الموت، ويرى في عينيه وجبينه جيوش الدود تأكلهم في صمت، يرى نفسه ميتاً لا محالة، لا حول له أو قوة، وصورة الدود هذه

تتكرر كثيراً في شعر السياب، ولعلها ترتبط بمشهد في ذاكرته، يثير فيه الحسرة والاشمئزاز من نهاية الإنسان، وربما كان لها صلة بموت أمه؛ لذلك يعود ويعزي نفسه بأنه لاحق بمن سبقوه من أقربائه وأحبائه: أبيه وأمه، وجده وآبائه، ويستفهم استفهام المستسلم عن مكانهم فكأنما خطوا أسماءهم على " ماء" يتغير ولا يحفظ خطاً، فكأنهم لم يكونوا، وهو الذي يريد أن يرقم على الماء، ويرى في ذكر أحبائه له حياة، وإلا فيصبح مجرد اسم خاوٍ من الروح أو المعنى، وينهي قصيدته بوداع ودي مستسلم يائس.

" وهكذا انعدمت في شعره تلك الحدود الفاصلة بين ما هو " ذاتي" وما هو "جماعي" بين " الخاص" و" العام" فقد تداخلت المواقف ببعضها، ضمن جدلية حياتية، لتعزز موقفاً..."[1].

ثانياً: البناء الدرامي

لجأ رواد الشعر الحر"... إلى عناصر الدراما من صراع ومقابلة وحوار وحركة لبعث حياة خاصة في القصيدة، والأسطورة هي مجال الدراما الأصيل"[2].

و" الأسطورة في ذاتها تركيبة درامية، ودراما الأسطورة القديمة هي المحاولة الدائمة للربط بين العالمين الخارجي والداخلي، بين المرئي المحسوس وغير المحسوس في سبيل خلق نوع من التوازن بين العالمين في ضمير الإنسان الذي يرتبط- وفقاً لاستعداده الخاص- بالعالمين على السواء وبقدر متوازن في أصله"[3]. فالأسطورة تقوم"... على إدراك العنصر- الدرامي، أو عنصر الصراع من جهة وعنصر تكثيف الواقع من جهة أخرى، وهذان العنصران " الصراع والتكثيف" يرتبطان بالبناء الحلمي أو الانسيابي الذي تتحول فيه الأحداث المتسلسلة في المكان والزمان إلى سلسلة غير متجانسة أو غير منسقة من المدركات ترصد مثلما تظهر في حينها كما لو أنها تغييرات لا معقولة"[4].

---

(١) السامرائي، ماجد صالح، بدر شاكر السياب، الجذر المتحول، ص١٣.

(٢) البطل، علي، الرمز الاسطوري في شعر السياب، ص٢٤٠.

(٣) إسماعيل، عز الدين، الشعر العربي المعاصر، ص٢٢٨-٢٢٩.

(٤) اليافي، نعيم، تطور الصورة الفنية في الشعر العربي الحديث، ص٣٠٩.

" إذ أن المسرح لم ينشأ في أول عهده إلا من محاولات تمثيل الحدث الأسطوريفي احتفالات الآلهة القديمة وطقوس أعيادها، وعلى هذا فإن علاقة الدراما بالاسطورة علاقه عضوية وطيدة"[1].

وتطورت القصيدة في معماريتها لدى الرواد فـ "... كان آخرها إطار القصيدة الطويلة، وكان هذا التطور نفسه في إطار القصيدة الجديدة مصاحباً لبروز النزعة الدرامية وغلبتها على الشعر المعاصر"[2]. فكانت مطولات السياب الثلاث: " المومس العمياء" ، " والأسلحة والأطفال". و" حفار القبور" - في باكورة تلك القصائد- تجربة جديدة بإبداعها وإخفاقها أحياناً، مشكلة ظاهرة أسلوبية جديدة أخذت في التطور بعد ذلك لدى شعراء عصره.

وليس طول القصيدة وزيادة عدد أبياتها هو معيار دراميتها، وإنما يغلب على القصيدة الدرامية الطول حين تستكمل كل عناصر الدراما أو جلها لا بعضها، من صراع، وشخوص، وحركة، وتقابل وموضوعية وحوار داخلي وخارجي. يقول أرسطو: " إن الطول الكافي هو الذي يسمح لسلسلة من الأحداث التي تتوالى وفقاً للاحتمال أو الضرورة أن ينتقل بالبطل من الشقاوة إلى النعيم، أو من النعيم إلى الشقاوة[3]".

فإذا كانت القصيدة الغنائية تعرف بأنها تجسم موقفاً عاطفياً مفرداً أو بسيطاً، تعبر مباشرة عن حالة أو إلهام غير منقطع، فإن الطويلة " هي قصيدة تربط بمهارة بين كثير من تلك الحالات العاطفية، وإن كان من الواجب هنا أن تصحب المهارة فكرة عامة واحدة هي في ذاتها تكون الوحدة العاطفية للقصيدة"[4]. يقول هربرت ريد: " وعندما يكون المفهوم غاية في التعقيد بحيث يتحتم على العقل أن يستوعبه في وحدات غير متصلة، ثم ينظم أخيراً هذه الوحدات في وحدة مفهومه، فإن القصيدة تعرف بحق بأنها طويلة"[5].

---

(١) البطل، علي، الرمز الأسطوري في شعر السياب، ص٢٤٠.

(٢) إسماعيل، عز الدين، الشعر العربي المعاصر، ص٢٤٠.

(٣) أرسطو ، ١٩٥٣م، فن الشعر، ترجمة: عبد الرحمن بدوي، مكتبة النهضة، القاهرة، ص٢٤.

(٤) إسماعيل ، عز الدين، الشعر العربي المعاصر، ص٢٤٦.

(٥) نقلاً عن إسماعيل، عز الدين، الشعر العربي المعاصر، ص٢٤٧.

" فالقصيدة الطويلة حشد كبير من تلك الأشياء " الجاهزة" التي تعيش في واقع الشاعر النفسي وتتجمع وتتضام ويؤلف بينها ذلك الخلق الفني الجديد؛ ليخرج منها عملاً شعرياً ضخماً. فأنت تجد فيها الخرافة والأسطورة والرمز، كما تجد الحقيقة العلمية، وإلى جانب ذلك تجد القصة التاريخية أو المشهد الدرامي أو الواقعة، وبعبارة أخرى تجد فيها الخرافة والحقيقة والقصة والرمز والخبرة الإنسانية والمعرفة، أو لنقل تجد فيها آفاقاً فسيحة متعددة من الحياة"[1].

والفرق الجوهري بين القصيدة الطويلة والقصيرة"... يتمثل في هيمنة شعور موحد على أجزاء القصيدة القصيرة، وفكرة موحدة على أجزاء القصيدة الطويلة"[2].

ومهم جداً، أن ندرك أن تعدد الأصوات من منولوج، وديالوج، وحركة، وتقابل، ووجود شخوص لا تكفي لأن تكون القصيدة درامية، وإن كانت هذه العناصر من وسائل الدراما وخصائصها، إلا أن "... جوهر الموقف الدرامي، هو الكشف عن صراع، وبحجم هذا الكشف وبحدوده يتحدد ثقل الموقف، وقيمته، وحجمه داخل العمل الفني. وإذا كان الصراع هو مبدأ التطور، وسببه، والحركة هي الصورة الخارجية لهذا الصراع، فإن الموقف الدرامي، هو الموقف الفني الأساسي، القادر على كشف باطن الحركة، والقادر على رصد الصراع وصياغته على المستوى الفني"[3].

وبرأيي أن ليس كل صراع يجعل القصيدة درامية، فثمة قصائد في الشعر العربي القديم تكشف عن صراع الشاعر مع ذاته، أو مع المجتمع من خلال التجريد والحوار، ومع ذلك فإنها تبقى غنائية، فلابد من أن يكون الصراع متنامياًَ ومتبادلاً بين طرفي الصراع على حد سواء دون طغيان أحدهما، واستئثاره بالتنامي دون الطرف الآخر، وذلك باستخدام الوسائل الدرامية المناسبة.

---

(١) السابق، ص٢٤٩.

(٢) السابق نفسه، ٢٦٩.

(٣) عز الدين، أحمد، ١٩٧٧، حسب الشيخ جعفر، سيادة الموقف الدرامي داخل القصيدة العربية، الأقلام، السنة ١٣، العدد٢، بغداد، ص٤٠.

" والتفكير الدرامي هو ذلك اللون من التفكير الذي لا يسير في اتجاه واحد، وإنما يأخذ دائماً في الاعتبار أن كل فكرة تقابلها فكرة، وأن كل ظاهر يستخفي وراءه باطن، وان التناقضات وإن كانت سلبية في ذاتها فإن تبادل الحركة بينهما يخلق الشيء الموجب. ومن ثم كانت الحياة نفسها إيجاباً يستفيد من هذه الحركة المتبادلة بين المتناقضات[١].

" ومن أبرز سمات التفكير الدرامي أنه تفكير موضوعي إلى حد بعيد، حتى عندما يكون المعبر عنه موقفاً أو شعوراً ذاتياً صرفاً، ففي إطار التفكير الدرامي يدرك الإنسان أن ذاته لا تقف وحدها معزولة عن بقية الذوات الأخرى، وعن العالم الموضوعي بعامة، وإنما هي دائماً ومهما كان لها استقلالها، ليست إلا ذاتاً مستمدة من ذوات، تعيش في عالم موضوعي تتفاعل فيه مع ذوات أخرى"[٢].

" واستغلال الوسائل الدرامية يتم بشكل متفرق في شعر السياب وبخاصة في قصائده التي تستخدم الأسطورة استخداماً جزئياً. كما يأتي متكاملاً حين يستخدم الأسطورة إطاراً عاماً للقصيدة، وفي كلتا الحالتين نجد أثر الدراما واضحاً في إشاعة الحركة وبعث الحياة النابضة في العمل الفني[٣]".

أولا: استخدام الوسائل الدرامية استخداماً جزئياً: ومنها:

الحركة:

لا يرسم الشاعر " الصورة الثابتة على وضع معين، بل يصيرها متحركة متطورة متتابعة يلاحق بعضها (البعض)* والصورة الشعرية تمتد وتنمو، تتقلص وتبسط بفضل تتابع لحظات الحركة والثبوت التي تتميز بها الألفاظ فتبدو الصور لها حركة عضوية تنبض بالحياة والإحساسات، والمشاعر الإنسانية والاختلاف بين الشعر والتصوير اختلاف قائم على اختلاف طبيعة مادتيهما، فتتابع الزمان يتيح للشاعر أن يصف الحركات

---

(١) إسماعيل، عز الدين، الشعر العربي المعاصر، ص٢٧٩.

(٢) إسماعيل، عز الدين، الشعر العربي المعاصر، ص٢٨٠.

(٣) البطل، علي، الرمز الأسطوري، في شعر السياب، ص٢٤١.

* هكذا وردت، والصواب " بعضاً "، إذ لا يجوز تعريف " بعض" بأل.

المتابعة بفضل ما تستطيع أن توحي به الألفاظ في مدلولات متحركة غير مستقرة ولا محددة ومن قدرتها على العطاء والتوصيل للمعاني الشعورية"[١].

" ومن حيث الواقع يستحيل أن تخلو القصيدة من أفعال. وطبيعة الأفعال أنها تحمل دلالة الحدث والزمن، وليس من الواضح ولا الحقيقة أن تخلو الصورة الشعرية تماماً من الحركة أو الزمن غير أن بعض الصور يشتد فيها عنصر- الحركة (والبعض)* الآخر يقوى فيها عنصر الزمن لتباين إيحاء الألفاظ بهذه العناصر. فالفعل " يقوم مثلاً"- أكثر إيحاءً بالحركة والزمن من الفعل " قام" للدلالة على الاستمرارية في الحدث وشموليته للحاضر والمستقبل"[٢].

والسياب يستغل هذه الخصيصة الفنية"... مستفيداً من قدرة الأفعال على تجسيد عنصر الحركة والزمن والمحاكاة النغمية للأحداث مما يجعل الصور الشعرية صورة متميزة ومنفردة ومن الاستخدامات لمثل هذه الألفاظ ما ورد في قصيدة " مرحى غيلان".

بابا... بابا...
ينساب صوتك في الظلام إلي كالمطر الغضير،
ينساب من خلل النعاس وأنت ترقد في السرير
من أي رؤيا جاء؟ أي سماوة؟ أي انطلاق؟
... وأظل أسبح في رشاش منه، أسبح في عبير.
فكأن أودية العراق
فتحت نوافذ من رؤاك على سهادي: كل واد
وهبته عشتار الأزاهر والثمار. كأن روحي

---

(١) الكبيسي، عمران، لغة الشعر العراقي المعاصر، ص٤٥.
* هكذا وردت، والصواب، " بعضها".
(٢) المرجع نفسه، ص٤٦.

في تربة الظلماء حبة حنطة وصداك ماء.
أعلنت بعثي يا سماء
هذا خلودي في الحياة تكن معناها الدماء
" بابا... " كأن يد المسيح
فيها، كأن جماجم الموتى تبرعم في الضريح
تموز عاد بكل سنبلة تعابث كل ريح
" بابا... بابا..."
أنا في قرار بويب أرقد، في فراشي من رماله
من طينه المعطور، والدم من عروقي في زلاله
ينثال كي يهب الحياة لكل أعراق النخيل
أنا بعل: أخطر في الجليل
على المياه، أنث في الورقات روحي والثمار
والماء يهمس بالخرير، يصل حوالي بالمحار
وأنا بويب أذوب في فرحي وأرقد في قراري[(١)].

والأفعال التي استخدمها بدر وأحسن اختيارها، أفعال لها قدرة كبيرة على الحركة والنمو والتفاعل، حتى لنشعر أن الفعل ممكن أن يمثل أوضاعاً مختلفة.

فالفعل ينساب " وتبرعم" و" تعابث" و" ينث" و" يصل" لها جرس وإيقاعها الرقيق يوحي بالجمال والعذوبة مما يدل على أن الشاعر يتعامل مع الألفاظ، تعامله مع أرواح يلمسها بخفة ولطافة متناهية، وكل فعل يوحي في مجموعة حركة بدفقة شعورية خاصة. فلفظة " ينساب" تحمل صفة الحركة اللينة المرتدة على الزمان فهي تعني انسياب وتخلخل جسم له قابلية النفاذ الهادئ من بين مسام جسم أقل تماسكاً منه، فنحس فيها طابع الحلول، وصورة عملية الانسياب صورة دقيقة جداً، وكذلك الأمر (بالنسبة)[*] "لتبرعم" فهي لمسة حقيقية تحمل طابع النمو والتجمع والتكوين. والفعل "تعابث" يحمل طابع الحركة والتموج

---

(١) أنشودة المطر، ١/٣٤٢.
[*] خطأ شائع بأثر الترجمة، والصواب: كذلك الأمر في "تبرعم".

والتنقل و "ينثال" يحمل طابع الانتشار والهبوط بدقائق صغيرة جداً، ومثلها "ينـث" وتحمل "يصل" إيحاء بالسير البطيء الذي أشبه ما يكون بدبيب النمل. هذه الصور المتتابعة للأفعال أوحت بطبيعـة الحنـان والعلاقـة الرحيمـة الرؤوفـة بـين الابـن والأب، وحلـول هـذه العاطفة وسريانها وانتشارها وتخلخلها بين العروق وأوصال الجسم". [1]

إن الحركة الحية في شعر السياب خصيصة أسلوبية أصيلة يمتاز بها شعره الغنـائي، والدرامي على حد سواء، لذلك لا تكفي الحركة وحدها لخلق قصيدة ذات ملامـح مـن البنـاء الدرامي، ولكي تكون كذلك لابد أن تتأتى الحركة في القصيدة من أمرين: التقابـل بـين الطـرفين المتصارعين، وتتابع الأفعال المتنامية وتواليها بينهما. وقد استخدم السياب هذا الملمح الدرامي بالإضافة إلى القناع استخداماً جزئياً حين توحد مـع تمـوز في قصـيدة "تمـوز جيكـور" فاسـتغل "لحظة مصرع تموز منطلقاً لقصيدته.. فكأنه يمثل للحدث تمثيلاً طقسياً كما حـدث أول مـرة، وتمتلئ الصورة بالحركة والصوت واللون في لوحة حية:

ناب الخنزير يشق يدي
ويغوص لظاه إلى كبدي،
ودمي.. يتدفق.. ينساب :
لم يعد شقائق، أو قمحاً،
لكن ملحا.
"عشتار". وتخفق أثواب
وترف حيالي أعشاب
من نعل يخفق كالبرق
كالبرق الخلب ينساب[2]

(١) الكبيسي، عمران، لغة الشعر العراقي المعاصر، ص ٤٧ ، ٤٨ .
(٢) " أنشودة المطر"، ٤١٠/١.

فالشاعر يدخلنا إلى عالمه في لحظة عنيفة، عند نهاية الصراع بين عالمين: خير، وشر، وعلى الرغم من نهاية الصراع باندحاره فإن الحدث لا ينتهي والحركة لا تخمد، بل لعل هذه اللحظة هي بداية انطلاقها فما أن يصرخ الإله الطعين مستغيثاً بعشتار حتى يمتلئ الجو بحركتها وخفق أثوابها ورفيف الأعشاب بتأثير خطواتها المتسارعة الطائرة: وهو يكمل الصورة بالألوان المتقابلة الصارخة عن احمرار الدم إلى خضرة العشب إلى ومضات البرق المتطايرة من أقدام الربة اللهفى، فالشاعر يقيم عالماً كاملاً يعيد فيه بعث الأسطورة القديمة في شكل جديد هو محوره، ودلالة جديدة لعلها تتناقض مع الدلالة الأسطورية القديمة، لكن الشاعر ينجح في تبرير هذا التناقض بما يحمله السياق من تغيير في جزئيات الحدث ليؤدي إلى النتيجة المطلوبة"[1].

تسيطر الأفعال المضارعة المتلاحقة على هذه القصيدة التي تبلغ أربعاً وخمسين سطراً شعرياً قصيراً، وعدد هذه الأفعال ستة وثلاثون، ولا يرد الفعل الماضي فيها سوى مرة واحدة على صورة فعل مضارع منفي بـ " لم". أما معدل الأسطر الشعرية الخالية من الفعل فثمانية عشر، حيث تغلب الجمل الاسمية، جلها في آخر ثلاثة عشر سطراً منها، فتحل محل المضارع الذي لا يرد فيها سوى أربع مرات، فقد ظلت القصيدة تعج بالحركة التي تجسد آخر مظهر أو جولة من صراع " تموز" مع الجدب والموت إلى أن يصل بمرارة إلى التسليم باستبعاد ميلاد جيكور، المترتب على استبعاد ولادته، فلا يمكن لجيكور أن تولد إلا بميلاد (الشعب-الشاعر) الذي يعيد بحياته الحياة للوطن المخصب، ويستخدم " هيهات" مرتين لتعطي معنى الاستبعاد الممتزج بالحسرة لعدم تحقق الأمنية، " فهيهات" ليست بمعنى " بعد" فحسب، وإنما يكون ما بعدها مستحباً في حكم الأمنية لبعده، وهي هنا ولادة جيكور، وولادة تموز. وعندما يصل إلى هذه القناعة تبدأ الحركة باتجاه السكون لتحل محلها الجمل الاسمية الدالة على الثبات والاستقرار، بل إن الأفعال الأربعة التي تأتي بين الجمل الاسمية ترد في سياق الاستفهام الدال على التحسر والاستبطاء الممتزجين باليأس من البعث:

(١) البطل، علي، الرمز الأسطوري في شعر السياب، ص٢٤١، ٢٤٢.

ولساني كومة أعواد
والحق، متى يلد القمحا
والورد، وجرحي مغفورُ
وعظامي ناضحة ملحا؟
لا شيء سوى العدم العدم،
والموت هو الموت الباقي
يا ليل أظل مسيل دمي
ولتغد ترابا أعراقي؟
هيهات. أتولد جيكور
من حقد الخنزير المدثر بالليل
والقبلة برعمة القتل
والغيمة رمل منثور
يا جيكور؟

تنتهي القصيدة بالاستفهام الذي خرج إلى معنى النفي والاستبعاد، فلا يمكن أن تولد جيكور في هذه الأجواء حيث " حقد الخنزير المدثر بالليل" وحيث القبلة لا وليدة الحياة بل النقيض " القتل"، والغيمة ليست الماء رمز الحياة، بل "رمل منثور"، ويترك لجيكور أن تحاول تغيير هذا الواقع الثابت، وهذه الأجواء غير المناسبة لولادة الحياة بأن تمهد لمولد تموز الذي لا يمكن أن تولد هي دونه.

والسياب من الشعراء الذين " راقت لهم فكرة ابن الأثير حينما فضل استخدام صيغة المضارع على الماضي[1]". وإن كنا لا نرى لفعل فضلاً على الآخر، إلا بقدر ما يسهم في إيضاح رؤيا الشاعر وإنضاجها، فكل سياق يفرض نمطاً معيناً من الجمل والأفعال، والأساليب. وإبداع الشاعر يكمن في التوفيق بين ما في داخله وما في اللغة من طاقات أسلوبية إيحائية متعددة بتطويعها لرسم رؤياه.

(١) الكبيسي، عمران، لغة الشعر العراقي المعاصر، ص٥١.

وفي هذه القصيدة استغل الشاعر ما"... في دلالة المضارع من استيعاب للمستقبل وللزمن الآتي. وما يمكن أن توحي هذه الاستمرارية في الزمن من تحول"[١].

وبرصدنا الفعل المضارع يرد تسع عشرة مرة بشكله وبنائه الصرفي، ومرة على صيغة المضارع المسبوق بأداة النفي لم " لم تترك"، لكن من هذه المواضع تسع العشر كانت ثلاثة أفعال هي " راح، وبات، وظل"، ترتبط بفعل مستقبل (راح ينأى، وظل يشرب وبات يهذي) فهي بذا مستقبلية لا ماضية، وفي ثلاثة أفعال (كركر، دغدغ، تورد) ارتبط الماضي بالمستقبل أيضاً، لأنها سبقت **بأفعال مستمرة هي:**

(تعانق السماء، تشرب الغيوم، تذوب في المطر، وأسمع الصدى، يرن في الخليج، تراق) فقد استخدم الفعل الماضي شكلاً للدلالة على المستقبل المشحون بالأمل الذي يكاد يصبح يقيناً، فيجعل المستقبل في حكم الماضي رغبةً منه وإيماناً بأنه بات في حكم الحاصل. وبالتالي يكون الفعل الماضي الذي جاء ليدل فعلاً على زمن فعل مات قد جاء ثلاث مرات أو أربع، مما يتناسب مع ثورة الشاعر العارمة التي مازالت مستمرة مختضمة في حركة دائمة دائبة. وهي تشير إلى أن الشاعر في هذه القصيدة مرتبط بالحاضر والمستقبل أكثر من ارتباطه بالماضي وهو أمر ينسجم مع واقعيته، ورغبته في إصلاح مشاكل واقعه من خلال زمنه ونوعه.

كما أن بهذه الأفعال يعطي قصيدته ديمومة وحياة؛ لأنها لا ترتبط بشيء مات ومضى، بل حية تمثل دورة الحياة، وتحولاتها دوماً.

" وبدر شاكر السياب شاعر حساس أساساً، له ذوق كبير في تصيد هذه الكلمات والأفعال... والألفاظ " تسف" و" تسح" و " تشج" و" سمروني" وتنأى" أفعال ناطقة موحية بأحداثها، والدليل أن الشاعر لو غير الفعل " تسح" و" ينضح" لا يستوي المعنيان، إن لفظة " تسح" تحمل بعداً نفسياً بأن الحدث والحركة يصاحبهما إحساس بالألم، وشعور بالمرارة وإنها عملية (إيرادية)*، وليست عفوية، و" تسح" تلقي على المعنى ظلاً إنسانياً وكأن قيعان

---

(١) السابق نفسه، الصفحة ذاتها.

* هكذا وردت ولعله يقصد " إرادية ".

المحيط نفوس آدمية تتفاعل مع الكائن الحي، ولفظ " تسف" يطبع في الذهن صورة مشكلة من عدة عناصر، الرياح الهادئة وسعف النخل الأخضر، والحركة التي تنجم عن عبث الرياح بالسعف، ثم ذلك الصوت الناجم عن هذه الحركة، والذي يحاكي جرس اللفظ. كل ذلك يشترك في رسم الصورة التي تخلقها " يسف" في أذهاننا وتلقي على مشاعرنا ظلال تفاعل الموجودات مع الطبيعة تفاعلاً فيه رقة وعذوبة[1]".

وهذه الحركة المتفاعلة تجسد صراعاً، صراع الإنسان ضد الأفاعي والجراد والغربان في حركة أشبه ما تكون بدوران الرحى والشوان التي تطحن القمح؛ لتطعم المحتل الوافد الذي صورته القصيدة.

ثانيا: استخدام الوسائل استخداماً كلياً:

وفيه يوظف الشاعر كل الوسائل الدرامية أو جلها لتسهم في تطور الصراع في قصيدته، وفي قصيدة المسيح بعد الصلب" يتقنع السياب بشخصية المسيح - عليه السلام[2] يتحدث بصوته من خلال "مونولوج" يتخير نقاط الصراع النفسي- الذي يحتدم في داخله ويجسد صراعه الخارجي مع القوى الباغية، متدرجاً في أفعاله التي تترتب عليها أفعال مقابلة من الأعداء في تلاحق وتسارع بين الطرفين؛ ليحسم الصراع بعد أن يصل الذروة، حيث تحل العقدة في صالحه، كما استطاع الشاعر في تخير أفعاله وتحريكها في اتجاه مثير يلتقط منها كل حي ذا وقع تأثيري مستفيداً من مضمون " المونتاج" الذي يستخدم".... في الشريط السينمائي (كأسلوب)* لوصف أحوال مضطربة وإيقاعات عصبية وسرعات مدمرة، مما جعل من الممكن إحداث تأثيرات جديدة كل الجدة يستحيل بلوغها في أي فن آخر، والطابع البؤري في أسلوب المونتاج هذا لم يكن ينحصر في تقصير المقطع أو في سرعة تغيير اللقطات وإيقاعها، وتوسيع حدود ما هو ممكن سينمائياً بقدر ما كان ينحصر

---

(١) الكبيسي، عمران، لغة الشعر العراقي المعاصر، ص٤٩، ٥٠.

(٢) سبق أن تحدثنا عن القناع الدرامي في فصل سابق من هذا البحث، انظر: ص ١٧٤-٢٠٠.

* خطأ شائع، سبق أن أشرنا إليه، والصواب " أسلوباً".

في أن الفيلم لم يعد يضع وجهاً لوجه ظاهر عالم متجانس في الموضوعات بل عناصر للواقع غير متجانسة تماماً""[1].

ويلحظ أن الأفعال غلبت على القصيدة فبلغت خمسة وأربعين، والأفعال الماضية بلغت ثمانية وثلاثين، ولعل السبب أن المسيح كان " يتحدث في قبره" من خلال استحضار ذكريات ماضية صورت صراعه القديم مع قوى الشر في الماضي، فعله رد فعلهم. ولما أراد أن يصور استمرار هذا الصراع إلى الزمن الحالي حيث مازال أعداؤه يطاردونه، ويحرصون على قتله ثانية حتى لا يبعث بعد من جديد - استخدام الأفعال المضارعة التي ترصد فعله وأفعالهم المضادة له. غير أنه في خاتمة القصيدة يعود إلى استعمال الفعل الماضي خاصة الأفعال الدالة على الزمان فيكرر " كان" مرتين لأن؛ ما أراده منذ القدم بات في حكم الحاصل المتحقق، فالمدنية آخذه في المخاض الذي لابد أن تسفر عنه ولادة الحياة من وسط الدم والظلمة.

فالشاعر أسس قصيدته هذه على الدراما ليرصد".... الصراع بين عالمي الخير والشر، والخير في صف القوى المناضلة من أجل بناء مجتمع عادل، والشر في وصف القوى التي تدافع عن بقاء المجتمع الظالم القديم، فإذا أتيح للشر أن يعلو أحياناً، فإن النصر النهائي سوف يكون في جانب الخير.

والشاعر في هذه القصيدة يستغل وسائل الدراما الأخرى استغلالاً ناجحاً، فالحوار والحوار الداخلي يقومان بدور فعال في بيان تطور الموقف وقطع الحدث الحاضر باستدعاء حدث في ماض أو صورة قديمة من الذاكرة، أو ما يسمى بالـ Flash- back يحول دون وقوع القصيدة في منزلق السرد التقريري الممل. والتناقض بين موقفي المسيح ويهودا يزيد من إثارة الشعور بالتعاطف مع موقف التضحية، وتصوير حركة المطاردة التي تقوم بها قوى الشر في تعقبها للشاعر وملاحقته، وما يثور فيها من حوار داخلي في نفس الشاعر- المسيح، يملأ التجربة بالحرارة ويثير فيها تياراً (متفقا)*، فيصور في البداية موقف الصلب حيث يسود الظلم وعالم الشر، وتبيت المدينة على حزنها الكظيم، وفي تصوير الشاعر لأسباب الصلب حيث يسود الظلم وعالم الشر، وتبيت المدينة على حزنها الكظيم،

---

(١) هاوزر، أر نولد، الفن والمجتمع عبر التاريخ، ترجمة فؤاد زكريا، ص١٥٦-١٦٥.

* هكذا وردت، خطأ مطبعي ولعله " متدفقا".

وفي تصوير الشاعر لأسباب الصلب ما يجعلنا نؤمن بأن هـذا الموقـف عـبء لا يتحمـل، إذن لابد من تغيير هذا الموقف، وهذه هي الخطوة الأولى في تطور الموقف الـدرامي. ثـم تتلاحـق الأحداث ويمتلئ الموقف بالدراما عند بداية تغيير الموقف، فالشاعر ينزل عـن الصـليب وتبـدأ ملاحقة قوى الشر له وصراعه ضدها، فهم

(يريدو)** إعادة صلبه لأن في حياته خطراً عليهم، وتحتم المطاردة"[١].

ألقيت الصخر على صدري
أو ما صلبوني أمس؟ فها أنا في قبري؟
فليأتوا... إني في قبري...
من يدري أني؟...
من يدري؟
- ورفاق يهوذا؟ - من سيصدق ما زعموا؟[٢]

إن قوى الشر التي حسبت أنها قد قضت تماماً على روح الخير والتضحية منذ القدم، حين صلبت المسيح، تكتشـف فجـأة أن الخـير بعـث مـن جديـد، فتعـود مـن خـلال حركـات أقدامها التي تعدو في كل اتجاه لتبحث عن المبعوث من صلبه، من موته فتثبته في عالم الموت الأبـدي، إن الأشرار هـم أنفسـهم لم يتغـيروا منـذ القـدم لا يعيشـون إلا عـلى مـوت الآخـرين وعذابهم.

" ثم تكتمل الدراما حين يصل الحدث إلى نهايته، وحين يتم تغيير هذا الواقع الظـالم، إذ يقدم النـاس عـلى التضحية، ويـتم مـيلاد المدينـة الجديـدة بالمعانـاة والألم متخلصـة مـن الخطيئة التي تمثلت في وجود المجتمع الظالم القديم"[٣].

** هكذا وردت، خطأ مطبعي والصواب " يريدون".

(١) البطل، علي، الرمز الأسطوري في شعر السياب، ص٢٤١، ٢٤٢.

(٢) "أنشودة المطر"، ٤٦٠/١.

(٣) البطل، علي، الرمز الأسطوري في شعر السياب، ص٢٤٥.

وفي قصيدة " رحل النهار" يحتدم الصراع بين الذات والمجتمع مما يؤدي إلى تفجير الصراع بين الذات وصاحبها خاصة إذا استحضرنا أسطورة " عوليس"، وصراع "بنلوب" زوجته عند ضد الطامعين بها وبالملك[1]. ومع أن السندباد هو الذي يصارع في كل بحر وبر يصله؛ إلا أن الشخصية الرئيسية التي صب عليها الشاعر اهتمامه هي الزوجة، فالسياب الذي يصارع الموت يعطي تجربته بعداً إنسانياً أعمق تظهر فيه الموضوعية الدرامية فلا ينسى- في خضم صراعه صراع زوجته المترتب على اغترابه ومرضه، وإن كان الصراعان متصلين معاً، فيتناسى ذاته التي نستشفها بخفاء من خلال هواجس زوجته، والجأ إلى أعماقها كاشفاً عن داخلها، فكل القصيدة حوار يترجح بين صوتين متقابلين، بين الأمل في عودة سندباد، واليأس منه، لينتهي الصراع ببقاء البحر متسعاً وخاوياً لا سفن فيه سوى "شراع رنحته العاصفات"، بقايا سفين ينبئ بأن المقادير هي التي ستنتصر- هذه المرة على سندباد فتحطم سفينته رمزاً لانقطاع سبيل العودة. إنه شعور السياب اليقيني بأن لا عودة له بعد، وأن قد آن لإقبال أن تيأس من عودته متألماً لما ستلقاه بعده من معاناة.

إن الفكرة الموحدة في هذه القصيدة هي " الرحيل" الذي يظهر في أول كلمة من أول دفقة شعرية يلفظها الشاعر: رحيل النهار، ورحيل الشمس، ورحيل الشباب، ورحيل السندباد. فليس ثمة شروق واحد في كل يوم من أيام انتظار الزوجة يطالعنا ، ذلك أن الشاعر يلتقط المشاهد التي تناسب فكرة الرحيل الحزين، فهي دائماً عند الغروب حيث انطفاء الشمس، وانطفاء الزنابق في الخدود"، والشيب، وما يعقب الغروب في آخر انتظار لها من برد شديد، برد ثلج يتسلل إلى قلبها لا يدل على الارتياح كما ألفنا، بل ليدل على موت الأمل حتى الصقيع في عودته، وغلبة فكرة حتمية الرحيل لسندباد، فلا جدوى من انتظاره.

---

(١) سبق أن أشرنا إلى هذا في مكان سابق من البحث، انظر: ١٩٥-١٩٩ .

آه متى تعود؟
أترى ستعرف ما سيعرف، كلما انطفأ النهار،
صمت الأصابع من بروق الغيب في ظلم الوجود؟
دعني لأخذ قبضتيك، كماء ثلج في انهمار
من حيثما وجهت طرفي... ماء ثلج في انهمار
في راحتي يسيل، في قلبي يصب إلى القرار
يا طالما بهما حلمت كزهرتين على غدير
تتفتحان على متاهة عزلتي"
رحل النهار
والبحر متسع وخاوٍ. لا غناء سوى الهدير
وما يبين سوى شراع رنحته العاصفات، وما يطير
إلا فؤادك فوق سطح الماء يخفق في انتظار.
رحل النهار
فلترحلي ، رحل النهار(١)

و"... الحوار الداخلي، في نفس زوجة سندباد، إذ يتردد بها بين الأمل الباهت والفشل الذي يحتمه المنطق، إنما يثير جواً من التفاعل والتوتر بين السلب والإيجاب، السلب اليقيني في الواقع، والإيجاب الذي لا يحيا إلا في الأمنية البعيد تحقيقها. وهذا ما يبلغ بتأثير الصورة بها شأواً بعيداً، في الوقت الذي تنفصل فيه الصورة عن ذات الشاعر وتستقل بوجودها استقلالاً كبيراً، وهذا هو أساس الموضوعية، فبهذا المنهج الأسطوري، تستحيل التجربة أو الشعور بنية وجودية حسية سرعان ما نستكشف لها أبعاداً فكرية ودلالات عقلية، وبهذا المعنى، ووفقاً لهذا المنهج يكون الشعر صورة حية للفلسفة، وإن ظل أبعد ما يكون عنها وعن دورها ذلك لأن الفلسفة تنحو إلى التجريد، بينما نحو المنهج الأسطوري إلى الدراما، وهي تجافي النزعة التجريدية بما يؤديه من تجريد. وإن كانا

(١) " منزل الأقنان"، ١/٢٣٢.

يتفقان في الميل إلى الموضوعية والحرص عليها، وهي ما كان الشعر الغنائي يفتقر إليه بنزوعه نحو الذات التي ينبع منها"[١].

(١) البطل، علي، الرمز الأسطوري في شعر السياب، ص٢٤٧، ٢٤٨.

الفصل الثالث

الايقـــاع

يعد السياب رائداً للشعر الحر لا لأنه أول من كتب فيه، ولكن لأنه استطاع بحق أن يضع له أصوله الفنية والإيقاعية التي ظلت نموذجاً أسلوبياً يستهدي به الشعراء المعاصرون له، ثم اللاحقون.

وتتميز القصيدة السيابية بإيقاعية رائعة خاصة، تجمع بين رنين الشعر العمودي، والجدة في الجرس من خلال:

١-الإيقاع الخارجي.

٢-الإيقاع الداخلي.

أولا: الإيقاع الخارجي

ويقصد به الموسيقى المتأتية من نظام الوزن العروضي والقوافي الذي يشكل قواعد أصيلة عامة يخضع لها جميع الشعراء في نظم قصائدهم فهي قاعدة مشتركة يبنى عليها النص الشعري.

لم يعد رواد الشعر الحر يلتزمون بوحدة البيت بعد تفعيلاته المحددة في كل بحر شعري منذ نشأة الشعر العربي، وإنما اعتمدوا على أصغر وحدة عروضية، هي التفعيلة تاركين لدفقاتهم الشعورية وأحاسيسهم أن تفرغ في أي عدد شاءت من التفعيلات في السطر الشعري، " ومن هنا أمكن أن يقوم سطر شعري على تفعيلة واحدة، لأن التفعيلة ذاتها بنية موسيقية منظمة. وكما يقوم السطر الشعري على التفعيلة الواحدة يقوم كذلك على أكثر من تفعيلة، حتى يصل في بعض الأحيان إلى تسع تفعيلات"[١].

كما لجأ الشاعر الرائد إلى تنويع القوافي متحرراً من قيد القافية المفروضة سلفاً لإخراجهم من إطار الرتابة والنمطية، محافظاً على نمط من التقفية الحرة يلزم به نفسه بما يتفق والتدفق الشعري والنفسي.

(١) إسماعيل، عز الدين، الشعر العربي المعاصر، ص٨٥.

"فالقافية في الشعر الجديد- ببساطة نهاية موسيقية للسطر الشعري هي أنسب نهاية لهذا السطر من الناحية الإيقاعية. ومن هنا كانت صعوبة القافية في الشعر الجديد، وكانت قيمتها الفنية كذلك. فالقافية في القصيدة القديمة كانت تحتاج من الشاعر إلى حصيلة لغوية واسعة. وكثيراً ما كان الشعراء يحصلون على هذه القوافي قبل أن ينظموا الأبيات ذاتها. وكلنا نعرف هذا، ونعرف مدى جنايته على التعبير الشعري الصادق الأصيل. أما القافية في الشعر الجديد فكلمة لا يبحث عنها في قائمة من الكلمات التي تنتهي نهاية واحدة، وإنما هي كلمة " ما" من بين كل كلمات اللغة يستدعيها السياقان المعنوي والموسيقى للسطر الشعري، لأنها هي الكلمة الوحيدة التي تصنع تلك السطر نهاية ترتاح النفس للوقوف عندها"[1].

ولعل السياب من أبرع رواد الشعر الحر في خلق القوافي المناسبة لجوه النفسي، وأكثرهم حفاظاً على إيقاع غني بما يخلقه من موسيقى خارجية وداخلية ثرة تنسجم مع ذوق المتلقي العربي، وأذنه كما سنرى- إن شاء الله – لاحقاً ، ذلك أن "... الصورة التشكيلية الجديدة لموسيقى القصيدة تجعل من القصيدة كلها وحدة تضم مفردات نغمية كثيرة في إطار شعري شامل إنها صورة مقفلة مكتفية بذاتها ولها دلالتها الشعورية الخاصة التي يستطيع متلقي القصيدة أن يدركها من غير عناء، وأن يحس تساوقها مع المضمون الكلي للقصيدة.

إن موسيقى القصيدة الجديدة تقوم أساساً على هذا الغرض " إن القصيدة بنية إيقاعية خاصة، ترتبط بحالة شعورية معينة لشاعر بذاته، فتعكس هذه الحالة لا في صورتها المهوشة التي كانت عليها من قبل في نفس الشاعر، بل في صورة جديدة منسقة تنسيقاً خاصاً بها، من شأنه أن يساعد الآخرين على الالتقاء بها وتنسيق مشاعرهم المهوشة وفقاً لنسقها"[2].

---

(١) المرجع السابق، ص٦٧.

(٢) إسماعيل، عز الدين، الشعر العربي المعاصر، ص٦٤.

" إن الشعر الجديد لم يلغ الوزن ولا القافية، لكنه أباح لنفسه- وهذا حق لا مماراة فيه- أن يدخل تعديلاً جوهرياً عليهما لكي يحقق بهما الشاعر من نفسه ذبذبات مشاعره وأعصابه ما لم يكن الإطار القديم يسعف على تحقيقه"[1].

- " أما متى ينتهي السطر الشعري في القصيدة الجديدة فشيء لا يمكن لأحد أن يحدده سوى الشاعر نفسه، وذلك وفقاً لنوع الدفعات والتموجات الموسيقية التي تموج بها نفسه في حالته الشعورية المعينة"[2].

إن هذا التطوير الموسيقي كان رد فعل طبيعي لوقع الحياة العربية ابتداءاً من أواخر القرن التاسع عشر سياسياً واقتصادياً واجتماعياً، حيث الانفتاح على شعوب العالم وثقافاتهم المتنوعة، ولعله من التعسف أن نعزو سبب هذا التغير إلى مجرد التأثر بالشعر الغربي، لأن المسألة أعمق من ذلك بكثير. فالأذن العربية ألفت الأوزان الخليلية المنظمة تنظيماً رتيباً يوافق حركة الحياة العربية وبساطتها ووقع البيئة العربية في الماضي، ولما صارت تسمع خليطاً من أنغام الشعوب المضطربة، والصاخبة حيناً، فالهادئة الرائقة حيناً آخر، أدى ذلك إلى خلخلة للذوق العربي، وزعزعة لمعاييره الموسيقية انعكست على نفوس الشعراء الحساسة على شكل جديد يجمع بين وقع الماضي الموروث، والحاضر المعاش ليناسب توترات النفس ونبضاتها.

" لقد أدرك رواد الشعر الحر أن العصر- الحديث الذي يعيشون فيه يستوجب التعبير عنه بأسلوب شعري جديد يلاحق إيقاعاته ويتمثل مظاهره مقتنعين بأن الأساليب الموسيقية الموروثة في الشعر العربي لم تعد قادرة وحدها على أداء ذلك، ما لم يأتها من يحاول إحداث روح جديدة تستمد أصالتها من الموروث وتستوعب رؤية العصر- وآفاقه بأسلوب يعبر عن الجوهر الجديد ويقدمه، " لأن الجوهر الجديد هو الذي يبحث له عن شكل جديد، ويحطم الإطار القديم، كما تحطم البذرة النامية قشورها"[3].

---

(١) المرجع السابق نفسه، ص٦٥.

(٢) المرجع السابق نفسه، ص٦٧.

(٣) حداد، علي، أثر التراث في الشعر العراقي الحديث، نقلاً عن الولي، حديث مع السياب، ص١١٢.

على ما يقول السياب. وهكذا كان تجديدهم في موسيقى الشعر العربي الذي لم يكن في غايته تحطيم النمط الموروث أو إلغاء وجوده"[١] فليست هناك ثورة على القواعد الكلاسيكية ولا على القوافي والأوزان، ولم يتعد الأمر سوى تطوير وتشكيل أسلوب الأداء الشعري وبنية القصيدة، بحيث تتلائم مع التعبير والمضمون"[٢].

ويغلب استعمال تفاعيل الأبحر الشعرية الصافية في الشعر الحر وهي: الكامل، والرمل، والهزج، والرجز، والمتقارب، والخبب، وقلما يستعمل أبحراً ممزوجة وهي غالباً من السريع والوافر والبسيط.

غير أن السياب كان أسبق الشعراء الرواد إلى كتابة القصيدة المنوعة، والتنويع هو: " تنوع الأوزان تبعاً للمقاطع الشعرية التي تؤلف بمجموعها القصيدة كاملة"[٣].

" ولعل قصيدة السياب " رؤيا في عام ١٩٥٦" التي كتبها عام ١٩٥٩ تعد من النماذج المبكرة التي حملت لنا هذه الظاهرة الموسيقية ولم يحاول الشعراء الآخرون تجريبها إلا بعد ذلك التاريخ كما حصل في شعر شاذل طاقة وعبد الوهاب البياتي" [٤].

وقد لحظ د. أطيمش العلاقة في هذه القصيدة بين الإيقاع النفسي للشاعر، وتنوع الإيقاع الموسيقي.

ذلك "... أنه كلما جنح الشاعر إلى التعبير عن إحساسه الشخصي بوقع تلك الرؤيا المرعبة عليه (كلما)* أفاد من الرمل، وحيثما توجه إلى تصوير واقع الرؤيا ومدى تأثيرها على الناس والمدينة فإن موسيقى أخرى ستكون أداته للتعبير عن ذلك الواقع هي موسيقى السريع في ثلاثة مواقع، وموسيقى المتدارك في مواقع أخرى"[٥].

ففي المقطع الأول حيث استقصاء الصور، صور الرؤيا ووصف فعلها في عينة الجهاز الذي نقل فواجعها يختار الشاعر " الرمل" الذي تتوافق موسيقاه " فاعلاتن" وزناً

---

(١) حداد، علي، أثر التراث في الشعر العراقي الحديث، ص٢٦٣، ٢٦٤.

(٢) السابق، نقلاً عن الولي، حديث مع البياتي، ص٣٤.

(٣) أطيمش، محسن، دير الملاك، ص٢٨٥.

(٤) المرجع السابق، دير الملاك، ص٢٨٦.

* هكذا وردت والصواب أن تحذف، فلا يجوز تكرار كلما في جوابها.

(٥) أطيمش ، محسن، دير الملاك، ص٢٩٣، ٢٩٤.

وإيقاعاً مع فعل الرؤيا التي تمتلك زمام الأمور فهي الفاعل الذي يوقع الأهوال على عيني الشاعر "صقراً من لهيب" " تَنْقَض" ، تجتث، تمتص، ليس تطفئ، تلفظ" بالإضافة إلى كثرة الهمزات في هذا المقطع وغلبة حروف المد والشدات والنداء بـ " أيها" فتعاضد فيها هذه الموسيقى الداخلية معنى التفجير والألم الطويل الذي يناسبه اختيار أصوات فيها مد صوتي بالإضافة إلى الحروف الصفيرية المفخمة " الضاد، والظاء، والصاد" ، كما أنه يكثر فيها من " الحال" المنصوبة، خاصة على صيغة اسم الفاعل أو الصفة المشبهة لتصف هول سطوتها على الشاعر وهيمنتها عليه، فتتناسب كل هذه العناصر الإيقاعية الشعور المتمخض عن حركة فعل الرؤيا في نفس السياب، شعور لا بالظمأ فقط؛ بل بـ " الغلة" التي لا تطفئها " صحارى من نحيب":

إنها تنقض، تجتث السواد
تقطع الأعصاب تمتص القذى من كل
جفنٍ، فالمغيب
عاد منها توأماً للصبح- أنهار المداد
ليس تطفئ غلة الرؤيا: صحارى من نحيب
من جحور تلفظ الأشلاء، هل جاء المعاد؟
أهو بعثٌ، أهو موتٌ، أهي نارٌ أم رماد؟
أيها الصقر الإلهي الغريب
أيها المنقض من أولمب في صمت المساء
رافعاً روحي لأطباق السماء
رافعاً روحي- غنيميدا جريحا،
صالباً عيني- تموزاً ، مسيحاً،
أيها الصقر الإلهي ترفق
إن روحي تتمزق،
إنها عادت هشيماً يوم أن أمسيت ريحا[1]

---

(١) "أنشودة المطر"، ٤٢٩/١.

" يقدم هذا المقطع دلالات عديدة منها مأساوية هـذه الرؤيـا التـي تجـوب مخيلـة الشاعر، فهي تشير إلى حالة من الفزع والرعب الآتي على شكل " أنهار في الدماء" و" صحارى من نحيب" ومنها أن القارئ لا يستطيع أن يربط هذه الرؤيا بواقع معين، بحيث تبدو انـتماءً أو تعبيراً عن زمان ومكان وحدث، له أبطال ذوو ملامح واضحة، ومنها أيضـاً أن لغـة الشـاعر هنا يمكن أن توصف بأنها أداء تصويري فني يقوم على تتابع الصور الشعرية التـي تعمـد إلى الاستعارة أو المجاز، ربما كانت هذه الملاحظات الثلاث هي أهم ما يمكن للباحث أن يستشفه من أبيات السياب تلك"(1).

لكن ما أن يفرغ الشاعر هذا التلاحق الزخم من صور الرؤيا حتى نلحظ أنـه ينتقـل من تعميم الرؤيا إلى تخصيصها:

في غيمة الرؤيا
يوم بلا ميعاد
جنكيز هل يحيا
جنكيز في بغداد
عين بلا أجفان
تمتد من روحي
شدق بلا أسنان
يتزاح في الريح
يعوي أنا الإنسان

" هنا يتخلى الشاعر عن موسيقى الرمل ويلجأ إلى موسيقى السريع، ومن يتأمل هذا المقطع سيجد أن بينه وبين الجزء الذي تقـدم فرقـاً في الحالـة العاطفيـة، والموقـف، وفي الأداء أيضاً، ولعـل تهيـؤ الشـاعر لهـذه الحالـة الجديـدة هـو الـذي دفعـه إلى اختيـار جديـد للغـة وللموسيقى، وتبرز تلك الفروق من خلال المقارنة بين المقطعـين، لقـد كـان الشـاعر في الجـزء الأول من قصيدته يتحدث عن رؤيا ليس خطأ إذا قلنا عنها أنها رؤيا عامة... غـير محـددة ولا مقترنة بواقع، ولكنه هنا يمنح رؤيته تلك شيئاً من الخصوصية، ويربطها بمكان

---

(1) أطيمش، محسن، دير الملاك، ص٢٨٧.

وواقع معاش، ولذا يتضح للقارئ أن تلك الرؤيا المأساوية إنما هي حقيقة تعيشها بغداد حيث يعذب الإنسان ويصلب ويمثل به"[1].

ويغلب على هذا المقطع من الإيقاع الداخلي صوت النون، فلا يكاد سطر شعري- على قصره- يخلو منه. إن النون هنا تتداعى لتشكل مجموعة من الصور الكامنة في ألفاظ بعينها هي: عين بلا أجفان، جنكيز، بلا أسنان، إنسان، ينداح. ونلحظ مناسبة الفعل " يعوي" للمقطع السابق إيقاعاً، حيث الياء تتكرر مرتين فيه تتوسطها الواو، فهو فعل يتفق مع " تنقض، تجتث" لكنه فعل صوتي يناسب فعل اليد. وهي كلها أفعال بشرية يمارسها "إنسان" ، لكنه "يعوي" لأنه تحول إلى مخلوق متوحش دموي.

" ويقدم لنا هذا المقطع تفاوتاً في درجة إحساس الشاعر بالمأساة، بالرعب ومدى إيغال الفاعلين به كان فعل الرؤيا في المقطع الأول هو:

إنها تنقض، تجتث السواد
تقطع الأعصاب، تمتص القذى من كل
جفن...

وواضح أن إحساس المرء وحتى إحساس الشاعر بدرجة الرعب المتأتية من " تمتص القذى من كل جفن" هو أقل بكثير من إحساسنا بالرعب الآتي من:

عين بلا أجفان
شدق بلا أسنان
ينداح في الريح
يعوي أنا الإنسان...

لأن الأبيات هنا تشير إلى فعل غريب وعالم لا يخلو من وحشية، وربما كان تهيؤ الشاعر لإبراز المزيد من العنف والرعب هو الذي دفعه إلى اختيار هذه الموسيقى الجديدة لتلائم بالتالي حالة تختلف عما كانت عليه في المقطع الأول"[2].

---

(١) المرجع السابق، ص٢٨٧، ٢٨٨.
(٢) المرجع السابق، ص٢٨٨.

ذلك لأن الصور هنا أصبحت أشبه ما تكون بمشاهد تومض في ذهن الشاعر، ولذلك نجد هذه المقطوعة خلواً من حروف الربط، إنها صور متلاحقة سريعة من مخلفات جنكيز خان، ونتائج غارته:

جنكيز هل يحيا ؟
جنكيز في بغداد
عين بلا أجفان....
شدق بلا أسنان....

ونحن إن كنا نتفق مع د. أطميش في أن هذا المقطع " لا يقدم.... تبايناً في الحالة أو الموسيقى فحسب، وإنما تَبِعَ هذا التباين تحول آخر يكمن في أداة الشاعر اللغوية، وأسلوب التعبير مما يدلل على أن تغير الإحساس بالانفعال لا يتبعه تغير موسيقي فقط، وإنما تغيير في الأداء اللغوي أيضاً. ذلك أن لغة الشاعر في الجزء الأول من قصيدته كانت تنمو على شكل نسيج تصويري متتابع. كانت لغة استعارة ومجاز تدل على دقة الاختيار والتَّأنّي الذي صرفه إلى تذكر بعض الرموز الأسطورية ومحاولة توظيفها، أما اللغة في هذا المقطع فقد اقتربت كثيراً من المباشرة الصريحة"[1] إلا أننا لا نوافقه في أنه " لم يعد ذلك الفيض من الصور يصادفنا هنا، بل صرنا بمواجهة جمل سريعة مكثفة تَنأى عن التصوير"[2].

فهي في الواقع صور لكنها- كما أشرنا سابقاً- تتلاحق متداعية على شكل ومضات سريعة تبرق في ذهن الشاعر أشبه ما تكون بالمشاهد السينمائية التي تركز على أبرز اللقطات المؤثرة فيه. فالقاتل متمرس لا يفعل فعل الأبطال فيقتل لينصر مبدأه، بل يتلذذ في تشويه ضحيته فيصل به الأمر حداً يجعله يجرد العيون من أجفانها، والأشداق من أسنانها، فهو حَدٌّ من التلذذ بتشويه القتلى عجيب، فالعدو مريض روحاً ونفساً.

---

(١) المرجع السابق، ص٢٨٨-٢٨٩.
(٢) المرجع نفسه، ص٢٨٩.

" يبدأ المقطع الجديد من القصيدة بعودة الشاعر إلى موسيقى الرمل:

يا جواداً راكضاً يعدو على جسمي الطريح

يا جواداً ساحقاً عيني بالصخر السنابل

رابضاً بالأربع الأرجل قلبي

فإذا بالنبض نقر للدرابك

وإذا بالنار دربي.

يمكن اعتبار هذا المقطع نوعاً من التعادل في الحالات؛ لأنه يبدو عودة إلى "الرؤيا العامة" التي طرحها الشاعر في بداية المقطع الأول، ويتضح ذلك من خلال هذه المقارنة، إذ ما الفرق بين ما تثيره الأبيات وبين ما تقدم في أول القصيدة:

حطت الرؤيا على عيني صقراً من لهيب

إنها تنقض تجتث السواد

تقطع الأعصاب ، تمتص القذى من كل

جفن... فالمغيب...

هنا يتضح لنا أن المقطع الثاني هو البديل، أو المقابل الذي يقدم الاحساس نفسه بمأساوية تلك الرؤيا، ومن يتأمل المقطع الثاني جيداً سيجد عدداً آخر من العبارات تشير إلى مثيلاتها في المقطع الأول وتحمل المعاني والدلالات ذاتها، فالعبارات:

.... فالمغيب

عاد منها توأماً للصبح......

صالباً عيني- تموزاً مسيحاً

تومئ بشكلها الرمزي- وبما تثيره من أحاسيس إلى العبارات التي ترد في المقطع الثاني:

مازجاً بالشيء ظله

خالطاً فيها يهوذا بالمسيح

مدخلاً في اليوم ليله...

إن هذا التقابل في المعاني، هذا التشابه في الإحساس بالفاجعة إنما يرجع إلى أن المقطعين يقدمان حالة واحدة، موقفاً واحداً يصور بشاعة تلك الرؤيا، وما داما يقدمان تلك الحالة فقد اتفقا بالأداء الموسيقي الذي يجري على بحر الرمل، وهنا لابد أنْ نُشير إلى المقطعين لا يتفقان موسيقياً فحسب، بل يتفقان في النسيج اللغوي الذي يمكن أن (يعتبر)* واحدا في المقطعين؛ لأنه يقوم على تتابع الصور الشعرية بمعنى آخر هو نسيج فني بعيد عن التقرير أو المباشرة"[١].

ونلحظ أيضاً العودة ثانية إلى أسماء الفاعل المنصوبة، لأن المشهد كله يصور أفعالاً وأحوالاً تقع على الشاعر " جسمي، عيني، قلبي، دربي". فاسم الفاعل هنا يعمل عمل فعله بالإضافة إلى تجسيده حال العدو الذي يتحرك في صور متلاحقة من الفعل الآثم، والضحية هو المتكلم الذي تفترسه الرؤيا. " غير أن السياب لم يكن ليمضي بالمقطع كله على موسيقى بحر الرمل فلقد عاد مرة أخرى إلى السريع في الجزء الأخير من هذا المقطع:

ماذا جنى شعبي
حلت به اللعنة
من زاده المحنة
رحماك يا ربي....

ولم يكن لهذا الانتقال من مبرر غير اختلاف الحالة أو الموقف، لقد كان الشاعر يصف مأساوية الحدث من خلال شخصه، ووقع تلك الرؤيا عليه، أما الآن فقد انتقل إلى موقع المتسائل، والمبتهل إلى الرب كي ينقذ شعبه ومدينته لم يتبق منها ما يشير إلى الخصب"[٢].

واليوم في بيدري
لم يبق من حبي

* خطأ شائع، سبقت الإشارة إليه، والصواب " يعد".
(١) السابق، ص٢٩٠.
(٢) المرجع السابق نفسه، ٢٩٠، ٢٩١.

شيء هنا حبتان...

يعود المقطع إلى التخصيص، فتغلب ياء المتكلم: شعبي، ربي، بيدري، حبي. "يأتي المقطع الثالث امتداداً لبدايات المقطعين المتقدمين، أي إنه وصف للسياب، وعودة لإبراز مأساوية تلك الرؤيا، والشاعر هنا يكسب مقطعه صفات بدايات المقطعين الذي مرا، وهما موسيقى بحر الرمل، واللغة ذات الأداء التصويري:

ما الذي يبدو على الأشجار حولي من ظلال؟

منجل يجتث أعراق الدوالي

قاطعاً أعراق تموز الدفينه

وكأن عودة الحالة النفسية ألجأت الشاعر مرة أخرى إلى أدوات التعبير الشعري التي واجهتنا هناك، ومن يتأمل هذه البداية الجديدة سيجد شيئاً مما أسميناه التعادل في الحالة الذي يقود إلى تكرار معانٍ معينة، وأبيات ذوات دلالات متشابهة، فقوله:

منجل يجتث أعراق... الخ

يكاد يكون صياغة لغوية جديدة لما تثيره تلك الأبيات من إحساس بالأسى

إنها تنقض تجتث السواد

" تقطع الأعصاب" تمتص القذى من كل

جفن....

ولا يخفى على القارئ أن المقاطع المتقدمة لا تشترك بأنها تقدم حالة متشابهة ذات موسيقى واحدة ولغوة تصويرية وإنما تفيد كلها من الرموز الأسطورية، وتحاول توظيفها لخدمة المضمون الأساسي وهو صلب وقتل كل ما يشير إلى الخصب والحب والنماء[1].

والإيقاع الداخلي أيضاً ينسجم من المقاطع السابقة من الرمل من حيث غلبة المدات، والهمزات والأفعال، بالإضافة الى قافية الهاء الساكنة التي التزم بها الشاعر في معظم أسطر المقاطع الشعرية.

---

(١) المرجع نفسه، ص٢٩١.

ويلحظ في هذا المقطع بخاصة امتزاج الخاص بالعام، والأنا بالجماعة حين يتمنى السياب أن يفتدي الجماعة فتلتف حبال القنب عليه بدل الطفل والأم الحزينة:

وعلى القنب أشلاء حزينه
رأس طفل سابح في دمه
نهد أم تنقر الديدان فيه، في سكينه،
أي آه من دم في فمه؟
ما الذي ينطق من حلمته، من لحمه؟
يا حبال القنب التفي كحيات السعير
واخنقي روحي وخلي الطفل والأم الحزينه؟
يا حبالا تسحب الموتى إلى قبر كبير
- جفنة قد هيأها للوليمة-

إن الرؤيا أشد عذاباً ووطأةً على الشاعر من أن يكون هو المعذب، والضحية، ومن هنا غلبت الجمل الطلبية من نداء وأمر على المقطع بعد سلسلة الجمل الخيرية التي تقدمت راسمةً فظاعة الصور الراسخة في ذهن الشاعر لتكون حافزاً على الحركة داخل الشاعر ثم داخل بنية القصيدة.

" وإذا كانت هذه التنوعات في الموسيقى تتم داخل المقطع الواحد فإن المقطع الرابع لا يزاوج بين الرمل والسريع، وإنما يكتفي فيه الشاعر بالسريع وحده. ولعل قراءة جزء منه ستبين لنا لماذا اكتفى الشاعر بهذا البحر فقط:

تموز هذا أتيس
هذا وهذا الربيع
يا خبزنا يا أتيس
أنبت لنا الحب وأحي اليبيس
التأم الحفل وجاء الجميع
يقدمون النذور
يحيون كل الطقوس

" كان المقطع الثاني قد جمع بين إحساس الشاعر بالمأساة ووصفه لها وبين شيء من الابتهال، أما المقطع الرابع فقد غدا برمته تكريساً لموقف موحد هو موقف المبتهل الذي يرى الكارثة دون أن يستطيع فعل أي شيء إيجابي، ولذا فإنه لا يمتلك إلا الدعاء، والقارئ يستطيع أن (يعتبر)* هذا المقطع عودة أو تتمة إلى أبيات الابتهال تلك، أي أنها عودة إلى الموقف السابق، الحالة السابقة، مما يتطلب عودة مماثلة إلى الموسيقى التي تقدمت، ولا شك أن اكتفاء الشاعر بموقف المبتهل وحده هو الذي جعله يرتبط بموسيقى السريع وحدها.

وإذ يعد هذا التنوع الموسيقي- لزوم موسيقى السريع- نابعاً عن تغير الحالة النفسية للشاعر، عن تباين أحاسيسه بالرؤيا وتأرجحها بين وصف تأثيرها الخاص على روح الشاعر وأثرها في الواقع، أي تطبيقات تلك الرؤيا على الناس والمدينة، فإن التغيير يمكن أن يرد إلى مبرر آخر مضاف إلى ما تقدم وهو ما يمكن أن نرجعه إلى طريقة التعبير الشعري، فقد مر بنا أن الشاعر كان يفيد من الرموز الأسطورية إفادات عابرة "المسيح، تموز، يهوذا، غنيميد" أي أنها تشير إلى المثيل فقط أو المشابهة بين الرمز وذات الشاعر ، ولكن التوظيف الأسطوري في هذا المقطع بدا أوسع وأكثر ثراءً، فالشاعر لم يعد يكتفي من الأسطورة، برموزها، وأسمائها فقط، وإنما أخذ ينظر إليها على أنها أشخاص وحدث أيضا، هنا لا يلتقي القارئ بأتيس الإله الذي هو صورة أخرى لتموز البابلي، ويتعرف على مظهر الجدب من خلال موته، وإنما يتلمس توظيف الشاعر للطقوس الأسطورية التي كانت تمارس بغية عودة الخصب، وسقوط المطر"(١).

إن موسيقى السريع توافق طقوس الصلاة والاستسقاء التي تستعجل المطر والخصب، وتناسب حركة الداعين وحماسهم من أجل ذلك. ويلحظ غلبة حروف الهمس في القافية، وفي داخل القصيدة بشكل واضح على بقية مقاطعها ابتداءً من هذا المقطع إلى آخرها، وهو إيقاع داخلي يعاضد إيقاع البحر المتناغم مع الإيقاع النفسي- للشاعر، ولغة الدعاء الممتزج بالحزن الهادئ والسكينة.

---

* خطأ شائع، سبقت الإشارة إليه.

(١) المرجع السابق، ص٢٩٢، ٢٩٣.

" إن قارئ " رؤيا عام ١٩٥٦" ستتضح له هذه الملاحظة التي تكاد تكون حقيقة ترتبط بهذه القصيدة، وهي أنه كلما جنح الشاعر إلى التعبير عن إحساسه الشخصي- بوقع تلك الرؤيا المرعبة عليه، (كلما) أفاد من الرمل، وحيثما توجه إلى تصوير واقع الرؤيا ومدى تأثيرها على الناس والمدينة فإن موسيقى أخرى ستكون أداته للتعبير عن ذلك الوقع هي موسيقى السريع في ثلاثة مواقع، وموسيقى المتدارك في مواقع أخرى.

تنتهي القصيدة بالمقطع السابع، وهذا المقطع هو نهاية الرؤيا، نهاية الحكاية. لقد حملت إلينا المقاطع السته المتقدمة جزئيات وتفاصيل الرؤيا ووقعها على ذات الشاعر وعلى الآخرين من حوله.

وها هو الآن في موقف المتأمل التعب، وربما المتفائل أيضاً. هذه حالة جديدة إذن، تتطلب نمطاً جديداً من الموسيقى ، نمطاً لم نألفه فيما تقدم من القصيدة، وشاء السياب أن يكون رجزاً "[1]:

ولفني الظلام في السماء

فامتصت الدماء

صحراء نومي تنبت الزهر

فإنما الدماء

توائم المطر

ويلحظ تناوب قافيتين في هذا المقطع هما الهمزة الساكنة المسبوقة بمد الألف، وهي "مساء، دماء (مرتان)"، والراء الساكنة في صيغتين على وزن " فعل" هما " زهر ومطر" تتضمنان بالإضافة إلى الاسمية المصدرية معنى نتاج الفعل " فالزهر والمطر " لن يتولدا إلا بالمعاناة الكامنة في المد والوقف على الهمزة. إنهما الراحة التي لا تتحقق إلا بالمعاناة، ولذلك تصبح " الدماء" على ما فيها من خصائص صوتية ومعجمية تشعر بالتكبد موافقة الزهر والمطر رقةً ويسراً وتحدراً، لأن النتيجة واحدة، هي الحياة والخصب.

---

(١) السابق، ص٢٩٣، ٢٩٤.

وفي " مدينة السندباد" المكونة من خمسة مقاطع- يوقع السياب قصيدته على بحر الرجز خلا المقطع الثاني الذي يأتي على المتقارب ما عدا آخر أربعة أسطر شعرية منه فيعود الشاعر فيه إلى الرجز.

وفي هذا المقطع ما يجعله مختلفاً من غيره، فكل المقاطع الأخرى تنبنى على الأفعال الماضية ثم الماضية القريبة التي ترتبت على سابقها، ثم المضارعة. وهي تصف حال الشاعر ووطنه وشعبه من خلال جعل العام خاصاً، فهو جوعان، عريان، الوطن من حوله جفاف يستسقي له. ولما تحققت السقيا ونزل المطر إذا به دمار لا خصب، وهو يرمز بذا إلى عبد الكريم قاسم وجماعته الذين حرفوا ثورة تموز عن أهدافها المعلنة وبعد أن كان الناس يتطلعون إلى الخلاص بهم، أصبحوا يتطلعون إلى الخلاص منهم، مما استوجب استسقاءً جديداً، مطراً جديداً (الدم المطر). ويجمع بين هذه المقاطع جميعاً التركيز على حركة الأفعال الوحشية وانقلاب الأمور إلى ضدها في الماضي والحاضر، وطلب الخلاص من خلال أفعال الأمر الدالة على تطلعاته في المستقبل.

جوعان في القبر بلا غذاء
عريان في الثلج بلا رداء
صرخت في الشتاء
أقض يا مطر
مضاجع العظام والثلوج والهباء،
مضاجع الحجر
وأنبت البذور، ولتفتح الزهر،
وأحرق البيادر العقيم بالبروق
وفجر العروق
وأثقل الشجر
وجئت يا مطر،
تفجرت تنثك السماء الغيوم،
وشقق الصخر،

وفاض، من هباتك، الفرات واعتكر

وهبت القبور، هز موتها وقام

وصاحت العظام:

تبارك الإله واهب الدم المطر

فآه يا مطر

نود لو ننام من جديد

نود لو نموت من جديد،

فنومنا براعم انتباه

وموتنا يخبيء الحياه[1].

وهنا يندمج السياب الفرد مع الجماعة ويتحدث بصوتها متمنين النوم، والموت اللذين كانوا فيهما على البعث الذي كان خيبة أمل لهم.

- أما المقطع الثاني فهو الوحيد الذي ينبني بكليته على الاستفهام والحديث المباشر عن أدونيس رمز الخصب ويعبر عن شحوب وجفاف وسوداوية. . فأدونيس " جاء لكن " زائغ البصر فارغ الكفين". " لقد حطم الموت فيه الرجاء" بالإضافة إلى غلبة الجمل الاسمية وتكرار أهذا"؟وكذلك أدونيس الذي يتكرر ثلاث مرات، إنها استفهامات تعبر عن الحسرة وخيبة الأمل في كل مسمى ذكره الشاعر. غير أن السياب حين يبدأ بتجسيد أفعال أدونيس التي هي ضد أفعاله الأصل بعد أن يصفه ويستنكره يعود إلى الرجز في آخر المقطع جاعلاً مسافة بين الجزء الأول منه وبين آخره المكون من ستة سطور قصيرة:

أهذا أدونيس، هذا الحواء؟

وهذا الشحوب، وهذا الجفاف؟

أهذا أدونيس؟ أين الضياء"؟

وأين القطاف؟

مناجل لا تحصد،

أزاهر لا تعقد،

(١) أنشودة المطر، ص٤٦٣.

مزارع سوداء من غير ماء
أهذا انتظار السنين الطويل؟
أهذا صراخ الرجوله؟
أهذا أنين النساء؟
أدونيس يا لاندحار البطوله !
لقد حطم الموت فيك الرجاء
وأقبلت بالنظرة الزائغه
وبالقبضة الفارغه
بقبضة تهدد
ومنجل، لا يحصد
سوى العظام والدم
اليوم؟ والغد؟
متى سيولد؟
متى سيولد؟

ويلحظ غلبة قافية الدال على السطور الأخيرة من المقطع والتي هي على الرجز. ولعل الذي استدعاها هو الولادة التي تلح على ذهن الشاعر، والدال حرف، مجهور يناسب حركة التغيير الدائمة المناسبة لبحر الرجز أيضاً.

ومن تجديد السياب في الإيقاع تنويعه في السطر الشعري، ففي هامش قصيدة " جيكور أمي" يعلق قائلاً: "إذا كان ٣ فاعلاتن مستفعلن فاعلاتن= ٣فاعلات، ٣ مستفعلن، ٣ فاعلاتن مثلاً فإن الفرضية التي تقوم هذه القصيدة موسيقياً عليها صحيحة. أرجو أن تتاح الفرصة لتجربة هذه الفرضية على جهاز الأصوات الذي سبق للدكتور محمد مندور أن قام ببعض التجارب عليه في باريس. غير أني ألتزم بذلك إلا في الأجزاء الأولى من القصيدة"[(١)].

(١) انظر: " شناشيل ابنة الجلبي"، ٦٥٩/١.

" يعني بذلك أن الشطر من بحر الخفيف يتكون من: فاعلاتن مستفعلن فاعلاتن، وأنه رغم تغاير التفعيلة فيه فإنه موسيقياً معقول، فلو أننا إذن ضاعفنا فاعلاتن أي عدد، واستقلت فاعلاتن عندئذ في سطر بكامله، فإنه يكون من الممكن مضاعفة مستفعلن نفس العدد في السطر الذي يليه، ثم نعود مرة أخرى إلى فاعلاتن في السطر الثالث وهلم. وقد تحقق هذا الشكل الموسيقي عمليا في القصيدة على هذ النحو"[1].

يقول الشاعر:

١- تلك أمي وإن أجئها كسيحا

- ب--/ ب-ب-/ -ب- -

فاعلاتن متفعلن فاعلاتن

٢- لا ثماً أزهارها والماء فيها والترابا

- ب--/ -ب--/-ب--/ - ب- -

فاعلاتن فاعلاتن فاعلاتن فاعلاتن

٣- وناقضاً بمقلتي وأعشاشها والغابا

ب-ب-/ ب-ب-/ --ب-/ ---

مستفعلن مستفعلن مستفعلن مستفعل

٤-تلك أطيار الغد الزرقاء والغبراء يعبرن السطوحا

-ب--/ -ب--/ -ب--/-ب--/ -ب--

فاعلاتن فاعلاتن فاعلاتن فاعلاتن فاعلاتن

" وبذلك تكون الدورة موسيقية قد اكتملت. وهي لا تكتمل إلا لكي تبدأ من جديد، فإذا السطر الخامس بيت كامل من بحر الخفيف، كالبيت الأول، ثم يليه السادس من فاعلاتن فالسابع من مستفعلن، وهكذا.

(١) إسماعيل، عز الدين، الشر العربي المعاصر، ص٩٠.

إن الشاعر يقصد من هذه التجربة ولاشك أن يستغل تنوعاً محدداً ومعترفاً بـه لـكي يخلق منه إطاراً أوسع. فما دام ذوقنا يقبل التنويع في التفعيلات على مستوى البيت فلماذا لا يقبل نفس الصورة من التنويع على مستوى الأبيات؟"...[١]

ونلحظ أن الموسيقية في هذه القصيدة جاءت مستساغة لا يمجها الذوق العربي ولعل السبب هو التقارب الموسيقي بين " فاعلاتن" (-ب--)، وصورة من صور مستفعلن هي مستعلن (-ب ب-) إذ الاختلاف بينهما في مقطع واحد فقط هو الثالث، مما أبقى تناغماً وانسجاماً في القصيدة.

" وفي تقديرنا أن السياب أراد أن يعبر عن حالة من التأمل ولكن عبر وضع نفسي-قلق، إذن ما درجة التوافق أو الانسجام بين (الخفيف) (كوزن)* عروضي و(القلق) (كحالة)** نفسية. وبعبارة أخرى: هل جاء (الخفيف) ضرورة عروضية (فنية) مستجيبة ومستوعبة للحالة النفسية؟

إن (الخفيف) بالمعنى العروضي ذو ميزة قلقة تجتمع فيه (خاصية)*** الانسياب تارة والبطء تارة أخرى، وبذلك فهو يصلح للتعبير عن انفعالات النفس القلقة أو المضطربة. ولهذا فإن كانت حالة (السياب) النفسية مستوعبة للقلق الذاتي، فإن القلق هنا مستوعب للحالة نفسها، وبالتالي لم تسيطر حالة القلق على وعي السياب، لأن وعي السياب**** جاء مستوعباً للحالة ومتقدماً عليها في آن واحد[٢]. وفي قصيدة " جيكور والمدينة"[٣] وظف

---

(١) المرجع السابق نفسه، ص٩١.

* خطأ شائع سبقت الإشارة إليه، والصواب وزناً.

** خطأ شائع سبقت الإشارة اليه، والصواب: حالة.

*** خطأ شائع سبقت الإشارة اليه، والصواب: خصيصة.

**** لا داعي لتكرار السياب، ويمكن الاستعاضة عنه بالضمير " وعيه".

(٢) عبد جاسم، عباس، ١٩٨٥، الايقاع النفسي في الشعر العربي، الأقلام، بغداد ، السنة العشرون، العدد الخامس، ص١٠١.

(٣) انظر " أنشودة المطر" ، ٤١٤/١.

وعلى هذا النحو البارع تتعانق كل الأدوات الفنية وتتفاعل لتجسيد الرؤية الشعرية في هذه القصيدة بأبعادها (النفسية) المتعددة".

السياب الموسيقى"... توظيفاً بارعاً، فقد اختار للقصيدة وزناً أساسياً هو وزن " المتقارب" الذي وحده إيقاعه " فعولن" ولكنه حين يصور بكاء " لاة" على تموز القتيل عدل إلى وزن آخر هو " الرجز" الذي وحدة إيقاعه " مستفعلن" وهو وزن يناسب إيقاع الندب، وقد أغنى الشاعر الإيقاع في هذا النشيد ببنائه كله على قافية واحدة، وهكذا وظف الشاعر هذه الإمكانية الموسيقية – تعدد الأوزان- للتعبير عن تعدد الأصوات في القصيدة وهي وسيلة فنية يلجأ إليها الشاعر المعاصر كثيراً مما يضفي على القصيدة الحديثة درامية واضحة.

- أما القافية فإن الشاعر بنى القصيدة- فيما عدا نشيد بكاء لاة لتموز- على قافيتين أساسيتين هما النون الموصولة بهاء- أو التاء المربوطة- والمسبوقة بالواو أو الياء، والراء المكسورة المسبوقة بالألف، وأحاط هاتين القافيتين الأساسيتين اللتين التزمهما على امتداد القصيدة- بمجموعة من القوافي الفرعية. وثنائية القافية يتساوق مع منطق المفارقة الذي يحكم بناء القصيدة كله، والذي يقتضي دائما طرفين يتحاوران ويتفاعلان*.

ثانيا: الإيقاع الداخلي:

ويقصد به ذلك النظام الموسيقي الخاص الذي يبتكره الشاعر دونما الارتكاز على قاعدة مشتركة ملزمة تحكمه. وإنما يبتدعه الشاعر ويتخيره ليناسب تجربته الخاصة. فهو كل موسيقى تتأتى من غير الوزن العروضي أو القافية، وإن كانت تؤازره وتعضده لخلق إيقاع شامل للقصيدة يثريها ويعزز رؤيا الشاعر. وهكذا استبدلت القصيدة العربية في الشعر الحر لدى الرواد"... بالإيقاع الخارجي المطرد إيقاعاً قائماً على النبر النفسي، يسعى إلى أن تتلاءم الصور الصوتية للقصيدة الشعرية مع الحركات الغنائية للنفس ومع تموج الأحلام وقفزات الوعي.

وفي سبيل تحقيق هذا الإيقاع النفسي سعى الشاعر العربي المعاصر إلى توظيف عدة وسائل منها توفير علاقات الترابط المتغيرة والتي توحد مختلف عناصر الإيقاع"[1].

* هكذا وردت خطأً طباعي، والصواب: النفسية.

(١) زايد ، علي عشري، ١٩٩٢، قراءات في شعرنا المعاصر، ص١٧٠.

ويتحقق الإيقاع الداخلي بوسائل فنية عديدة منها[1]:

تكرار أصوات ذوات صفات معينة. أو مقاطع صوتية، أو كلمات أو عبارات ما.

هيمنة أوزان صرفية خاصة، أو بنى نحوية من أسماء (فاعل، مفعول به، حال) أو أفعال (حاضرة، ماضية، مستقبلة).

غلبة الجمل الاسمية أو الفعلية، وحركتها داخل القصيدة.

غلبة نمط من الجمل على غيرها من إنشائية وخبرية.

هيمنة نمط من الأنماط البلاغية الكثيرة بعلومها المختلفة على النص.

توظيف الشاعر علامات الترقيم لترهص إلى طريقة القراءة التي ينبغي للقارئ أن يراعيها ليصل إلى المغزى الدلالي الخاص الذي أراده الشاعر.

خلو النص من أدوات الربط، أو كثرتها.

غلبة أسلوب ما على النص من شرط أو غيره.

وقد حرصنا على رصد هذه الجوانب الفنية أثناء تحليلنا للنصوص الشعرية في مواطن كثيرة من هذا البحث، لما لها من دور في الكشف عن رؤيا الشاعر وتفاعلاته الفنية، خاصة عند الحديث عن الإيقاع الخارجي. ويربط د. أطيمش بين الزحافات والمدات من جهة، وبين انفعال الشاعر وموضوعه.

فلحظ أن التفعيلات التامة تغلب على المقطع الشعري عندما يكون الشاعر سارداً في القصيدة القصصية، في حين تكون نسبة الزاحفة والمعتلة أكبر منها في المقطع الذي تتحدث فيها الشخصية القصصية عن نفسها وكذلك المدات. وضرب مثلاً لذلك قصيدة "المومس العمياء" ، فحين تتحدث البطلة عن نفسها تتسارع انفعالاتها فتزداد الزحافات والمدات. فبالمقارنة بين صوت البطلة في المحور:

لا تتركوني يا سكارى

للموت جوعاً بعد موتي- ميتة الأحياء - عارا

---

(١) الورقي، السعيد، ١٩٩١، الموقف من المدينة في الشعر العربي المعاصر، دار المعرفة الجامعية، الاسكندرية، ص٩٩.

لا تقلقوا فعماي ليس مهابة لي أو وقارا
ما زلت أعرف كيف أرعش ضحكتي خلل الرداء
- إبان خلعي للرداء- وكيف أرقص في ارتخاء
وأمس أغطية السرير وأشرئب إلى الوراء
ما زلت أعرف كل ذلك فجربوني يا سكارى[1]
ومع الرجال العابرين حيال بابك هازئين
وأتى المشيب يلف روحك بالكآبة والضباب،
فاستقبليه على الرصيف بلا طعام أو ثياب،
يا ليتك المصباح يخفق ضوءه القلق الحزين
في ليل مخدعك الطويل، وليت أنك تحرقين
دماً يجف فتشترين
سواه: كالمصباح والزيت الذي تستأجرين[2].

يجد أن " نتائج هذا المحور محور " الصوت المعلق" هي: إن نسبة التام بلغت ٥٦.٦٧ والزاحف ٢٣.٣٣ والمعتل ٢٠% ونسبة حروف المد ١٢.٥% لأن الحروف بلغت ٢٧ من مجموع حروف المحور البالغة ٢١٦ وهذه النتائج تقدم لنا ارتفاع نسبة التام ارتفاعاً كبيراً عما كانت عليه في محور " صوت البطلة" وانخفاض نسبة الزحاف انخفاضاً كبيراً أيضاً، كما ارتفعت نسبة حروف المد من ٧.٧٧% إلى ١٢.٥% ولعل ارتفاع نسبة التام وحروف المد يرجع إلى سبب واحد هو تباين شدة إحساس أي صوت من الصوتين بالانفعال، ولاشك أن صوت الشاعر وهو يعلق على الحدث أو يخاطب البطلة لا يحمل من الإحساس بالانفعال وشدته ما تحمله كلمات البطلة الجريحة وهي تتوسل إلى الزناة أن لا يصدوا عنها، إن الاختلاف في الحالة النفسية بين المحورين أدى

---

(١) " أنشودة المطر" ٥١٦/١.
وصوت الشاعر في المحور:
ذهب الشباب فشيعيه مع السنين الأربعين.
(٢) " أنشودة المطر"، ٥٣٨/١.

إلى تقديم إيقاعين مختلفين بشكل واضح الأول يميل إلى السرعة المنسجمة مع ذروة الأسى، والثاني يميل إلى البطء الواضح بطء المعلق على الحدث، إن أبيات محور "صوت البطلة" بدأ أغلبها بتفعيلة زاحفة بينما ابتدأت أغلب أبيات محور "صوت الشاعر" بتفعيلة تامة لم تحظ البدايات الزاحفة بغير بيتين من مجموع ثمانية أبيات، مما يؤكد الافتراض بأن شدة انفعال الشاعر تلجؤه الى المزيد من الأبيات الزاحفة"، ويعاضد هذا أيضاً غلبة الحروف الهامسة؛ لتجمع القصيدة بين الإحساس البالغ بالأسى واللوعة التي تتطلب إفصاحاً وتنفيساً بآهات تؤديها المدات والهمزات ذوات الخصيصة الإنفجارية، والتي لا يكاد سطر شعري في هذا المقطع يخلو منها، بالإضافة إلى صوت الراء الذي يظل يتكرر داخله وفي قوافيه ليشعر بالتردد والقلق والتوتر[1].

" وفي قصيدته " مرثية الآلهة" يكرر حروف العلة في الأبيات الأولى منها قائلاً":

بلينا وما تبلى النجوم الطوالع ويبقى اليتامى بعدنا والمصانع

ولكنه اسم بالأسامي يغتدي تهجاه زفار اللظى والمدافع[2]

"…. حاول بدر بتكرار حروف العلة، والحروف المضعفة وجرس بعض الألفاظ " الزعازع" " والمباضع" و" الطوالع"، و"هاجع"، و" المدافع"، أن يخلق جواً يلائم روح المحاكاة للأحداث، جواً من الفزع والكآبة الذي ينسجم مع روح القصيدة. فالقاف،والطاء، والصاد، والكاف، والعين، حينما تلفظ مع حروف العلة يتضخم صداها ونتيجة التجاور بين هذه الحروف ذات الجرس الضخم تتكون لدينا حصيلة من الإيقاعات المجسمة. " وفي قصيدة بدر " بور سعيد":

يا حاصد النار من أشلاء قتلانا منك الضحايا وإن كانوا ضحايانا[3]

(١) أطيمش، محسن، دير الملاك، ص٣١٩.

(٢) " أنشودة المطر"، ٣٤٩/١.

(٣) " أنشودة المطر"، ٤٩٢/١.

تكرار لمجموعة من حروف المد واللين، حيث ساهم هذا التكرار في إيجاد نوع من النغم والإيقاع المؤثر عاطفياً في النفس، من جراء ما تتركه هذه الحروف وتكرارها المتناسق من امتدادات نفسية موحية"[1].

(١) الكبيسي، لغة الشعر العراقي، ص١٤٥، ١٤٦.

الفصل الرابع
التكرار

"....... إن التكرار في حقيقته، إلحاح على جهة هامة في العبارة يعني بها الشاعر أكثر من عنايته بسواها. وهكذا هو القانون الأول البسيط الذي نلمسه كامناً في كل تكرار يخطر على البال. فالتكرار يسلط الضوء على نقطة حساسة في العبارة ويكشف عن اهتمام المتكلم بها، وهو، بهذا المعنى، ذو دلالة نفسية قيمة تفيد الناقد الأدبي الذي يدرس الأثر ويحلل نفسية كاتبه"(١).

" إن لغة التكرار ليست جديدة على الشعر، بل التكرار من أهم خصائص الشعر قديماً وحديثاً. وهو سمة لا تكاد تفارق (عنصر)* من عناصره، فأوزان الشعر وأنغامه قائمة على عنصر تكرار التفاعيل، والأبحر. وحتى الزحافات والعلل يلزم (البعض منها)** التكرار ويلازمه. والقافية تستتبع التكرار، وتتردد في نهاية الأبيات طيلة القصيدة، وقد (يعتبر)*** انحراف أحد هذه الأجزاء عن صيغة التكرار، أو مفارقتها عيباً من عيوب القافية.

وبهذا يكون التكرار صفة ملازمة لأهم مقومات الشعر: الوزن، القافية، لكن الجديد في التكرار أن يشمل المفردات بهذا الشكل والوفرة التي نلاحظها في الشعر المعاصر بعد الحرب العالمية الثانية. لقد أصبح ظاهرة مميزة تستحق العناية والاهتمام، تستدعي الإسراع في محاولة إيجاد نوع من الضوابط لها حتى لا يتحول هذا الأسلوب إلى وسيلة لهدم الشعر أو لغته، بدلاً من أن يكون عنصر ثراء وغنى.(٢)

(١) الملائكة، نازك، ١٩٦٥، قضايا الشعر المعاصر، مكتبة دار النهضة، بغداد، ص٢٤٢.

* هكذا وردت والصواب " عنصراً".

** هكذا وردت والصواب " بعضها".

*** خطأ شائع سبقت الإشارة إليه، والصواب: يُعد.

(٢) الكبيسي، عمران، لغة الشعر العراقي المعاصر، ص١٨٤، ١٨٥.

وقد أفاد رواد الشعر الحر"... إفادة إيحائية أتت من وعيهم لخصائص أصوات الكلمات وعياً يكاد يكون لا شعورياً، لعمق دراستهم اللغوية، ورهف إحساسهم. وإنما كان هذا الوعي لا شعورياً لأن خصائص الكلمات من هذه الناحية الجمالية لم تدرس في العربية دراسة منهجية يعتد بها، على حين يعنى بهذه الدراسة النقاد في الغرب ولها في نتاج كتابهم وشعرائهم أثر عظيم"[1].

ويدرس التكرار من عدة زوايا:"... الأولى زاوية موسيقية ترى أن التكرار- سواء أكان تكرار كلمات أم أبيات بأكملها- يحدث أثراً موسيقياً. ويخلق مجموعة من المحاور أو المرتكزات التي تغير من شكل التجربة، وتدور بها بضع دورات كاملة، أو منقوصة، على صعيد الإيقاع الموسيقي. وقد يكون لهذا الأثر الموسيقي الذي يحدثه التكرار، دور بنائي في بلورة التجربة وتكثيفها. كما يمكن أن يؤدي إلى العكس. على المسافة الممتدة من الدور البنائي ونقيضه، يقف منهجنا الجديد ليحدد مدى توفيق الشاعر أو إخفاقه في اللجوء إلى التكرار من هذه الزاوية.

أما الزاوية الثانية فهي لفظية، لأن تكرار كلمات معينة له دور في إضاءة التجربة وتعميقها، إذ يشير الإلحاح على بعض الكلمات داخل تراكيب ثابتة، أو متغيرة، إلى أشياء لا تستطيع التجربة الشعرية الإيماء بها، دون هذا التكرار، وعلى المنهج الجديد أن يحاول التعرف على مدى توفيق الشاعر في تكراراته أو إخفاقه فيها من هذه الزاوية.

أما الزاوية الثالثة فهي قاموسية، فالتكرارات تشارك في صياغة من هنا يدلف هذا المنهج إلى نقطة جديدة هي طبيعة البناء في القصيدة الحديثة. هذا البناء الذي لاحظنا ميله إلى التراكيب والتعقيد، وجنوحه إلى التركيز والتكثيف. هذا الجنوح هو الذي جعله يميل إلى استخدام الكلمات بالطريقة التي تناولناها من قبل. وهو الذي دفعه إلى اعتماد الصورة بنية عضوية أساسية لبناء تجربته الشعرية"... فشكل القصيدة الحديثة هو معناها ورؤيتها وموقفها من العالم.

---

(١) هلال، محمد غنيمي، السنة، النقد الأدبي الحديث، ص٢٦٤، ٢٦٥.

لأن الشكل فيها ليس وعاء للمعنى، ولكنه المعنى ذاته في تشكله الشعري وفي جنوحه إلى التجسد والكينونة. ولأن المنهج النقدي الذي يريد أن يستوعب قضايا القصيدة الجديدة يفهم الشكل بهذا المعنى، فإنه يراه أوفق الطرق لبلوغ عالم القصيدة ولاستكناه أسرارها، ومن هنا فإنه يعمد إلى تحليل البنيات؛ فتساقط مع عملية التحليل ثمار المعنى بين يديه"[1].

" إن انتشار ظاهرة التكرار، وشيوعها في شعر الرواد".... لم يكن لمجرد الولع بالصيغ الجديدة، ولا لمجرد التقليد الأعمى. وإذا تجاوزنا النماذج المبتذلة أو الساذجة من التكرار، نجد أنه يمثل قدرة عالية للتعبير عن المعاني وأدائها. وإن اتجاه الشعراء نحو هذا الشكل في الأداء وراءه دوافع فنية، ترجع إلى مهام التكرار وتعدد صوره، وقدرته على تفجير (معاني)* فنية لها دلالات شعورية وأبعاد نفسية، وإن باستطاعة الشاعر أن يؤدي أغراضاً متعددة بهذا الأسلوب شريطة أن يستخدمه بعناية ودقة، وأن يكون الشاعر متمكناً من أدائه ولغته"[2].

والتكرار ظاهرة أسلوبية واسعة النطاق، كثيرة التفريعات في شعر الرواد بعامة، وفي شعر السياب بخاصة. فهو يشمل:

١- تكرار الأصوات.

٢- تكرار مقاطع صوتية.

٣- تكرار ألفاظ.

٤- تكرار جمل.

٥- تكرار مقطع من قصيدة.

١ تكرار النقط.

٢- تكرار الظاهرة.

٣- تكرار الصورة.

---

(١) حافظ، صبري، ١٩٨٠، استشراف الشعر، دراسات أولى في نقد الشعر العربي الحديث، الهيئة المصرية العامة للكتاب، ص٤٥، ٤٦.

* هكذا وردت والصواب: " معان".

(٢) الكبيسي، لغة الشعر العراقي، ص١٨٠.

١- تكرار الأصوات:

سبق أن وضحناه أثناء تحليلنا للإيقاع الداخلي في شعر السياب في الفصل السابق. ذلك أن العلاقة وثيقة بين لا وعي وتجربته من جهة، والأصوات التي يصوغ بها تجربته لتشكل إيقاعاً صوتياً منسجماً مع الإيقاع الداخلي له.

٢- تكرار مقاطع صوتية:

ويقصد به استخدام الألفاظ المضعفة محاكاة للطبيعة، " وجيل الرواد بدر شاكر السياب ونازك الملائكة والبياتي، وبلند الحيدري استخدموا بكثرة الألفاظ المحاكية للطبيعة، والمجموعات الشعرية لهؤلاء مليئة " بغمغمات و" قهقهات" و" كركرات" و" وشوشات" و "وهوهة" وتكرار هذه الألفاظ بين القصائد سمة شائعة في الشعر المعاصر. وفي الشعر الجديد اتخذت ظاهرة محاكاة الأصوات سمة خاصة حيث عدت جزءاً من محاكاة الواقع، وتصويره فدرج الشعراء على إيراد الأصوات سمة خاصة حيث عدت جزءاً من محاكاة الواقع، وتصويره فدرج الشعراء على إيراد الأصوات الناجمة عن حركة الإنسان، أو الآلة، وتفاعل الكائنات الطبيعية، وما ينجم عن هذا التفاعل من أصوات في قصائده بشكل تمثيلي مشابه لجرسها وطبيعتها من مصادرها التي خرجت عنها، معللين ذلك بنزوعهم لنقل الواقع، والغالب في محاكاة هذه الأصوات التتالي والتتابع فلا يكتفي الشاعر بذكر نبرة واحدة بل لأن هذه الأصوات تصدر من مصادرها متتابعة... ولبدر السياب نموذج آخر من تكرار الأصوات أيضا:

ناديت: " ها... ها... هوه" لم ينشر الصدى
جناحيه أو يبك الهواء المثرثر.
ونادى ورددا
وفتحت جفناً وهو مازال ينظر،
ينادي ويجأر[1]

وهذه المناداة الواقعية، هي استعارات لغة الشعر من المسرح في عصرنا هذا"[2].

---

(١) شناشيل ابنة الجلبي، ٦٣٨/١.

(٢) عمران الكبيسي، لغة الشعر العراقي المعاصر، ص١٥١، ١٥٢.

وفي هذا الأسطر الشعرية يوظف المقاطع الصوتية لتعطي بعداً دلالياً يرتبط بفكرة الصدى محاولاً أن يستحضرها صوتاً ممتزجاً بمعنى الدهشة والشعور بالرهبة.

ومثل ذلك توظيفه للمقاطع الصوتية المكررة في " من رؤيا فوكاي"، فـ " هياي" ذات بعد موحٍ بتناغم مع صوت الجرس المتكرر الدائم الذي يظل يوقظ آذان الناس مذكراً إياهم بأنه مصنوع من دم الضحية، قارعاً الأفئدة ليظل الحزن على " كونغاي" الفداء حياً في نفوسهم.

وعلى أي حال فإن السياب حين يستخدم مثل هذه المقاطع – حتى حين يخفق- فإنه يحاول أن يحافظ على لغته من الابتذال. وقد تأثر السياب أحياناً، بأسلوب إليوت في استخدام مثل هذه المقاطع الصوتية كما في قوله في " مرثية جيكور".

شيخ اسم الله- ترللا

قد شاب ترل ترل ترار... وما هلا

ترلل... العيد ترللا

ترللا. عرس " حمادي"،

زغردت ترل ترللا[1]

فحاول في هذه المقطوعة استحضار نغمات من أغاني الأفراح وموسيقاها، إلا أنها ظلت متكلفة أشبه ما تكون بأغنية خفيفة تصلح لأطفال صغار. غير أن السياب لا يكثر من استخدام هذا النمط وإن كان قد حاول أن يطوعه للغته الشعرية إلا أنه عدل عنه، وظل تكرير المقاطع في شعره مرتكزاً على التضعيف في أفعال عربية وشعبية خاصة، تبعث الدفء وتثري التجربة كما سنرى- إن شاء الله- في أنشودة المطر.

٣- تكرار ألفاظ بعينها من أسماء وأفعال

" وللتكرار خفة وجمال لا يخفيان ولا يغفل أثرهما في النفس. حيث أن النقرات الإيقاعية المتناسقة تشيع في القصيدة لمسات عاطفية وجدانية، يفرغها إيقاع المفردات المكررة بشكل تصحبه الدهشة والمفاجأة، مما يجعل حاسة التأمل لديهم ذات فاعلية عالية. كما أن قابلية النفس للإثارة العاطفية والاستجابة بالمشاركة الوجدانية في اللغة

---

(١) " أنشودة المطر"، ١/٤٠٦.

(المنغومة)* الموقعة أسرع، وأبلغ من الاستجابة للغة غير موقعة، وعلى هذا الأساس فتكرار النغمات والوقفات الإيقاعية يثير في النفس البهجة والارتياح، إذا كانت شجية ويوثبها، ويحفزها إذا كانت هذه النغمات قوية صارخة، ومن أمثال النغمات الرخيه ما نحسه في أبيات بدر شاكر السياب "أهواء":

وهيهات أن الهوى لن يموت	ولكن بعض الهوى يأفل
كما تأفل الأنجم الساهرات،	كما يغرب الناظر المشبل
كما تستجم البحار الفساح	ملياً، كما يرقد الجدول
كنوم اللظى، كانطواء الجناح	كما يصمت الناي والشمأل
أعام مضى والهوى ما يزال	كما كان، لا يعتريه الفتور؟[1]

فلتكرار " الكاف المتصلة بما" أثره في توفير الجو الإيقاعي، ولتكرار همزة الاستفهام وصيغته في المقطع الثاني، أبعد الأثر في استقبال هذه الأبيات بارتياح، نحس معه بالجمال والنشوة"[2].

و"إذا كان الشاعر العربي قد استخدم التكرار قديماً في صيغ الإغراء والتحذير، وبأسلوب مباشر صارخ بالمباشرة، فالشاعر العراقي المعاصر، استطاع أن يوظف التكرار في أداء هذه الصيغ بأسلوب أكثر هدوءاً، وإيحاءاً وجمالاً، وأقل عنفاً من استخدام الشاعر القديم، فبدر شاكر السياب حينما يحاول إغراء حبيبته لا يغريها بأسلوب صارخ مباشر، ولكنه يحدثها بإيحاء ورقة ودعة " اتبعيني" وعندما يحذرها بلطف فيقول:

اتبعيني
فالضحى رانت به الذكرى على شطٍ بعيدٍ
حالم الأغوار بالنجم الوحيد
وشراع يتوارى، واتبعيني
همسة في الزرقة الوسنى.... وظلُّ

* هكذا وردت والصواب " منغمة".

(١) أزهار وأساطير، ١٦/١، ١٧.

(٢) الكبيسي، لغة شعر العراقي المعاصر، ص١٨١، ١٨٢.

من جناحٍ يضمحلُّ
من بقايا ناعساتٍ من سكون
في بقايا من سكون
في سكون[1]

فتحمل لفظة " اتبعيني " وتكرارها همساً رقيقاً، له فعل قوي، يدفع محبوبته للاستجابة والتفاعل معه. ويعزيها بهذه الأجواء لتلبي نداءه. فهو بالرغم من كون اللفظة فعل أمر لكنه أمر محبب وحينما يحاول تحذيرها دون أن يثير دوافع الرفض والتعنت ودون أن يجرح مشاعرها أو يستخف بها"[2].

"إن التوازن حاصل في هذه العبارة الشعرية. وقد قام على تكرار كلمة " اتبعيني " ذلك أننا هنا إزاء طرفين متوازنين: " الماضي " الذي يذكره الشاعر ويفزع من انطفائه وتلاشيه، " والمستقبل" الذي يحاول تثبيته ودعمه عندما ينادي حبيبته " اتبعيني". إنه يحس بانطفاء الدروب الضائعة في الأمس فيحاول أن يملك ثباتاً في المستقبل على أساس الحب الإنساني، وبهذا يتم التوازن العاطفي للعبارة.

وقد رتب الكلمات بحيث تلائمه هندسياً، وذلك بأن أعطى الماضي فعلين قويين هما " أطفأ" و" طوى" فكان لابد له أن يعطي المستقبل أيضاً فعلين لكي يوحي بقوته إزاء هذا الماضي ولذلك كرر كلمة " اتبعيني"[3].

تنبني القصيدة كلها في فعلين، الأول " اتبعيني" وما يترتب عليه من رد فعل ينعكس على الشاعر والكون من حوله هدوءاً وراحةً، والثاني ضده " إن لم تتبعيني"، وما يترتب عليه من رد فعل مؤلم مثبط. فتتكرر " اتبعيني" ست مرات، لتكون مرسى لرحلة التعب والملل فإن لم تتبعه سيكون كل ما حوله حزيناً كما هو الآن وهو يلتمس منها اللقاء، فالشط الحزين والفراغ المتعب المخنوق يعكسان "أشباح السنين" كما ما تحمله السنون من بواعث الرعب والخوف والأسى.

(١) "أزهار وأساطير"، ٣٨/١.
(٢) عمران الكبيسي، لغة الشعر المعاصر، ص١٨٣.
(٣) الملائكة، نازك، قضايا الشعر المعاصر، ص٢٤٤.

اتبعيني.... في غد يأتي سوانا عاشقان،
في غد، حتى وإن لم تتبعيني،
يعكس الموج، على الشط الحزين
والفراغ المتعب المخنوق ، أشباح السنين

ولأن اتباعها مقترن بالهدوء والراحة والسكينة تتكرر أيضاً كلمة " سكون" ثلاث مرات. وفي كل مرة يحذف كلمة، ففي البدء كانت "في بقايا ناعسات من سكون" ليوضح هيئة هذه البقايا من السكون التي يضمحل فيها ظل الجناح، ثم أسقط الصفة "ناعسات" في السطر التالي لتصبح الجملة أكثر تركيزاً على جوهر الصورة ودلالتها "بقايا" و "من سكون"، وفي المرة الثالثة أسقط "بقايا" ليركز على صفوة الدلالة الكامنة في لفظة "سكون" والتي تلح على ذهنه فتظل تتردد، وتبقى حتى حين تحذف الألفاظ الأخرى؛ لأن السكون هو خلاصة ما يريد من هذا اللقاء المترتب على استجابة المحبوبة. وهذا ما يفسر غلبة الحروف الهامسة على النص خاصة "السين" فقد استدعت لفظة "سكون" كل الألفاظ المنسجمة معها جرساً دون وعي من الشاعر.

فـ "... للتكرار مدلول نفسي سيكولوجي، يساعد الناقد على تحليل شخصية الشاعر ومعرفة الأبعاد النفسية، والدوافع الحقيقية التي لا يخفيها عن الآخرين أو التي لا يشاء أن يفصح عنها فيهدينا إليها التكرار وتحليل ذلك أن النفس تعبر عن حاجاتها أو ما يصيبها من اختلال بالتوازن الداخلي بطريقة غير واعية ولا إرادية. وقد يكون التكرار أحد صورها، أو أحد المنافذ التي تفرغ هذه المشاعر المكبوتة، لأنها أقرب إلى الذهن من غيرها، مما يجعلها على تماسٍ مباشر، واندماج سريع مع أحداث القصيدة، ثم أن تعبير الشاعر عن هذه الجوانب يعيد التوازن إلى حالته الطبيعية، فهو مضطر إلى أن يفرغ هذه المشاعر التي يكون التكرار أحد وسائل إفراغها. وهذا فوق ما يثيره التوقع ثم دون المتوقع من شعور بالرضى لأننا ننتظر هذا الذي سيقال ونحن مسبقاً عارفون به".(١)

---

(١) الكبيسي، لغة الشعر العراقي المعاصر، ص ١٨٢ .

ويعزو بعض الباحثين سر حضور أنشودة المطر في أذهان الناس إلى التكرار في كل مقطع لكلمة "مطر" [1] "والمطر" عند بدر رمز لغوي يعبر عن دلالات للخصب، والنمو، والعطاء. كما هي الحال لدى أغلب الشعوب، حيث يحمل المطر دلالة شعورية مقدسة، تدفع للتفاؤل بالخير، وفي طياتها مغزى عميق مما يسوغ تكرارها، لما تحمله من هذه المعاني بشكل مكثف مركز. ويكرر بدر أسماء أخرى:

" جيكور" ، " بويب"... وبعض أسماء أحيائه ومواطنه، ويحمل هذه الأسماء عواطفه ومشاعره محاولاً بذلك إسقاط روح الرمز والأسطورة على هذه الأسماء لتعميقها، ولإخراجها من إطارها المحلي إلى إطار العموم والشمول.

وتكرار الأسماء يعتمد بعامة على ما توحيه هذه الأسماء من قيم رمزية، وإلا فالأسماء الاعتيادية لا تحمل في تكرارها إلا قيماً ترتفع إلى المستوى الفني، لأنها تعتمد في هذه الحالة على محاكاة التجارب الذاتية الفردية.

وقد يعتمد تكرار الأسماء على ما فيها من رهبة، أو رغبة من خلال تجارب الإنسان استجابة مع هذه الأسماء، أو النفور منها[2].

٤- تكرار الجمل:

" ويأخذ تكرار الجمل أشكالاً مختلفة، فقد يكون متتابعاً.... والشاعر قد يكرر جملة في بداية كل مقطع من مقاطع قصيدته أو في نهايتها، أو في بداية القصيدة ونهايتها، أحياناً في بداية ونهاية كل مقطع.

ومن تكرار الجمل الشائع في نهاية المقاطع، ما يتخذ صيغة الاستفهام"... أو التعجب والتحسر... وهذا النوع من التكرار إذا أجيد استخدامه بليغ التأثير، لما يتركه من دهشة وما يثيره من مشاعر، ومن تكرار الجمل تكرار ورد في قصيدة لبدر شاكر السياب": سوف أمضي"، في هذه القصيدة يكرر الشاعر جملتين مختلفتين الأولى " سوف

(١) انظر: احمد فضل شبلول، ١٩٨٤م، أصوات من الشعر المعاصر، ج١، الإسكندرية، دار المطبوعات الجديدة، ص ١٤٧ .

(٢) الكبيسي، لغة الشعر العراقي المعاصر، ص١٥٢، ١٥٤.

أمضي " والثانية " في انتظاري"، بالأولى يبدأ مقاطع قصيدته الثلاثة، وبالثانية ينهي هذه المقاطع الثلاثة وهكذا تكون بداية مقاطع القصيدة ونهاياتها مكررة"[١].

يقول:

سوف أمضي. أسمع الريح تناديني بعيداً
في ظلام الغابة اللفاء... والدرب الطويل
يتمطى ضجراً، والذئب يعوي، والأفول
يسرق النجم كما تسرق روحي مقلتاك
فاتركيني أقطع الليل وحيداً
سوف أمضي، فهي مازالت هناك.
في انتظاري[٢].

الشاعر متردد في المضي، فهو في واقع الأمر لا يريد أن يمضي، فثمة عوائق كثيرة ومخاطر تعترضه وتثبطه، لكنه يحفز نفسه على الرحيل تحفيزاً، وسوف تشعرنا بالتراخي، بالإضافة إلى أنه يريد أن يؤثر على المخاطبة التي لا تأبه به، ليضغط عليها ويستثير عواطفها، وهو في الوقت نفسه يواسي نفسه ويمنيها بأن ثمة من ينتظره هناك. فتكررت " سوف أمضي" أربع مرات، و" في انتظاري".

ثلاثاً، وهو تكرار يناسب التردد الذي يصارعه الشاعر، فهو يقدم رجلاً ويؤخر أخرى، حريص على تبيان حاله وهو " يقطع الليل"، وهي جملة تتكرر مرتين لتبين حالين مختلفين الأولى " وحيداً" والثانية " غريباً". أما المخاطر التي تعترضه فهي " درب طويل، ذئب يعوي، أفول يسرق النجم (فليله فاحم لا دليل فيه ولا أنيس) وأشباح من القبور، وهدير سيل صخاب"، لكن عليه أن يتشجع ويمضي لأنها في انتظاره.

وواضح أن المنتظرة التي ستتحول بعد قليل إلى " رفاق" ليست سوى أمنية يعزي بها نفسه لتعوضه عن فقده المحبوبة التي يأبى سحر عينيها أن يطلق رجليه من إسارها لتستطيعا المسير:

(١) السابق نفسه، ص١٦٣، ١٦٤.
(٢) " أزهار وأساطير"، ٤٧/١.

سوف أمضي. حولي عينيك لا ترني إليّا !!
إن سرّاً فيهما يأبى على رجلي مسيرا،
إن سرّاً فيهما يستوقف القلب الكسيرا،
وارفعي عني ذراعيك... فما جدوى العناق
إن يكن لا يبعث الأشواق فيّا؟
اتركيني. ها هو الفجر تبدّى، ورفاقي
في انتظاري.

كما أن الشاعر يدعي أن عناقها إياه لا يثير مشاعره مع أنه في البدء اعترف بأن سحر عينيها يقيد رجليه عن المسير، وهذا دليل على أن الشاعر يقع تحت وطأة الشعور بالانكسار، وليس عناقها إياه سوى صورة رسمتها الرغبة المكبوتة في أن يتبادل وإياها الموقع، فيكون هو من يريد الرحيل وهي المتقدة المحبة التي تتشبث به.

فقد جاء التكرار في هذه القصيدة معبراً عن حركة الشاعر النفسية وما ينتابها من انفعال.

وفي " أغنية قديمة" تتكرر جملة " ذرات غبار" في المقطع الأخير من القصيدة أربع مرات. وتمثل القصيدة وقفة توحي بها أغنية قديمة لمغنية ميتة تنبعث من أسطوانة في " مقهى" يستمع الشاعر إليها ويمضي معها:

في المقهى المزدحم النائي، في ذات مساء،
وعيني تنظر في تعب،
في الأوجه، والأيدي، والأرجل، والخشب:
والساعة تهزأ بالصخب
وتدق- سمعت ظلال غناء....
أشباح غناء....
تتنهد في ألحاني، وتدور كإعصار
بالٍ مصدور،

يتنفس في كهف هارٍ
في الظلمة منذ عصور[1]

لذا لم يعد غناء بل " ظلال غناء" و" أشباح" غناء، وهنا يستخدم الشاعر تراسل الحواس ليعطي للغناء بعداً مرئياً بالإضافة إلى كونه مسموعاً. وظلال هذه الأغنية تتنهد وتدور متغلغلة في باله المصدور. وكأنما هو ينبعث من كهف، من أعماق ظلمة العصور، وتذكره هذه الأصوات الأثيرية بمحبوبة ابتعدت عنه ويتساءل لائماً نفسه:

لِمَ يسقط ظل يد القدر
بين القلبين؟ لم انتزَعَ الزمن القاسي
من بين يدي وأنفاسي،
يمناك؟ وكيف تركتك تبتعدين... كما
تتلاشى الغنوة في سمعي... نغماً... نغما؟

ثمة ما يجمع بين صوت الأغنية الباكي الذي ماتت صاحبته، وبين محبوبة الشاعر التي فارقته، إنه الصيرورة إلى لا شيء من خلال فلسفته للموت:

آه ما أقدم هذا التسجيل الباكي
والصوت قديم
الصوت قديم
مازال يولول في الحاكي

الصوت هنا باق، أما " ذات" الصوت:

القلب الذائب إنشاداً
والوجه الساهم كالأحلام، فقد عادا
شبحاً في مملكة الموت-
لا شيء- هناك في العدم

---

(١) "أزهار وأساطير"، ١/٧١.

إنه صوت يشبه صوت المحبوبة الذي يرن في ذاكرته دون صاحبته؛ لذلك تتكرر جملة " الصوت القديم" مرتين.

وبذا ينتهي المقطع الثالث. وفي بداية المقطع الرابع الأخير تطالعنا جملة " ذرات غبار" فيقول:

ذرات غبار
تهتز وترقص، في سأم
في الجو الجائش بالنغم،
ذرات غبار
الحسناء المعشوقة مثل العشاق
ذرات غبار
كم جاء على الموتى- والصوت هنا باق-
ليل... ونهار
هل ضاقت مثلي، بالزمن
تقويماً خط على كفن،
ذرات غبار؟

إن الشعور بالاهتراء والتلاشي جعل كل شيء جميلاً مفعماً بالحياة يتحول إلى ذرات غبار مجرد هباء. فالمصير واحد هو التحول إلى لا شيء فهو الذي يجمع بين الحسناء المعشوقة وعشاقها وربما سئمت قبله التقويم الذي يمثل حركة الأيام وفي الواقع، كله كان مخطوطاً على كفن يقرب الموت كلما قطعت منه ورقة. لذلك نجده في مطلع القصيدة الذي جاء على شكل توطئة مشوقة لحكاية، يفتت صورة الإنسان فيذكر: الأوجه، الأيدي، الأرجل، الخشب، تنظر إليها " عيونه" جمع كثرة ، لأنه يراها لا بعينيه الاثنتين فحسب، بل بعيني قلبه وفكره أيضاً. ليصل إلى نهاية واحدة تجمعها هي الشتات والتلاشي بالموت، فالساعة التي " تهزأ بالصخب" تمثل حركة العمر الذي يقصر مع كل دقة ثانية، فهي تدرك أن لابد لهذا الصخب أن يسكن سكوناً أبدياً ويتلاشى.

٥- تكرار مقطع من قصيدة:

وهو أطول أنواع التكرار"... حيث يشمل عدداً من الأبيات والأسطر، وهذا النوع من التكرار يحتاج إلى عناية بالغة، ودقة في تقدير طول المقطع الذي يكرر ونوعيته. ومدى ارتباطه بالقصيدة بشكل عام، واحتياج المعنى إلى هذا التكرار. حيث أن تكرار المقاطع تكرار طويل في النغمات، والإيقاع، والمعنى. وكثيراً ما يفضي إلى الملل فتكون نتائجه عكسية"[(١)].

" ولا ننسى أن نشير إلى أن أسلوب اختتام القصائد بتكرار مطالعها، أسلوب سهل جداً، يغري بعض الشعراء تخلصاً من المتاعب التي يواجهونها في البحث عن نهايات مؤثرة ذات مغزى عميق مكثف. فالوقوف مشكلة عسيرة لعلها أشد عسراً من البداية والاستمرار، وربما يشعر الشاعر أن قصيدته متدفقة بشكل لا يستطيع إنهاءها إلا بتكرار مقطع من مقاطع القصيدة التي مرت لذلك كثيراً ما يرد مثل هذا التكرار مبتذلاً"[(٢)].

ومن هذا النمط تكرار السياب المقطع الأول من قصيدة " شباك وفيقة" في آخرها، حيث تكون البداية هي النهاية:

شباك وفيقة في القريه

نشوان يطل على الساحه

كجليل تنتظر المشيه

ويسوع) وينشر ألواحه

غير أن السياب يغير كلمة واحدة في المقطع الختامي فبدل " ينشر" ألواحه، يقول: ويحرق ألواحه، وذلك لأن شباك وفيقة بات باعثاً للبحث عن الحياة فيه، فالناس يحلمون بأن يزهر ويثمر، لكنه لما وصل إلى آخر القصيدة سلم بالحقيقة، حقيقة الموت الذي لا عودة منه. فجعل يسوع " يحرق" ألواحه بدل أن ينشرها، ذلك أن علم ما في الألواح، ألواح وفيقة عندها وحدها لا تستطيع أن تنشره. والسياب يحترز غالباً من الانزلاق إلى

---

(١) الكبيسي، لغة الشعر العراقي المعاصر، ص١٦٧.

(٢) السابق نفسه، ص١٧١.

التكرار الممل، فهو غالباً يكرر لهدف دلالي جمالي يعبر عن خصوصية التجربة التي يطرحها.

ففي قصيدة " إلى جميلة بوحريد" يكرر أسطراً من مطلع المقطع الأول حيث يقول"

لا تسمعيها.. إن أصواتنا
تخزى بها الريح التي تنقل
بابٌ علينا من دم مقفل
ونحن في ظلمائنا نسأل:
من مات؟ من يبكيه؟ من يقتل؟
من يصلب الخبز الذي نأكل؟ [1]

ففي المقطع الأول يرسم حال العرب المتردية فإن الريح التي هي مجرد ناقل لأخبارهم وأحوالهم تخزى ، فكيف بهم أنفسهم؟ إنهم أسرى داخل باب من دم يتخبطون في الظلماء ، مما يشعرنا بأنه ظلام داخل الرحم فهو بمعزل عن الحياة لا يدرون ما الذي يحدث خارج بابهم، لذا تكثر أسئلتهم:

" من مات؟ من يبكيه؟ من يقتل؟

لكن في مطلع المقطع الأخير يتغير السطر الرابع فقط ليصبح:

ونحن نحصي ، ثم أمواتنا

و" ثم " تشعرنا بالتباطؤ والاسترخاء، فكأنما هم مجرد محصين للأموات لا غير، فهذا أقصى ما يستطيعون أن يفعلوه، فلا نراهم حزينين ولا فرحين، ولا يثورون على باب الدم المقفل عليهم، ولا يخرجون للثأر.

وفي كل مرة يكرر الشاعر هذه الأسطر الثلاثة يعكس واقعين تبرز من خلالهما المفارقة الحادة بين جميلة المرأة العربية الفادية، التي تتمرد على الأسر، وتطلب الحياة في الموت، وبين الشعوب العربية، رجالها خاصة الذين تقع في الأصل عليهم مسؤولية فداء النساء والشبان والشيوخ، كما يقول الشاعر صراحة:

---

(١) " أنشودة المطر"، ٣٧٨/١.

والیوم ولّی محفل الآلهة،
الیوم یفدي ثائر بالدماء
الشیب والشبان، یفدي النساء،
یفدي زروع الحق، یفدي النماء
یفدي دموع الأیم الوالهه.

ویظل یکرر الفعل " یفدي" لأنه الفعل الحي الذي یجب أن یمارسه الرجال لیبعثوا من جدید. فتحول المرأة إلى فادیة للرجال قلب للموازین ووصمة عار على جبین كل عربي. ویظل الشاعر یکرر الصورة المهزومة لهم، ضارباً على هذا الوتر لیثیرهم فیحطموا القید ویخرجوا من رحم الظلمة.

ولما كانت صورة " جمیلة الفادیة المشبوحة الباکیة" هي مبعث إلهامه وشجنه وشعوره مع أمته بالاستکانة یکرر الأسطر الشعریة التالیة مرتین:

یا أختنا المشبوحة الباکیه،
أطرافك الدامیه
یقطرن في قلبي یبکین فیه.

لتكون هذه الصورة محفزاً له، وباعثاً على هجاء الذات وتعریتها من خلال الجماعة. وفي المقطع الأخیر من القصیدة یصب اهتمامه على واقع العرب الموتى الذین لا یثورون، یتحدث عنهم بضمیر الجماعة المتکلمین لا بضمیر الغائبین، فلا یبرئ نفسه، واحد منهم أسیر مثلهم في الظلام ویلتمس البعث من خلال " جمیلة" التي شجعت فصنعت ما لا یقوون على فعله، حین طلبت الحیاة بالموت.

ومن هنا كانت كل أخبارهم التي یذیعون، وما یکتبون مجرد بطولات زائفة مزینة غیر حقیقیة، فهم مجرد " كوم من الأعظم لم یبق فیها مسیل دم" " حفاة عراة"، لذا یعود لیکرر المقطع الأول كما هو دون تغییر فیه:

ونحن في ظلمائنا نسأل:
" من مات؟ من یبکیه؟ من یقتل؟

إنهم يجعلون كل ما يدور، وفي وسط الظلام لا يملكون إلا أن يستفهموا عن أمور يفترض أنها أدنى درجات المعرفة.

ويعود إلى جميلة التي ستظل بدمائها باعثاً لهم لترفع " أوراس" حتى السماء، بأن تعيد الدماء إلى أعراق الموتى، بل وإلى الصخور، فيمس الناس الله ويحيوا روحاً بالثورة.

وتسيطر الحروف الهامسة على القصيدة كلها لتلائم الشعور بالانخذال والاستكانة والانكسار.

٦- تكرار النقط:

" ويلحق بتكرار الصيغ تكرار النقط وعلامات الترقيم، وهو ما نجده في شعر بدر شاكر السياب:

تلفت، عن غير قصد، هناك	فأبصرت... بالانتحار الخيال !
حروفاً من النار... ماذا تقول؟	لقد مر ركب السنين الثقال
وقد باح تقويمهن الحزين	بأن اللقاء المرجى... محال!! [١]

فوجود الفواصل، وتكرار النقط، وعلامات التعجب تساعد الشاعر على توصيل ما يروم إيصاله إلى القارئ بدقة ليعوض ما تفقده القصيدة المكتوبة من التلوين الصوتي وملامح القسمات التي تصاحب القصيدة عند إلقائها. وهذه الظاهرة نجدها في الشعر المكتوب: ولو أن بعض الشعراء يسرف في استخدام هذه العلامات. وأحياناً تساعد النقط والفراغات على الإيحاء أن في السياق (معانٍ)* أخرى يمكن للقارئ أن يضيفها أو يتخيلها، ويستخدم الشاعر الفواصل والتنقيط ليوازن بين الجمل إيقاعياً، وليوفر جواً من الاستراحات، والسكوت وما ينجم عنه من مزايا موحية، ولا تفوت الإشارة إلى أن إساءة الاستخدام تؤدي إلى اضطراب المعنى. والنقط والفراغات تبرر بشكل لافت للنظر في قصائد السياب في " أزهار وأساطير" كقصيدة " لاتزيديه لوعة" وكقصيدة" عينان زرقاوان"

---

(١) " أزهار وأساطير"، ٥٨/١.

* هكذا وردت والصواب: معاني.

وفي قصيدة " ليالي الخريف " و" أغنية قديمة" و" ستار" التي تكثر فيها الفواصل مثل":[١]

عيناك؛ والنور الضئيل من الشموع الخابيات
والكأس، والليل المطل، من النوافذ، بالنجوم،
يبحث في عيني عن قلب... وعن حب قديم،
عن حاضر خاوٍ، وماضٍ في ضباب الذكريات
ينأى، ويصغر، ثم يفنى
إنه الصمت العميق[٢]

إنها صور مركزة تتابع في ذاكرة الشاعر تثيرها أشياء منتخبة متتابعة جاءت الواوات لجمعها فكلها تبحث عن حب قديم، والنقطتان اللتان فصلتا بين "يبحث في عيني عن قلب" وجملة" عن حبٍ قديم" جاءت لترسم صورة متتابعة يجمعها إحياء ذكريات فانية ترتب عليها حاضر خاوٍ.

٧- تكرار الظاهرة:

بحيث تتكرر ظاهرة ما في غير قصيدة من قصائد الشاعر. " وهذا النوع من التكرار له أبعاد نفسية، حيث يتأثر الشاعر بحدث ما، أو تبهره لفظة أو عبارة فيرددها في أكثر من موقع.

كذلك نجد بعض الشعراء بدافع الإعجاب، أو الانتماء، يتبنون استخدام أسلوب معين يظهر في قصائدهم، ويتجلى هذا التكرار بشكل واضح لدى بدر. فيكررها دائماً في قصائده مثل " عشتار" و" تموز" و" سيزيف" و" أوديب" و" المسيح" و" عيون ميدوزا".

ويتأثر بعمق في حادث اقتتال الأخوة، والجريمة التي وقعت بين هابيل وقابيل، فلا تغادر ذاكرته، وتكرر هذه الحادثة في قصائده، وقد تردد صداها في أكثر من سبع قصائد من مجموعة " أنشودة المطر"[٣].

في قصيدة المخبر:

---

(١) الكبيسي، لغة الشعر العراقي المعاصر، ص١٦١.

(٢) " أزهار وأساطير"، ٧٥/١.

(٣) الكبيسي، لغة الشعر العراقي المعاصر، ص١٧٣.

كي لا يكونوا إخوة لي آنذاك، ولا أكون

وريث قابيل اللعين سيسألون[1]

وفي مرثية الآلهة:

كقابيل يغتال الأشقاء، راكـلٌ كأوديب- للخبز الإلهي صافع[2]

وفي " من رؤيا فوكاي" في غير موقع:

سيانٌ " جنكيز" و" كونغاي" هابيل قابيل، وبابل كشنغهـاي[3]

وفي " تسديد حساب":

قابيل باقٍ وإن صارت حجارته سيفاً، وإن عاد ناراً سيفه الخَذِمُ

وَرَدَّ "هابيل" ما قضـاه بارئـه عن خلقه، ثم ردَّت باسمه الأمم[4]

وفي قافلة الضياع:

كي يدفنوا " هابيل" وهو على الصليب ركام طين ؟

" قابيل أين أخوك؟ أين أخوك؟

....

يرقدُ في خيام اللاجئين[5]

وفي قصيدة " إلى جميلة بوحريد":

قابيل فينا ما تهاوى أخــوه من ضربة الحقد التي يضربون[6]

وفي " مدينة السندباد":

يولد قابيل لكي ينتزع الحياه[7]

---

(١) " أنشودة المطر"، ٣٤١/١.

(٢) السابق، ٣٥٣/١.

(٣) السابق، ٣٥٨/١.

(٤) السابق، ٣٦٠/١.

(٥) السابق، ٣٦٨/١.

(٦) السابق، ٣٨٣/١، ٣٨٤.

(٧) السابق، ٤٧٠/١.

وفي " المومس العمياء"

من أي عش في المقابر دف أسفع كالغراب؟
قابيل أخف دم الجريمة بالأزاهر والشفوف[(١)]

" ونفسية بدر مهزوزة من جراء ما لحق به من بعض أصدقائه الذين تنكروا له، وكان يكن لهم عاطفةً أخويةً صادقةً، فهو بدون وعي منه يشير إلى غبن وظلم إخوته له، وحتى أخوه وربما تنكر له بعد أن اختلف معه في الانتماء، و(قسى-)* عليه، لذلك كان لمثل هذا التكرار بعد نفسي، عبر فيه بدلاً بلا قصد إليه، عما يرقد تحت جوانحه من مشاعر اتجاه إخوته أو أصدقائه"[(٢)].

٨- تكرار الصور

".... وهو أبلغ أنواع التكرار. وأكثرها تعقيداً، لما يحتاج إليه من جهد وعناية. ولا يعتمد هذا التكرار على التشابه في إيقاع أو نغم وحركات الألفاظ. فالجانب الصوتي فيه ضئيل جداً ولا نجد له أثراً. ففي تكرار الصور يقوم الشاعر بخلق توازن خيالي أو موضوعي بين حالتين أو معنيين"[(٣)].

ومنه تكرار صورة الأم وطفلها في شعر السياب، وهي صورة تلح على ذاكرته في كثير من قصائده منذ بواكيره إلى ديوانه الأخير. وهي صورة للأسى والحرمان من الحنان الصافي التي ظلت كامنة في لا وعيه جراء موت أمه وهو ما يزال في السادسة من عمره، لقد ظلت هذه الصورة تطل برأسها في شعره كله.

ومنه صورة العينين في أنشودة المطر حيث يقول:
عيناك غابتا نخيل ساعة السحر، أو شرفتان راح ينأى عنهما القمر
عيناك حين تبسمان تورق الكروم

---

(١) السابق، ٥١٠/١.
* خطأ والصواب: قسا.
(٢) الكبيسي، لغة الشعر العراقي المعاصر، ص١٧٤، ١٧٥.
(٣) السابق نفسه، ص ١٧١، ١٧٢.

وترقص الأضواء... كالأقمار في نهر
يرجه المجداف وهناً ساعة السحر
كأنما تنبض في غوريهما النجوم(١)

و" القمر" " والنجوم" و" ساعة السحر" و"غابتا نخيل" و" ينأى عنهما القمر" "وفي غوريهما" ما يوحي بالبعد وبالعالم الحالم، والمعاني العميقة التي لا يسهل إدراكها. وغابة النخيل ، وورق الكرم، والمياه العميقة، صور أراد الشاعر أن يخلق منها معادلاً موضوعياً فهو بدلاً من أن يكرر على مسامع حبيبته، أن (عيونها زرقاء)* وأنها عالم بعيد الغور، نسج لها (صور)** منسجمة متقاربة في جوها العام مع هذا المفهوم، وحبيبة الشاعر هي مدينة البصرة ثغر العراق الأخضر"(٢).

ونحلل صورة الطفولة والعينين من خلال تحليلنا لأنشودة المطر بوصفها نموذجاً فنياً يصلح للتمثيل به على التكرار الفني بأنواعه المختلفة في شعر السياب.

وقصيدة السياب هذه يلفها غموض لذيذ، ذاك أن الشاعر أعطى مفاتح رموزه، وربطها بالرمز الكلي. ففي الوقت الذي نخال فيه أن الشاعر قد تحول عن الغزل إلى أشياء أخرى، وإلى صور مختلفة إلا أن الاستبطان الحقيقي للنص يفضي بنا إلى أن المرأة الرمز بقيت تتنفس في كل سطورها.

قد بدأ من أول كلمة في القصيدة ناسباً، متغزلاً بمحبوبة لم يصف لنا سوى عينيها اللتين يعبر منهما ويرتحل فيهما إلى المكان " غابات النخيل" والزمان (وقت السحر) راسماً الوجود والعدم، والموت والحياة، والجوع، والظلام، والنور، كل هذه الثنائيات المتضادة التي تحويها في داخلها، كل هذا من خلال المطر والبحر، والطفل، والبكاء، واللؤلؤ والردى.

---

(١) " أنشودة المطر"، ٤٧٤/١.
* خطأ والصواب، " عينيها زرقاوان".
** خطأ، والصواب: " صوراً ".
(٢) الكبيسي، لغة الشعر العراقي المعاصر، ص١٧٢.

والشاعر على تأثره بالتراث إلا أن لقصيدته خصوصية أصيلة، فهو ينطلق من جزئية من المرأة، فيختار عينيها وينسى كل ملامحها الاخرى الجسدية، ويصل عينيها بكاف الخطاب للمفردة " عيناك غابتا نخيل" التي تشير إلى أنه حديث عاشقين متكافئين، متقاربين روحاً وإن بعد المكان، ذاك أنه كتب قصيدته هذه في الكويت بعيداً عن العراق ونخيله[1].

وقد اقترنت العيون قديماً بالسحر وكانت دائماً مرآة النفوس التي لا يملك الشاعر حيالها إلا أن يقول، أنها سحرته، ولعل ذلك نابع من عجزه عن تفصيل المعاني الكامنة في غورها. ونجد السياب ههنا يجسد هذا العالم لتكون العيون بوابة تنقله من عالم الواقع إلى عالم ما وراء الواقع الذي أفرزه الواقع نفسه، ورؤية الشاعر له، إلى عالم ضبابي جميل مخيف في الوقت ذاته. ويعبر عن هذه المعاني الضائعة بصور متعددة يعطف بعضها على بعض، المشبه فيها واحد هو " عيناك" ، وتتعدد المشبهات بها.

ولعل هذا ينبع من إحساسه بأن ما تلقيه عيناها من روعة من معان وصور ثرة لا يستطيع حصرها أو اختصارها في صورة، فالمعاني كثيرة تحتاج إلى صور ملتقطة من جوانب مختلفة من الوجود، والصور في داخله تتداعى متعاقبة هي أكبر من أن ترسم في صورة واحدة، فهو يحتاج إلى صور مختلفة ترسم أحوالاً متضادة يعبر بها مجتمعة عن وحي عينيها، وما تتضمنه من تناقضات لا تجتمع إلا في عيني محبوبة أسطورية:

عيناك غابتا نخيل ساعة البحر
أو شرفتان راح ينأى عنهما القمر
عيناك حين تبسمان تورق الكروم
وترقص الأضواء... كالأقمار في نهر
يرجه المجداف وهناً ساعة السحر
كأنما تنبض في غوريهما النجوم
وتغرقان في ضباب من أسى شفيف

---

(١) انظر: التونجي، محمد، بدر شاكر السياب، والمذاهب الشعرية المعاصرة، دار الأنوار- بيروت، ص٢١.

كالبحر سرح اليدين فوقه المساء،
دفء الشتاء فيه وارتعاشة الخريف،
والموت، الميلاد، والظلام، والضياء،
فتستفيق ملء روحي ، رعشة البكاء

واختيار كلمة " عيناك " فاتحة للقصيدة، موفق- بلا شك- في السياق، ومن حيث الدلالة المعجمية والتراثية الأسطورية. ولم تأت مقدمة على ما لحقها إلا لأنها محور ما يعتلج في نفس الشاعر إذ " العرب إذا أرادت العناية بشيء قدمته". فهي ذات أبعاد عميقة في نفسه، لذلك انطلقت قذفة أولى تنبعث عنها كل الصور المختضمة المتضادة التي ينضخ بها العراق.

" وقد كان الحمام والغزال من حيوانات عشتار عند البابليين والسوريين، ووجد تمثال الغزال في بئر زمزم، ولا يخفى أثر الغزال في حياة العرب الجاهليين، فلقد كانوا يشبهون النساء الجميلات بالغزال. وقد كانت قبيلة بني الحارث تحد ستة أيام إذا وجدت غزالاً ميتاً وتلتزم طقوساً معينة....، فالغزال حيوان مقدس عند بعض الجاهليين يتصل بالطقوس الدينية"[1].

وقد ارتبطت العيون من الشعر القديم بالظباء والغزلان، وبقر الوحش. ومن هنا اكتسبت مادة " عين" دلالة ذات بعد عاطفي عميق في نفس الإنسان العربي له أصوله الروحية القديمة. والقارئ العربي الحديث بحكم ثقافته المختزنة في ذهنه يكفيه أن يقرأ" عين" حين تتداعى في ذهنه كل الصور المقترنة بلفظها من الظباء والغزلان، وغيرها من الحيوانات التراثية ذوات العيون الجميلة الوديعة، لذا فإنه يستغني عن المشبه به، كما يستغني الشاعر الحديث عنه، لأنه بحكم البعد الزمني والتضخم الثقافي أكثر قدرة على الولوج إلى داخل الصورة (صورة العينين) واستكناه ما تلقيه في روعه، على غير ما كان يقتضيه حال الشاعر القديم الذي تغنيه لفظة ظبي أو بقرة وحش عن دخول مجاهل عيني

---

(١) السنجلاوي، إبراهيم، ١٩٨٥م، الحب والموت في شعر الشعراء العذريين في العصر الأموي، منشورات مكتبة عمان، عمان، ص٢١٥.

محبوبته، وتقوم بالغرض المنشود لما له من اتصال وثيق بهذا الكائن الجميل واقعاً وروحاً.

أما الشاعر الحديث فصلته بالظبي مثلاً صلة ثقافية لا واقعية معاشة؛ لذا فإنه يخلق صوراً تساير واقعه الذي يعيش، يشم فيها عبق الماضي لكنه لا يراه. وهذا ما فعله شاعرنا فعينا محبوبته ظهرتا بحلة جديدة، ومشبهات عديدة قد لا تخطر بذهن أحد غيره، فهما غابتا نخيل، والنخيل ظاهرة كثيفة ذات بعد عميق في نفس الإنسان العربي بعامة، والعراقي بخاصة. فالعراق بلد التمور منذ القدم، والنخيل قوة وأصالة وجمال تمتد في أعماق الزمان، وتتحدى الرياح والهجير، وتتمرد على الظمأ والردى، لتمد جذورها تعتنق الأرض وتمتص منها وجودها، وتثمر لها الحياة المتمثلة بالتمر حلو المذاق، متنوع الأصناف وإن كانت ترتوي من ماء أجاج، فهي تحول المالح إلى عذب، إلى طعام للفقراء وحلوى للأغنياء، وتمد الظل حنواً على منْ يمرون تحتها، وتمتع أنظارهم بلونها، وهيبة طلعتها.

فالنخلة وعشتار، والنخلة وما ينبغي أن يكون عليه إنسان العراق، بل الإنسان العربي، يتحدان ليشكلا قوة الخصب والوجود الذي يتحدى الأعاصير، والذل والموت. والرمز في هذه القصيدة ينبع من المرأة الأسطورة التي تتمخض عن الخصب وإن عاشت جدباً في بعض فصول حياتها. والخصب لا يأتي بسهولة، بل بمخاض، والمخاض لا يكون بلا ألم ودم، لذلك تتجسد داخل هذا الرمز ثنائية الموت والحياة، وترتبط به الثمار والكروم، والزهر، وهذا الخصب هو الذي يولد النور المتمثل في القمر، والنجوم، ورقص الأضواء. ولما كان الخصب لا يأتي بلا مطر- خاصة الكروم لا تحيا بدونه، على عكس النخيل الذي يمثل الخصب الدائم- يستسقي لها، ليعوضها عن الدم النازف من العبيد وأجنة الزهر المعتصرة، التي تشير إلى وجود خصب لكنه يقتل جنيناً قبل أن يولد ثمراً، ولأن عشتار الأرض لا يمكن أن تحيا إلا بالمطر، وهذا المطر من نوع آخر، يأتي ليعيد للزهر أجنته، فهو مطر يتداخل فيه المطر المألوف بمعنى الماء الهاطل من السماء بالمطر الرمز الذي يعني هنا بداية الثورة، إذ لو لم يكن المطر الحقيقي هاطلاً على الأرض ما تشكلت الزهرة أصلاً، لكن هناك من يمتص حياتها قبل أن تصل إلى مرحلة الإثمار.

ولتتحقق السقيا ويستجاب إلى ابتهال الشاعر لابد من الضباب أن يعلو ويتكاثف ليبشر بالمطر الذي يخفيه في سرجه. وانعكس هذا الضباب على الصور فغلفها، فهي صور غائمة ضبابية لم يوضحها السياب توضيحاً تاماً، لتنسجم مع الواقع الضبابي الذي يشكل حداً وسطاً بين الموت والحياة، والنور والظلام مما تؤديه كلمة " سحر" من دلالة زمنية غلفت المكان، ومن هنا كان موفقاً في اختيار الزمن الذي يقف بين لونين متضادين، ليعكس حال الشاعر النفسية، وحال الواقع والمكان.

أما الطفولة فقد ارتبطت بالبعث من مطلع القصيدة حيث الزمان " السحر" الذي يعني بداية المولد، مولد زمن جديد. وارتبطت أيضاً بالخوف والبكاء، والنشوة والفرح، واليتم والجوع، والأمل في الغد الذي سيولد، كما ارتبطت بالشروق والغروب.

كأنما تهم بالشروق

فيسحب الليل عليها من دم دثار

فالشروق مولد الأمل والنور الساطع، والغروب مولد اليأس والحزن لاقترانه بالدم.

بيد أن كل صور الطفولة الكونية والبشرية اليائسة تتهاوى حين تتكون آخر صورة، صورة الطفل الذي يرضع الحياة من ثدي أمه، وتتكرر هذه الصورة لتكون خاتمة للقصيدة تغلب مولد الحياة والانبعاث على مولد الموت والفناء. فالمبسم الجديد بعد أن تراق دماء العبيد مخاض مشحون بالألم والدم، لكنه يورث ابتسامة الفرحة بمولد جديد، تذكرنا بتبسم عيني المحبوبة. وتعود رابطة الانسجام والتواصل كما ينبغي أن تكون بين الأم الأرض والطفل الذي تتورد الحياة سروراً بعودته إليها يمتص منها مادة حياته، وبعودتها إليه بعد أن تخلصت ممن كانوا يمتصون خيراتها ويحرمون منها طفلها. فحليب أمه الأرض من حقه وحده، فلم تعد الأفاعي، والجراد والغربان تزاحمه عليها، وتقتله ظمأ في حين أنها تروى حتى الثمالة وتسلب الحلمة توردها وتجفف منابع الحياة فيها، وتقتل الطفل المحروم.

وبعودة الطفل (المواطن) إلى أمه الأرض تحقق الانسجام والابتسام بعد رحلة المخاض الموجعة، لذلك " يهطل المطر" الذي يحيي الروح كما أحيا الأرض وأخصبها ولسوف

يظل يهطل، مادامت طلائعه أخذت تتساقط، ولسوف يتمخض الضباب عن مطر من الأرض مادامت تمطر.

وكل قطرة تراق من دم العبيد

فهي ابتسام في انتظار مبسم جديد

أو حلمة توردت على الفم الوليد

في عالم الغد الفتي، واهب الحياة

ويهطل المطر

وهذه الطفولة، ولادة الزمن الجديد تؤمل بغد " فتي" والفتوة تمثل غاية القوة والشباب والعطاء، فالزمن الآتي زمن القوة والغلبة.

والطفولة في كل صور القصيدة تتسم بالبراءة التي تعني الفطرة غير المشوهة بالأرضية، الطفولة التي ترفض الذل والتنازل عن حقولها، وتتغنى بالحلم وترتبط بمنبع الحياة ارتباطاً وثيقاً، فعندما يرضع الطفل يرتبط بثدي أمه، وحين يخاف من القمر يلجأ إلى حضنها، وحين تموت، أو يقال له: إنها ماتت يأبى أن يصدق، ويبقى الأمل بحدوده في أن تعود، فهي حية تشرب الماء وتسف من التراب، " وسف التراب" يتناسب مع ثنائية الموت والحياة، فهي حية لأنها " تسف" و" تشرب" " تفعل"، لكنها ميتة لأن طعامها " التراب"، فهي حية مدفونة، ومدفونة حية.

والذل موت، والجوع موت. ولو وجدت ما تأكل لما سفت التراب، لذلك يصر على إنقاذها وبعثها من " نومة اللحود" فهي نائمة لكن نومها طويل حتى كأنه الموت. ومن هنا اختلفت فيها الأقوال والظنون. فالرفاق " أطفال" وطفولتهم هنا تختلف في رمزها ودلالتها فهي تعني قلة الخبرة، وهو المواطن الوحيد في القصيدة الذي يختلف فيه معنى الطفولة البريئة التي تمثل الرقي في الفكر، والذي يجب أن يرقى إليه الكبار(الصغار)، في حين أن (السياب) الطفل الوحيد الذي يرى الحقيقة ويحسها، فيرى أنها ستعيش بل " لا بد أن تعود" ولا بد تشير إلى حتمية عودتها، فهو مستيقن من هذا.

فأمه كما يحس على قيد الحياة، أو بين الحياة والموت، ولكنها تحتاج إلى من يوقظها من غيبوبتها وسباتها الطويل، فيرجعها إلى الحياة قبل أن تموت موتاً أبدياً.

و(الكبار) حين يقولون له أن أمه ستعود يكذبون عليه ليتخلصوا من إلحاحه في السؤال الذي وصل إلى حد اللجاجة، فهم لا يؤمنون بعودتها، بل يؤمنون بأنها ميتة، لذلك يرون أنه " يهذي"- فمطالبته بالانبعاث مستحيلة في تصورهم، لكنهم يجارونه، لأنهم يحسبون أن إدراكه قاصر، فهو يهذي بهراء مستحيل. غير أنه يقابل ذلك بإيمان حتمي بالانبعاث وثبات على موقفه.

" لابد أن تعود"

فيرفض أن يصدق أن الموت نهاية الحياة، وإنما هو لون آخر من ألوانها، لأن أمه مازالت تفعل فعل الأحياء، تأكل وتشرب. فالبعث ينبت من الأرض ويختبئ في ذرات ترابها.

وترتبط الطفولة بالمطر، الرمز الأكبر في القصيدة، والذي يولد الحياة في الكروم والعرائش، واللؤلؤ المرتبط بالخليج الذي يتشابه مع المطر من حيث كونهما ماء يقذف الحياة والموت معاً، يختزن الأشياء الثمينة التي تسبغ على الكون جمالاً وحياة، وتسلب الحياة في الوقت نفسه.

والطفولة تعني البداية التي يتسع أمامها الزمان لتبني وتقوى وتحيا. فالصحوة مازالت طفلة في مهدها، وأمامها مندوحة لتستوي على ساقها وتشتد[١].

والأرض هي الأم التي تمنح الحياة ولادة جديدة. ولما كانت القصيدة صورة للولادة الجديدة، فإن الإحساس بها يملأ النفس باستجابة غامضة تكاد تكون لا شعورية، ولهذا امتلأت القصيدة بصور نابضة أو متفتحة ومشرفة على التفتح " الكروم تورق، الأضواء ترقص، المجذاف، يرج الماء"... وليست هذه صوراً للتزيين، وإنما تعتمد على ايحاءات اللفظة والصورة معاً؛ لتمهد الطريق الى التفتح الكبير الذي تستعد له الحياة[٢].

ويرى إحسان عباس أن الأم في هذه القصيدة أم كبرى، والطفولة جزء من حياة كبرى. وليست العودة إليها هرباً إلى الماضي، وإنما هي وصل للماضي بالحاضر، والذات بالمجموع ، لينتج هذا الوصل وحدة عامة تستشرف المستقبل في ثقة الإنسان

---

(١) عوض، ريتا، بدر شاكر السياب، ص٣٥.

(٢) عباس، إحسان، بدر شاكر السياب، ص٢١٣.

المطمئن إلى المصير الإنساني، وأنّ الأم الكبرى تستجيب لبكاء الطفل فتبكي: مطر... مطر...مطر أنشودة متصلة في آن، تشبه هذيان الطفل الذي قالوا له أن أمه ستعود، لكنه يزداد شعوراً بالضياع فيلجأ إلى الخليج، واهب الحياة والموت. ورغم أنْ الموقف يصور طفولة الشاعر إلا أنه الحقيقة التي يجب أن تلد حقيقة مغايرة[1]".

فبكاء الأم غسل لبكاء الطفل الحزين، ومسح لتشرده وضياعه؛ لذا يرتد إلى أحضانها في آخر القصيدة فترضعه الحياة بعد الحرمان والجوع والظمأ.

ويرى بعض الباحثين أن صور الطفولة مرتبطة بطفولته البائسة، وذكرياته. فهي ترتبط بالزمن الماضي الكامن في طفولته، وهي استبطان لفترات مبكرة من حياة الطفل، والذي أعاد إليها صدمة الدهشة من الزمن الحاضر، فعاد إلى الطفولة لينقل الصدمة الحاضرة إلى زمن قديم قابع في ذاكرة الطفل الذي كانه[2]".

لكن هذا ليس بالسبب الكافي ليضفي على القصيدة جمالاً. ولعل جمال صور الطفولة كانت في التحام الواقع بالرمز. وليس صدفة أن تكون أكثر تداعيات " أنشودة المطر" محكومة بالذاكرة الطفلة، لأنه منطق الشعر الأسطوري الذي يحسم الطفولة حين استدعائها[3]".

ومن التكرار" .... لجوء الشاعر إلى لفظة بعينها يكررها بين آونة وأخرى، في بداية الأبيات أو المقاطع أو نهايتها، ومنه تكرار الأسماء كما في هذه القصيدة حيث يحمل المطر دلالة شعورية مقدسة تدفع للتفاؤل بالخير، وفي طياتها مغزى عميق ما يسوغ لتكرارها لما تحمله من هذه المعاني بشكل مكثف مركز. فمن ذلك تكرار مطر.... مطر عند السياب، حيث تحمل رمزاً لغوياً يعبر عن دلالات الخصب[4]".

ونتفق مع الكبيسي في أن تكرار كلمة " مطر" جاء واعياً موحياً، لكننا لا نرى رأيه في أنه يحمل دلالات مقدسة تدعو للتفاؤل بالخير فقط. فهو أيضاً- كما أشرنا سابقاً-

---

(١) المرجع نفسه، ص٢٠٩، ٢١٠.

(٢) الشرع، علي، قراءة في " أنشودة المطر" للسياب، ص A٧١، A ٧٢.

(٣) انظر: خوري، الياس، ١٩٧٧، دراسات في نقد الشعر، دار ابن رشد، بيروت، ص٤٣.

(٤) انظر: الكبيسي، عمران، لغة الشعر العراقي المعاصر، ص١٤٣، ١٥٣.

من خلال ما تعكسه كلمة " مطر" من دلالة معجمية وصوتية وسياقية تحمل دلالة مضادة للتفاؤل.

فـ " مطر" تحمل ثنائية ضدية تمثل العدم والوجود، والتفاؤل والخوف، والفرح والحزن لأنها تحمل الخصب النابت من عصير الدم المراق.

وهذا ما توقعه في نفوسنا أصوات هذه الكلمة، التي تتحدر من صوت مطبق "الطاء" مفخم، أثر في حرف الميم قبله فأثر فيه ففخمه، ثم مجيء حرف الراء المتكرر ساكناً، فهو حط بعد صعود، كموج الخليج يمد ويجزر في حركة دائمة متناغمة.

و" مطر" " مصدر" على وزن " فعل"، لامه حرف متكرر ساكن جاء متناغماً مع صدور كل الصور والأفعال في القصيدة عنه، فحركة البعث والموت يتولدان منه. فالمطر " ثمر" و" خطر" في آن.

ثم إنَّ إفراد سطر شعري لكلمة مطر وحدها واتباعها بالنقط، وتكرار هذا السطر مرتين أو ثلاثاً حسب ما تقتضيه حال الشاعر النفسية مع سكون الراء يعطي إيقاعاً متميزاً، يوحي للسامع بهول ما ينوء به صدر الشاعر ليحطه في نفسه استحثاثاً له على الفعل، ويناسب صوت المطر الذي يتساقط على الأرض متتابعاً، بحركة عنيفة يتبعها سكون لا يلبث أن تتبعه حركة أخرى عنيفة... وهكذا.

لقد تميزت القصيدة بايقاع داخلي وخارجي متناغم مع حركة الاضطراب والصرخات المتكررة لاستسقاء النصر.

فالمطر أنشودة تتردد على ألسنة الأطفال والعصافير، وهو صوت دائم، لذلك كان لـ "كركر، ودغدغت " الفعلين المضعفين، تناسبٌ مع حركة التكرار في الترديد الذي ينبغي أن يدوم دون انقطاع على هيئة أنشودة ترتاح لها النفس وتطرب.

ومن أنواع التكرار " تكرار النقط وعلامات الترقيم، وهو ما نجده في شعر بدر شاكر السياب وغيره... فوجود الفواصل وتكرار النقط وعلامات التعجب، تساعد الشاعر على توصيل ما يروم إيصاله إلى القارئ بدقة، ليعوض ما تفقده القصيدة المكتوبة من التلوين الصوتي وملامح القسمات التي تصاحب القصيدة عند إلقائها. وهذه الظاهرة نجدها في الشعر المكتوب. ولو أن بعض الشعراء يسرف في استخدام هذه العلامات، وأحياناً

تساعد النقط والفراغات على الإيحاء أن في السياق (معان)* أخرى يمكن للقارئ أن يضيفها أو يتخيّلها ويستخدم الشاعر الفواصل والتنقيط ليوازن بين الجمل إيقاعياً، وليوفر جواً من الاستراحات، والسكوت وما ينجم عنه من مزايا موحية، ولا تفوت الإشارة أن إساءة الاستخدام تؤدي إلى اضطراب المعنى. والنقط والفراغات تبرز بشكل لافت للنظر في قصائد السياب..."[1]

ونلحظ في قصيدته هذه النقط بعد كلمة مطر:

وقطرة فقطرة تذوب في المطر

وكركر الأطفال في عرائش الكروم،

ودغدغت صمت العصافير على الشجر

أنشودة المطر...

مطر...

مطر...

مطر...

وهذه المقطوعة يكثر فيها التكرار على مستوى اللفظة المفردة كما في " قطرة، فقطرة" وهو تكرار مفعم بالإحياء، فالفاء المقترنة بالقطرة الأخيرة تشير إلى الهطول المنظم القليل الكثير في الوقت نفسه، والشاعر يستحثها على التساقط لئلا تمتصها الأرض الجافة وتضيع، تاركاً وراء كلمة " مطر" نقطاً وفراغاً، ليدع القارئ يسمع زخات المطر، مشنفاً أذنيه، واقفاً عند إيقاعها ليستحضر كل ما تحفزه وتثيره في ذهنه وروحه من دلالات روحية واجتماعية تنسجم وزخات المطر على الأرض وإيقاعها.

و" أنشودة المطر تصور العراق نفسه من خلال منظر المطر، فالعراق والمطر متطابقان. والصلة بينهما صلة حياة مستمرة، لا عودة فردية محفوفة بظروف عابرة. وتعتمد الإثارة فيها على السحر البدائي في اللفظة، فاللفظة المتكررة هي التعويذة التي يرددها الساحر القديم، أو هي "افتح يا سمسم" كلمة السر التي تتفتح على وقعها مغيبات

---

* هكذا وردت والصواب معانياً.

(١) المرجع السابق، ص١٦٠، ١٦٢.

النفس، وهي لفظة مطر وليس صنو منفصل، وإنما تحمل صنوها العراق في ذاتها حمل الأم للجنين[1].

وجاء التكرار في المقطوعة السابقة على مستوى مقاطع الكلمة الواحدة (المفردة)، كركر، ودغدغ، وهي تنسجم مع وقع المطر المنتظم على الأرض، كما أشرنا سابقاً. ومما أسبغ على القصيدة جمالاً أن لفظة مطر تلونت دلالتها في القصيدة فلم تجمد عند دلالة واحدة.

ففي المقطع الأول من القصيدة كان مطراً سماوياً تفرح له العصافير والأطفال، وتردده أنشودة تبشر بالمستقبل المخصب. وفي المقطع الثاني كان ضجراً وسخطاً وطلب غوث من الظلم، واستحثاث للناس على الثورة. وفي المقطع الثالث كان بداية اليقظة وانطلاق صوت الثوار ضد الجراد والغربان، وفي المقاطع الأربعة التالية انتشار صوت الثورة في كل اتجاه، ثم نزول مطر النصر.

ثم عودة المطر استغاثة واستسقاء نصر من جديد ضد الأفاعي، فهو طلب ثورة جديدة، ضد ظالم جديد، ثم" يهطل المطر" الذي يعني بداية ثورة الشعب على الأفاعي، واستمرارها.

أما التكرار على مستوى الدورات والمقطوعات داخل القصيدة فيرد في بعض المواضع، مثل:

أصيحُ بالخليج: " يا خليج
يا واهب اللؤلؤ، والمحار، والردى
فيرجع الصدى
كأنه النشيج:
واهب المحار والردى".

لا يتكرر هذا المقطع سوى مرتين في القصيدة. لكن دلالاته الإيقاعية بالغة الأهمية. الشاعر يمزج هنا، الصوت والصدى، لا يكتفي بالإشارة إلى الصدى، بل يتركه يتكلم، هو، فيأتي صوت الصدى ناقصاً، لأنه يحذف اللؤلؤ، ويبقي على المحار والردى.

(1) انظر: عباس، إحسان، بدر شاكر السياب، ص٢٠٨، ٢٠٩.

إيقاع الصدى هذا، سوف يتكرر مرة ثالثة، فيأتي الصدى في الجزء الأخير في القصيدة ليحمل اللازمة الإيقاعية:

" وأسمع الصدى

يرن في الخليج

مطر...

مطر...

مطر...

ثم يعيد الصدى، تكرار مقطع " في كل قطرة من المطر"، وهو أكثر مقاطع القصيدة وضوحاً دلالياً.

إنها بشارة " بعالم الغد الفتي واهب الحياة"[1].

يتكرر هذا المقطع بعد صدمة الشاعر بالمطر، فالمطر آت، لكنه يبعث الحزن، لأن الوحيد فيه ضائع، فهو مطر يرتبط بطفولة مشردة، ويحمل الموت، ولكن ليس البر وحده بحاجة إلى ثورة ومطر، بل ؛ البحر أيضاً يعيش جدباً ويحتاج إلى خصب التحرير، فهو أيضاً لم يسلم من الغربان والجراد، وطالته الأفاعي فامتصت ثرواته، ومن هنا كان الصياد يلعن ويشتم ويستسقي، فيجب أن تعم الثورة، وأن يتعاضد مع العراق، والبحر مع البر، لأنهما يعيشان الجدب.

فينادي الخليج معظماً بـ " يا " النداء بصفتيه المتضادتين الموت والحياة، واللتين يجمعها " الكرم والعطاء" عطاء اللؤلؤ، وعطاء الموت الذي يدحر الأعداء، لكن الصدى يصحح نداءه، فعليه أن ينادي الخليج بالصفتين اللتين تعنيان الموت، المحار والردى والموت للمهاجرين، وعندما يتحقق ذلك يعود اللؤلؤ ليخصب في أعماق الخليج، وينثر لأهله، يغنون منه ويثرون؛ لأن بقاء المهاجرين (الغربان والجراد) سيقضي- على كل ثروة سواء كانت في أعماق الأرض، أو في أعماق البحر، وينثر الخليج بثورته عظام المهاجرين مستجيباً لنداء الشاعر. لكنه لم يكد يفعل حتى يعود ثانية مجدباً. فيعود في الوضع الثاني ليكرر المقطع منادياً الخليج، وذلك بعد أن تعشب الأرض وتتورد الحلمة

(١) خوري، الياس، دراسات في نقد الشعر، ص٥٥.

على فم الوليد، ولكن المطر النازل من السماء لا يكفي لأن العراق المعشب والحلمة المتوردة لا يدوم إدرارها، بسبب عدو جديد " الأفاعي" التي تتنزع الحليب من الرضيع، وتسلب العراق ثمره وهو ما يزال زهراً جنيناً.

فعلى الرغم من أن الثورة قد حققت ما حققت من نصر على المهاجرين ودمرتهم، إلا أن العراق ظل " فيه" ألف أفعى تشرب الرحيقَ، " ففيه" توحي بأنهم أعداء من أرض العراق أصلاً، فهم من أبنائه، يتلونون كالأفاعي، بل هم " أفاعي" تلبس وجوه العراقيين الثائرين المخلصين وألوانهم وألسنتهم، وتنطوي على نفس مستعمر، وفكر مصاص دماء جديد، في ألسنتهم سم قاتل، فالأفعى توحي بالتلون واللين والهدوء الذي ينطوي على خبث شديد وسم نقيع، فيعود مكرراً دورة كاملة كان قد قالها سابقاً لكنها مرتبطة بـ " الجراد والغربان" أما هنا فهي ترتبط بـ " الأفاعي" مما يشير إلى أن الجراد والغربان أتت من أجواء بعيدة غريبة لتمتص الخصب، فهو الاحتلال الانجليزي وما شابهه، أما الأفاعي فهي من أرض العراق نفسه، وهي الأيدي التي تركها الاحتلال لتعبث بخصبه وتقوم مقامه بامتصاص خيراته ولعله يقصد بها عبد الكريم قاسم، الذي قاد ثورة عام ١٩٥٨ التي شارك فيها السياب وتحمس لها لكنه سرعان ما اكتشف أنها خدعة فقد كان عبد الكريم قاسم يلعب بالصراعات بين أطراف الجبهة الوطنية في سبيل أن يبقى[(١)]، فيعود ليستسقي ثانية للعراق، والخليج معاً، فكلاهما يعيش الوضع نفسه والأزمة ذاتها. فيرجع الصدى ثانية بـ " المحار والردى" ، الخسارة والموت للأفاعي، دون اللؤلؤ، الذي يختزنه الخليج لأبنائه بعد أن يدحر الأفاعي؛ لذا لا يتكرر هذا المقطع في آخر القصيدة، وإنما يتركنا الشاعر وقد عاد الطفل يرضع الحياة من ثدي أمه المتورد، إنها أمه الأرض التي آن له أن يتمتع بثمارها وعطائها بعد أن زاحمته عليها الأعداء، وما دام هذا قد تحقق، فإن الخليج أيضاً سيبدأ بنثر لؤلؤه على أهله المخلصين له.

---

(١) انظر: علوش ، ناجي، ١٠٧٤م، بدر شاكر السياب، سيرة شخصية، دار الكتاب العربي- طرابلس، ص٦٩، ٧٠.

الفصل الخامس
المقابلة والتضاد

في الوقت الذي ركز فيه الشاعر على عنصر الجمع بين الأضداد حسياً وفي إطار البيت الواحد معتمداً على مضمون الدلالة اللغوية للألفاظ يركز الشاعر المعاصر[١] العناصر الشعورية والنفسية ليعبر عن الصراع والاضطراب الذي يغزو المجتمع المعاصر مجسماً بشكل حي فكرتي العدم والوجود، والفناء والبقاء، مستغلاً بذلك مظاهر التناقض في الحياة والكون في تشخيص هذا التوتر.

إن الشاعر المعاصر يهتم بتصوير الكون من خلال نظرته للحياة، ولذلك ابتعد عن صيغ القوالب الجاهزة، واعتمد المباغتة والمفاجأة في خلق المتعة والدهشة ، وتحقيق الإثارة، فكان التناقض والتضاد وسيلة من وسائله التكنيكية، وأساليبه الديناميكية في بناء القصيدة المعاصرة. إن الشاعر الحديث مضطر إلى محاكاة التوتر لشعوره بأن الآلة رغم مالها من مزايا لم تستطع أن تمنحه الاطمئنان النفسي الذي حلم به، بل أصبح مقتنعاً بعدم مقدرتها على التعامل مع مشاعره بشكل إيجابي. ولذلك أصبح أسلوب التقابل بين المتناقضات من أهم عناصر الأداء الشعري الذي يتميز به الشاعر المعاصر (فبواسطته)* أوقد التوهج الشعوري والعاطفي في الكلمات. فعن طريق المقابلة والمجاورة بين المتناقضات، يخلق موقفاً إيجابياً متماسكاً أشبه بالتفاعل الإيجابي بين قطبي الجاذبية المغناطيسية. لقد صاغ بالتناقض أشكالاً متعددة من ظواهر الوجود وحقق تقدماً فنياً في مجال تشكيل لغة القصيدة. ومن أمثلة الجمع بين المتناقضات، ما ورد بقصيدة بدر شاكر السياب في قصيدته " أنشودة المطر"[٢].

---

(١) يقصد من الشعراء رواد الشعر الحر.

* خطأ شائع، والصواب: بوساطته.

(٢) الكبيسي، عمران، لغة الشعر العراقي المعاصر، ص٢٠٠.

وهـو في شـعره الثـوري بعامـة، وهـذه القصـيدة بخاصـة يرسـم واقعـين متضـادين متنافرين، ما هو كائن، وما ينبغي أن يكون، وفي الوقت نفسـه كثـيراً مـا تجـده يـؤاخي بـين المتضادات فيجعلها توائم لا بقـاء لأحـدها إلا بـالأخرى. والسـياب بـذا يكـون صـاحب مـنهج أسلوبي خاص من خلال انزياحه بالتضاد عن أصـله القـديم ليحولـه مـن التنـافر إلى التكامـل، ليصبح فيما بعد خصيصة فنية من خصائص الشعر الحر أفاد منه معاصروه، ثم اللاحقون.

تبدأ أنشودة المطر بجو ضبابي يبدو من خـلال عينـي المحبوبـة اللتـين تجمعـان بـين النور والظلام، والحياة والموت ترسمان للشاعر مـا كـان، ومـا سـيكون في إلهـام عاصـف زخـم منقطع النظير. فكأنما ينبع الضوء والموت في غـوريهما، فهـما تصـنعان النجـوم وتبثـان المـوت والحياة. وعندما يصل إلى هذه الرؤيـة المتعمقـة في غـور عينيهـا يـدرك أنهـا المـوت والحيـاة، فينتقل الى صورة الأسى الذي تغرق فيها عيناها:

وتغرقان في ضباب من أسى شفيف

كالبحر سرح اليدين فوقه المساء

دفء الشتاء فيه وارتعاشة الخريف

فتعود الضبابية تغطي عينيها، لكنها ضبابية من أسى شفيف. فهو أسى ينبع من حزن لمعرفتهـا بمـا يكمـن وراء الضـياء والخصـب، لـذلك " تبسـمت عيناهـا" ولم تضحك في بدايـة القصيدة. فأساها ينبئ عن شيء سيحدث في المستقبل، عرفته من خلال امتدادها عـبر الزمـان ومعرفتها بالماضي، وهذا الأسى الشفيف يعكس مـا وراءه مـن جـمال عينيهـا، فحتـى "أسـاها" يعطيها مزيداً من الجمال، فكأنما الأسى يحتضنها حين تغرق عيناها فيه، كـما يغـرق البحـر في السماء عندما يمد يديه محتضناً، فهو أسى لذيذ، فيه دفء الشتاء، وارتعاشة الخريف.

وصورة البحر هنا موازية لصورة النخيل. فعيناها غابتا نخيل حين تخصـب، وعيناهـا بحر فيه الدفء والرعشة، وعلى الرغم مـن تضـادهما إلا أن تحديـد الـدفء في زمـن الشـتاء، والرعشة في الخريف مرغوبان، كلاهما يوصل المرء إلى حالة من التـوازن مـع العـالم الخـارجي من دفء وبرد.

لكن ما أن يصل الشاعر إلى " ارتعاشة الخريف" حتى يرتعش قلبه فتبدأ الصحوة الحقيقية، وتبدأ حركة القصيدة بالتسارع في دورة جديدة مرتبطة بالسابقة موضوعاً، ومختلفة معها إيقاعاً، فكأنما ساعة السحر تصرمت، ووصل الزمن إلى النور القوي الذي جعل الشاعر يرى الأشياء بوضوح أكبر، ويرفع صوته أعلى، في حركة صعود مطرد إلى آخر القصيدة حتى يصل إلى إيقاع مطر، وإلى النداء والصياح، فنجده يعطف على ارتعاشة الخريف:

" والموت والميلاد، والظلام، والضياء

فتستفيق ملء روحي، رعشة البكاء

ونشوة وحشية تعانق السماء

كنشوة الطفل إذا خاف من القمر

فحركة الموت والحياة، والظلام والضياء أصبحت واضحة قوية، لكن الموت مقدم على الميلاد، والظلام مقدم على النور. والعرب إذا أرادت العناية بشيء قدمته[١]، فالخوف هو الذي يحدو الشاعر ، فتستفيق - ملء روحه رعشة البكاء. وهذه الاستفاقة حصلت بشكل سريع مباشر بعد ارتعاشة الخريف، التي وضعت أمامه المتضادات من موت وميلاد وظلام وضياء. واستخدم صيغة " استفعل" لتشير إلى الطلب باستحثاث، طلب اليقظة، واختار مادة "فيق" لتشير إلى اليقظة التامة لرعشة البكاء التي ترافق إدراك الحقيقة الكامنة وراء غابتي النخيل وابتسام عيني المحبوبة. وتستفيق أيضاً نشوة وحشية تتجاوز حدود الذات حتى تعانق السماء ارتفاعاً وامتلاءً، نشوة ممزوجة بالخوف الطفولي.

ويتناسب الإيقاع الصوتي للقافية مع حالة الاستفاقة المؤلمة الممتدة، فتأتي منتهية بالألف الممدودة والهمزة الساكنة لتنظم هذه الحركة النفسية الداخلية في نفس الشاعر، وتعيده رويداً رويداً إلى حالة الاتزان النفسي باتجاهه نحو السكون، لذا نجد القافية تتغير في آخر الدورة فتصل إلى حركة أقل تسارعاً عندما يقول:

---

(١) انظر: سيبويه، (ت:١٨٠هـ) الكتاب، تحقيق: هارون، عبد السلام، دار القلم- القاهرة، ١٩٦٦، الجزء الأول، ص٣٤.

كنشوة الطفل إذا خاف القمر

فالخوف ممزوج بنشوة طفولية، خوف ليس له مبرر، لأنه خوف من جميل غير مألوف، فداعيه الجهل به والدهشة من رؤيته الأولى له، لا لأنه مخيف في ذاته. فهي أشبه ما تكون بهيبة من النور اللامألوف له.

" إن حركة تحول الرمز هي حركة تناقضية أيضاً. فالصوت الذي يخاطب ويبتهل منذ بداية القصيدة، وحتى نهايتها حين يواصل المطر هطوله، هو صوت يحمل في ثناياه ازدواجية الحركة والسكون. وهذه الازدواجية تلف الصوت الشعري منذ بداية القصيدة حتى نهايتها، كي تقدم الجانب الآخر، من ثنائية تحولات الرمز. منذ البداية يرتفع الصوت الابتهالي، وهو صوت ساكن في الأساس، يصف من الخارج، ثم حين يمزج الوصف بالابتهال تبدأ الحركة الداخلية. في الوصف، يرتفع الصوت ليسجل حركة العناصر كما تنعكس في العينين، أو العينان وهي تراقب العناصر في حركتها. لكن حين يبدأ الابتهال، ننتقل من الوصف الساكن الذي يسجل إلى الحركة"[(١)].

" هذه الثنائية، سوف تحكم حركة الانبثاق في القصيدة بأسرها، فالقصيدة تبدأ وتنتهي بالرمز الأسطوري العشتاري حيث الخصب، لكن حركتها هي حركة باتجاه الحياة، من الموت إلى الميلاد، ومن الظلام إلى الضياء، وهذا الخلاص يستعير الأسطورة ويتوكأ عليها، لكنه لا يهمل المراجع الواقعية. الأسطورة تشير إلى الواقع، تغلفه بغلالة شفافة من الإيحاء، لكن الواقع أيضاً يتحرك باتجاه الأسطورة. هذه الحركة المزدوجة هي التي تمسك الصوت بالصدى منذ لحظة انبثاق القصيدة، حتى لحظة استمرار هطول المطر، حيث تنتهي. لذلك تبدو القصيدة وكأنها لا تنتهي. إن الحركة الصاعدة في القصيدة نحو رمزها، والحركة الأخرى الهابطة من الرمز إلى الواقع، يتوحدان في المقطع الإنشادي الذي يتكرر، ويضفي على الإيقاع طابعاً شعائرياً لا ينتهي"[(٢)]

(١) خوري، إلياس: دراسات في نقد الشعر، ص٣٧.

(٢) المرجع السابق، ص٣٨.

مطر...

مطر...

مطر...

وفي العراق جوع

وينشر الغلال فيه موسم الحصادْ

لتشبع الغربان والجراد

وتطحن الشوان والحجر

رحىً تدور في الحقول... حولها بشر

مطر...

مطر...

مطر...

وكم ذرفنا ليلة الرحيل من دموع

ثم اعتللنا- خوف أن نلام- بالمطر...

مطر...

مطر...

ومنذ أن كنا صغاراً، كانت السماء

تغيم في الشتاء

ويهطل المطر،

وكل عام- حين يعشب الثرى- نجوع

ما مر عامٌ والعراق ليس فيه جوع

مطر...

مطر...

مطر...

قابل الشاعر " بين المتناقضات، حينما كرر لفظة " مطر"... وكرر مقابلها "جوع" فالمطر رمز للعطاء والنمو والخصب، والجوع دل على القحط والعقم

(لسبب)*الفساد والاستغلال والظلم، فهما صورتان متنافرتان متناقضتان جمع بينهما الشاعر، ليوازن بينهما وبين الواقع الذي يشاهده العراق.

ويستمر الشاعر في تأكيد الفوارق، وإبراز عناصر التناقض، من خلال المتقابلات الأخرى بين عناصر الغنى والفقر، فبين مقطع ومقطع، وعبارة يزداد هذا الواقع المتناقض اتضاحاً وشمولاً. ففي الجانب الأول:

المطر يهطل، والظلال تنثر، وموسم الحصاد يدق الأبواب، والرحى تدور، والشوان تطحن، وأمام كل هذا صورة أخرى تناقضه كل التناقض: جوع يلف البشر في ذلك الوقت الذي يشبع فيه الغربان والجراد " الدخيل" ودموع تذرف، ورحيل يدق الأبواب، وخوف يستشري.

والقصيدة ليست وصفية، ولا تنقل الواقع نقلاً حرفياً مباشراً، ولكنها تجمع بين المتناقضات لخلق واقع اختل فيه التوازن، مثل ذلك الاختلال الذي يلف العراق، مع إبراز العناصر الشعورية وتجسيدها، فالقصيدة مملوءة بالتوتر العاطفي، لعدم اقتصار التناقض على النواحي الجامدة، لقد كان تناقضاً شاملاً للواقع الجامد، وللعواطف والمشاعر واللواعج النفسية. وهذه الرحى الدائرة، والشوان التي تطحن، تخلق مجالاً واسعاً للتأويل وتمثل دورة الزمن والفصول، وتعاقب المظاهر الكونية، نمو وخضرة، وحصاد وذبول، وما يصاحب هذه المعاني من نبضات الوجدان واهتزازات بين المتناقضات التي تفيض بها المشاكل في الحياة"[1].

و" المطر": تلك هي الصفحة الخارجية من حقيقة الحياة لشاعر يحس بالغربة عن الوطن والأم، ولكنه رغم المطر يحس بالظمأ، مثلما يحس العراق إثر المطر بالجوع، فالصفحة الداخلية من حقيقة الحياة هي الظمأ والجوع والموت... موت البائس الذي قذفه موج الخليج إلى الساحل، وموت الشاعر على سيفه في الوحشة والغربة والضياع... ولكن الموت لا يخيف لأنه يلد الحياة، والجوع والظمأ لا يخيفان لأنهما سينفرجان عن شبع وري. الحقيقة الكبرى هي أن الطبيعة أم حانية: كلتاهما قد تبكي فتبعث اللوعة في

* هكذا وردت، والصواب بسبب.

(١) الكبيسي، عمران، لغة الشعر العراقي المعاصر، ص٢٠١، ٢٠٢.

النفوس، لكن هذا البكاء بدء حياة جديدة، لأن قانون الحياة يقول: إن المطر لابد من أن يلد عشباً وشبعاً ورياً، وهذا الشبع والري من حق الذين يصنعون الحياة بدمائهم وليس من حق الغربان والجراد والأفاعي.

ها هنا الوحدة الكلية بين الفرح والأم والطبيعة والبائسين من بني الإنسان، مثلما هي الوحدة الكلية بين النشيد المتصل في القصيدة وشخوصها وبين الأضداد الظاهرية من حزن وابتسام وجوع وشبع وظمأ وري، لأن قوة التحول لن تجعلها أضداداً إلى الأبد"[١].

"... القصيدة هنا كالأرض تهتز بالمطر لتربو نسمة الحياة وإن كان المطر يحدد سطحها ويجرف بعض معالمها، والأرض هي الأم، التي تمنح الحياة ولادة جديدة، ولما كانت القصيدة صورة للولادة الجديدة، فإن الإحساس بها يملأ النفس باستجابة غامضة، تكاد تكون لا شعورية"[٢].

وكثيراً ما يستخدم السياب التضاد في رسم الواقع خاصة في ديوانه الثوري " أنشودة المطر"، حيث تموزياته التي تعتمد على فكرة الموت من أجل الحياة، والدم الذي سيتحول إلى غذاء لزهر مبشر بالخصب.

وقد سبق أن أشرنا إلى بعض هذه القصائد في مواضع كثيرة من هذا البحث. ومن هذه القصائد: الأسلحة والأطفال، المومس العمياء، حفار القبور، المسيح بعد الصلب.
كما أننا تحدثنا عن المقابلة بوصفها سمة البناء الدرامي[٣].

---

(١) عباس، إحسان، بدر شاكر السياب،ص١٥٥.
(٢) السابق نفسه، ص١٥٦.
(٣) انظر الفصل الثاني من هذا الكتاب.

الفصل السادس
معجم السياب الدلالي

إن السياب يعنى باللفظة الموحية، بحيث لو استعمل لفظة بديلة ما أعطت المعنى بالدرجة الجمالية ذاتها، والتي تناسب الموقف والسياق.

يقول أبو العلاء المعري في " المثل السائر" وهو الذي يتعصب لأبي الطيب ويسميه الشاعر، ويسمي غيره من الشعراء باسمه: " ليس في شعره لفظة يمكن أن يقوم عنها ما هو في معناها فيجيء حسناً مثلها"[(١)].

هذا هو المقياس النقدي الجمالي الذي سبق به أبو العلاء كوليردج وغيره من النقاد الغربيين. " يقول كوليردج: إنه كلما كانت الكلمات في القصيدة قابلة لأن تستبدل بكلمات أخرى من اللغة نفسها دون أن تفقد قيمتها، كان ذلك عيباً في القصيدة".

وإذا تفحصنا لغة السياب في أنشودة المطر وحاولنا أن ننتزع بعض ألفاظها ونزرع بديلاً لها. لما بقي المعنى متألقاً موافقاً لما يقتضيه الواقع السياقي اللغوي، أو الواقع الاجتماعي والنفسي. فمثلاً كلمة " سحر" في قوله:

عيناكِ غابتا نخيل ساعر السحرْ

لو استبدلت برديفتها " الفجر" لاختل المعنى وأصبح ثمة تناقضٌ بين الصورة في الشبكة التخيلية والشعورية للشاعر، والصورة المرسومة بالكلمات. إذ الترادف في العربية لا يعني التطابق في المعنى، والتساوي في الدلالة.

فكلمة فجر تغلب النور على الظلام، وتشعر بأن الثورة والصحوة قد تحققتا، وهو ما لا يوافق الواقع، إذ لما تحدث الصحوة حتى لحظة وقوفه متغزلاً بعيني المحبوبة، والكون مازال يعيش لحظة بين بين، على قدر متساوٍ بين الظلام والنور، والأمل واليأس والموت والحياة. ولأن الرؤية ما تزال ضبابية غائمة لابد أن يكون الزمان مناسباً لها، يمثل لحظة بين الشك واليقين بالدرجة نفسها، لحظة غبش في الرؤية والرؤيا معاً. وذا منسجمٌ مع

---

(١) ابن الأثير، ضياء الدين، أبو الفتح، (ت:٦٢٢هـ)، المثل السائر في أدب الكاتب والشاعر، ت تحقيق: د. أحمد الحوفي، ود. بدوي مكتبة نهضة مصر، القاهرة، ١٩٦٦م، ٤١١/١.

واقع العراق الذي يمثل للشاعر في " غابتا نخيل" لكنه بعيد عنه يحجب رؤيته السحر، وإن كان السحر يبشر بولادة الفجر. وهو في بداية القصيدة، والقصيدة المتميزة لا تنبثق إلا من صراع بين ضدين متكافئين إلى حد ما، لأن الصراع بين المتضادات في نفس الشاعر هو الذي يفجر القصيدة.

ومثل آخر: لو استخدم السياب كلمة " غيث" لما أدت ما تؤديه كلمة " مطر" التي لم يستخدم الشاعر لها رديفاً طوال القصيدة. وذلك أنه يرسم الواقع، وكلمة مطر أدل عليه لأنها- كما ذكرنا قبلاً- ارتبطت بالعذاب والألم، بالإضافة الى وقعها الصوتي العنيف وما يوحيه من قوة وخطورة، في حين أن الغيث يمثل الرحمة البحتة.

ولما كان الشاعر يستسقي مطر النصر والثورة، وهما لا يتأتيان بيسر- وسهولة تدرك الناس أينما كانوا، إذ لابد لهم من العناء ، فقد جاءت الكلمة مناسبة للسياق. ومن هنا كان النداء بـ" يا" التي للمنادى البعيد (نحواً)، وللتفخيم والخشوع والتنفيس (بلاغةً ومعنىً) ، كما جاءت أصوات تنشج " نشيج المزاريب" التي تجمع المطر ويكون وقعها أكبر وأغزر على الأرض، وتصارع الناس بالمجاذيف والقلوع عواصف الخليج والرعود. فقبل المطر وبعده جهادٌ صوفي مرتبط بالعمل ، ومشحون بالعذاب لما يصحبه من سقوط ضحايا ، وهراقة دم أحمر، وعطر أحمر من أجنة الزهر، فكلاهما سائل أحمر، لكن أحدهما حزن، وثانيهما عطر، فهو الدم وهو المطر الذي يجلب الحزن ويجلب الرفه وكان دماء البشر فداء لدماء أجنة الزهر التي ترمز إلى حياة الأرض الوطن المتضوع بعطر الزهر والنصر.

فالكلمة في القصيدة ترتبط بنسيج جمالي متكامل، موظفة في سياقها الذي وردت فيه، خادمة له.

وقد تأثر الشاعر العراقي المعاصر بالاتجاه الواقعي، وبدعوة الشعراء للتعبير عن آلام الطبقة الكادحة، ومن النادر أن تخلو لغة شاعر منهم من بعض الألفاظ العامية، أو العبارات النثرية، أو التراكيب اليومية، لكن المعيار في الحكم النقدي هو مجموع هذه الألفاظ والتراكيب في شعره[١].

(١) انظر: الكبيسي، لغة الشعر العراقي المعاصر، ص ٥٧، ٥٩.

استطاعت لفظة واحدة في هذه القصيدة أن تغوص إلى سر الوجود، كما استطاعت أن تربط خيوطاً مختلفة، وأن توحد الطاقات في حبل قوي هو الأمل. وهي نظرة ذاتية للشاعر ما عادت مفروضة عليه من مبدأ خارجي. وعلى الرغم من اصطباغها بالصبغة التقريرية، إلا أنها من أشد قصائد السياب اعتماداً على الإلماح السريع والربط الداخلي، فهي أول قصيدة من نوعها في شعره، وهي فاتحة ما يمكن أن يسمى شعره الحديث[(١)].

كيف لا والسياب ممن يرون أن اللفظة عنصر من أهم عناصر الإبداع في الشعر الحديث فيقول: " من بين الأشياء التي يؤكد عليها الشعر الحديث الاهتمام باللفظة، وليس معنى هذا أن الشعراء القدامى لم يكونوا يحسنون استعمال الألفاظ، ولكن معناه أن الشاعر الحديث الذي خلق له الأوائل إرثاً هائلاً من الألفاظ التي رثت لكثرة ما تداولتها الألسن، والأقلام مكلف أن يعيد إليها اعتبارها وينفح فيها من روح الشباب. ولكل لفظة تاريخ يختلف من لغة إلى لغة، ولها كيان خاصٌ يستمد ألوانه من ذلك"[(٢)].

وإذا أخذنا بعين الاعتبار أن الواقعية مرحلة تلت المرحلة الرومانسية، فإننا نجد من خلال صور القصيدة أن السياب لم يتجرد من الرومانسية تجرداً كاملاً، لكنها أصبحت مهجنة بالواقع، فلم تعد محلقّة ذاك التحليق الذهني البعيد عن العمل. فهو الآن يبحث عن الحلم من خلال عالمه الواقع. فصور المجذاف والقمر، والخريف، والطفولة الباكية الضائعة رومانسية لكن الواقع يفتقها، بالإضافة الى نضجه الفكري الذي يجعله أكثر ارتباطاً بالمكان ومشاكله وأزماته ارتباطاً لا شعورياً فقط، بل يتجاوز مرحلة القول إلى مرحلة أهم وهي العمل الذي يتضمن القول، بنشر قضايا أمته ومعاناته، وطموحاته. وطرحها كما هي لتصبح الصورة النفسية في قصيدته تحمل الضدين، الأمل واليأس. كيف لا، وهما الريحان اللتان تعصفان بقلبه؟ ولو كان أملاً مطلقاً، أو يأساً مطلقاً لكانت القصيدة رومانسية لا واقعية، تهرب من ثقوبها ذات الشاعر من مواجهة الواقع، وهذه ردة فعل سلبية تسهم أكثر في توسيع أزمات الأمة وتعميقها.

---

(١) انظر: عباس، إحسان، بدر شاكر السياب، ص٢١٣.

(٢) البصري، عبد الجبار، داود، التعريف بالسياب، ملف الإذاعة والتلفزيون، ص١٠.

كما أن الارتباط بالواقع ارتباطاً مباشراً يفقد الفن سحره، بل يخرجه عن دائرة الفن. وقد استطاع السياب أن يمزج بين الخيال المحلق والواقع، ملتحمين متكاملين كاللحمة والسداة، فجاءت المتضادات متكاملات لا متنافرات. ليعيش واقعه بما يوحيه من نتائج مستقبلية تحمل احدى المتضادتين: الربح والخسارة، كل هذا من خلال اللفظة الموظفة التي تحتل مكانها في النسيج الشعري والسياق. وإذا كانت اللغة الشعرية الخلاقة تلك التي يخرق فيها الشاعر المألوف، فلا تكون بنية معجمية جامدة منتزعة من قلب المعجم، فإنها أيضاً ليست بالمختلقه المجتثة عن التراث اللغوي. وإنما هي تلك التي يستثمر بها دلالتها المعجمية الخاصة التي تميزها عن غيرها من رديفاتها، بالإضافة الى ما يخلعه عليها من دلالات جديدة مبتكرة من خلال توظيفها في سياق سحري يشحنها بطاقات تأثيرية موحية هائلة.

فقد استخدم السياب لفظة " مطر" في الأنشودة مستثمراً أصوات الكلمة، ووزنها، ودلالتها المعجمية الخاصة المقترنة بالعذاب، والقوة والشمول. ليضفي عليها معاني لم تكن لها من قبل مثل: الثورة، الانتشار، الدم، التطهير، الردع، الموت، الحياة، الحرية، الرفه، التوازن... الخ.

والكلمة في الشعر لها قيمتها الإيحائية، ودورها في البناء من حيث تناسقها في الجرس، والهيئة، والدلالة، ومن حيث أبعادها الشعورية والنفسية، ومن حيث قابليتها للتلون بتلوين موقعها في السياق"[١].

" وأود هنا أن أفرق بين نوعين من الاستخدام للكلمة، الاستخدام الأول هو الاستخدام المادي اليومي المباشر للألفاظ والاستخدام العاطفي الانفعالي. وهو استخدام اللفظة بعد أن تكون اكتسبت دلالة عاطفية"[٢].

" ومن أبرز النظريات الدلالية الحديثة تقرير الألسنيين بأن طاقة التعبير وبها تحدد اللغة- ممزوجةٌ في ذاتها فمنها جدول تصريحي، ومنها جدول إيحائي. فأما الأول فيستمد قدرته الإخبارية من الدلالات الذاتية لمجموع الرصيد اللغوي وأما الثاني فيستمدها

---

(١) الكبيسي، عمران، لغة الشعر العراقي الحديث، ص٢٥.

(٢) الورقي، السعيد، لغة الشعر العربي الحديث، ص١٦٠.

من الدلالات السياقية التي تحملها اللغة بكثافات متنوعة عبر اختراقها لطبقات التاريخ ومنازل المجتمع.

"... على هذا المستند يتجه بعض رواد الأسلوبية الى تعريف الأسلوب بأنه مجموع الطاقات الإيحائية في الخطاب الأدبي، وذلك أن الذي يميز هذا الخطاب هو كثافة الإيحاء وتقلص التصريح، وهو نقيض ما يطرد في الخطاب " العادي" أو ما اصطلحنا عليه بالاستعمال النفعي للظاهرة اللغوية"[1].

ذلك أن"... الكلمة لفظ، أو صوت وضع أساساً للدلالة على حقيقة، وعنيت المعاجم اللغوية بتحديد وتثبيت هذه الدلالة الموضوعية أولتها المرتبة الأولى في الأهمية، وقلما توسعت عن دلالة المفردات المجردة إلى الدلالة المجازية التي تكتسبها المفردات من التأويل والإيحاء، وكانت عناية المعاجم (في)* هذه المعاني ثانوية.

و"... والواقع أن الشاعر ركز كل قواه لنزع القشرة الموضوعية عن الكلمة، وتفجير المعاني المجازية فيها، واتجه بكل قواه إلى الاستعارة والمجاز والكتابة، والأساليب البلاغية الأخرى التي تمكنه من توسيع نطاق الدلالة في الألفاظ، فتجاوز ما وضعت له إلى ما لم توضع له في الأساس حتى أصبحت دلالة الكلمة في الشعر تختلف عن دلالتها في المعجم اللغوي أو النثر اختلافاً كبيراً، ولكنها لا تبتعد عن الخط العام للمدلول، وبقيت بينهما روابط موضوعية تلك التي لا يمكن أن تنفصل عن اللفظ أينما استعمل"[2].

"إن حداثة السياب لم تقل بـ" تفجير اللغة" لكنه استطاع أن يخلق من لغة تراثية، لغة حاضرة في التاريخ الحاضر، وذلك من خلال علاقة شخصية حميمة مع اللغة التي تتميز فيها الكتابة بين أن تكون كتابة قديمة تتقمص مضامين معاصرة لتظهر بمظهر الكتابة الحديثة، وبين أن تكون الكتابة كلاماً مخصوماً يكشف عن فضاء شعري مغاير

---

(١) المسدّي، عبد الرحمن، ١٩٧٧م، الأسلوبية والأسلوب نحو بديل ألسني في نقد الأدب، الدار العربية للكتاب، ليبيا، وتونس، ص ٩١ ، ٩٢.

* هكذا وردت والصواب " بـ".

(٢) الكبيسي، عمران، لغة الشعر العراقي الحديث، ص١٧.

ومتميز عما يكتبه أو سبق وكتبه الآخرون. إن السياب بحسه اللغوي وبرؤيته للموروث لم يجعل من الحديث تصادماً مع القديم،... بل امتصاص الحديث لكل ما هو " حديث" في القديم والخروج من ذلك بـ " نص" حداثي تاريخاني. وهذا يعني أيضاً، أن السياب لم ينظر إلى الحداثة على أنها حداثة الزمان، بل حداثة في الزمان فاستخدام الأسطورة والرمز، مثلاً، دله أو جعله يرى، ويجعلنا أن نرى أن السياب رأى ذلك- على أن الشعر زماني ولا زماني: زماني من حيث أنه ينتج في زمن معين فهو إذن معني بزمنه، ولا زماني من حيث أنه يتخطى الزمن باعتباره " البنية السنية" يكمن زمنها في ذاتها.

وباختصار أقول: عندما أعود الآن لقراءة السياب أكتشف كم أن حداثة السياب الشعرية كانت حداثة مخصوصة بالسياب، لا حداثة أدونيس، ولا حداثة البياتي، ولا حداثة غيرهما، رغم أنهم كلهم " يحدثون" وتنصب إنجازاتهم فيما نسميه بالحداثة الشعرية العربية والخصوصية الحداثية عند السياب، في رأينا تتمثل في إنجازين مترابطين هما:

إن السياب استطاع أن يمنح القصيدة العربية الحديثة بعداً (هوية) قومياً تاريخياً حضارياً. أعني تجاوز القديم والتفاعل معه في آن واحد. وبالذات في استخدام اللغة والأساطير والإيقاع المستنبط ليس من العروض (الوزن) فقط، بل من التفاعل بين العروض وطريقة استخدام اللغة، يعني بعبارة أخرى: إعادة إنتاج الماضي الموروث شعرياً.

كما استطاع السياب أن يمنح القصيدة، حساسية العصر الذي أنتجت فيه. أي بتأسيس رؤى جديدة فتحت آفاقاً جديدة للشعر والشاعر العربي، في التعبير وحرية خرق المألوف والكوابح"[١].

" ولعل فضيلة السياب الفنية، تبرز أكثر ما تبرز، في لغة شعره، التي استطاع أن يكون فيها، حديثاً وأصيلاً، في وقت واحد، وأن يستوعب روح العصر بما امتلكه من وعي فني، وثقافة رصينة، ورهافة حس مدهشة، وإخلاص عميق لتجاربه، وصل به إلى أن تكون قصيدته هي " ذاته" بكل ما في هذه الكلمة من دقة. وأرى أن خير ما بقي من السياب الشاعر، من جملة ما بقي ، هو قدرته العظيمة على توظيف لغة الحياة اليومية،

(١) الصكر، حاتم، السياب بعد اثنين وعشرين عاماً، سؤال قراءة، رأي: طراد الكبيسي، ص٩٧.

بلقطات بارعة، وتكثيف مدهش، أبعده عن الوقوع في دائرة الثرثرة، ونأى به عن الإسفاف بلغة الشعر، إلى درك الكلام العادي، وغير المعبر، وبذلك يكون السياب ، رائداً لهذا النمط، من الأسلوب الشعري، الذي يجربه الآن، بعض الشعراء، ولكنهم كثيراً ما يخفقون، لأنهم من البساطة والسذاجة، في استعمال الكلام العادي، مالا تتحمله لغة الفن الشعري. أما بدر شاكر السياب ، فقد كان بارعاً في هذا الجانب، بسبب هيمنته على لغته الشعرية، وامتلاكه حساً فنياً عالياً، يتحسس سحر المفردة اللغوية، وعمقها مقروناً بصدق المعاناة، وأصالة التجربة".[1]

والسياب لا يغتصب ألفاظه من المعاجم اغتصاباً ليقحمها على جسد غريب عنها، وإنما تأتى بتلقائية وعفوية تتواءم مع الألفاظ اليومية، أو الشعبية العراقية التي تجاورها، في نسيج شعري متآلف منسجم لا تتنافر فيه الألفاظ أو تنبو.

" وتتضح أصالة السياب وقدرته على الاستفادة من لغة التراث، ولا سيما الجانب الأدبي منه، في اهتمامه بكثير من الألفاظ والعبارات التي نبذها الشاعر الحديث، ولم يعد يوردها في شعره، فقد اجتهد السياب في العناية بها، واستطاع أن يبعث فيها طاقة تعبيرية جديدة، " وأن يفجر فيها المعنى من خلال الاستعمال الموفق"[2].

وتلك مسألة تنم عن ذكاء الشاعر واهتمامه بلغته وتراثه. فالشاعر البارع حقاً " هو ذاك الذي يستطيع أن يبعث الحياة من جديد في ألفاظ هي على وشك الاندثار أو الموت، ويتأتى له هذا من حساسيته الخاصة إزاء المفردة الموروثة"[3].

إن ألفاظاً مثل الدياميس، الأوام، يعسعس، مهمة ، كلكل ، أمراس ، تقعقع، الأثافي، الوصيد، القعساء، مرزع، الرباء، وعبارات مثل: خليعة العذار، تصك النواجذ، شوه بلاقع، الزعزع النكباء، وغيرها كثير يشيع استعمالها في الشعر العربي القديم ويكاد يندر ورودها في قصيدة حديثة عن غير السياب، وإذا وردت فإن وجودها لا يمنحها عمقاً مضافاً أو انسجاماً مع ما سواها. ولكن السياب يوردها على نحو يجعلها لا تبدو نابية

(١) الصكر، حاتم، السياب بعد اثنين وعشرين عاماً، سؤال قراءة، رأي: عبد الجبار البصري، ص١٠٨.

(٢) الصانع، ص١٥٦.

(٣) أطيمش، محسن، دير الملاك، ص١٩٤.

غالباً خلال الجو الشعري واللغوي العام لقصائده"[1] . مما يضفي على شعره مسحة أصالة تميزه وتصبغ على شعره مسحة أصالة تميزه، وتصنع لصاحبه معجمه الشعري الخاص. ومن الضروري القول: أن استعانة الشاعر بهذه الألفاظ والعبارات لا تجعل الشاعر ذا صلة وثقى بالتراث أو بلغته، فأي من شعراء هذا العصر بإمكانه الرجوع إلى شعر الأقدمين واقتباس شيء من لغتهم يدخله في نسيج شعره ولكنها ستبدو غريبة على الثوب اللفظي الذي صنع قصيدته منه ما لم يكن قد وعى مضمونها ودلالتها ومناسبتها لمعنى دون آخر وقيمتها في إبراز صورة يقصدها. فالسياب لم يستخدم هذه الألفاظ والعبارات قاصداً إياها لذاتها، بل ما يمكن أن تضيفه على المضمون العام، فهي " لا تشير إلى معانيها فحسب، بل تثير شيئاً من العلاقات والظلال التاريخية المرتبطة بها، وهي بذلك لا تؤدي وظيفة دلالية بل وظيفة صورية إيحائية"[2].

وفي الإطار الفني ذاته يجيء استخدام السياب للمفردات والعبارات الشعبية من مثل: الدرابك، الوهار، واستعانته ببعض مضامين الأغاني والأمثال الشعبية بما يرفد قصائده دلالية إيحائية يوسع المضمون الشعبي آثارها ويجعلها معبرة بصدق عن خلجاته وأفكاره"[3].

يقول بدر في " مرثية الآلهة":

وكم أَلَّهَ التمر التهامي معشرٌ   لما ليس يحيا دونه الناس راكع

فلما شكا بعد الأثافي قدرها   وضنت على الشدق الخفي المراضع

كفى كل ثغر كان يدعوه جوعه   إلَهٌ أحاطته المدى والأصابع[4]

نلحظ عنايته"... بألفاظ قليلة التداول في الثمن الشعري الحديث " كالتمر التهامي" و" الشدق الخفي"، إن الاعتقاد بأن هذه الألفاظ ترد على قلم شاعر " كالسياب" وروداً عفوياً فيه إغفال لأهم جانب فني في تلك الظاهرة، وهو قصد الشاعر بها إلى استثارة

---

(١) الصائغ، يوسف، الشعر الحر في العراق، ص١٥٦.

(٢) أحمد، محمد فتوح، الرمز والرمزية، ص ٣٥٥.

(٣) حداد، علي، أثر التراث في الشعر العراقي الحديث، ص٢٣٩، ٢٤٠.

(٤) "أنشودة المطر"، ٣٥١/١.

مناخ الماضي وتحريك صوره في نفس القارئ، فالتمر التهامي والأثافي، والقدر، وهي بذلك لا تؤدي وظيفة صورية إيحائية، وكأن " السياب" بذلك يبغي أن يسترد للشاعر مكانه القديم في الجماعة يوم كان يقوم بدور الفنان والحكيم معاً، أو كأنه يشير إلى وحدة الحضارة البشرية على تعدد أشكالها ومراحلها، إذ هي في جميع الحالات حضارة " المجيع والجائع" أو حضارة أرباب المال والمحرومين منه، يستوي في ذلك من قدسوا " التمر" قديماً ومن ألهوا المادة حديثاً.

والواقع أن توظيف التراث اللغوي بهذا المعنى الأخير (خاصة)* يكاد ينفرد بها " السياب" وأقرانه من الرعيل الجديد[١]، وهي تتجاوز ما نعهده عند سعيد عقل من الاتجاه إلى المأثور اللغوي ترفعاً عن الابتذال في اللغة المستعملة ونشداناً لإشعاع الكلمة البكر"[٢].

ويشيد أحد الباحثين إلى التفات السياب في حكمته إلى الإطار اللغوي الموروث، ففي " من رؤيا فوكاي" تظهر نبرة حكيمة تفضح زيف الإنسانية وفسادها[٣].

ففي المشهد الثالث " من رؤيا فوكاي" المرسوم " حقائق الخيال" يقول:

ماذا تريد العيون السود من رجلٍ	قد حاش زهر الخطايا حين لاقاها
زهراً على جسمي المحموم أقطفه	في باقة من جراح بتُّ أصلاها

....

ما تريد العيون السود؟ إن لها	ما لست أنساه منها حين أنساها
ما بالهن استعضن البوم أوعيةً	عن أوجه الغيد... حتى ضاع معناها
أين المناقر من لعس مراشفها	ربي؟ وأين ابتسام كان يغشاها؟
من هذه الخربة الظلماء محدقة	بي أعين البوم من أجداث موتاها؟

* هكذا وردت، والصواب: خصيصة.

(١) يقصد رواد الشعر الحر.

(٢) أحمد محمد فتوح، الرمز والرمزية، ص٣٥٣.

(٣) انظر: السابق، الصفحة نفسها.

والقصيدة بمجملها تنتقد الحاضر من خلال الماضي الذي يطل برأسه من التراكيب، والألفاظ التي ترسم واقعين متناقضين، لترسم ما لحق الحاضر من تشويه للجمال مما استوجب حزناً أشد، فكل معطيات الماضي بألفاظه، وأوصافه؛ البوم، الغيد، لعس، مراشف، أحداث، قفراء، ثكلى، مئزرها، الكابي، اشرأبت، الصدى، الرقط، العطب، المحل، تتعرى، الأطلس، الجوزاء أظلافها، رقطاء، تنورها، استعبر، و"احربا"، الجون، الغيث، آجال، الكرب، "كلى" مفرية، أحداق.... الخ، تتآزر مع معطيات الواقع المؤلم، لتوحي بحدة المقابلة بين الواقعين.

ومن هذه الألفاظ الواقعية الحديثة: الخربة الظلماء، الريح خرساء، "سازاك"، انبحت، الزرافات، ضوضاء، خشخشة، ضمادات، سيخ، يجبى، أصفار...، وإن كانت لغة الشاعر بعامة في هذه القصيدة تنتمي إلى الماضي بألفاظها، وإلى الحاضر المر بدلالاتها السياقية. فتركيب " العيون السود" له دلالة خاصة عند الإنسان العربي عامة، وعند الشاعر بخاصة فهو مرتبط بالجمال الأخاذ التي يستوجب أن تقدم له الزهور تعبيراً عن الإنشداه به والإعجاب لكنها هنا صورة مغايرة تماماً فهما مخيفتان، وكذلك من ينظر إليهما لا يملك إلا أن يجمع زهراً لكنه من الجراح المنتشرة في جسده، فالعلاقة بين هذه العيون وبين من جمع الزهور لكن " زهور الخطايا" عندما لاقاها، زهور من جسد " فوكاي الضحية" فهو يقدم للتضحية ضحايا وهي صورة تشير إلى التشويه المفجع الذي ألحق بها، فهو عدو لم يعرف لغة الحب، بل الزهور عنده هي الخطايا التي يقترفها بين يدي العيون السود، وهي إشارة أيضاً إلى همجيته التي حولت الجمال إلى قبح. إنه لا يفهم سوى لغة القتل، ولا يستطيع أن يدرك معنى الجمال والحب. ومن هنا كان تأثير هذه العيون السود الذي استدعى التكرار أشد على الشاعر، بحيث رأى منها ما لا يمكن أن ينسى حتى بعد أن يستعمل الأوصاف ، لأنها عنده فوق الوصف. والشفاه تلك التي يصفها الشاعر بـ " اللعس" طيبة " المراشف" كما هي في ذاكرة الإنسان العربي، لا يميزها الشاعر، بل لا يراها، وهي إشارة إلى شدة التشويه في وجوه الحسناوات " رمز الجمال والحياة" بحيث ضاعت معالم الوجه. وهكذا تتابع المشاهد التي جعلت فوكاي يجن حين

يراها بعد سقوط القنبلة الذرية على هوريشيما، فوكاي الذي يتقمصه الشاعر ليرى بعينيه وقد افترسهما هول الرؤيا.

" وربما تأثر السياب بالدلالة العامية للكلمة، ومعلوم أن بين الدلالات العامية ما يخالف الفصيح، فقد تطلق الكلمة الفصيحة لمعنى غير معناها في اللسان الدارج، ومن ذلك استعماله " حاش" في مفهومه العامي العراقي، ذلك أن الفعل يعني " قطف" في الاستعمال العامي كان يقال " حاش الفلاح الثمر" أما استعمالها في اللغة الفصيحة فشيء آخر، فيقولون مثلاً " حاش الصيد" بمعنى جاءه من حواليه ليصرفه إلى الحبالة[1] وبهذا المعنى جاءت في القصيدة السابقة.

" ولعلك وجدت من جديد المجازات ما طبع لغته بالطرافة والجدة، وذلك مثبوت في قصائده عامة فقد رأيت من ذلك: " انسياب الصوت" و" هجس العينين" و" الآهات السراء" و" الشمس تعول في الدروب" وشيئاً آخر تجده في كثير من قصائده.

ولا تعد هذه اللغة السهلة الجديدة أن تلقي شيئاً من لغة قديمة، لا تجدها إلا في الأدب القديم، فقد يصعب عليك أن تجد " الجثام" مستعملاً في شعر شباب العصر، ولكن السياب يستعمله فيقول:

الريح تلهث بالهجيرة كالجثام على الأصيل[2]

ويحلو له أن يورد بيتاً من الأدب القديم على سبيل التضمين فيقول في مرثية الآلهة:

بلينا وما تبلى النجوم الطوالع ويبقى اليتامى بعدنا والمصانع[3]

وعجز البيت لدى الشاعر القديم هو: " وتبقى الديار بعدنا والمصانعً على أن دلالة المصانع في البيت غير ما يريد صاحبنا من معناها الذي ينصرف إلى الصناعة. هو استعمال ينقل معنى البيت الجاهلي من الإشراق إلى معنىً "جديد مظلم مؤلم، فالأول يشير إلى بقاء الطبيعة بعد الإنسان، والثانية تشير إلى معاناة الإنسان واستعباده في المصانع،

---

(١) السامرائي، إبراهيم، لغة الشعر بين جيلين، درب الثقافة، بيروت، ص٢٢٥.

(٢) "أنشودة المطر"، ٣١٧/١.

(٣) السابق، ٣٤٩/١.

حتى ليفنى الإنسان وتبقى دورة الظلم قائمة طاحنة يحملها اللاحقون ويستعمل الشاعر " الجون" للدلالة على اللون الأسود ولا يكترث بما للكلمة من ازدواج في المعنى يقوم على فكرة التضاد.

وقد يقتطع اللفظة ونعتها من بيت قديم كما فعل في قوله:

"ماء أسق يا ماء" والغيث الرهيب كلىً مفرية سحب الآجال والكربا(١)

والكلى المفرية تجدها في بيت لذي الرمة وهو قوله:

ما بال عينك فيها المـاء ينسكـب كأنه من كلىً مفرية سـرب

وهنا انسجام بين المعنى القديم الذي استوجب البكاء السرب، استدعى طلب الغيث المـرتبط بآجال وكروب مغريّة، فالسيّاب يضيف إلى المعنى القديم سبب البكاء السرب، وهـو تعاقب الموت الكروب.

وتقرأ في قصيدته " حفار القبور" قوله:

نذرٌ علي لئن تشب لأزرعن من الورود(٢)

فيعود في ذهنك البيت القديم:

نذرٌ علي لئن راحوا وإن رجعوا لأزرعن طريق الطف ريحانا

وحديث " النذر" من الأدب القديم كحديث " القسم الذي (نلمس)* شيئاً:

بأقدام أطفالنا العاريه

يميناً وبالخبز والعافية(٣)

لكن المقسم به في بيت السياب يتصف بالجدة، فليس هو مـما يقسـم بـه في الأدب القديم.

---

(١) السابق، ٣٣٦/١.

(٢) السابق، ٥٥٠/١.

* هكذا وردت ولعله يريد " نلمس منه".

(٣) "أنشودة المطر" ٥٨٣/١.

والسياب جريء في استخدام المفردة اللغوية، فهو لا يكترث أن يأخذها من العامية الدارجة ، كاستعماله " خض" و" اختض" بكثرة في المعنى الشائع في كلامنا الدارج، فهو يقول " شوق يخض دمي" ويقول: يختض فانوسها التمتام بينهما.

والريح خرساء تعبر غير " ها...ها...ها" ...... وهو يستعمل " الانخطاف " بمعنى الذعر والاضطراب مأخوذاً من العامية الدارجة فيقول"[١] وانخطفت روحي وصاح القطار[٢] .

وغيره كثير من التراكيب والألفاظ والصور ذات العبق الروحي الذي يمتصه السياب من التراث الأدبي العربي، ليمزجه برؤياه الخاصة، في استخدام أشبه ما يكون بمقابلة خفية بين الماضي والحاضر، وهو ما حرص عليه شاعرنا بوعي وإدراك. يدل على ذلك ما قاله في رسالة موجهة إلى يوسف الخال عام ١٩٥٨م: " هل قرأت ما كتبه ت.س. إليوت، عن الموهبة الفردية والتراث وعلاقتهما بالشعر؟ يجب أن يبقى خيط يربط بين القديم والجديد ويجب أن تبقى بعض ملامح القديم في الشيء الذي نسميه جديداً.

وعلى شعرنا ألا يكون مسخاً غريباً في ثياب عربية أو شبه عربية. يجب أن نستفيد من أحسن ما في تراثنا الشعري، في نفس الوقت الذي نستفيد فيه مما حققه الغربيون، وخاصة الناطقون بالإنجليزية في عالم الشعر"[٣] .

ومن يمعن النظر في شعر السياب عبر مراحله المختلفة يلحظ أنه يمتاح لغته من كتب التراث الأصيلة مباشرة، فثقافته مستمدة منها لا من لغة الصحافة المعاصرة-إنما يستعملها لما تعكسه من عبق دلالي خاص يزيد من إشراق النص.

فهي أشبه ما تكون بشامات تزينها، لا شوائب تكدرها، وحين ينصرف إلى خلق أوزان صرفية مبتكرة لأفعال أو أسماء، فإنما يجدد فيها بما لا يخرجها عن سمت العربية العام، من باب ما قيس على لغة العرب، فهو من لغة العرب.

---

(١) السامرائي، إبراهيم، لغة الشعر بين جيلين، ص ٢٣٧، ٢٣٩.

(٢) " أنشودة المطر" ، ٤٢٨/١.

(٣) السامرائي، ماجد، رسائل السياب، ص١٣٠.

إن جل مفردات شاعرنا مستمدة من التراث العربي الأصيل، لكن الذي يعطيها بعداً معاصراً وضعها في تراكيب شعرية خاصه تعبر عن رؤيا الشاعر المستمدة من عصره.

ويعتمد في تجديد لغته على شحن اللفظة والتراكيب بإيحاءات جديدة فيفضي عليها من الدلالات السياقية ما لم يكن لها في قاموس اللغة المعجمية، حتى يكاد القارئ المتفحص يشعر بأن القصيدة التي يقرأ للسياب دون غيره من معاصريه ولاحقيه، لما لها من نكهة خاصة، تنم عنه، فهو ذو بصمة أسلوبية خاصة .

وعلى الرغم من جنوحه في أواخر أيامه إلى كتابة القصائد اليومية الإفصاحية غير الناضجة تماماً إلا أن بساطة أسلوبه لم تفض به إلى الإسفاف، فقد ظلت مفرداته عريقة لأنها باتت فيه سليقة متجذرة لا مجرد عادة مكتسبة.

الخاتمـــة

من شأن هذه الدراسة أن تكشف عن بعض الظواهر الفنية المهمة في شعر السياب باتخاذها الأسلوبية مسباراً نقدياً للكشف عن العلاقات الداخلية المعقدة بين بنى القصيدة اللغوية والنفسية والدلالية. فالأسلوبية منهج تكاملي ينظر إلى القصيدة على أنها بنية واحدة تتألف من مكونات متنوعة. وهي منهج يفيد من معطيات علوم اللغة بمستوياتها المختلفة: الصرفية والصوتية والتركيبية والبيانية وغيرها، بالإضافة إلى عنايتها بالعنصر- النفسي- الانفعالي والجمالي الذي تتمخض عنه تلك العلاقات الداخلية التي تحكم بنى النص ومكوناته.

وعلى الرغم من كثرة الأقلام التي درست السياب وشعره إلا أننا لا نجد من درسه دراسة متكاملة في ضوء الأسلوبية ومن هنا رأيت أن أبحث في هذا الجانب لا سيما وإن هذا المنهج ما يزال بكراً في النقد العربي الحديث، وحرصت على تحويل هذا المنهج من النظرية إلى التطبيق في كل قصيدة حللتها ضمن بحثي هذا، لعلي أسد ثغرة أو أضع لبنة في بناء النقد الأدبي المعاصر، من مفردة، ومركبة، بسيطة ومعقدة، وكلية وجزئية. فحفلت هذه الدراسة بتحليل الصور الفنية تحليلاً فنياً دقيقاً وعالجت أنواعها وما يتفرع من كل نوع بالتفصيل المدعم بالنماذج الشعرية، كما أظهرت قدرة الشاعر الفذة على تكوين صوره وابتكارها متخيراً من أنماطها ما ينسجم ورؤياه وواقعه النفسي.

وكذلك اهتمت بالرمز، فبينت العلاقة بينه وبين الصور الفنية بعامة والاستعارة التصريحية بخاصة.

وحددت أنواع الرمز في شعر السياب، فهي إما رموز ابتكارية من ابتداعه، أو رموز تراثية. كما حددت عشرة أنماط شكل بها السياب رموزه التراثية لتصبح فيما بعد أصولاً فنية جديدة في بنية القصيدة الحرة عند جيل الرواد المعاصرون له، واللاحقين بهم، كما أصبحت معايير نقدية يستنير بها متذوق هذا النمط الجديد من الشعر، فصارت القصيدة العربية على يديه خلقاً آخر جديداً مغايراً للشعر العربي السابق كله، وإن كان يفيد

منه ويرتبط به، فجذوره ممتدة فيه تمتص منه عراقتها، بيد أنها ثمار جديدة لها نكهتها الخاصة.

وتناولت الدراسة بنية القصيدة فوضحت تطور شعره من الغنائية إلى الدرامية عبر مراحله المختلفة. فقد ترجحت قصيدته الغنائية في المرحلتين الرومانسية الأولى والأخيرة بين الغنائية الاعترافية والغنائية الخطابية. ولما اكتملت أدواته الفنية وجدناه يتجه إلى بناء القصيدة بناء أكثر تعقيداً، وأشد تركيزاً، تأثراً بالفنون الأخرى الدرامية، فاتجه إلى كتابة القصيدة الطويلة وقد فرقنا بينها وبين القصيرة، كما حللنا بعض الظواهر الدرامية في شعره من صراع، وحركة، وتقابل، وأقنعة، ومونتاج وغيرها.

كما عنيت الدراسة بالبنية الإيقاعية لشعره من إيقاع خارجي متمثل في الوزن والقافية، وإيقاع داخلي من بنى صرفية، وصوتية، وبتر، وغيرها مبينة العلاقة الوثيقة بينهما من جهة وبين الإيقاع النفسي ورؤيا الشاعر من جهة أخرى.

ثم تناولت ظاهرة التكرار في شعر السياب مبينة دوره في توجيه المعنى، وتعميق الرؤيا، بأنواعه المختلفة من تكرار الأصوات، والمقاطع الصوتية، والألفاظ ومقاطع من القصيدة، والنقط، والظاهرة، والصورة.

ثم تناولت ظاهرة المقابلة والتضاد، ووضحت مالها من دور حيوي في إثراء النص، وخلق واقعين متضادين وبينت أثرها في الكشف عن حركة الشاعر النفسية والصراع.

والتفت أخيراً إلى معجم الشاعر الدلالي وخلصت إلى جمعه بين حداثة التركيب وعراقة الألفاظ، كما أنه كان أكثر ارتباطاً بلغة التراث ينهل منها أكثر من اعتماده على لغة الصحافة اليومية، ولحظت أنه أميل إلى استعمال بعض الألفاظ العراقية العامية، أو البسيطة أحياناً ليطعم بها نصه فيزيده إشراقاً وتألقاً؛ لما في هذه الألفاظ من طاقة إيحائية خاصة تكتسب عبقها وتأثيرها من دورانها في بيئة الشاعر البصرية، وهو ما لا يتوافر في غيرها من الألفاظ فيفصحها ويعيدها إلى الحياة دون ابتذال أبو نبو عن نسيج النص الشعري.

وتجدر الإشارة إلى أن ثمة ظواهر فنية أخرى جديرة بأن تدرس في ضوء المنهج الأسلوبي منها: البتر، علامات الترقيم، الزيادة، أنماط الجمل، وغيرها، مما لم يتسع له هذا البحث وإن كنا تطرقنا إليه ووظفناه أثناء تحليل النماذج الشعرية.

نسأل الله الفائدة، والسداد والتوفيق

والحمد لله رب العالمين

د. ايمان "محمد أمين" الكيلاني

المصادر والمراجع

١- القرآن الكريم.

٢- الجاحظ (ت:٢٥٥هـ) الحيوان، تحقيق عبد السلام هارون، المجمع العلمي العربي الإسلامي، منشورات محمد الداية، مكتبة الجاحظ، بيروت.

٣- ناجي، عبد الحميد، ١٩٨٤م، الصورة الشعرية، الأقلام، السنة ١٩، العدد٧٤، بغداد.

٤- القرطاجني، أبو الحسن حازم، (ت:١٢٨٥م)، منهاج البلغاء وسراج الأدباء، تقديم: محمد الحبيب بن الخوجة، دار الكتب الشرقية، تونس، ١٩٦٦م.

٥- الغزوان، عناد، ١٩٨٧م، الصورة في القصيدة العراقية الحديثة، الأقلام، العددان ١١، ١٢، بغداد.

٦- روزنتال، م.ل، ١٩١٢م، شعراء المدرسة الحديثة، دراسة نقدية، ترجمة: جميل الحسني، مراجعة موسى، الخوري، ١٩٦٣م، المكتبة الأهلية، بيروت.

٧- هلال، محمد غنيمي، ١٩٧٣م، النقد الأدبي الحديث، دار الثقافة، بيروت.

٨- العلاق، علي جعفر، ١٩٨٧م، الشاعر العربي حداثة الرؤيا، الآداب، العدد ١٠-١٢، بيروت.

٩- أدونيس، محمد سعيد، ١٩٧٨م، زمن الشعر، دار العودة، بيروت.

١٠- اليافي، نعيم، تطور الصورة الفنية في الشعر العربي الحديث، اتحاد الكتاب العرب.

١١- إسماعيل، عز الدين، ١٩٨١، الشعر العربي المعاصر، قضاياه وظواهره الفنية والمعنوية، دار العودة ودار الثقافة، بيروت.

١٢- أبو إصبع، صالح، د.ت، الحركة الشعرية في فلسطين المحتلة منذ عام ١٩٤٨م حتى ١٩٧٥م ، المؤسسة العربية للدراسات والنشر، بيروت.

١٣- أبو محفوظ، ابتسام، ١٩٩٣م، بنية القصيدة عند أمل دنقل، رسالة ماجستير، الجامعة الأردنية، عمان.
١٤- السياب، بدر شاكر، ١٩٩٥م، ديوانه، دار العودة، بيروت.
١٥- أحمد، محمد فتوح، ١٩٨٤م، الرمز والرمزية في الشعر المعاصر، دار المعارف، مصر.
١٦- أطميش، محسن، ١٩٨٧م، دير الملاك، منشورات وزارة الثقافة والإعلام العراقية،
١٧- جنداري، إبراهيم، ١٩٩٠م، الصورة الفنية في شعر بدر شاكر السياب، الأقلام، السنة ٢٥، العدد ٦، بغداد.
١٨- السامرائي، ماجد صالح، ١٩٨٧م، بدر شاكر السياب، الجذر المتحول، الأقلام، السنة ١٢، العدد١٢، بغداد.
١٩- عباس، إحسان، بدر شاكر السياب، المؤسسة العربية للدراسات والنشر، بيروت.
٢٠- عبد المطلب، محمد،د.ت، الشعر العربي عند نهاية القرن العشرين، المحور الرابع، ظواهر تعبيرية في شعر الحداثة، مصر.
٢١- عباس، عبد الجبار، ١٩٧١م، الأسطورة في شعر السياب، الأقلام، السنة السادسة، بغداد.
٢٢- الجرجاني، عبد القاهر (ت: ٤٧١) دلائل الإعجاز، تحقيق: محمد الداية، مكتبة سعد الدين، دمشق.
٢٣- الصكر، حاتم، ١٩٧٨م، السياب بعد اثنين وعشرين عاما، الأقلام، السنة ٢٢، العدد ٨، بغداد.
٢٤- صالح، مدني، ١٩٨٩م، هذا هو السياب، أوجاع وتجديد وإبداع، مطبعة اليرموك، بغداد.
٢٥- الورقي، السعيد، د. ت، لغة الشعر العربي الحديث، مقوماتها الفنية وطاقاتها الإبداعية، دار المعارف، مصر.

٢٦- الأطرقجي، ذو النون، ١٩٨٧م، الصورة والرمز في الشعر العراقي الحديث، الأقلام، السنة ٢٢، العددان ١١، ١٢، بغداد.

٢٧- درويش ، صالح، ١٩٦٨م، الرمز في الشعر، الأقلام، السنة الرابعة، العدد الخامس، بغداد.

٢٨- تامر، فاضل، ١٩٦٦م، حول ظاهرة الغموض في الشعر الجديد، الآداب، السنة ١٤، العدد ٣، بيروت.

٢٩- أبو تمام ، حبيب بن أوس، (ت٢٣٥هـ) ديوانه، بشرح الخطيب التبريزي، تقديم: زاجي الأسمر، ١٩٩٢م، دار الكتاب العربي، بيروت.

٣٠- ابن منظور، (ت٧١١)، لسان العرب، دار صادر، بيروت.

٣١- ولفنسون، إسرائيل ١٩٨٠م، تاريخ اللغات السامية، دار القلم، بيروت.

٣٢- الجزائري، محمد، ١٩٧٤م، ويكون التجاوز، دراسة نقدية فنية في الشعر العراقي الحديث، مطبعة الشعب، بغداد.

٣٣- المتنبي، أبو الطيب، (ت:٣٥٤)، المكتبة الثقافية، بيروت.

٣٤- ياغي، هاشم، ١٩٧٣م، من النقد التطبيقي، تحليل أنشودة المطر، مجلة الثقافة العربية، م١، العدد٢، ليبيا.

٣٥- السامرائي، ماجد، التعريف بالسياب، ملف الإذاعة والتلفزيون، المؤسسة العامة للصحافة والطباعة، بمناسبة انعقاد المؤتمر السابع للأدباء العرب، ومهرجان الشعر التاسع في بغداد ، ١٩-٢٧ نيسان، ١٩٦٩م.

٣٦- الشرع، علي، ١٩٨٥م، قراءة في أنشودة المطر للسياب، مجلة أبحاث اليرموك، م٣، العدد٢، منشورات جامعة اليرموك، عمادة البحث العلمي والدراسات العليا، سلسلة الآداب واللغويات، إربد.

٣٧- عوض، ريتا، ١٩٨٣م، بدر شاكر السياب، المؤسسة العربية للدراسات والنشر، بيروت.

٣٨- قطامي، سمير، ١٩٨٢م، الأسطورة في شعر بدر شاكر السياب ، مجلة دراسات الجامعة، السنة ٢، العدد١، بغداد.

٣٩- العظمة، نذير، ١٩٨٥م، بدر شاكر السياب والمسيح، مجلة الفكر العربي، العدد ٢٦، بيروت.

٤٠- العظمة، نذير، ١٩٨٥م، الحركة التموزية في الشعر وتأثير ت.س. اليوت، الأقلام، السنة٢، العدد١، بغداد.

٤١- البطل، علي، ١٩٨٤م، شبح قايين بين إيدث سيتول وبدر شاكر السياب، الأقلام، دار الأندلس، بيروت.

٤٢- حافظ، صبري، ١٩٦٦م، غريب على الخليج يغني للمطر، الآداب ، السنة ١٤، العدد٢، بيروت.

٤٣- علي، عبد الرضا، ١٩٧٧م، المطر والميلاد والموت في شعر السياب ، الأقلام، السنة ١٣، العدد٣، بغداد.

٤٤- زايد، علي عشري، ١٩٩٢م، قراءات في شعرنا المعاصر، مكتبة الشباب، القاهرة.

٤٥- الشقيرات، أحمد عودة الله، ١٩٨٧م، الاغتراب في شعر بدر شاكر السياب، دار عمار، عمان.

٤٦- الجيوسي، سلمى الخضراء، ١٩٨٦م، الشعر العربي المعاصر، الرؤية والموقف، الأقلام، السنة ٢١، العدد ٦، بغداد.

٤٧- الجنابي، قيس كاظم، ١٩٨٨م، مواقف في شعر السياب، مطبعة العاني، بغداد.

٤٨- السامرائي، ماجد صالح، ١٩٨٧م، جواد سليم والسياب، اللقاء على ارض مشتركة، الأقلام، السنة ٢٢، العدد الأول ، بغداد.

٤٩- عمارة، لميعة عباس، ١٩٧١م، ظاهرة وفيقة في شعر السياب، الأقلام، السنة٦، العدد ١٢، بغداد.

٥٠- حداد، علي ، ١٩٨٦م، أثر التراث في الشعر العربي المعاصر، المجلس الوطني للثقافة ، الكويت.

٥١- عباس، إحسان، ١٩٧٨م، اتجاهات الشعر العربي المعاصر، المجلس الوطني للثقافة، الكويت.

٥٢- زايد، علي عشري، ١٩٧٨م، استدعاء الشخصيات في الشعر العربي المعاصر، الشركة العامة للنشر والتوزيع والإعلان، طرابلس ، ليبيا.

٥٣- أدونيس، علي سعيد، ١٩٦٦م، خواطر حول تجربتي الشعرية، آداب، السنة ١٤، العدد٣، بيروت.

٥٤- البطل، علي عبد المعطي، ١٩٨٢م، الرمز الأسطوري في شعر بدر شاكر السياب، شركة الربيعان للنشر والتوزيع، الكويت.

٥٥- أخبار وقضايا، ١٩٥٧م، مجلة شعر، العدد٣، بيروت.

٥٦- العبطة، محمود، ١٩٦٥م، بدر شاكر السياب والحركة الشعرية الجديدة، مطبعة المعارف ، بغداد.

٥٧- بلاطة، عيسى، ١٩٧١م، بدر شاكر السياب، دار النهار للنشر، بيروت.

٥٨- هوسر، آرنولد، ١٩٦٨م، فلسفة تاريخ الفن، ترجمة رمزي عبده بدوي، مطبعة جامعة القاهرة، القاهرة.

٥٩- عباس، عبد الجبار، ١٩٧١م، الأسطورة في شعر السياب، الأقلام، السنة ٦، العدد١٢، بغداد.

٦٠- الجرجاني، عبد القاهر (ت:٤٧١)، أسرار البلاغة، شرح وتعليق: محمد عبد المنعم خفاجي، ١٩٧٢م، مكتبة القاهرة، القاهرة.

٦١- السامرائي، ماجد، ١٩٩٤م، رسائل السياب، دار الطليعة، بيروت.

٦٢- داود، أنس، ١٩٧٥م، الأسطورة في الشعر العربي الحديث، دار الجيل للطباعة، مكتبة عين شمس ، الفجالة.

٦٣- العالم، محمود أمين، ١٩٥٥م، متابعات، الآداب ، بيروت.

٦٤- لطفي، عبد المجيد، ١٩٦٧م، مناقشات بمناسبة ذكرى السياب، الآداب، السنة١٥، العدد٢، بيروت.

٦٥- حاوي، إيليا، ١٩٨٠م، بدر شاكر السياب، دار الكتاب اللبناني، بيروت.

٦٦- بلعلي، آمنة، ١٩٨٩م، الرمز الديني عند رواد الشعر العربي الحديث، رسالة ماجستير ، جامعة الجزائر، معهد اللغة والاستشراق.

٦٧- توفيق، حسن، شعر بدر شاكر السياب، ١٩٧٩م، دراسة فنية وفكرية، المؤسسة العربية للدراسات والنشر، بيروت.
٦٨- عوض، لويس، ١٩٦٥م، نصوص النقد الأدبي عند اليونان، دار المعارف، القاهرة.
٦٩- باقر، طه، ١٩٧١م، ملحمة كلكامش، وزارة الإعلام، مديرية الثقافة العامة، بغداد.
٧٠- عصفور، جابر، ١٩٨٠م، أغاني مهيار الدمشقي، مجلة فصول، العدد٤.
٧١- الزبيدي، رعد أحمد علي، ١٩٩١م، القناع في الشعر العربي الحديث، رسالة ماجستير، كلية الآداب، الجامعة المستنصرية، بغداد.
٧٢- الكتاب المقدس.
٧٣- القرطبي، أبو عبد الله، (٦٧)، الجامع لأحكام القرآن، تصحيح: أحمد عبد العليم البروني.
٧٤- المعجم المفهرس لألفاظ الحديث النبوي عن الكتب الستة وعن موطأ مالك ومسند أحمد بن حنبل، ترتيب جماعة من المستشرقين، نشره: أ.ي. ونسنك، دار الدعوة، إستانبول، الجزء الأول.
٧٥- فريزر، جيمس، ١٩٧٩م، الغصن الذهبي، أدونيس أو تموز، ترجمة: جبرا إبراهيم جبرا، المؤسسة العربية للدراسات، بيروت.
٧٦- ديورانت، و. ل، قصة الحضارة، ترجمة: محمد بدران، الإدارة الثقافية، جامعة الدول العربية، القاهرة، م٣، ج١.
٧٧- علوان، علي عباس، ١٩٧٥م، تطور الشعر العربي الحديث في العراق، منشورات وزارة الإعلام، العراق.
٧٨- ابن الجهم، علي، (ت:٢٤٩هـ) ديوانه، تحقيق: خليل مردم بك، ١٩٨٠، دار الآفاق الجديدة، بيروت.
٧٩- أرسطو، ١٩٥٣م، فن الشعر، ترجمة : عبد الرحمن بدوي ، مكتبة النهضة، القاهرة.

٨٠- عز الدين، أحمد، ١٩٧٧م، حسب الشيخ جعفر، سيادة الموقف الدرامي داخل القصيدة العربية، الأقلام، السنة ١٣، العدد ٢، بغداد.
٨١- الكبيسي، عمران خضير، ١٩٨٢م، لغة الشعر العراقي المعاصر، وكالة المطبوعات، الكويت.
٨٢- هاوزر، آرنولد، ١٩٨١م، الفن والمجتمع عبر التاريخ، ترجمة: فؤاد زكريا، المؤسسة العربية للدراسات، بيروت.
٨٣- جاسم، عباس عبد، ١٩١٥م، الإيقاع النفسي- في الشعر العربي، الأقلام، السنة ٢٠، العدد ٥ ، بغداد.
٨٤- الورقي، السعيد، ١٩٩١م، الوقف من المدينة في الشعر العربي المعاصر، دار المعرفة الجامعية، الإسكندرية.
٨٥- الملائكة، نازك، ١٩٦٥م، قضايا الشعر المعاصر، مكتبة دار النهضة، بغداد.
٨٦- حافظ، صبري، ١٩٨٠م، استشراف الشعر، دراسات أولى في نقد الشعر العربي الحديث ، الهيأة المصرية العامة للكتاب، مصر.
٨٧- شبلول، أحمد فضل، ١٩٨٤م، أصوات من الشعر المعاصر، ج١، دار المطبوعات الجديدة، الإسكندرية.
٨٨- التونجي، محمد، د. ت، بدر شاكر السياب والمذاهب الفنية المعاصرة، دار الأنوار، بيروت.
٨٩- السنجلاوي، إبراهيم، ١٩٨٥م، الحب والموت في شعر الشعراء العذريين في العصر- الأموي، منشورات مكتبة عمان، عمان.
٩٠- خوري، إلياس، ١٩٧٧م، دراسات في نقد الشعر، دار ابن رشد، بيروت.
٩١- علوش، ناجي، ١٩٧٤م، بدر شاكر السياب، سيرة شخصية، دار الكتاب العربي، طرابلس.
٩٢- سيبويه، (ت:١٨٠)، الكتاب، تحقيق: عبد السلام هارون، دار القلم، القاهرة.

٩٣- ابن الأثير، ضياء الدين أبو الفتح نصر الله، المثل السائر في أدب الكاتب والشاعر، تحقيق: د. أحمد الحوفي ود. بدوي طبانة، ١٩٦٦م، مكتبة نهضة مصر، ج١.
٩٤- السامرائي، ماجد أحمد، ١٩٨٣م، التيار القومي في الشعر العراقي الحديث، منشورات وزارة الثقافة والإعلام، الجمهورية العراقية.
٩٥- المسدي، عبد السلام، ١٩٧٧م، الأسلوبية والأسلوب، نحو بديل ألسني في نقد الأدب، الدار العربية للكتاب، ليبيا وتونس.
٩٦- الصائغ، يوسف، ١٩٧٨م، الشعر الحر في العراق، جامعة بغداد، بغداد.
٩٧- السامرائي، إبراهيم، د.ت، لغة الشعر بين جيلين، دار الثقافة ، بيروت.

المحتويات

الموضوع	الصفحة

Printed in the United States
By Bookmasters